(개정판)
지방공무원보수 업무 등 처리지침

행정안전부

2024년 지방공무원보수업무 등 처리지침

CONTENTS
차 례

제1장	지방공무원봉급업무 처리기준	1
	2024년도 공무원봉급표와 연봉표	131
제2장	지방공무원특별승급제도 운영기준	145
제3장	지방공무원원천징수 등 업무 처리기준	159
제4장	지방공무원연봉업무 처리기준	169
제5장	지방공무원수당 등의 업무 처리기준	265
제6장	지방공무원성과상여금업무 처리기준	409

* 이 지침은 2024년 1월 1일부터 적용한다.

1 지방공무원봉급업무 처리기준

Ⅰ. 총 칙
Ⅱ. 초임호봉 획정
Ⅲ. 승진 및 강임·강등시 호봉 획정
Ⅳ. 호봉 재획정
Ⅴ. 승 급
Ⅵ. 기타사항

CONTENTS 차 례

I. 총 칙

1. 목적 ·· 7
2. 근거 ·· 7
3. 적용범위 ·· 7

II. 초임호봉 획정(§8, §9의2 및 별표 1)

1. 대　　상 ·· 8
2. 시　　기 ·· 8
3. 절차 및 방법 ·· 8
   - 가. 경력환산율표의 적용 ·· 8
   - 나. 계급별 경력기간의 계산 ·· 11
   - 다. 「호봉경력 평가 심의회」 구성·운영(영 제9조의2) ················ 16
   - 라. 초임호봉 획정 ·· 17

III. 승진 및 강임·강등시 호봉 획정(§10, §11)

1. 승진 등에 따른 호봉 획정 ·· 23
   - 가. 적용대상 ·· 23
   - 나. 시　　기 ·· 23
   - 다. 절차 및 방법 ·· 23

2. 강임시의 호봉 획정(영 제11조) ·· 26
      가. 적용대상 ··· 26
      나. 시   기 ··· 26
      다. 절차 및 방법 ··· 26
   3. 강등시의 호봉 획정 ··· 26
      가. 적용대상 ··· 26
      나. 시   기 ··· 26
      다. 절차 및 방법 ··· 26

Ⅳ. 호봉 재획정(§9)

   1. 대   상 ··· 27
   2. 요   건 ··· 27
   3. 시   기 ··· 28
   4. 절차 및 방법(§9조제3항 내지 제5항) ····························· 29
   5. 「호봉경력 평가 심의회」 구성·운영(§9의2) ···················· 30
   6. 영 개정에 따른 일반직공무원 등의 호봉 재획정 ············ 31

Ⅴ. 승   급(§12, §13, §14, §15)

   1. 정기승급(§12, §13, §14) ·· 45
      가. 대상 및 요건 ··· 45
      나. 승급일 ··· 45
      다. 승급의 제한 ··· 46

라. 승급기간의 계산 ·· 48
　　　마. 절차 및 방법 ·· 50
　　　바. 승급기간의 특례 ·· 50
　2. 특별승급(§15) ·· 51
　　　가. 관련 법령 규정에 따른 인사상 특전으로서의 특별승급 ······ 51
　　　나. 업무실적이 탁월한 자에 대한 특별승급 ······················ 51

Ⅵ. 기타사항

　1. 강임시 등의 봉급 보전(§5) ······································ 52
　2. 호봉의 정정(§17) ··· 54
　　　가. 대상 및 요건 ··· 54
　　　나. 시　　기 ·· 54
　　　다. 절차 및 방법 ··· 54
　3. 5년 이상 근속한 공무원의 월 중 면직 등의 경우 봉급 지급(§23) ···· 55
　4. 봉급의 감액 ··· 56
　　　가. 징계처분기간의 보수감액(§25) ······························· 56
　　　나. 결근기간의 봉급감액(§26) ···································· 56
　　　다. 무급휴가의 봉급감액(§26②) ·································· 56
　　　라. 휴직기간 중의 봉급감액(§27) ································ 56
　　　마. 직위해제기간 중의 봉급감액(§28) ··························· 57
　5. 면직 또는 징계처분 등이 취소된 공무원의 보수지급(§29) ····· 57

제1장 지방공무원봉급업무 처리기준

 6. 시간제근무공무원의 보수지급 ·· 58
   가. 봉급월액(§29의3) ··· 58
   나. 봉급의 감액지급 ·· 58
 7. 직종 변경('13.12.12.)에 따른 호봉 획정 및 봉급(연봉) 보전(부칙 §2) ····· 61
 8. 종전 계약직공무원의 경력 인정에 관한 경과조치(부칙 §3) ··········· 62

별표 및 별지 목록

 [별표 1] 직종별 경력환산율표 해설 ·· 64
   1) 일반직공무원 등의 경력환산율표 ··························· 64
   2) 연구직공무원의 경력환산율표 ································ 78
   3) 지도직공무원의 경력환산율표 ································ 84
   4) 교육공무원 등의 경력환산율표 ······························ 89
 [별표 2] 호봉 획정을 위한 공무원경력의 상당계급기준표 ····· 90
 [별표 3] 호봉 획정을 위한 유사경력의 상당계급기준표 ········· 97
 [별표 4] 호봉 획정을 위한 관련자격증의 상당계급기준표 ···· 101
 [별표 5] 호봉 획정시 인정되는 공공법인의 범위 ················· 125
 <별지 제1호 서식> 호봉획정을 위한 경력기간 합산신청서 ···· 129
 <별지 제2호 서식> 호봉획정을 위한 전력조회 요청서 ············ 130

제1장 지방공무원봉급업무 처리기준

I. 총 칙

1. 목 적

이 장은『지방공무원 보수규정』에서 위임된 사항과 호봉획정 등 보수관련 업무 처리의 기준을 명확히 함으로써 공무원 보수업무의 정확성과 통일성을 기하고자 함.

2. 근 거

『지방공무원법』 및 『지방공무원 보수규정』(대통령령 제34100호, 2024. 1. 5.)
* 『지방공무원법』은 이 장에서 '법'이라 한다.
* 『지방공무원 보수규정』은 이 장에서 '영'이라 한다.

3. 적용범위

이 장은 「지방공무원법」 제2조의 규정에 의한 지방공무원(이하 "공무원"이라 함)에게 적용됨. 다만, 연봉제 적용대상 공무원에 대하여는 호봉획정(경력기간의 계산 제외)·승급 관련 부분은 적용하지 아니함.

Ⅱ. 초임호봉 획정(영 제8조, 제9조의2 및 별표 1)

1. **대   상** : 신규임용되는 공무원(법 제27조 참조)

2. **시   기** : 신규임용일

3. **절차 및 방법**

경력환산율표의 적용	⇒	계급별 경력기간 계산	⇒	호봉경력 평가·심의	⇒	초임호봉 획정
- 경력의 증명 및 조회 (경력인정 여부 확인)		- 연구직·지도직은 시기별로 구분 (상당계급 및 기간 계산)		- 기관별 「호봉경력 평가 심의회*」 개최, 동일분야, 상당계급 등 심의 후 경력인정 여부 결정		- 초임호봉표 적용 - 잔여기간 계산 (호봉계산)

* 심의회는 유사경력에 대한 호봉획정시마다 개최하는 것을 원칙으로 하며, 명확한 사항 또는 환산율 상향조정 등 단순·경미한 사항에 대해서는 생략할 수 있음.

가. 경력환산율표의 적용

(1) 적용구분

구 분	적용하는 경력 환산율표	특 이 사 항
일반직공무원, 지방전문경력관 등	영 별표 2	모든 경력을 계급별로 계산
연구직 공무원	영 별표 3	모든 경력을 계급별(연구관·연구사) 및 시기별로 계산
지도직 공무원	영 별표 4	모든 경력을 계급별(지도관·지도사) 및 시기별로 계산
교육감 소속의 교육전문직원	「공무원보수규정」 별표 22	학령, 자격 등을 감안하여 경력 계산

※ 경력환산율표의 세부내용에 대하여는 [별표 1] 참조
※ 계급별 경력기간 계산시 상당계급 기준은 [별표 2] 내지 [별표 4] 참조

(2) 경력의 증명 및 전력조회

☐ 경력의 증명

○ 호봉획정권자는 신규채용자의 초임호봉획정 전에 『호봉획정을 위한 경력기간 합산신청서』를 배부하여 호봉합산 대상경력이 있는 경우 신청할 수 있도록 안내함. [별지 제1호 서식]
  * 『호봉획정을 위한 경력기간 합산신청서』는 호봉정정 등의 사유가 발생할 경우 증빙자료로 사용되므로 반드시 구비·보존하여야 함.

○ 경력의 증명은 인사발령을 위한 구비서류로 제출된 경력증명서에 의함.
  * 외국경력의 증명은 발급권한이 있는 자가 발급한 경력증명서도 가능함.

○ 호봉획정권자가 호봉획정 대상공무원의 개인별인사기록(「지방공무원 인사기록·통계 및 인사사무 처리규칙」 제4조 참조)을 보관하고 있는 경우에는 별도의 경력증명 없이 이에 의할 수 있음.

○ 경력증명기관에서 경력을 증명할 수 있는 근거서류가 없는 경우
  - 당사자와 경력증명기관은 최대한 상호 협조하여 재직사실과 재직기간을 입증할 수 있는 증빙자료를 수집하여 객관적으로 인정할 수 있다고 판단되면 경력증명기관의 장은 증빙자료를 근거로 경력증명서를 발급할 수 있음.
    * 증빙자료 : 임용장, 승급발령기록, 면직기록 등
    * 인우증명은 객관적 자료로 볼 수 없으나, 국민건강보험공단자료, 금융기관 보수입금내역, 세무서 근로소득납세증명 등은 객관적 증빙자료로 인정할 수 있음.

☐ 전력조회(영 제9조의2)

○ 공무원 경력(군복무 경력 별도)
  - 공무원 경력의 전력조회는 경력증명서의 내용이 불확실한 경우 등 필요한 경우에 한하여 실시함.

○ 군복무 경력
  - 다음에 해당되는 경우에는 이를 당해 지방병무청 또는 각 군본부 등에 전력조회하여 승급제한기간 또는 군간부후보생(무관후보생) 기간을 확인하되, 경력합산신청서를 제출한 후 3월 이내에 완료함.
    • 복무기간이 불명확한 경우
    • 복무기간이 현저하게 장기인 경우

- 전역근거가 불명확한 경우
- 부사관(본인의 지원에 의하지 아니하고 임용된 부사관 제외)·준사관·장교로서 군간부후보생(무관후보생)기간이 부사관·준사관 또는 장교의 복무기간에 포함되어 있거나 기타 군간부후보생(무관후보생) 기간을 확인할 필요가 있는 경우
- 기타 병적사항이 불명확한 경우

○ 유사경력
- 유사경력은 반드시 전력조회를 실시하여 경력을 확인하여야 함.
- 유사경력(외국경력 포함)의 조회확인은 임용일부터 3월 이내에 완료함을 원칙으로 함.
* 단, 시보임용 전 교육훈련기간에 대하여는 공무원경력에 준하여 조회 확인을 하지 아니할 수 있음. <u>또한, 채용과정에서 이미 전력조회를 실시하여 명확한 사항에 대해서는 전력조회를 생략할 수 있음.</u>

○ 전력조회 절차 및 방법
- 전력조회 대상기관 : 경력증명서(기타 증빙자료) 발급 기관
- 전력조회시 확인사항 : 담당업무, 경력기간, 직위, 근무시간 등 경력 인정과 관련된 사항
(예) 공공법인 경력의 경우 : 법인의 설립근거, 담당업무(행정·경영·연구·기술분야) 등

(3) 경력환산율표 적용에 대한 예외(영 제8조제3항)

○ <u>퇴직한 공무원이 퇴직일로부터 30일 이내에 퇴직당시의 경력환산율표와 동일한 경력환산율표를 적용받는 공무원으로 임용된 경우</u>
- <u>퇴직당시 호봉산정의 기초가 된 경력과 환산율이 임용시에 법령 개정 등으로 변경되어, 퇴직당시 경력 환산율표를 적용하는 것이 임용시의 경력환산율표를 적용하는 것보다 유리한 경우에는 퇴직 당시 경력환산율표를 적용함.</u>

(4) 경력환산율표
- 이 장 [별표 1] 참조

나. 계급별 경력기간의 계산

(1) 경력의 계급별 구분

> **경력의 계급별 구분**
> ○ 모든 경력을 계급별로 구분하여 계산하되, 경력의 계급별 구분(상당계급)은 행정안전부장관이 정하는 호봉획정을 위한 상당계급기준표(별표 2 ~ 4)에 의함.
> < 경력의 계급별 구분 이유 >
> - 초임호봉 획정시 모든 경력에 대하여 승진시 호봉획정 방법이 준용되므로 임용되는 계급의 호봉획정을 위하여는 계급별로 경력기간을 구분하여 계산하여야 함.

□ 계급구분 직종

○ 계급구분이 있는 공무원 및 지방전문경력관
  (일반직·별정직·연구직·지도직·지방전문경력관 등)

□ 계급구분 기준

○ 임용되는 계급보다 높은 계급의 경력 : 임용되는 계급의 경력으로 봄.

○ 임용되는 직종과 계급체계가 다른 공무원경력 및 유사경력의 기간계산
  - 임용되는 직종과 계급체계가 다른 공무원경력 또는 유사경력의 경우에는 이 장 [별표 2] 내지 [별표 4]에 의하여 인정함.
  * 군복무기간도 상당계급별로 구분하여야 함.

○ 「병역법」, 「군인사법」 또는 「대체역의 편입 및 복무 등에 관한 법률」에 따른 의무복무기간(이하 이 장에서 "의무복무기간"이라 한다)에 대한 계급구분의 특례
  - 의무복무기간은 의무복무가 만료된 후 최초로 임용되는 계급에서 근무한 경력으로 봄(복무경력을 의무복무기간만으로 계산하는 경우)
  ※ 의무복무기간이 3년을 초과하는 경우에는 의무복무기간을 3년으로 산정함
  - 공무원으로 재직하다가 휴직하고 의무복무를 수행한 경우
    • 휴직당시의 계급에서 근무한 경력으로 봄.
    * 다만, 영 [별표 1]의 <비고>에 의하여 호봉을 획정하는 경우에는 상기 규정에 불구하고 현재 임용되는 계급의 경력으로 봄.

(2) 경력기간의 계산

□ 인정대상 경력기간(환산율 적용 전의 경력기간)의 계산

○ 경력기간은 년·월·일까지 계산하되, 역(曆)에 의한 방법에 의하여 계산함
(민법 제160조 참조)

> * 참조 : 민법 제160조(曆에 의한 계산)
> ① 기간을 주(週), 월(月) 또는 연(年)으로 정한 때에는 역(曆)에 의하여 계산함.
> ② 주(週), 월(月) 또는 연(年)의 처음으로부터 기간을 기산(起算)하지 아니한 때에는 최후의 주(週), 월(月) 또는 연(年)에서 그 기산일(起算日)에 해당한 날의 전일(前日)로 기간이 만료함.
> ③ 월(月) 또는 연(年)으로 정한 경우에 최종의 월(月)에 해당일이 없는 때에는 그 월(月)의 말일(末日)로 기간이 만료함.

○ 여러 가지 경력이 있는 경우에는 각 경력을 계급별로 구분한 후 경력환산율별로 계산하여 각각 합산함.
 - 12월은 1년으로, 30일은 1월로 각각 계산함.

○ 기간계산에 있어 임용일은 산입하고 퇴직일은 제외함.
 - 다만, 군복무기간의 퇴직(전역)일 또는 근무기간이 정하여진 임기제공무원 등의 계약기간 만료일은 산입함.

○ 경력과 경력이 중복된 경우(영 제8조제2항)
 - 그 중 유리한 경력 하나에 대하여만 계산함.

예시

<사례 1>

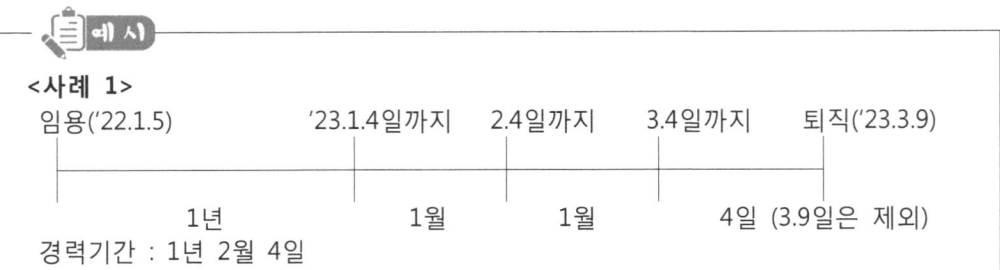

경력기간 : 1년 2월 4일

☞ '23.2.5일부터 '23.3.4일까지는 실제일수가 28일이나 월력에 의해서 1월로 계산함.

※ 기산일의 전일에 해당하는 날로 만료되는 때는 1월로 계산하되(예 : 2.5. ~ 3.4.), 기산일의 전일에 해당하는 일자가 없는 경우에는 그 달의 말일까지를 1월로 계산함.
 (예 : 1.31.을 기산일로 하여 1개월은 2.30.이어야 하나, 2월에는 28일(또는 29일)까지 밖에 없으므로 1.31. ~ 2.28.(또는 2.29.)까지를 1월로 계산함)

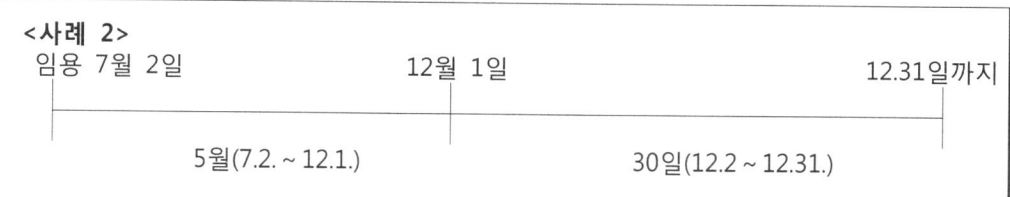

<사례 2>
임용 7월 2일   12월 1일   12.31일까지
            5월(7.2. ~ 12.1.)   30일(12.2 ~ 12.31.)

☞ 실제일수는 5월 30일이나 월력에 의하여 1월에 도달하지 못하였으므로, 30일 기준에서 1일을 뺀 5월 29일로 계산하여야 함
  따라서 7월 2일 임용된 자나 7월 3일 임용된 자 모두 경력기간은 5월 29일임.
※ 기산일의 전일에 해당하는 날로 종료되지 않는 경우에는 기산일부터 순차적으로 실제일수를 계산함. 이 경우 실제일수가 30일이 될지라도 29일로 산정

○ 통상적인 근무시간보다 짧게 근무하는 공무원의 경력 기간 계산(영 제8조제2항)
  - 「지방공무원법」 제25조의3 또는 「국가공무원법」 제26조의2에 따라 통상적인 근무시간보다 짧게 근무하는 공무원(이하 시간선택제근무를 하는 공무원 등 이라 한다)으로 근무한 자가 신규채용 등으로 인하여 초임호봉을 확정하여야 하는 경우, 인정되는 경력기간은 정상근무시간을 기준으로 근무시간(시간선택제임기제, 한시임기제공무원의 경우 계약으로 정한 근무시간, 시간선택제전환공무원의 경우 「지방공무원 임용령」 제38조의15제2항 또는 「공무원임용령」 제57조의3제2항에 따라 임용권자가 지정한 근무시간)에 비례하도록 아래의 산식에 의하여 계산하되,
  - 다만, 1년 이하 경력(「지방공무원 임용령」 제3조의2제2호·제3호 또는 「공무원임용령」 제3조의2제3호·제4호에 따른 시간선택제임기제공무원 및 한시임기제 공무원, 「지방공무원 임용령」 제3조의5 또는 「공무원임용령」 제3조의3에 따른 시간선택제채용공무원의 경력은 제외)은 근무기간 전부에 대하여 획정하며, 「지방공무원법」 제63조제2항제4호 또는 「국가공무원법」 제71조제2항제4호의 사유로 인한 휴직을 대신하여 「지방공무원 임용령」 제38조의15 또는 「공무원임용령」 제57조의3에 따른 시간선택제전환공무원으로 지정되어 근무한 경력은 셋째 자녀부터 3년의 범위에서 전부에 대하여 획정한다.

    ※ 인정대상 경력기간

    $= \text{시간제근무기간} \times \dfrac{\text{시간제공무원의 주당 근무시간}}{40\text{시간}}$

  * "시간선택제임기제, 한시임기제공무원의 주당 근무시간"은 계약으로 정한 주당 근무시간을 말하며, 주당 근무시간이 계약으로 정하여 있지 아니한 경우에는 주당 평균근무시간을 말함.

> **예시**
>
> ○ 2004년 7월 1일부터 2006년 10월 22일까지 주당 22시간의 계약으로 근무한 경력을 가진 시간선택제임기제공무원이 일반직공무원으로 채용될 경우 그 경력기간의 계산방법은?
> ☞ 경력기간 : 1년 2월 19일
> - 6월 × (22시간/44시간) = 3월 ☞ 2004년 주당 의무근무시간 44시간
> - 12월 × (22시간/42시간) = 6.29월 = 6월 8.7일(30×0.29) ☞ 2005년 주당 의무근무시간 42시간
> - 9월 × (22시간/40시간) = 4.95월 = 4월 28.5일(30×0.95) ☞ 2006년 주당 의무근무시간 40시간
> - 22일 × (22시간/40시간) = 12.1일
> - 합계 : 13월 49.3일(소수점이하 절사) ⇒ 1년 2월 19일

○ 통상적인 근무시간보다 짧게 근무한 유사경력 기간 계산(영 별표2 비고 제2호, 별표3 제2호 비고 제2호, 별표4 제2호 비고 제2호)

- 취업규칙 및 관련 법령 등에 따라 통상적인 근무시간보다 짧게 근무한 경력기간은 통상적인 근무시간에 비례하여 아래의 산식에 의하여 계산하되,
- 통상적인 근무시간이 주 40시간 미만인 경우에는 「호봉경력 평가 심의회」를 거쳐 주 40시간을 기준으로 한 경력기간만큼 반영할 수 있도록 환산율을 조정할 수 있다. 이 경우 통상적인 근무시간이 「근로기준법」, 「산업안전보건법」 등 관련 법령 등에 따라 주 40시간 미만인 경우에는 조정하지 않는다.

※ 인정대상 경력기간(소수점 이하 절사)

$$= \text{시간제근무기간} \times \frac{\text{시간제로 근무한 주당 근무시간}^*}{40\text{시간}^{**}}$$

* 1주 동안 15시간 이상 근무한 경력만 인정하며 야간근로 등으로 주당 근무시간 산정이 곤란한 경우에는 2주 평균 또는 1개월 평균 근무시간을 1주 근무시간으로 환산할 수 있음

 ※ '21.1.5 영 개정 전에 적법하고 적정한 방법으로 인정받은 경력이 개정 규정에 따라 환산율 등이 불리하게 적용되는 경우에는 개정 전 영에 따라 유리한 환산율 등을 적용하여야 함

** 취업규칙 및 관련 법령 등에 따른 통상적인 근무시간을 적용

□ 인정대상 경력기간의 가·감산(영 제8조제2항)

○ 가 산
- 특별승급(영 제15조)된 경우에는 1호봉의 특별승급에 경력기간 1년을 가산하되, 동일한 사유에 의하여 특별승진된 경우에는 가산하지 아니함.
 * 특별승급기간은 승급당시 계급의 경력기간에만 가산하되, 근무연수에는 가산하지 아니함.

○ 감 산
- 승급의 제한기간은 영 제14조에 의한 승급기간의 특례에 해당하지 아니하는 한 그 제한기간 만큼 경력에서 감산함.
- 「병역법」, 「군인사법」 또는 「대체역의 편입 및 복무 등에 관한 법률」에 따른 복무경력 중 형집행일수 및 복무이탈일수는 그 일수만큼 감산함.
- 징계처분에 의한 승급제한기간은 다음과 같이 감산함.
  • 승급제한기간은 승급제한 당시계급의 경력기간에서 감산함.
    * 다만, 징계처분에 의한 승급제한기간 중에 면직된 자는 그 재직 중의 실제 승급제한기간만 감산하되, 면직 후 재임용되는 경우 징계처분에 따른 승급제한 기간을 계속하여 적용한다. 단, 면직 후 동일자로 재임용되어 공무원 신분이 계속 유지되는 경우에는 징계의 효력이 승계된다.
    ※ 면직 후 재임용시까지 공무원 신분을 보유하지 않은 기간은 해당 기간만큼 승급제한 기간이 경과한 것으로 간주

< 징계처분에 의한 승급제한기간 감산 >

징계처분 시기	'73.3.31. 이전	'73.4.1. ~ '81.5.31.	'81.6.1. 이후
승급제한 기간의 감산기간	감산하지 않음	- 감봉 4월 이상 : 처분기간+18월 - 감봉 4월 미만 : 처분기간+12월 - 견책 : 6월	- 정직 : 처분기간+18월 - 감봉 : 처분기간+12월 - 견책 : 6월

□ 경력환산율을 적용한 경력기간 계산방법
○ 환산율 적용 후의 경력기간은 년·월·일 단위까지 산출
○ 환산율이 100%인 경우 : 인정대상 경력기간(경력의 가감사유가 있는 경우에는 가감 후의 기간)을 그대로 적용
○ 환산율이 100%미만인 경우 : 년·월·일 단위로 각각 환산율을 적용하되, 소수점 이하는 절사(공무원경력·유사경력 공통)

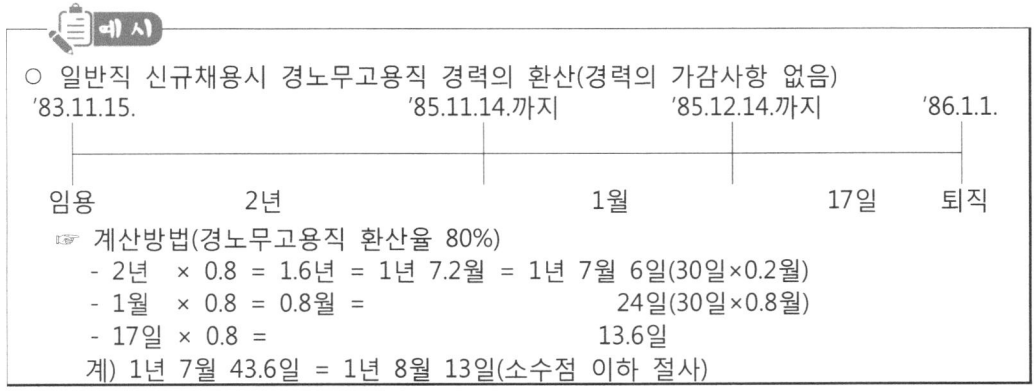

○ 일반직 신규채용시 경노무고용직 경력의 환산(경력의 가감사항 없음)
'83.11.15.   '85.11.14.까지   '85.12.14.까지   '86.1.1.

임용   2년   1월   17일   퇴직
☞ 계산방법(경노무고용직 환산율 80%)
 - 2년 × 0.8 = 1.6년 = 1년 7.2월 = 1년 7월 6일(30일×0.2월)
 - 1월 × 0.8 = 0.8월 =   24일(30일×0.8월)
 - 17일 × 0.8 =   13.6일
계) 1년 7월 43.6일 = 1년 8월 13일(소수점 이하 절사)

□ 의무복무기간의 계산(영 별표 1)
  ○ 의무복무기간은 복무경력 중 3년 이내의 기간만 인정함.

> **해 설**
>
> < 의무복무기간의 계산 방법 >
> ○ 의무복무기간만 있는 것으로 보아 호봉을 획정하는 것이 유리한 경우에는 복무기간 중에서 의무복무기간(의무복무기간 중 3년 이내 기간만 인정)만으로 호봉을 획정함.
> ○ 따라서, 복무기간을 상당계급별로 구분하여 호봉획정 하는 것보다 복무기간 중 의무복무기간만으로 계산하는 것이 유리한 경우에는 의무복무기간만으로 호봉을 획정함.

<예시> 하사로 임관 2년 후 중사로 진급하고, 4년 복무후 전역한 자가 5급으로 임용된 경우
  → 군의무복무기간만 산입할 경우 : 5급 4호봉
  → 순차적으로 승진하는 방법의 경우 : 5급 3호봉
    ☞ 9급3호봉 → 8급2호봉(+4년) → 7급5호봉 → 6급4호봉 → 5급3호봉
    ☞ 당사자에게 유리한 군의무복무기간만으로 호봉을 획정
    ※ 호봉획정을 위한 상당계급은 별표 2에 따라 하사는 9급, 중사는 8급임.

다. 「호봉경력 평가 심의회」 구성·운영(영 제9조의2)
  ○ 영 제9조의2제1항에 따라 호봉획정 시행권자(호봉획정 권한을 위임받은 자 포함)는 영 [별표 2] 2. 유사경력에 대해 호봉을 획정하기 전에 「호봉경력 평가 심의회」(이하 '심의회'라 한다)를 거쳐야 함.
  ○ 심의회 구성
   - 심의회는 5인 이상으로 구성하되 매 심사시마다 구성하거나 임기제로도 운영할 수 있음.
   - 심의회 위원은 공정하고 객관적으로 심의할 수 있도록 직렬별 대표성을 가진 과장급 또는 담당급으로 위촉하여야 함.
   - 심의회의 의장은 호봉업무담당관 또는 이에 준하는 자로 하고, 심의회에 간사 1인을 두되 호봉획정업무 담당자로 함.
  ○ 심의회 기능
   - 동일분야, 상당계급, 경력 환산율, 비정규직 경력인정에 관한 사항 등 호봉경력 인정에 필요한 제반 사항을 심의함.
  ○ 심의회의 운영기준
   - 심의회는 출석의원 과반수 찬성으로 의결함.
   - 심의회는 유사경력에 대한 호봉획정시마다 개최하는 것을 원칙으로 함.
   - 다만, 명확한 사항 또는 환산율 상향조정 등 단순·경미한 사항에 대해서는 생략 가능

라. 초임호봉 획정

초임호봉 획정방법

○ 공무원의 초임호봉표(영 별표 1)를 적용하여 초임호봉을 획정

1. 동일계급의 경력기간을 상호합산한 후 계급의 순서에 따라 배열함.
   (임용되는 계급보다 높은 계급의 경력은 임용되는 계급의 경력으로 봄)
2. 가장 낮은 계급부터 임용되는 계급까지 계급의 순서에 따라 순차적으로 승진하는 것으로 보아 호봉을 획정함.
   ※ 승진되기 전 계급(순차적 승진 포함)의 호봉에 반영되지 아니한 잔여기간은 승진된 계급에서 다음 승급기간에 산입함.
   (다만, 계급별 최저호봉에서 승진하는 경우에는 잔여기간은 승진전 계급에서만 인정하고 승진후 계급에서는 인정하지 아니함, 영 제10조 제7항)

(1) 일반직·지방전문경력관 등의 봉급표를 적용받는 공무원
   (공무원보수규정 별표3·3의2의 봉급표)

일반직 등의 초임호봉 획정

○ 영 별표 2에 의하여 경력을 계급(상당계급포함)별로 산정하여 다음의 구분에 따라 초임호봉을 획정함.

☐ [영 별표 2]의 경력이 없는 경우(영 별표 1의 제1호 가목)

○ 당해계급의 1호봉으로 초임호봉을 획정함.

☐ [영 별표 2]의 경력이 있는 경우(영 별표 1의 제1호 나목)

○ 임용되는 계급과 같거나 다른 계급의 경력이 있는 경우
  - 임용되는 계급과 같은 계급 경력만 있는 경우
    • 임용되는 계급과 같은 계급의 경력연수에 1을 더하여 초임호봉을 획정함
      (유사경력의 같은 계급경력을 포함)
  - 임용되는 계급과 다른 계급의 경력이 있는 경우
    • 임용되는 계급보다 높은 계급의 경력의 경우
      → 임용되는 계급의 경력으로 보아 경력연수에 1을 더하여 초임호봉을 획정함(유사경력의 높은 계급경력을 포함)

> **예시**
> < 7급 경력이 3년인 자가 9급으로 신규임용될 경우 >
> 7급 3년을 9급 경력으로 보아 7급 경력연수 3년에 1을 더하여 9급 4호봉으로 산정

- 임용되는 계급보다 낮은 계급의 경력만 있는 경우
  → 최하위 계급경력에서 순차적으로 승진하는 것으로 보아(영 별표 9를 준용) 초임호봉을 획정함(유사경력의 낮은 계급경력을 포함)

> **예시**
> < 9급 3년, 8급 2년의 경력을 가진 자가 7급으로 임용될 경우 >
>
> | 9급 경력 3년 (9급4호봉) | 8급 승진방법 (8급3호봉) ⇒ | 8급 경력 2년 (8급5호봉) | 7급 승진방법 (7급4호봉) ⇒ | 초임호봉획정 (7급4호봉) |

- 임용되는 계급보다 낮은 계급과 높은 계급 경력을 동시에 가지고 있는 경우
  → 최하위 계급에서 순차적으로 승진하는 것으로 보아(영 별표 9를 준용) 획정하되, 임용되는 계급보다 높은 계급의 경력은 임용되는 계급의 경력으로 봄(유사경력의 낮거나 높은 계급경력을 포함)

> **예시**
> < 9급 3년, 8급 2년, 7급 3년의 경력을 가진 자가 8급으로 임용될 경우 >
>
> 9급 경력 3년 (9급4호봉) → 8급 승진방법 (8급3호봉)
> 8급 2년 + 7급 3년 = 8급 5년
> (7급 경력을 8급 경력으로 봄)
> ☞ 초임호봉획정 8급8호봉

○ 의무복무기간만 있는 경우
 - 의무복무기간을 임용되는 계급의 경력으로 보아 그 연수에 1을 더하여 초임호봉을 획정함.

> **예시**
> 1. 3년의 의무복무경력만을 가지고 5급으로 임용될 경우 : 5급 4호봉
> 2. 3년의 의무복무경력만을 가지고 9급으로 임용될 경우 : 9급 4호봉

○ 호봉획정의 특례
 - 위의 "임용되는 계급과 같거나 다른 계급의 경력이 있는 경우"와 "의무복무기간만 있는 경우" 등 두 방법의 결과를 비교하여 당사자에게 유리한 결과로 호봉을 최종 획정함.(영 별표 1 비고)

> **예시**
>
> **< 9급 2년 경력과 의무복무기간 3년의 경력을 가진 자가 5급으로 임용될 경우 >**
>
> ① 임용되는 계급까지 순차적으로 승진하는 방법으로 호봉획정→ 5급2호봉
>   - 9급 2년 + 의무복무기간 3년 = 9급 5년
>   (최초 임용되는 계급으로 보아 9급 3년) (9급 6호봉)
>   - 순차적으로 승진하는 방법 적용 (영 별표 9 준용)
>   ☞ 9급6호봉→ 8급5호봉→ 7급4호봉→ 6급3호봉→ 5급2호봉
>
> ② 의무복무기간만 있는 경우의 방법으로 호봉획정→ 5급4호봉
>   - 의무복무기간 3년을 최초 임용되는 계급으로 보아 계산함.
>   · 5급 3년 + 1 = 5급 4호봉
>
> ③ 최종 호봉획정
>   ①의 5급2호봉과 ②의 5급4호봉중 당사자에게 유리한 5급4호봉으로 획정
>   ※ 5급4호봉으로 획정하는 경우에도 9급 2년 경력은 정근수당 지급을 위한 근무연수에는 산입

(2) 연구직공무원의 봉급표(공무원보수규정 별표 5)를 적용받는 공무원

> **연구직의 초임호봉 획정**
> ○ 영 [별표 3]에 의한 경력을 1981년 12월 30일 이전 경력과 1981년 12월 31일 이후 경력으로 구분하여 연구관·연구사의 계급(상당계급 포함)별로 산정하고 다음의 구분에 따라 초임호봉을 획정함.

□ [영 별표 3]의 경력이 없는 경우(영 별표 1의 제2호 가목)

○ 당해계급(연구사 또는 연구관)의 1호봉으로 초임호봉을 획정함.

□ [영 별표 3]의 경력이 있는 경우(영 별표 1의 제2호 나목)

○ 연구사로 임용되는 경우
- [영 별표 3]에 따라 산출된 경력연수에 1을 더하여 초임호봉을 획정

○ 연구관으로 임용되는 경우
- 연구사 경력만 있는 경우
  • 연구사 경력연수에 1을 더하여 연구사 호봉을 획정한 후 승진시 호봉 획정방법(영 제10조 및 별표 9의 다목)에 따라 초임호봉을 획정
- 연구관 경력만 있는 경우
  • 연구관 경력연수에 1을 더하여 초임호봉을 획정함.

> **예시**
> < 연구관 경력 3년인 자가 연구관으로 임용될 경우 >
> 연구관 경력연수 3년 + 1 = 연구관 4호봉으로 획정

- 연구사 경력 및 연구관 경력이 모두 있는 경우
  • 연구사 경력연수에 1을 더하여 연구사 호봉을 획정하고,
  • 연구관으로 승진하는 것으로 보아(영 제10조·별표 9의 다목) 연구관 호봉을 획정한 후 연구관의 경력연수를 더하여 연구관 초임호봉을 최종 획정함.

○ <u>의무복무기간</u>만 있는 경우

> <u>의무복무기간</u>을 임용되는 계급의 경력으로 보아 그 연수에 1을 더하여 초임호봉을 획정함.

- 연구사로 임용되는 경우
  - 연구사 초임호봉 = <u>의무복무기간</u> + 1
- 연구관으로 임용되는 경우
  - 연구관 초임호봉 = <u>의무복무기간</u> + 1

○ 학위취득을 위한 경력만 있는 경우
- 연구사로 임용되는 경우
  - 연구사 초임호봉 = 학위취득을 위한 법정최저연수 + 1
- 연구관으로 임용되는 경우
  - 연구관 초임호봉 = 학위취득을 위한 법정최저연수 + 1(박사학위 과정에 한함)

○ 호봉획정의 특례(영 제10조제3항, 영 별표 1 비고)
- 연구사 및 「<u>병역법</u>」, 「<u>군인사법</u>」 또는 「<u>대체역의 편입 및 복무 등에 관한 법률</u>」에 의한 의무복무 경력자가 연구관으로 임용시

  1안) 연구사 경력 및 <u>의무복무기간</u>을 합산한 후 연구관으로 승진한 것으로 보아 초임호봉 획정

  2안) <u>의무복무기간</u>만으로 초임호봉 획정

  ☞ 최종 호봉획정 : 1안)보다 2안)이 당사자에게 유리한 경우, 2안) 적용

- 연구사 및 박사학위취득 경력자가 연구관으로 임용시

  1안) 연구사 경력 및 학위취득 경력기간을 합산한 후 연구관으로 승진한 것으로 보아 초임호봉 획정

  2안) 학위취득 경력기간만으로 초임호봉 획정

  ☞ 최종 호봉획정 : 1안)보다 2안)이 당사자에게 유리한 경우, 2안) 적용

(3) 지도직공무원의 봉급표(공무원보수규정 별표 6)를 적용받는 공무원

> **지도직의 초임호봉 획정**
> ○ 경력을 1985년 12월 31일 이전 경력과 1986년 1월 1일 이후 경력으로 구분하여 지도관·지도사의 계급(상당계급 포함)별로 산정하고 다음의 구분에 따라 초임호봉을 획정함(영 별표 19).

☐ [영 별표 4]의 경력이 없는 경우(영 별표 1의 제3호 가목)

○ 당해 계급(지도사 또는 지도관)의 1호봉으로 초임호봉을 획정함.

☐ [영 별표 4]의 경력이 있는 경우(영 별표 1의 제3호 나목)

○ 지도사로 임용되는 경우
 - [영 별표 4]에 따라 산출된 경력연수에 1을 더하여 초임호봉을 획정함.

○ 지도관으로 임용되는 경우
 - 지도사 경력만 있는 경우
   • 지도사 경력연수에 1을 더하여 지도사 호봉을 획정한 후 승진시 호봉획정방법(영 제10조·별표 9의 라목)에 따라 초임호봉을 획정함.
 - 지도관 경력만 있는 경우
   • 지도관 경력연수에 1을 더하여 초임호봉을 획정함.
 - 지도관 및 지도사 경력이 모두 있는 경우
   • 지도사 경력연수에 1을 더하여 지도사의 호봉을 획정(영 별표 4)
   → 지도사 호봉에 승진시 호봉획정표를 적용하여 지도관 호봉을 획정
     (영 별표 9)
   → 위의 지도관 호봉에 지도관 경력연수를 더하여 최종 초임호봉을 획정

(4) 교육공무원의 봉급표를 적용받는 공무원

☐ 「공무원 보수규정」 별표 11을 적용받는 공무원

○ 「공무원 보수규정」 별표 22에 따라 환산된 경력연수에 별표 23에 따라 산출된 연수를 가감한 후, 이를 별표 25에 따른 기산호봉에 합산하여 초임호봉을 책정한다.

☐ 「공무원 보수규정」 별표 12를 적용받는 공무원

○ 「공무원 보수규정」 별표 22에 따라 환산된 경력연수에 별표 24에 따라 산출된 연수를 가감한 후, 이를 별표 26에 따른 기산호봉에 합산하여 초임호봉을 책정한다.

Ⅲ. 승진 및 강임·강등시 호봉 획정(영 제10조 및 제11조)

1. 승진 등에 따른 호봉 획정(영 제10조)

가. 적용대상

○ 승진하는 공무원(『지방공무원법』 제38조 참조)
  * 상위직급으로 임용되는 별정직공무원 포함.

나. 시 기 : 승진일

다. 절차 및 방법

(1) 승진일 현재 승진전 계급에서의 호봉승급 여부 검토(영 제10조제5항)

○ 승진하는 공무원이 승진일 현재로 승진전의 계급에서 호봉에 반영되지 아니한 잔여기간이 1년 이상인 경우
  - 승진일이 정기승급일이 아닌 경우에도 승진전의 계급에서 1호봉을 승급시킴.
  - 다만, 이 경우 별도의 승급발령은 하지 아니하며 승급된 호봉을 기준으로 승진시의 호봉을 획정함.

(2) [영 별표 9](승진·전보시 호봉획정표)**의 적용**

□ 일반직공무원 등·지방전문경력관의 봉급표를 적용받는 공무원

(공무원보수규정 별표 3·3의2의 봉급표)

○ 모든 계급에서 [영 별표 9] 가·나목의 규정에 따라 승진 후 호봉을 획정함.
  - 단, 승진 후 해당 호봉이 없는 경우에는 승진 후 계급의 최고 호봉으로 함.

○ 승진 전 계급에서의 잔여기간은 승진 후 계급에서의 잔여기간으로 함.

> **예시**
>
> ○ **2024년 5월 8일 현재 6급12호봉 잔여기간 12월 3일인 자가 5급으로 승진하는 경우 (승진전 잔여기간이 1년 이상인 경우)**
>   ① 6급(승진전 계급)에서의 호봉승급여부 검토
>   6급 12호봉에서 잔여기간 12월을 반영 : 6급13호봉(잔여기간 3일)
>   (이 때 6급13호봉으로의 승급발령은 생략)
>   ② 승진시 호봉획정표 적용(영 별표 9 가목)
>   승진전 6급13호봉(잔여기간 3일) → 승진후 5급12호봉(잔여기간 3일)
>   ③ 호봉획정 : 5급12호봉 ………… < 잔여기간 3일 >

□ 연구직공무원의 봉급표(공무원보수규정 별표 5)를 적용받는 공무원

  ○ [영 별표 9] 다목의 규정에 따라 연구관 승진후 호봉을 획정함.

  ○ 승진전 연구사의 잔여기간은 승진후 연구관의 잔여기간으로 함.

  ○ [영 별표 9] 비고(4호)에서 정한 호봉에서 승진할 경우에는 승진된 계급에서 호봉을 획정한 후 잔여기간에 6월을 가산함.

    - 이 경우 연구사에서의 잔여기간이 6월 이상이면 총 잔여기간이 1년을 초과하게 되나(승진시 잔여기간 6월을 가산하므로), 승진일에 바로 승급하지 않고 다음 정기승급일에 승급함.

> **예시**
>
> ○ 2024년 5월 1일 현재 연구사 14호봉 잔여기간 10월인 자가 연구관으로 승진하는 경우
>   ① 연구사(승진전 계급)에서의 호봉승급여부 검토
>   → 잔여기간이 10월이므로 호봉승급 대상이 아님.
>   ② 승진시 호봉획정표 적용(영 별표 9 다목)
>   연구사 14호봉 → 연구관 9호봉(잔여기간 10월)
>   ③ 잔여기간 6월 가산(영 별표 9 비고 4호의 가)
>   연구관 9호봉(잔여기간 16월)으로 획정
>   ※ 다음 정기승급일은 2023년 6월 1일 : 연구관 10호봉, 잔여기간 5월(연구관 근무경력 1월 포함)

□ 지도직공무원의 봉급표(공무원보수규정 별표 6)를 적용받는 공무원

  ○ [영 별표 9] 라목의 규정에 따라 지도관 승진후 호봉을 획정함.

  ○ 승진전 지도사의 잔여기간은 승진후 지도관의 잔여기간으로 함.

  ○ [영 별표 9] 비고(4호)에서 정한 호봉에서 승진할 경우에는 승진된 계급에서 호봉을 획정한 후 잔여기간에 6월을 가산함.

    - 이 경우 지도사에서의 잔여기간이 6월 이상이면 총 잔여기간이 1년을 초과하게 되나(승진시 잔여기간 6월을 가산하므로), 승진일에 바로 승급하지 않고 다음 정기승급일에 승급함.

> **예시**
>
> ○ 2024년 8월 22일 현재 지도사 14호봉 잔여기간 8월인 자가 지도관으로 승진하는 경우
>   ① 지도사(승진전 계급)에서의 호봉승급여부 검토
>   → 잔여기간이 8월이므로 승급대상 아님
>   ② 승진시 호봉획정표 적용(영 별표 9 라목)
>   지도사 14호봉 → 지도관 8호봉(잔여기간 8월)
>   * [영 별표 9] 비고 4호의 나에서 정한 호봉 여부 확인 후 적용
>   ③ 호봉획정 : 지도관 8호봉 ············ < 잔여기간 8월 >

【 승진·강임시 호봉 획정방법 변경에 따른 재직자 호봉재획정 】

○ 목　　적
- 「지방공무원 보수규정」(대통령령 제20545호, 2008.1.11.)의 개정으로 승진 또는 강임시 호봉 획정방법이 변경됨에 따라, 이 영 시행일 이후 승진 또는 강임하는 공무원뿐만 아니라 이 영 시행일 전 승진 또는 강임한 공무원에게도 이 영에 따른 승진 또는 강임시 호봉 획정방법을 적용하여 호봉조정의 효과를 반영하고자 함.

○ 근　　거 : 「지방공무원 보수규정」 제9조 및 제10조 또는 제11조

○ 적용대상
- 재직 중인 호봉제공무원(「공무원보수규정」 [별표 3]·[별표 8]·[별표 10]의 봉급표를 적용받는 공무원에 한함)중, 2007.12.31.이전 21호봉 이상에서 승진 또는 강임한 자

○ 호봉 재획정일 : 2008.1.1.

○ 방법 및 절차
- 이 영 시행일전 보수규정에 따라 21호봉 이상에서 승진 또는 강임하여 2호봉이 조정된 공무원(6월 가산 대상자를 포함함)의 호봉을 이 영 제10조 또는 제11조 및 별표 9에 따라 '08.1.1.을 기준으로 재획정하여 1호봉만 조정된 호봉으로 반영함.
※ '08.1.1. 이후 승진 또는 강임하는 공무원은 이 영에 따른 승진 또는 강임시 호봉 획정방법을 적용

【예시】'07.11.1. 6급 21호봉(잔여기간 1월 5일)에서 승진함에 따라 2호봉을 감하고 잔여기간에 6개월을 가산하여, 5급 19호봉(잔여기간 7월 5일, 차기승급 : '08.4.1.)으로 획정된 전산직공무원의 '08.1.1. 호봉은?

① [별표3]을 적용받는 호봉제공무원으로, 이 영 시행일전 21호봉 이상에서 승진하여 2호봉이 감해진 자이므로 호봉재획정 대상자에 포함됨.

② '08.1.1. 호봉재획정결과 : 5급 20호봉(잔여기간 3월 5일, 차기승급 : '08.10.1.)

'07.11.1. 승진시 호봉 획정	'08.1.1. 호봉 재획정
·승진전 호봉 : 6급 21호봉 　　　　　　　(잔여기간 1월 5일) ·승진시 호봉획정 : △2호봉+6월가산 ·승진후 호봉 : 5급 19호봉 　　　　　　　(잔여기간 7월 5일)	·재획정전 호봉 : 5급 19호봉 　(잔여기간 9월 5일, 승진후 근무기간 포함) ·재획정사유 : 승진시 감호봉수조정(영 제10조) 　: △2호봉+6월가산 → △1호봉 ·재획정後 호봉 : 5급 20호봉 　(잔여기간 3월 5일, 차기승급 : '08.10.1.)

2. 강임시의 호봉 획정(영 제11조)

가. 적용대상
○ 강임되는 공무원(『지방공무원법』 제65조의4 참조)

나. 시　기 : 강임일

다. 절차 및 방법

(1) 강임일 현재 강임되기 전 계급에서의 호봉승급 여부 검토(영 제11조제3항)
○ 강임되는 공무원이 강임일 현재로 강임 전의 계급에서 호봉에 반영되지 아니한 잔여기간이 1년 이상인 경우(최종승급일 당시의 승급잔여기간 + 최종승급일 이후부터 강임일 현재까지의 승급기간)
　- 강임일이 정기승급일이 아닌 경우에도 강임 전의 계급에서 1호봉을 승급시킴
　- 다만, 이 경우 별도의 승급발령은 하지 아니하며, 승급된 호봉(강임전 계급의 호봉)을 기준으로 강임된 계급의 호봉을 획정

(2) [영 별표 9(승진·전보시 호봉획정표)**]의 적용**
○ 강임시의 호봉획정은 승진시 호봉획정 방법을 역(逆)으로 적용함.
　- [영 별표 9]의 승진후 호봉을 강임 전 계급의 호봉으로 보고 승진 전 호봉을 강임 후 계급의 호봉으로 보아 획정함.
　- 이 경우 강임 후 계급의 호봉이 2개 이상인 경우에는 그 중 가장 높은 호봉으로 획정함. ([영 별표 9] 비고 4호에서 정한 잔여기간 6월 가산은 적용하지 아니함)

(3) 강임 전 계급의 호봉에 반영되지 아니한 잔여기간
○ 강임된 계급에서 다음 승급기간에 산입함.

(4) 강임시에 획정된 당시 호봉에서 강임전 계급으로 승진하는 경우
○ [영 별표 9] 비고에서 규정하고 있는 호봉(잔여기간 6월을 가산하는 호봉)에서 승진되더라도 호봉획정 시 잔여기간에 6월을 가산하지 아니함.

3. 강등시의 호봉 획정(영 제11조제5항)

가. 적용대상 : 강등되는 공무원(법 제71조 참조)

나. 시　기 : 강등일

다. 절차 및 방법 : 강임시의 호봉획정 절차 및 방법 준용

Ⅳ. 호봉 재획정(영 제9조)

1. 대   상 : 재직중인 공무원(영 제9조제1항)

2. 요   건

※ 호봉의 획정 또는 승급이 잘못된 경우에 그 잘못된 호봉발령일자로 소급하는 호봉의 정정(영 제17조)과는 구별됨.

□ 새로운 경력을 합산하는 경우

○ 초임호봉 획정시 반영되지 않았던 경력을 입증할 수 있는 자료를 나중에 제출하는 경우를 포함함.

○ 교육공무원의 경우 학력 또는 직명의 변동이 있는 경우를 포함함.
  - 학력의 변동이란, 상위학교를 졸업한 경우를 말하며, 재직 중 통학이 가능한 거리 내의 야간대학을 졸업하거나 휴직을 하고 상위학교를 졸업한 경우 등을 포함함.
    ※ 학력과 경력이 중복되는 경우에는 유리한 경력 1개만 인정
  - 직명의 변동이 생긴 경우(대학이나 전문대학만 해당)
    • 직명이란, 교수, 부교수, 조교수, 조교, 장학관, 교육연구관을 말함.

□ 승급제한기간을 승급기간에 산입하는 경우(영 제14조제2호 및 제2호의2)

○ 영 제13조제1항제2호의 규정에 의하여 승급의 제한을 받은 자
  - 징계처분의 집행이 종료된 날부터 강등 9년·정직 7년·감봉 5년·견책 3년(이하 '징계기록말소기간*')이 경과한 후 각각의 승급제한기간을 승급기간에 산입함(단, 징계처분기간은 승급기간에 산입하지 아니하며, 징계처분에 따른 승급제한 기간 중 면직된 후 재임용된 경우 공무원으로 실제 승급제한을 받은 기간만 승급기간에 산입함).
    *「지방공무원 인사기록·통계 및 인사사무 처리 규칙」제7조제1항, 「지방공무원 인사제도 운영지침」제11장 참고
  - 승급산입기간 : 강등·정직(18월), 감봉(12월), 견책(6월)

○ 영 제13조제1항제3호의 규정에 의하여 승급의 제한을 받은 자
  - 승급제한기간이 종료된 날로부터 2년 경과후 승급기간에 산입함.

- 승급산입기간 : 6월
    ※ 「지방공무원보수규정」(대통령령 제27765호) 부칙 제3조에 따라 승급심사에 합격하지 못하여 승급제한 기간 중에 있거나 승급제한이 예정된 연구관에 대해서는 제13조제1항제4호의 개정규정에도 불구하고 종전의 규정에 따라 최초 정기승급 예정일부터 1년 동안 승급시킬 수 없으며 승급제한 기간이 끝난 후 승급기간의 특례규정 적용을 받지 못한 연구관에 대해서는 제14조제2호의2의 개정규정에도 불구하고 종전의 규정에 따라 승급제한 기간이 끝난 날부터 2년이 지난 경우 승급제한 기간을 산입한다.

□ 당해 공무원에 적용되는 호봉획정의 방법이 변경되는 경우

  ○ 법령개정 및 전직 등으로 인하여 당해 공무원에게 적용되는 초임호봉표(영 별표 1), 경력환산율표(영 별표 2·3·4), 승진·전보시 호봉획정표(별표 9), 교육공무원의 기산호봉표(「공무원보수규정」 별표 25·26) 중 어느 하나 이상이 달리 적용되는 경우 등(봉급표 적용의 변동을 포함)을 말함.

3. 시　　　기(영 제9조제2항)

□ 법령 규정 등에 의하여 호봉 재획정을 하는 경우

  ○ 당해 관련 법령과 그에 대한 지침 등에 의함.

□ 새로운 경력을 합산하는 경우

  ○ 공무원 경력을 합산하는 경우
  - 경력합산을 신청한 날이 속하는 달의 다음달 1일에 재획정함.

  ○ 유사경력을 합산하는 경우 및 초임호봉 획정시 반영되지 않았던 경력을 입증할 수 있는 자료를 나중에 제출하는 경우
  - 경력합산을 신청한 날이 속하는 달의 다음달 1일에 재획정함.

□ <u>승급제한기간을 승급기간에 산입하는 경우</u>(영 제14조제2호 및 제2호의2)

  ○ 영 제13조제1항제2호의 규정에 의하여 승급의 제한을 받은 경우
  - 징계처분의 집행이 종료된 날부터 <u>징계기록말소기간</u>*이 경과한 날이 속하는 달의 다음달 1일에 재획정
    * 「지방공무원 인사기록·통계 및 인사사무 처리 규칙」 제7조제1항, 「지방공무원 인사제도 운영지침」 제11장 참고

  ○ 영 제13조제1항제3호 및 제4호의 규정에 의하여 승급의 제한을 받은 경우
  - 승급제한기간이 만료된 날부터 2년이 <u>경과한 날이 속하는 달의 다음달 1일에 재획정</u>

☐ 당해 공무원에 적용되는 호봉획정의 방법이 변경되는 경우

  ○ 개정된 법령의 적용일 또는 전직일 등 당해 공무원에 적용되는 호봉획정의 방법이 변경된 날에 재획정함.

4. 절차 및 방법(영 제9조제3항 내지 제5항)

☐ 법령의 규정에 의하여 호봉 재획정을 하는 경우

  ○ 당해 관련 법령과 그에 대한 지침 등에 의함.

> **예시**
>
> **1. 육아휴직후 2003.1.1. 이전에 복직한 공무원에 대한 호봉 재획정**
> - 1995년 1월 15일 1년 간 육아휴직 후 1996년 1월 15일 복직한 공무원에 대하여는 개정된 법령의 적용일(2003.1.1.)에 동 휴직기간의 100% 산입하여 호봉 재획정
>
> **2. 육아휴직후 2003.1.1. 이후에 복직한 공무원에 대한 호봉 재획정**
> - 2002년 5월 10일 1년간 육아휴직후 2003년 5월 10일 복직한 공무원에 대하여는 영 제9조제2항의 규정에 의하여 복직일에 그 휴직기간의 100%을 산입하여 호봉 재획정
>   * 영 제14조(승급기간의 특례) 3의2.「지방공무원법」제63조제2항제4호의 규정에 의하여 휴직한 경우 그 휴직기간의 100%에 해당하는 기간(대통령령 제17893호, 적용일 2003.1.1. 부칙 제1조)

☐ 새로운 경력을 합산하는 경우

  ○ 당해 공무원이 제출한 이 장 [별지 제1호 서식]에 의한 경력합산신청서(외국 경력의 경우 번역문 포함)에 의하여 호봉 재획정함.

  - 합산할 경력을 계급별로 구분함(연구·지도직의 경우 시기별 구분 병행).
    → 호봉재획정일 현재까지의 총 경력기간에 새로운 경력을 합산함.
    → 초임호봉 획정의 방법에 의하여 재획정일 현재의 호봉과 다음 승급기간에 산입할 잔여기간을 산출함.
      * 이 경우 경력환산율표의 적용, 경력의 증명 및 조회, 경력의 계급별·시기별 구분, 경력기간의 계산, 잔여기간계산 등은 "Ⅱ. 초임호봉획정"을 준용한다.

□ 당해 공무원에 적용되는 초임호봉획정의 방법이 변경되는 경우

   ○ 법령의 개정시 : 변경된 초임호봉획정 방법에 의해 호봉 재획정
   - 변경된 경력환산율표, 초임호봉표, 봉급표 등에 따라 초임호봉 획정방법(다른 법령에 특별한 규정이 없는 경우에 한함)에 의하여 재획정일 현재의 호봉과 다음승급기간에 산입할 수 있는 잔여기간을 산출함.
     * 이 장의 "Ⅱ. 초임호봉획정"을 준용

5. 「호봉경력 평가 심의회」 구성·운영(영 제9조의2)

   ○ 영 제9조의2제1항에 따라 호봉획정 시행권자(호봉획정 권한을 위임받은 자 포함)는 재직공무원의 영 [별표 2] 2. 유사경력에 대해 호봉을 재획정하기 전에 「호봉경력 평가 심의회」를 거쳐야 함.

   ○ 호봉 재획정시 심의회 구성·운영에 관한 사항은 Ⅱ. 3. 다.의 방법에 의함.

6. 영 개정에 따른 일반직공무원 등의 호봉 재획정

2008.1.9. 호봉 획정방법 변경에 따른 재직자 호봉 재획정

가. 근   거 : 「지방공무원 보수규정」(대통령령 제20545호 2008.1.11.) 제9조 및 별표 2, 별표 3, 별표 4
나. 대   상 : 이 영 시행 당시 재직 중으로 [공무원보수규정 별표 3, 5, 6, 10]의 봉급표를 적용받는 기술직렬공무원(임용령 제2조제4호) 및 연구·지도직 공무원, 연구 및 기술분야 별정직·특정직 공무원
다. 인정경력 : 대학 등에서 현직과 동일분야의 시간강사 등으로 근무한 경력을 교육·연구기관 근무경력으로 인정

적용구분	인정경력	환산율
기술직 공무원 (임용령 제2조제4호) 연구·기술분야 별정직·특정직	2. 유사경력 가. 전문·특수경력 (2)연구 및 기술분야의 공무원이 교육·연구기관에서 동일 업무에 종사한 경력(「고등교육법」제17조 및 「초·중등교육법」제22조에 따른 시간강사등 경력을 포함한다)	- 80%이내 - 「고등교육법」제17조의 시간강사등 경력 : 50% 이내 - 「초·중등교육법」제22조의 시간강사 등 경력 : 50% 이내에서 실제 강의시간에 비례하여 인정 = 근무기간 × $\frac{주당\ 근무시간}{초·중등교원\ 주당\ 평균\ 근무시간}$
연구직 공무원	2. 1981년 12월 31일 이후경력 나. 유사경력 (2)행정안전부장관 또는 교육부장관이 인정하는 연구기관 또는 교육기관에서 동일한 연구분야(1986년 이후 지도분야를 포함한다)에 근무한 경력(「고등교육법」제17조 및 「초·중등교육법」제22조에 따른 시간강사등 경력을 포함한다)	- 100%이내 - 「고등교육법」제17조의 시간강사등 경력 : 50% 이내 - 「초·중등교육법」제22조의 시간강사 등 경력 : 50% 이내에서 실제 강의시간에 비례하여 인정 = 근무기간 × $\frac{주당\ 근무시간}{초·중등교원\ 주당\ 평균\ 근무시간}$
지도직 공무원	2. 1986년 1월 1일 이후경력 나. 유사경력 (2)행정안전부장관 또는 교육부장관이 인정하는 연구기관 또는 교육기관에서 동일한 연구분야(1986년 이후 지도분야를 포함한다)에 근무한 경력 (「고등교육법」제17조 및 「초·중등교육법」제22조에 따른 시간강사등 경력을 포함한다)	

※ 경력별 세부인정기준은 【별표 1】 "직종별 경력환산율표 해설" 참조(p.63)

라. 호봉재획정 방법
 ○ 당해 공무원으로부터 [별지 제1호 서식]에 의한 경력합산신청서를 제출받음.
 ○ 호봉 재획정일
  - 제출된 경력에 대한 전력조회 완료 후
  - 경력합산을 신청한 날이 속하는 달의 다음달 1일에 재획정

1. 지방해양수산직에 임용된 연구직공무원이 '04.3.1. ~ '06.2.28.까지 사립대학에서 해양학 시간강사로 근무한 경력이 있는 경우 경력인정방법은?

- 해양수산연구직렬과 동일분야인 해양학관련 시간강사로 근무한 경력은 유사경력으로 인정됨.
- 호봉계산방법(소속 자치단체장이 경력인정환산율을 50%로 정한 경우)
    = 근무기간 2년('04.3.1. ~ '06.2.28.) × 50% = 1년
- 상당계급적용방법 : 대학시간강사 상당계급이 연구사에 해당되므로 연구사 경력으로 1년 인정
∴ 초임호봉 : 1호봉(신규임용자의 기준호봉) + 1년(시간강사 경력) = 2호봉

2. 공업직렬(일반전기직류)로 임용된 일반직 7급공무원이 고등학교에서 2년간 주당 20시간 전기과목의 시간강사로 근무한 경우 경력인정방법은?

- 동일분야의 초·중등학교 시간강사경력은 유사경력으로 인정하므로, 공업직렬 일반전기직류와 동일분야인 전기과목 시간강사로 근무한 경력은 유사경력으로 인정됨.
- 호봉계산방법 = 근무기간 × $\dfrac{\text{주당 근무시간}}{\text{초·중등교원 주당 평균 근무시간}}$

    = 2년 × 20/40 (시간) = 1년
- 상당계급적용방법 : 초·중등시간강사는 7급상당이므로 7급경력으로 1년인정
∴ 초임호봉 : 1호봉(신규임용자의 기준호봉) + 1년(시간강사 경력) = 2호봉

2012. 1. 6 유사경력 호봉 획정방법 변경에 따른 재직자 호봉 재획정

가. 근   거 : 지방공무원보수규정(대통령령 제23498호 개정 2012.1.6., 시행 2012.7.1.) 제9조, 제9조의2 및 별표 2, 별표 3, 별표 4

나. 대   상 : 이 영 시행 당시 재직 중으로 공무원보수규정 별표 3·5·6·8·10의 봉급표를 적용받는 공무원

다. 인정경력

○ 경력인정 환산율 확대 : 80% 이내 → 100% 이내(기 인정받은 경력)

구 분	대상경력
영 별표 2	2. 유사경력 가. 1)의 경력 중 자격증·면허증 또는 박사학위 취득 후 동일분야에서 근무한 경력 및 2)~4)의 경력 나. 경력(3) 경력 제외)과 다. 경력 중 자격증·면허증 또는 박사학위 취득 후 동일분야에서 근무한 경력

  * 영 별표 3, 영 별표 4 경력의 경우에도 영 별표 2에 준하여 적용

○ 경력인정 범위 확대(새로 인정받는 경력)

- 자격증·면허증 또는 박사학위 없이 동일분야에서 근무한 경력(100%이내)

구 분	대상경력
영 별표 2	2. 유사경력 가. 1)의 경력, 나. 경력(3) 경력 제외)과 다. 경력 중 자격증·면허증 또는 박사학위없이 동일분야에서 근무한 경력

  * 영 별표 3, 영 별표 4 경력의 경우에도 영 별표2에 준하여 적용

- 비정규직(상근) 경력 추가 인정

구 분	대상경력
영 별표 2	2. 유사경력 가. 3)~4)의 경력 및 다. 경력

  * 영 별표 3, 영 별표 4 경력의 경우에도 영 별표2에 준하여 적용
  ※ 경력별 세부인정기준은 별표 1 "직종별 경력환산율표 해설"을 참조함.

라. 호봉 재획정일 : '12.7.1.(기 인정받은 경력 및 새로 인정받는 경력 공통)

2012. 1. 6 유사경력 호봉 획정방법 변경에 따른 재직자 호봉 재획정

마. 호봉 재획정 방법 및 절차

○ 새로 인정받는 경력('경력인정 범위 확대' 경력)

- 해당공무원으로부터 별지 제1호 서식에 의한 경력합산신청서를 제출받아 전력조회 완료 후 호봉 재획정

  * 다만, 종전 호봉획정 관련 자료를 통해 동일분야 등 경력인정에 필요한 사항을 확인할 수 있는 경우 경력합산신청 및 전력조회(이하 '경력확인 절차')를 생략할 수 있음.

○ 기 인정받은 경력

<상당계급이 종전과 같은 경력(예시 : 자격증·면허증 또는 박사학위 소지 후 경력)>

- 종전 호봉획정시 경력인정에 필요한 사항을 기 확인하였으므로 경력확인 절차를 생략하고 환산율만 상향조정하여 호봉 재획정

<상당계급이 변경된 경력(예시 : 공공기관 비동일분야 경력)>

- 재직자에게도 변경된 상당계급을 적용하여 호봉 재획정하되,

  • 종전 상당계급 적용시 보다 불리해지는 경우 또는 변경된 상당계급을 적용하기 위해 경력 재확인절차를 거칠 필요가 있으나 폐업 등으로 불가능한 경우에는 호봉 재획정 대상에서 제외

바. 연봉제 공무원에 대한 연봉 수시조정 기준

○ 적용대상 : 호봉제에서 연봉제 적용대상자로 승진시 또는 신규채용시 호봉경력을 반영하여 연봉을 책정하는 공무원으로서 위 다. 인정대상 경력을 소지한 자

- 호봉제 → 연봉제 적용대상자로 승진임용된 과장급 공무원

- 호봉제 → 연봉제 과장급으로 승진임용 후 상위계급으로 다시 승진임용된 공무원

- 신규채용된 과장급 공무원 또는 개방형직위에 임용되는 임기제 공무원

  * 다만, 개방형직위에 임용되는 임기제공무원의 경우 적용대상이라 하더라도 연봉은 호봉경력 이외 다양한 요소를 고려하여 기관 자율 또는 행정안전부 협의 후 책정되는 점을 감안하여 연봉 수시조정 여부는 지방자치단체장이 자율 판단함.

○ 연봉 수시조정일 : 2012. 7. 1.

2012. 1. 6 유사경력 호봉 획정방법 변경에 따른 재직자 호봉 재획정

○ 연봉 수시조정 방법 및 절차

ⅰ) 개인별로 위 다.의 인정대상 경력사항을 반영하여 신규채용일 또는 호봉제에서 연봉제 적용대상자로 승진한 연도말 기준(1월 1일 승진자는 1월 1일 기준)으로 위 마.의 방법에 따라 호봉 재획정하고, 재획정된 호봉을 토대로 연도별 신규채용자 또는 승진임용자의 연봉책정 방법에 따라 최초 기본 연봉 책정

ⅱ) 연도별 연봉업무처리기준에 따라 연봉 정기조정(처우개선분/성과연봉 누적분 등), 성과연봉 또는 승진가급 등의 반영방법을 적용하여 ⅰ)에 의해 책정된 연봉을 '12년까지 순차적으로 누적

　＊ 다만, 연도별 성과연봉 등급은 「인사랑」 시스템 축적 자료 또는 인사관련 서류철, 개인별로 보관중인 연봉명세서 등을 통해 확인하여야 하며, 확인이 불가능한 경우 성과연봉 B등급 기준으로 누적

ⅲ) '12년도 연봉 최종 확정 후 제4장 지방공무원연봉업무처리기준 별지 1에 의한 '2012년 연봉명세서'상 연봉내역을 수시 조정하여 개인별로 통보

ⅳ) '12년도 수시조정된 연봉월액을 7월 보수지급일부터 지급

사. 기 타

○ 호봉 재획정 및 연봉 수시조정 건에 대해서도 「호봉경력 평가 심의회」를 거치되, 환산율만 상향조정하는 경우 등 단순·경미한 사항은 생략 가능

예시

1. '12.4.1. 지방 건축직 시설사무관으로 임용된 자가 '00.1.1. 건축분야 기술사 자격증 취득 후 '01.1.1.~'10.12.31.까지 민간기업체 건축 분야에서 유급·상근으로 근무한 경우 경력인정 방법은?

 - 초임호봉 획정
  · 기술사 자격증 소지 후 경력 : 5급 상당 경력에 해당
  · 경력계산방법(경력인정 환산율을 80%로 정한 경우)
    = 근무기간 10년('01.1.1. ~ '10.12.31.) × 80% = 8년
  ∴ 초임호봉 획정 : 8년(유사경력) + 1호봉 = 5급 9호봉

2012. 1. 6 유사경력 호봉 획정방법 변경에 따른 재직자 호봉 재획정

예시

- 호봉 재획정('12.7.1.)
  · 해당경력 환산율을 80% → 100%로 상향조정한 경우
  · 경력계산방법
    = 근무기간 10년('01.1.1.~'10.12.31.) × 100% = 10년
  ∴ 재획정 호봉 : 10년(유사경력) + 신규채용 후 근무기간(3월) + 1호봉 =
                                5급 11호봉(잔여기간 3월)
  ∴ '12.7월부터 5급 11호봉 기준의 보수 지급

예시

2. (민간근무경력을 요건으로 하는 경력경쟁 채용에서 관련 직무분야로 인정받은 경력 관련)
   '12.4.1. 지방 전산직 전산사무관으로 임용된 자가 자격증은 없으나 전산개발 분야에서
   '01.1.20.~'11.1.19.까지 유급·상근으로 근무한 경우 경력인정방법은?
  - 초임호봉 획정('12.4.1.)
    · 자격증 없이 전산개발 분야에서 근무한 경력 : 불인정
    ∴ 초임호봉 획정 : 5급 1호봉
  - 호봉 재획정('12.7.1.)
    · 자격증 없이 전산개발 분야에서 근무한 경력 : 최대 100%까지 인정
      (단, 법 제27조제2항제3호 채용시)
    · 경력계산방법(경력인정 환산율을 100%로 정한 경우)
      = 근무기간 10년('01.1.20.~'11.1.19.) × 100% = 10년
    · 자격증 없이 근무한 경력이므로 근무연수에 의한 상당계급 적용
    ∴ 재획정 호봉 : 5급 7호봉(2월27일)
    · 1년(5월 29일) + 1호봉 = 9급 2호봉(5월 29일) → 8급 1호봉(5월 29일) + 1년(6월)
        (9급경력)   (8급경력)
      = 8급 2호봉(11월 29일) → 7급 1호봉(11월 29일) + 3년 = 7급 4호봉(11월29일)
                                                        (7급경력)
      → 6급 3호봉(11월 29일) + 4년 = 6급 7호봉 11월 29일
                                   (6급경력)
      → 5급 6호봉(11월 29일) + 1일 + 3월 = 5급 7호봉(3월)
          (5급경력)   (신규채용 후 공무원 재직경력)

2012. 1. 6 유사경력 호봉 획정방법 변경에 따른 재직자 호봉 재획정

3. (민간근무경력을 요건으로 하는 경력경쟁채용에서 관련 직무분야로 인정받은 경력 관련)민간기업체 등에서 자격증 없이 임용예정직렬과 동일한 분야에서 근무한 총 경력(관리자 경력 없음)이 13년4개월24일인 자가 '12.8.1일자로 5급 공무원으로 신규채용된 경우 초임호봉 획정방법은?

☞ 상당계급 적용기준(근무연수 기준)

일반직	5급	6급	7급	8급	9급
근무연수	10년 이상	10년 미만~6년 이상	6년 미만~3년 이상	3년 미만~1년 6월 이상	1년 6월 미만

* 다만, 위 기준에도 불구하고 본부장·부장·차장·과장·팀장 등 관리자로서 3년 이상 근무한 경력은 기관별 「호봉경력 평가 심의회」를 거쳐 5급상당 경력으로 인정할 수 있음.

☞ 상당계급 적용방법 및 초임호봉획정
- 9급경력1년(5월/29일)+1호봉=9급2호봉(5월/29일) → 8급1호봉(5월/29일)+8급경력1년(6월)= 8급2호봉(11월/29일) → 7급1호봉(11월/29일)+7급경력 3년=7급4호봉(11월/29일) → 6급3호봉(11월/29일) + 6급경력 4년 = 6급7호봉(11월/29일) → 5급6호봉(11월/29일) + 5급경력3년(4월/25일) = 5급10호봉(4월/24일)

4. (민간근무경력을 요건으로 하는 경력경쟁채용에서 관련 직무분야로 인정받은 경력 관련) 민간기업체 등에서 자격증 없이 임용예정직렬과 동일한 분야에서 근무한 총 경력(팀장 경력)이 5년인 자가 '12.8.1일자로 5급 공무원으로 신규채용된 경우 초임호봉 획정방법은?

☞ 상당계급 적용기준(근무연수 기준)

일반직	5급	6급	7급	8급	9급
근무연수	10년 이상	10년 미만~6년 이상	6년 미만~3년 이상	3년 미만~1년 6월 이상	1년 6월 미만

* 다만, 위 기준에도 불구하고 본부장·부장·차장·과장·팀장 등 관리자로서 3년 이상 근무한 경력은 기관별 「호봉경력 평가 심의회」를 거쳐 5급상당 경력으로 인정할 수 있음.

☞ 「호봉경력 평가 심의회」에서 팀장 경력 5년을 5급 경력으로 불인정시 : 5급2호봉
- 9급경력1년(5월/29일)+1호봉=9급2호봉(5월/29일) → 8급1호봉(5월/29일)+8급경력1년(6월)= 8급2호봉(11월/29일) → 7급1호봉(11월/29일)+7급경력2년(1일)=7급4호봉 → 6급3호봉 → 5급2호봉

☞ 「호봉경력 평가 심의회」에서 팀장 경력 2년을 5급 경력으로 인정시 : 5급3호봉
- 총 5년 : 5급 경력(2년) + 6급이하 경력(3년)
- 9급경력1년(5월/29일)+1호봉=9급2호봉(5월/29일) → 8급1호봉(5월/29일)+8급경력1년(6월) = 8급2호봉(11월/29일) → 7급1호봉(11월/29일)+7급경력(1일)=7급2호봉 → 6급1호봉→ 5급1호봉+5급경력2년= 5급3호봉

2014. 7. 16. 호봉 획정방법 변경에 따른 재직자 호봉 재획정

가. 근 거 : 지방공무원보수규정(대통령령 제25468호 개정 2014.7.16., 시행 2014.7.16.) 부칙 제5조

나. 대 상 : 「지방공무원법」(제11531호) 시행에 따라 2013년12월12일자로 종전의 별정직공무원에서 지방전문경력관으로 직종이 전환 임용된 공무원 (「공무원보수규정」 별표 3의2의 봉급표를 적용 받는 공무원)

다. 호봉 재획정 방법 및 절차

<호봉 재획정>

○ 별정직공무원에서 지방전문경력관 공무원으로 직종 전환자
 - 부칙 제5조에 규정하고 있는 변경된 지방전문경력관 봉급표(2013년도)를 기준, 별정직 재직 당시의 봉급액 [지방공무원보수규정(제24301호)에 따른 2013.12.12. 직종전환전의 봉급액을 말한다]과 차액이 가장 적으면서 낮지 않은 금액에 해당하는 호봉으로 재획정함.

【예시 1】

별정5급	전환 前('13.12.11)	전환 後			
		전환당시('13.12.12)	'14.1.1 기준	상반기중 승급 시	'14.7.1 기준
현행	30호봉(3,976,100)	가군 21호봉(4,006,400)	가군 21호봉(4,086,500)	가군 22호봉(4,149,400)	가군 22호봉
개정	30호봉(3,976,100)	가군 27호봉(4,034,400)	가군 27호봉(4,115,100)	가군 28호봉(4,175,300)	가군 28호봉

 * 변경된 봉급표는 '14.7.1일 이후부터 적용하며, 8월에 정산 지급

【예시 2】

별정6급	전환 前('13.12.11)	전환 後			
		전환당시('13.12.12)	'14.1.1 기준	상반기중 승급 시	'14.7.1 기준
현행	23호봉(3,235,800)	나군 25호봉(3,276,000)	나군 25호봉(3,341,500)	나군 26호봉(3,386,500)	나군 26호봉
개정	23호봉(3,235,800)	나군 29호봉(3,260,200)	나군 29호봉(3,325,400)	나군 30호봉(3,371,400)	나군 30호봉

 * 변경된 봉급표로 봉급이 감소되는 경우에는 2014.12.31까지 보전함.

○ 성과급적 연봉제 적용대상 공무원에서 지방전문경력관 공무원으로 직종 전환자
 - 부칙 제5조에 규정하고 있는 변경된 지방전문경력관 봉급표(2013년도)를 기준, 2013.12.12. 직종전환전의 연봉에서 성과연봉을 제외한 연봉월액의 78%의 금액과 차액이 가장 적으면서 낮지 않은 금액에 해당하는 호봉으로 재획정하되, 낮지 않은 금액에 해당하는 호봉이 없는 경우 해당 직위군의 최고 호봉으로 함.
 - 다만, 봉급이 감소되는 경우에는 지방공무원보수규정(제25468호, 2014.7.16.) 시행 당시 봉급에 해당하는 금액을 지급

2014. 7. 16. 호봉 획정방법 변경에 따른 재직자 호봉 재획정

<잔여기간(근무기간) 조정>

○ 대 상 : 호봉재획정으로 지방전문경력관 해당 직위군내 동일호봉*으로 획정되는 경우
  * (예) 별정5급 10호봉 → 지방전문경력관 가군 10호봉으로 획정되는 자가 아님.

○ 방 법 : 호봉재획정에 따른 동일호봉 획정자 중 직종전환 前 별정직 상위호봉자에 대해서는 잔여기간을 1/2로 조정한 후 6개월 가산

【예시3】 동일호봉 획정자 및 잔여기간 조정(종전 영(24301호) 봉급표 적용자)

별정3급 →가군	별정4급 →가군	별정5급 →가군	별정6급 →나군	별정7급 →나군	별정8급 →다군	별정9급 →다군	조정방법
24호봉→ **38호봉**	24호봉→ **29호봉**	24호봉→ **23호봉**	27호봉→ **32호봉**	25호봉→ **24호봉**	31호봉→ **35호봉**	25호봉→ **24호봉**	근무기간×1/2 + 6월
	27호봉→ **31호봉**	27호봉→ **25호봉**	30호봉→ **34호봉**	28호봉→ **26호봉**		28호봉→ **26호봉**	근무기간×1/2 + 6월
		29호봉→ **26호봉**	32호봉→ **35호봉**	30호봉→ **27호봉**		30호봉→ **27호봉**	근무기간×1/2 + 6월

구분	전환 前('13.12.11)	전환 後			
		전환당시('13.12.12.)	'14.1.1. 기준	차기승급 기준	'14.7.1. 기준
현행	별정5급 24호봉 (근무기간 8월22일)	가군 23호봉 **(근무기간 8월22일)**	가군 23호봉 (근무기간 9월12일)	'14.4.1자 승급 가군 24호봉 (근무기간 12일)	가군 24호봉 **(근무기간 3월12일)**
개정	별정5급 24호봉 (근무기간 8월22일)	가군 23호봉 **(근무기간 : 8월22일× 1/2+6월 = 10월 11일)**	가군 23호봉 (근무기간 11월1일)	'14.2.1자 승급 가군 24호봉 (근무기간 1일)	가군 24호봉 **(근무기간 5월1일)**

 * 잔여기간 조정에 따라 2014.7.16.일 시행 전에 상위호봉자가 기 승급된 경우, 변경된 봉급표에서 승급호봉 금액 적용

라. 봉급 보전대상 및 방법

○ 대 상 : 공무원보수규정(대통령령 제25468호 개정 2014.7.16., 시행 2014.7.16.) 부칙 제5조에 따른 호봉 재획정으로 봉급이 감소되는 자

○ 방 법 : 종전에 적용받던「공무원보수규정」별표3의2(전문경력관 봉급표)의 봉급에 해당하는 금액을 2014년12월31일까지 보전 조치

2014. 7. 16. 호봉 획정방법 변경에 따른 신규자 초임호봉 획정

가. 근 거 : 지방공무원보수규정(대통령령 제25468호 개정 2014.7.16, 시행 2014.7.16) 부칙 제3조

나. 대 상 : 2014.7월 보수규정 개정 시행 당시 재직중인 지방전문경력관 중 2013.12.12 직종전환 이후에 신규 임용된 공무원(「공무원보수규정」 별표3의2의 봉급표를 적용 받는 공무원)

다. 초임호봉 획정 특례(지방공무원보수규정 별표 1 제1호의2 참조)

○ 계급별로 산정된 경력 기간을 기준으로 하여 그 중 가장 낮은 계급의 경력연수에 1을 더하여 호봉을 획정한 후, 가장 낮은 계급에서 임용된 직위군의 가장 낮은 계급까지 순차적으로 승진하는 것으로 보아 공무원보수규정 제10조를 준용하여 초임호봉을 재획정(조정)함.

<공무원경력·유사경력이 있는 경우의 초임호봉 획정 방법>
- 가장 낮은 계급의 경력이 9급에 해당하는 사람이 나군으로 임용된 경우 2호봉을 減
- 가장 낮은 계급의 경력이 9급에 해당하는 사람이 가군으로 임용된 경우 4호봉을 減
- 가장 낮은 계급의 경력이 8급에 해당하는 사람이 나군으로 임용된 경우 1호봉을 減
- 가장 낮은 계급의 경력이 8급에 해당하는 사람이 가군으로 임용된 경우 3호봉을 減
- 가장 낮은 계급의 경력이 7급에 해당하는 사람이 가군으로 임용된 경우 2호봉을 減
- 가장 낮은 계급의 경력이 6급에 해당하는 사람이 가군으로 임용된 경우 1호봉을 減

○ 변경된 지방전문경력관 봉급표 적용과 초임호봉 획정 특례에 따라 봉급이 감소되는 경우, 대통령령 제25468호 지방공무원보수규정 일부개정령 부칙 제6조에 따라 2014년 12월 31일까지 대통령령 제25071호 지방공무원보수규정 일부개정령 제4조제4항에 따라 준용된 대통령령 제25070호 공무원보수규정 일부개정령 별표 3의2에 따른 봉급액(이하 "종전의 봉급액"이라 한다)으로 보전받은 지방전문경력관에 대해서는 제4조제4항에 따라 준용되는 대통령령 제26041호 공무원보수규정 일부개정령 별표 3의2의 개정규정에 따른 봉급액이 종전의 봉급액보다 많아지게 될 때까지 종전의 봉급액을 지급한다.

   * 지방공무원보수규정(대통령령 제25965호, 2015.1.6.) 개정 참조

2021. 1. 5. 유사경력 호봉획정방법 변경에 따른 재직자 호봉 재획정

가. 근 거 : 지방공무원 보수규정(대통령령 제31375호 개정 2021.1.5.) 제9조, 제9조의2 및 별표 2, 별표 3, 별표 4

나. 대 상 : 이 영 시행 당시 재직 중으로 공무원 보수규정 별표 3·3의2·5·6의 봉급표를 적용받는 공무원

다. 인정경력 : 공무원 임용전 시간제로 근무한 경력 중 1주 15시간 이상 근무한 경력

라. 호봉 재획정일 : 경력합산을 신청한 날이 속하는 달의 다음달 1일

마. 호봉 재획정 방법 및 절차

  ○ 해당 공무원으로부터 별지 제1호 서식에 의한 경력합산신청서를 제출받아 전력조회 완료 후 호봉 재획정

【예시1】 '18.4.1. 일반직 전산직 전산서기보로 임용된 자가 공무원 임용전 공공기관에서 2년간 1주 35시간 근무(비동일분야 70% 인정)한 경우 경력인정방법은?
  * '21.1.1.기준 9급 3호봉(잔여기간 9월)
  - '21.2.1. 호봉 재획정 결과 : 9급 5호봉(잔여기간 21일)
    · 재획정기간 : 2년 × (35시간/40시간) × 70% = 1년 2월 21일
    · 잔여기간21일 = 9월('21.1.1.기준 잔여기간) + 1년 2월 21일(재획정기간) + 1월(재직기간) - 2년(호봉승급반영)

  ○ **연봉 조정 방법**
  - 현재 연봉제 적용 대상자 중 시간제 근로경력 인정시 다음의 순서에 따라 기본연봉(Y) 조정
    ⅰ) 호봉제를 가정하여 재획정일에 당초 호봉 및 정기승급일 기준, 신규채용에 따른 연봉책정 방식으로 기본연봉(A) 계산
    ⅱ) 호봉제를 가정하여 재획정일에 시간제 근로경력 인정이 반영된 호봉 및 정기승급일 기준, 신규채용에 따른 연봉책정 방식으로 기본연봉(B) 계산
    ⅲ) ⅱ)의 기본연봉(B) - ⅰ)의 기본연봉(A)의 금액(차액분)을 대상자의 '21년 기본연봉(Y)에 가산·조정
      ※ 단, '2021년도 계급별 연봉 한계액'[2급(상당) 이상의 경우는 '2020년도 한계액']을 초과하는 경우에는 초과하지 않는 범위 내에서만 가산

2021. 1. 5. 유사경력 호봉획정방법 변경에 따른 재직자 호봉 재획정

【예시2】 '21년 4급(상당) 공무원 기본연봉(Y) 87,000,000원(가정)인 사람이 공무원 임용전 공공기관에서 2년간 1주 35시간 근무(비동일분야 70% 인정)한 경우 경력인정 방법은?

ⅰ) 호봉제를 가정했을 경우 '21.2.1. 당초 4급 23호봉(잔여기간 7월 20일, 차기 승급일 '21.7.1. 근무연수 24년) 기준 기본연봉(A) : 80,358천원(80,357,328원을 최종 백원단위에서 절상)

- ▶ 봉급액 : 5,172,600원 (4급 23호봉 5,140,600원에 1호봉 승급액(54,800원)의 7/12인 31,966원을 합산한 금액을 최종 십원단위에서 반올림하여 산출한 금액)
- ▶ 봉급연액 : 62,071,200원 (5,172,600원 × 12개월)
- ▶ 정근수당 : 5,172,600원
- ▶ 정근수당가산금 : 1,320,000원(110,000원 × 12개월)
- ▶ 관리업무수당 : 5,586,408원(5,172,600원 × 108%)
- ▶ 명절휴가비 : 6,207,120원(5,172,600원 × 120%)

ⅱ) 호봉제를 가정했을 경우 '21.2.1. 시간제 근로경력 인정시 '21.2.1. 4급 24호봉(잔여기간 10월 11일, 차기승급일 '21.4.1. 근무연수 24년) 기준 기본연봉(B) : 81,345천원(81,344,416원을 최종 백원단위에서 절상)

- ▶ 봉급액 : 5,237,200원 (4급 24호봉 5,195,400원에 1호봉 승급액(50,100원)의 10/12인 41,750원을 합산한 금액을 최종 십원단위에서 반올림하여 산출한 금액)
- ▶ 봉급연액 : 62,846,400원(5,237,200원 × 12개월)
- ▶ 정근수당 : 5,237,200원
- ▶ 정근수당가산금 : 1,320,000원(110,000원 × 12개월)
- ▶ 관리업무수당 : 5,656,176원(5,237,200원 × 108%)
- ▶ 명절휴가비 : 6,284,640원(5,237,200원 × 120%)

ⅲ) '21.2.1. 기준 기본연봉(Y) 조정 : 87,987천원

- ▶ 81,345천원[(ⅱ의 기본연봉(B)) - 80,358천원(ⅰ의 기본연봉(A))] = 987천원을 대상자의 '21년 기본연봉 87,000천원에 추가가산

2024. 1. 12. 호봉획정방법 변경에 따른 재직자 호봉 재획정

※ 「제대군인지원에 관한 법률」(법률 제19525호 시행 2024. 1. 12.) 개정사항 반영

가. 근   거 : 「지방공무원 보수규정」(대통령령 제34100호 개정 2024.1.5.) 별표 1, 별표 2, 별표 3, 별표 4

나. 대   상 : 이 영 시행 당시 재직 중으로 공무원보수규정 별표 3·3의2·5·6·12의 봉급표를 적용받는 공무원

다. 인정경력 : 대체역, 예술체육요원·산업기능요원·전문연구요원, 승선근무예비역 복무경력

라. 호봉 재획정일 : 2024. 1. 12.

  ※ 재획정 실무작업이 재획정일 후로 늦어지는 경우, 2024. 1. 12. 기준으로 재획정 및 급여 소급 지급(일할계산)

마. 호봉 재획정 방법 및 절차

  ○ 해당 공무원으로부터 별지 제1호 서식에 의한 경력합산신청서와 병적증명서·경력증명서 등을 제출받아 전력조회(필요시)* 완료 후 호봉 재획정

   * 증명서의 내용이 불확실한 경우 등 필요한 경우에 한하여 전력조회 실시

  ○ 다만, 해당 경력을 이미 다른 유사경력(민간경력 등)으로 인정받은 바 있어 호봉 및 잔여기간에 변동이 없거나, 변경된 초임호봉표 및 경력환산율표를 적용하는 것이 종전보다 불리해지는 경우에는 재획정 대상에서 제외(종전 호봉 그대로 적용)

> **예 시**
>
> 1. '21. 1. 12. 신규임용(9급 1호봉, 잔여기간 0일)되어 '24. 1. 12. 현재 9급 3호봉(잔여기간 12월)인 자가 임용 전 산업기능요원으로 2년 10개월 근무한 경력(초임호봉 획정 당시 호봉경력으로 미반영)이 있는 경우, 호봉 재획정 방법은?
>   - '24. 1. 12. 기준, 기존 공무원 재직경력(3년)에 산업기능요원 경력(2년10월)을 합산
>   ☞ '24. 1. 12. 재획정 결과 : 9급 6호봉(잔여기간 10월)

> **예 시**
>
> 2. 전문연구요원으로 3년 근무한 경력을 민간경력으로 100% 인정받았던 자['21. 1. 12. 9급 4호봉 신규임용, '24.1.12. 현재 9급 6호봉(잔여기간 12월)]에 대한 호봉 재획정 방법은?
>   ☞ 호봉 및 잔여기간에 변동이 없으므로 재획정 불필요

2024. 1. 12. 호봉획정방법 변경에 따른 재직자 호봉 재획정

바. 연봉제 공무원에 대한 연봉 수시조정

　○ 적용대상 : 현재 연봉제 적용 대상자 중 위 다. 인정경력을 소지한 자

　○ 연봉 수시조정일 : 2024. 1. 12.

　○ 연봉 수시조정 방법 및 절차

　- 현재 연봉제 적용 대상자 중 위 다. 인정경력 반영시 다음의 순서에 따라 기본연봉(Y) 조정

　ⅰ) 호봉제를 가정하여 재획정일에 당초 호봉 및 정기승급일 기준, 신규채용에 따른 연봉책정 방식으로 기본연봉(A) 계산

　ⅱ) 호봉제를 가정하여 재획정일에 인정경력이 반영된 호봉 및 정기승급일 기준, 신규채용에 따른 연봉책정 방식으로 기본연봉(B) 계산

　ⅲ) ⅱ)의 기본연봉(B) - ⅰ)의 기본연봉(A)의 금액(차액분)을 대상자의 '24년 기본연봉(Y)에 가산·조정

　※ 단, '2024년도 계급별 연봉 한계액'을 초과하는 경우에는 초과하지 않는 범위 내에서만 가산

Ⅴ. 승 급(영 제12조·제13조·제14조·제15조)

1. 정기승급

가. 대상 및 요건(영 제12조·제13조)

○ 재직중인 공무원으로서 다음 요건에 모두 해당되어야 승급함.
  - 정기승급일이 되어야 함.
  - 정기승급일 현재 승급제한기간중에 해당되지 아니하여야 함.
  - 승급기간(승급에 필요한 기간)이 1년 이상이어야 함.

나. 승급일(영 제12조제3항, 제13조제3항)

○ 정기승급일 : 매월 1일

○ 승급이 제한되었던 공무원 중에서 승급제한이 만료된 날 현재로 승급기간이 1년 이상되는 경우
  - 통상의 정기승급일에 불구하고 승급제한이 만료된 날의 다음 날에 동 승급기간 1년에 대하여 승급시킴(다만, 승급제한의 사유 없이 계속 근무한 경우에 획정되는 호봉을 초과할 수 없다).
    * 차기승급일은 다시 정기승급일(매월 1일)로 됨.

○ 징계처분을 받은 공무원이 징계처분의 집행이 종료된 경우
  - 징계처분의 집행이 종료된 날부터 징계기록말소기간*이 경과한 날이 속하는 달의 다음 달 1일에 처분기간을 제외한 승급제한기간**을 승급기간에 포함시킴.
    ※「지방공무원 인사기록·통계 및 인사사무 처리 규칙」제7조제1항,「지방공무원 인사제도 운영지침」제11장 참고
    * 강등(9년), 정직(7년), 감봉(5년), 견책(3년)
    ** 강등·정직(18월), 감봉(12월), 견책(6월). 단,「지방공무원법」제69조의2 제1항 각 호의 어느 하나에 해당하는 사유로 인한 징계처분과 소극행정, 음주운전(음주측정에 응하지 않은 경우를 포함), 성폭력 성희롱 및 성매매에 따른 징계처분의 경우에는 각 처분별 승급제한기간에 6월을 가산한다(소극행정 및 음주운전(음주측정에 응하지 않은 경우를 포함)에 따른 징계처분으로 인한 승급제한기간 가산규정은 '19.11.5. 이후 징계사유에 해당하는 위반행위를 하는 경우부터 적용).
  - 징계기록말소기간이 경과하기 전에 또 다른 징계처분을 받은 경우에는 각각의 징계처분에 대한 징계기록말소기간을 합산한 기간이 경과하여야 함.

○ 승진 또는 강임시에 잔여기간이 1년 이상이 있는 공무원
  - 승진전 또는 강임전의 계급에서 승진일 또는 강임일에 승급함.
  - 다만, 이 경우에는 승급발령을 별도로 하지 아니하고 승진 또는 강임시의 호봉획정 발령으로 갈음함.

- ○ 승급제한기간이 단축되는 경우(영 제13조제3항)
  - 훈·포장 등으로 승급제한기간이 1/2 단축된 경우 단축기간을 합산하여 1년 이상이 되는 경우에는 표창 또는 포상 등을 받은 달의 다음 달 1일자로 승급할 수 있음.

다. 승급의 제한(* 승급제한기간중에는 승급발령을 할 수 없음)

□ 승급이 제한되어 승급시킬 수 없는 기간(영 제13조제1항)
- ○ 징계처분기간·직위해제기간·휴직기간(군 입대휴직 포함)중
  * 공무상 질병 또는 부상으로 인한 휴직은 승급제한 대상이 아니므로, 공무상 질병 또는 부상 휴직자는 재직자와 같이 정기 승급일에 승급할 수 있다.
- ○ 징계처분의 집행이 종료된 날로부터 다음의 기간이 경과할 때까지
  - 강등·정직(18월), 감봉(12월), 견책(6월)
    * 단, 「지방공무원법」 제69조의2 제1항 각 호의 어느 하나에 해당하는 사유로 인한 징계처분과 소극행정, 음주운전(음주측정에 응하지 않은 경우를 포함), 성폭력, 성희롱 및 성매매에 따른 징계처분의 경우에는 각 처분별 승급제한기간에 6월을 가산한다(소극행정 및 음주운전(음주측정에 응하지 않은 경우를 포함)에 따른 징계처분으로 인한 승급제한기간 가산규정은 '19.11.5. 이후 징계사유에 해당하는 위반행위를 하는 경우부터 적용).
- ○ 법령의 규정에 의한 근무성적평정점이 최하등급에 해당하는 자(근무성적평정에 관한 규정의 적용을 받지 아니하는 자는 상급감독자가 근무성적이 불량하다고 인정하는 자) : 최초정기승급예정일로부터 6월이 경과할 때까지

□ 징계에 의한 승급제한과 승급제한 기간의 산입(승급기간의 특례)
- ○ 징계와 관련된 승급기간 처리

징계에 의한 승급제한기간 (영 제13조제1항제1호, 제2호)	승급제한기간의 산입시기(재획정) (영 제14조제2호 및 영 제9조 제1항, 제2항)	산입되는 기간 (영 제14조제2호)
징계처분기간+제2호에 의한 승급제한기간 · 강등·정직 : 징계처분기간+18월 · 감봉 : 징계처분기간+12월 · 견책 : 6월 * 단, 「지방공무원법」 제69조의2 제1항 각 호의 어느 하나에 해당하는 사유로 인한 징계처분과 소극행정, 음주운전(음주측정에 응하지 않은 경우를 포함), 성폭력, 성희롱 및 성매매에 따른 징계처분의 경우에는 각 처분별 승급제한기간에 6월을 가산	징계처분의 집행이 종료된 날로부터 다음의 기간(<u>징계기록말소기간</u>)이 경과한 날이 속하는 달의 다음달 1일에 호봉재획정 · 강등 : 9년 · 정직 : 7년 · 감봉 : 5년 · 견책 : 3년	징계처분 기간을 제외한 승급제한기간 · 강등·정직 : 18월 · 감봉 : 12월 · 견책 : 6월 * 단, 「지방공무원법」 제69조의2 제1항 각 호의 어느 하나에 해당하는 사유로 인한 징계처분과 소극행정, 음주운전(음주측정에 응하지 않은 경우를 포함), 성폭력, 성희롱 및 성매매에 따른 징계처분의 경우에는 각 처분별 승급제한기간에 6월을 가산

1. **2017년 5월 7일 정직 1월 처분의 경우**
   - 승급제한 기간은 정직 1월과 18월의 승급제한기간을 합하여 총 승급제한 기간은 19월이 됨.
   - 정직처분이 종료된 2017년 6월 7일부터 기산하여 징계기록말소기간*인 7년이 경과한 날(2024년 6월 7일)이 속하는 달의 다음 달 즉, 2024년 7월 1일에 정직처분으로 인한 승급제한 기간 18월을 합산하여 재획정함.
     * 휴직 등 직무에 종사하지 않은 기간은 제외(공무상 질병 휴직 등「지방공무원 인사제도 운영지침」에 따른 일부 휴직은 인정)

2. **영 제14조제2호(징계기록말소기간)에 의한 기간이 경과하기 전에 다른 징계처분을 받은 경우(2002.2.10. 감봉3월 처분을 받은 자가 2007.3.1. 견책처분을 받은 경우)**
   - 징계기록말소기간 : 감봉3월의 징계처분이 종료된 날(2002.5.10.)로부터 8년(감봉의 말소기간 5년+견책의 말소기간 3년)
   - 호봉재획정시기 : 2010.6.1.(징계기록말소기간이 경과한 날(2010.5.10.)의 다음달 1일)
   - 합산기간 : 승급제한기간 18월(감봉 : 12월+견책 : 6월)
     ※ 징계처분기간인 감봉3월은 승급기간에 산입하지 않음

1. **2023년 10월 1일 일반직 8급 7호봉(잔여기간 4월)인 자가 금품수수로 2024년 5월 20일 정직 1월 징계처분을 받은 경우 다음 호봉승급일 및 호봉재획정일은?**
   - 승급제한기간(1월+18월+6월)이 만료되는 다음날인 2026.6.20.에 잔여기간이 11월 19일로 승급기간이 12월이 안되므로 승급기간이 12월이 된 후 최초 도래하는 정기승급일인 2027.7.1. 8급 8호봉(잔여기간 1일)으로 승급함.
   - 호봉재획정일은 징계처분이 종료된 날 2024.6.20.부터 7년이 경과한 날의 다음 달 1일인 2031.7.1.이며 징계처분기간(1월)을 제외한 승급제한기간인 24월(18월+6월)을 승급기간에 산입하여 호봉 재획정함.

2. **2024년 7월 1일 일반직 7급 10호봉(잔여기간 12월 20일)으로 정기승급이 예정된 자가 2024년 7월 1일 자로 감봉 1월 징계처분을 받은 경우 2024년 7월 1일에 정기승급이 가능한지 여부 및 승급일은?**
   - 2024.7.1.부터 징계처분일에 포함되므로 2024.7.1.은 승급이 제한됨.
   - 승급제한기간(1월+12월)이 완료된 날의 다음날인 2025.8.1.에 승급기간이 1년 이상이 되므로 2025.8.1.에 7급 10호봉(잔여기간 20일)이 됨(차기승급일 : 2026.8.1.)

□ 승급제한이 중복되는 경우의 승급제한기간 계산(영 제13조제2항)

○ 승급이 제한되는 사람이 다시 징계처분이나 그 밖의 사유로 승급을 제한 받는 경우에는 먼저 시작되는 승급제한기간이 끝나는 날부터 다음 승급제한기간을 기산

> **예시**
> 직위해제 된 자가 직위해제가 종료되지 아니한 상태에서 정직3월을 받은 경우 직위해제처분이 종료된 날로부터 새로운 징계처분기간의 승급제한기간(정직3월+18월)을 계산

□ 승급제한기간의 단축(영 제13조제3항)

○ 징계처분을 받은 후, 당해 계급에서 훈장·포장·국무총리이상의 표창·모범공무원포상 또는 제안의 채택으로 포상을 받은 경우
 - 최근에 받은 가장 중한 징계처분에 한하여 승급제한기간의 1/2을 단축할 수 있음.
  * "최근에 받은 가장 중한 징계처분"이라 함은 동 포상 등을 받기 전에 당해 계급의 근무기간 중 받은 가장 중한 징계처분을 말함.

라. 승급기간의 계산(영 제12조제1항, 제14조)

○ 승급기간의 계산 시점 : 승급일 현재

○ 호봉획정(초임호봉 획정·호봉 재획정·승진시의 호봉 획정 등) 이후 최초 승급시 승급기간의 계산
 - "호봉 획정시 산출한(다음승급기간에 산입할 수 있는) 잔여기간"에 "호봉 획정일로부터 다음 승급일 전일까지의 재직기간"을 합산한 기간
  * "재직기간"에는 승급이 제한된 기간은 포함하지 아니함("다. 승급의 제한" 참조)
  * 다만, 승급이 제한된 기간중에도 군 의무복무를 위하여 휴직한 기간 등 영 제14조(승급기간의 특례)의 각 호에 해당하는 기간은 승급기간에 산입하나, 다만 호봉 승급기간에 산입되는 휴직기간 중 「지방공무원 임용령」 제38조의17에 따라 영리업무 금지의무를 위반하는 등의 사유로 복직명령을 받아 복직된 경우의 휴직기간은 승급기간에 산입하지 않음.

○ 호봉획정후 두 번째 이후의 승급시 승급기간의 계산
 - "종전의 승급시 남은 잔여기간"에 "종전 승급일로부터 다음 승급일 전일까지의 재직기간"을 합산한 기간

○ 시간선택제근무를 하는 공무원 등(「지방공무원법」 제25조의3)의 승급기간계산
- 전일제공무원과 같이 1년 단위로 산입한다.
* 다만, 영 개정 시('14.1.8) 승급기간에 이미 반영된 근무기간은 승급기간 계산에서 제외함.

> **예시**
>
> ○ **2012.8.1. 기준 7급5호봉(잔여기간 8월, 차기승급일 : 2012.12.1.)인 자가 2012.8.10자로 시간선택제전환공무원(주당 20시간 근무)으로 지정될 경우 차기 또는 차차기 승급일은?**
>
> < 규정 개정 前 적용시 >
> - 지정일로부터 최초 1년 이내의 기간은 승급기간 전부 산입 : 2012.8.10. ~ 2013.8.9.(1년)
>   ☞ 7급 6호봉 승급일 : 2012.12.1.(잔여기간 없음)
>   ☞ 2013.8.9. 기준 : 7급6호봉(잔여기간 8월 8일) * 차기승급일까지 잔여기간 3월 22일
>
> $$\text{시간선택제임기제공무원 근무기간(6월 44일=7월 14일)} \times \frac{\text{시간선택제임기제공무원의 주당 근무시간(20시간)}}{40시간} = 3월 22일$$
>
> - 2013.8.10. ~ 2014.3.23.(7월 14일)에 대한 실제 근무시간에 비례하여 승급기간 산입 : 3월 22일
>   ☞ 7급 7호봉 승급일 : 2014. 4. 1.(잔여기간 8일)
>
> < 규정 개정 後 적용시 >   * '14.1.8.자 시행
> - 지정일로부터 최초 1년 이내의 기간은 승급기간 전부 산입 : 2012.8.10. ~ 2013.8.9.(1년)
>   ☞ 7급 6호봉 승급일 : 2012.12.1.
>   ☞ 2013.8.9. 기준 : 7급6호봉(잔여기간 8월 8일) * 차기승급일까지 잔여기간 3월 22일
> - 규정 개정에 따라 '14.1.8전까지 승급기간에 이미 반영된 근무기간은 승급기간 계산에서 제외됨으로 2013.8.10. ~ 2014.1.7.(4개월 28일)에 대한 실제 근무시간에 비례하여 승급기간 산입 : 2개월 14일
>
> $$\text{시간선택제임기제공무원 근무기간(4개월 28일)} \times \frac{\text{시간선택제임기제공무원의 주당 근무시간(20시간)}}{40시간} = 2개월 14일$$
>
>   ☞ 2014.1.7. 기준 : 7급6호봉(잔여기간 8월 8일) + 2월 14일 = 7급6호봉(잔여기간 10월 22일)
> - 규정 개정에 따라 '14.1.8일부터는 전 기간을 승급기간 산입함으로 1개월 8일 경과후 차기승급 실시
>   ☞ 7급 7호봉 승급일 : 2014.3.1.(잔여기간 14일)

마. **절차 및 방법**(영 제12조제1항·제3항)

○ 승급기간 1년에 대하여 1호봉씩 승급시키며, 잔여승급기간은 다음 승급기간에 산입함.

 * 다만, 승급제한기간이 만료된 날의 다음 날에(승급기간이 1년 이상이 되는 경우) 승급시키는 경우의 호봉은 당해 공무원이 승급제한 없이 정상적으로 승급한 경우의 호봉을 초과할 수 없음.

> 【예시】
>
> ○ 이전 경력이 전혀 없는 자가 2019년 10월 3일 공무원으로 임용되었다가, 2019년 12월 1일 병역휴직한 후 2021년 10월 10일 복직하는 경우의 호봉획정은?
> - 승급제한기간이 만료된 후 승급기간 산입
>   · 승급기간 산입 시기 : 2021. 10. 10.(복직일)
>   · 승급대상기간 : 2년 7일(2019.10.3. ~ 2021.10.9.)
>   · 승급방법 : 1호봉(임용시의 호봉) + 2년 7일 = 3호봉, 잔여기간 7일
>   ※ 다음 승급시기 : 2022. 11. 1.(4호봉, 잔여기간 29일)
> - 승급제한 없이 정상적으로 승급한 경우
>   · 2020. 11. 1. : 2호봉, 잔여기간 29일
>   · 2021. 11. 1. : 3호봉, 잔여기간 29일
>   ※ 다음 승급시기 : 2022. 11. 1.(4호봉, 잔여기간 29일)
>   2023. 11. 1.(5호봉, 잔여기간 29일)
> - 복직시의 호봉판단
>   · 승급제한 없이 정상적으로 승급한 경우를 초과할 수 없으므로
>   · 복직일(2021.10.10.)에 2호봉(잔여기간 12월 7일)으로 승급시킴
>   · 다음 승급시기 : 2021.11.1.(3호봉, 잔여기간 29일)
>   2022.11.1.(4호봉, 잔여기간 29일)

바. **승급기간의 특례**(영 제14조)

○ 영 제14조에 따르되, 영 제14조제4호의 규정 중 「지방공무원 임용령」 제31조의6 제2항제2호 가목 1)의 '인사위원회가 징계하지 아니하기로 의결한 경우'에는 '불문경고'를 포함한다.

○ 「지방공무원 임용령」 제38조의17제1항의 복직명령에 따라 복직된 경우(휴직기간이 종료된 후에 휴직기간 중 복직명령 사유가 있었음이 적발된 경우를 포함)의 휴직기간은 승급기간에 미산입

2. 특별승급(영 제15조)

가. 업무실적이 탁월한 자에 대한 특별승급

○ 제2장 '지방공무원특별승급제도 운영기준'에서 별도 규정함.

나. 관련 법령 규정에 따른 인사상 특전으로서의 특별승급

(1) 대상 및 요건(영 제15조제1항제2호)

○ 제안의 채택시행에 따른 인사상의 특전 등 관련 법령 규정에 의한 인사상의 특전으로 승급시키고자 하는 경우(다만, 동일한 사유로 특별승진된 자는 제외)
  * 연구·지도직 공무원은 영 제15조제5항 참조

(2) 시 기(영 제15조제4항·제6항)

○ 특별승급결정 통보를 받은 날이 속하는 달의 다음달 1일자로 승급함.
  * 다만, 승진 또는 승급의 제한을 받고 있는 자는 승진 또는 승급의 제한이 만료된 날이 속하는 달의 다음달 1일자로 승급함.

(3) 절차 및 방법(영 제15조제4항)

○ 1호봉을 특별승급시킴.
  * 특별승급일이 당해공무원의 정기승급일인 경우에는 2호봉을 승급시킴.

Ⅵ. 기타사항

1. 강임*시 등의 봉급 보전(영 제5조)   * 「지방공무원법」 제65조의4(강임) 참고

○ "봉급보전"이라 함은 강임의 경우에 당해 공무원에게 강임된 계급에 따라 감액된 봉급을 지급하여야 하나, 봉급이 금액상 감액되지 아니하도록 감액되기 전의 봉급에 해당하는 금액(고정된 금액을 말함. 이하 같음)을 지급하는 것을 말함.

- 다만, 강임된 계급의 봉급이 승급이나 봉급표의 인상 등으로 감액되기 전의 봉급에 해당하는 금액을 초과하는 경우에는 봉급 보전을 중지하고 강임된 계급에 의한 봉급을 지급함.

※ 「지방공무원 임용령」 제28조제1항제2호의 전직(직제 또는 정원의 개편·폐지로 인하여 당해 직의 인원을 조정할 필요가 있는 경우의 전직)의 경우도 같음(영 제5조제2항)

※ 「지방공무원법」 제27조제2항7호에 따라 국가공무원이 지방공무원으로 임용된 경우는 경력경쟁채용 형태이므로, 「지방공무원법」 제65조의4 강임에 해당하지 않음

【 2006년 기본급 비중확대에 따른 강임시 봉급보전 방법 조정 】

○ **목   적**
- '06년 기말수당 및 정근수당 일부가 기본급에 산입되어 기본급의 비중이 확대되었으므로 강임자 중 봉급보전 대상자에게 제도 변경에 따른 손실이 발생하지 않도록 기준 마련 필요

○ **적용대상** : '05.12.31.이전 강임되어 봉급보전을 받고 있는 자
 * '06.1.1.이후 강임된 자는 규정 제6조에 따라 당해 년도 봉급표를 기준으로 보전

○ **조정방안**
- 강임된 자의 봉급보전을 위한 봉급액은 대상자의 현재 계급·호봉에 해당하는 '05년 봉급표 상의 봉급액에 '06년 기본급 평균 조정률 3.3%, '07년 기본급 평균 조정률 1.6%, '08년 기본급 평균조정률 1.8%를 인상·조정한 금액으로 하고, 강임전 봉급액과의 차이를 고려하여 봉급보전 여부 결정

· 강임전의 봉급액 ·· ①

· 봉급보전을 위한 봉급액

　'05년도 봉급액(현재 해당계급호봉) × 103.3%('06년 기본급조정률 반영분) × 101.6%('07년 기본급조정률 반영분) × 101.8%('08년 기본급조정률 반영분) ················· ② * '09년도는 기본급 조정분 없음.

· ① > ② 경우 : ① - ② = ③ ⇒ ③ 금액을 보전

· ① ≦ ② 경우 : 보전중지

【예시1】 '05년 6월 1일 5급 25호봉에서 강임되어 6급 27호봉(차기승급일 : '06.4.1.)이 된 자의 '10년 1월 봉급 보전액은?

① 강임전의 봉급액 : 2,159,800원('05년 봉급표상의 5급 25호 봉급액)

② 봉급보전을 위한 봉급액 산정

- '10.1.1. 호봉 : 6급 30호봉

  ※ 호봉획정내역 : 5급 25호봉 →(강임) 6급 27호봉('05.6.1.) →(승급) 6급 28호봉('06.4.1.) →(승급) 6급 29호봉('07.4.1.) →(재획정) 6급 28호봉('08.1.1., 영 제11조 및 별표 9 강임시 호봉 획정방법변경) →(승급) 6급 29호봉('08.4.1) →(승급) 6급 30호봉('09.4.1.)

- '05년 봉급표를 기준으로 산정한 6급 30호봉의 봉급액 : 2,100,700원

  ※ '05년도 공무원봉급표의 6급 30호봉 봉급액인 1,956,200원에 '06년도 봉급인상률 3.3%, '07년도 봉급인상률 1.6%, '08년도 봉급인상률 1.8%를 모두 반영한 금액 ('09년 및 '10년도는 조정분 없음) → 2,100,700원

③ 보전금액 = 2,159,800원 - 2,100,700원 = 59,100원

【예시2】 '05년 5월 1일 6급 27호봉에서 승진하여 2호봉을 감하여 5급 25호봉으로 승진호봉이 획정된 자가, '05년 6월 1일 다시 강임되어 6급 27호봉(차기승급일 : '06.4.1.)이 된 자의 '10년 1월 봉급 보전액은?

① 강임전의 봉급액 : 2,159,800원('05년 봉급표상의 5급 25호 봉급액)

② 봉급보전을 위한 봉급액 산정

- '10.1.1. 현재 호봉 : 6급 31호봉

  ※ 호봉획정내역 : 6급 27호봉 →(승진) 5급 25호봉('05.5.1, 2호봉 減) →(강임) 6급 27호봉 ('05.6.1., 2호봉 增) →(승급) 6급 28호봉('06.4.1.) →(승급) 6급 29호봉('07.4.1.) →(재획정) 6급 29호봉 ('08.1.1., 영 제10조, 제11조 및 별표 9에 따른 승진 및 강임시 호봉 획정방법 변경) →(승급) 6급 30호봉('08.4.1) →(승급) 6급 31호봉('09.4.1.)

- '05년 봉급표를 기준으로 산정한 6급 31호봉의 봉급액 : 2,119,100원

  ※ '05년도 공무원봉급표의 6급 31호봉 봉급액인 1,983,400원에 '06년도 봉급인상률 3.3%, '07년도 봉급인상률 1.6%, '08년도 봉급인상률 1.8%를 모두 반영한 금액 ('09년도는 조정분 없음) → 2,119,100원

③ 보전금액 = 2,159,800원 - 2,119,100원 = 40,700원

> **【 2011년 기본급 비중확대에 따른 강임시 봉급보전 방법 조정 】**
>
> ○ **목 적**
> - '11년 가계지원비 및 교통보조비가 기본급에 산입되어 기본급의 비중이 확대되었으므로, 강임자 중 봉급보전 대상자에게 제도 변경에 따른 손실이 발생하지 않도록 기준 마련 필요
>
> ○ **적용대상** : '10.12.31.이전 강임되어 봉급보전을 받고 있는 자
> * '11.1.1. 이후 강임된 자는 규정 제5조에 따라 당해년도 봉급표를 기준으로 보전
>
> ○ **조정방안**
> - 강임된 자의 봉급보전을 위한 봉급액은 대상자의 현재 계급·호봉에 해당하는 '10년 봉급표 상의 봉급액에 '11년 기본급 평균 조정률 6.5%를 인상·조정한 금액으로 하고, 강임전 봉급액과의 차이를 고려하여 봉급보전 여부 결정
> · 강임전의 봉급액 ……………………………………………………………… ①
> · 봉급보전을 위한 봉급액
>   '10년도 봉급액 (현재 해당계급호봉) × 106.5%('11년 기본급조정률 반영분) ……… ②
> · ① > ② 경우 : ① - ② = ③ ⇒ ③ 금액을 보전
> · ① ≤ ② 경우 : 보전중지

2. 호봉의 정정(영 제17조)

가. 대상 및 요건

○ 호봉획정 또는 승급이 잘못된 공무원

나. 시 기

○ 호봉획정 또는 승급이 잘못된 것이 발견된 때

다. 절차 및 방법

○ 당해 공무원의 현재 호봉획정 또는 승급시행권자가 시행하되, 호봉 정정의 사유 및 근거를 명확히 하여야 함.
- 당초의 잘못된 호봉발령일자로 소급하여 정정함.
  ※ 호봉정정에 따른 급여정산도 호봉발령일자로 소급하여 정산하는 것임.
- 호봉정정후 다음 승급기간에 산입하는 잔여기간을 계산함.
- 호봉정정의 사유 및 근거를 명확히 하여 호봉승급대장에 준하여 관리하여야 함.
- 호봉정정에 따른 보수는 보수지급일 현재의 소속기관에서 정산함.
  * 필요한 경우에는 종전의 호봉획정 및 승급시행권자에게 호봉정정을 위하여 필요한 사항을 확인할 수 있음.

3. 5년 이상 근속한 공무원의 월 중 면직 등의 경우 봉급 지급(영 제23조)

○ "5년 이상 근속"이라 함은 공무원신분이 계속 연결되면서 실제로 근무한 기간[휴직, 강등(직무에 종사하지 못하는 3개월)·정직·직위해제 기간은 제외]이 5년 이상이 되는 것을 말함.

- 실제근무를 아니하였더라도 영 제14조(승급기간의 특례)의 각호의 1에 해당되는 경우에는 실제근무기간으로 봄.

  * 임용된 후 군입대 휴직하고 복직 후 퇴직하였다면 임용되어 근무한 기간 및 군입대 휴직 기간을 포함하여 5년 이상이면 5년 이상 근속한 공무원에 해당됨.

○ "월중 면직"이라 함은 월 중에 15일 이상 근무한 후 면직한 경우를 말한다.

> **예시**
>
> 1. 5년 이상 근속한 공무원이 질병휴직('10.5.1. ~ '11.4.30.)후 '11.5.1. 복직한 뒤 '11.5.3. 퇴직한 경우 월 중 봉급 지급 여부?
>   - 5.1. ~ 5.2. 2일간 근무하였으며, 5년 이상 근속하였더라도 월 중에 15일 미만 근무하였으므로 5월 중 봉급은 일할계산하여 지급함.
> 2. 5년 이상 근속한 공무원이 감봉 2월의 징계처분('11.3.5. ~ 5.4.)중인 '11.3.16.에 면직한 경우 3월 중 봉급지급 방법은?
>   - 5년 이상 근속한 공무원이 월 중 면직(16일)하였으므로 그달의 봉급을 모두 지급하되, '11.3.5.자 감봉처분으로 봉급이 감액 중에 있었으므로, '11.3.5.~3.31.은 1/3 감액된 봉급을 지급함.

○ 2년 이상 근속한 공무원이 「병역법」이나 그 밖의 법률에 따른 의무를 수행하기 위하여 휴직(그 달 1일자로 휴직하는 경우는 제외)한 경우에는 그 달의 봉급 전액을 지급한다.

○ 공무원이 재직중 공무로 사망하거나 공무상 질병 또는 부상으로 재직 중 사망하여 면직(그 달 1일자로 면직되는 경우는 제외)된 경우에는 그 달의 봉급 전액을 지급한다.

○ 영 제23조제1항의 규정에 의하여 봉급을 지급받은 호봉제 적용대상 공무원이 그 면직된 달에 다시 연봉제 적용대상 공무원으로 신규임용된 경우

- 그 달의 연봉월액(성과연봉을 제외한 금액을 말한다) 중 78퍼센트(기본연봉에 관리업무수당에 해당하는 금액이 포함되지 않은 5급(상당) 공무원은 84퍼센트)에 해당하는 월봉급액은 지급하지 않음.
- 다만, 새로 임용된 계급의 연봉월액 중 월봉급액이 면직 당시의 월봉급액보다 많은 경우에는 그 차액을 일할계산하여 지급

  * 그 반대 임용(연봉제 → 호봉제 적용대상 공무원)의 경우에도 또한 같음.

4. 봉급의 감액

가. 징계처분기간의 보수감액(영 제25조)

○ 징계처분에 따른 보수감액은 『지방공무원법』 제71조 등 관련법령에 의함.
 - 강등 : 직무에 종사하지 못하는 3개월 동안 보수를 전액 감함.
 - 정직 : 보수를 전액 감함.
 - 감봉 : 보수의 1/3을 감함.
  * 단, 「지방공무원법」(법률 제13634호) 제71조, 부칙 제1조 및 제4조에 따라 '16.6.30. 이후 발생한 사유로 강등 또는 정직처분을 받는 경우에 적용('16.6.30 전에 발생한 사유로 징계처분을 받은 경우에는 종전 규정 적용)

나. 결근기간의 봉급감액(영 제26조)

○ 결근한 사람으로서 그 결근일수가 해당 공무원의 연가일수(「지방공무원 복무규정」 제7조의10에 따라 이월·저축한 연가일수를 포함한다)를 초과한 공무원에게는 연가일수를 초과한 결근일수에 해당하는 봉급일액을 지급하지 않는다.
 * "결근일수"는 해당 공무원의 결근일수가 해당 공무원의 연가일수(「지방공무원 복무규정」 제7조의10에 따라 이월·저축한 연가일수를 포함한다)를 초과한 경우 그 초과한 결근일수를 말한다. 이 경우 결근일과 결근일 사이에 있는 토요일과 공휴일은 결근일수로 보지 아니한다.

다. 무급휴가의 봉급감액(영 제26조제2항)

○ 무급휴가 일수만큼 봉급일액을 감함.
 ※ 「지방공무원 복무규정」 제7조의7제10항 참고

> 여성공무원은 생리기간 중 휴식을 위해 매월 1일의 여성보건휴가를 받을 수 있다. 이 경우 여성보건휴가는 무급으로 한다.

라. 휴직기간 중의 봉급감액(영 제27조)

○ 신체정신상의 장애로 인한 장기요양을 위해 휴직한 기간 : 1년 이하 봉급의 70퍼센트, 1~2년 이하는 봉급의 50퍼센트 지급
 ※ 질병휴직 기간 연장에 따른 봉급 지급비율 개정사항은 '14. 2. 7일부터 적용(이전까지는 종전규정 적용)

○ 공무상 질병 또는 부상으로 휴직한 기간 : 봉급의 전액 지급
  * "공무상 질병으로 휴직한 기간"이라 함은 질병의 사유로 휴직되었고 그 휴직기간중 동 질병에 대하여 공무원연금공단에서 공무상요양으로 승인된 기간(3년 이내)을 말함. 따라서, 공무상 질병으로 인한 휴직기간은 질병의 사유로 휴직된 기간을 소급하여 적용하게 됨.

○ 목적 외 휴직 사용시 봉급 환수
  - 각급 행정기관의 장은 소속 공무원이 휴직 목적과 달리 거짓이나 그 밖의 부정한 방법으로 봉급을 지급받은 경우에는 해당하는 금액을 징수하여야 함.
  - 봉급 부정 수령액 환수 방법
    • 환수금액 : 거짓이나 그 밖의 부정한 방법으로 수령한 봉급에 상당하는 금액
  - 환수 및 가산 징수절차
    • 각급 행정기관의 장은 소속공무원이 거짓이나 그 밖의 부정한 방법으로 봉급을 부정 수령한 사실을 적발한 경우에는 지체없이 환수금액을 확정하여 부정 수령자에게 고지하고, 환수 및 가산징수 조치를 취하여야 함.
    • 각급 행정기관의 장은 봉급을 부정 수령한 공무원이 납부기한내에 가산징수 금액을 납입하지 않을 경우에는 「지방재정법」 제87조에 따라 강제징수 등의 필요한 조치를 취하여야 함.

마. 직위해제기간 중의 봉급감액(영 제28조)

○ 공무원이 재직 중 법령에 의하여 직위해제된 경우 : 직무수행 능력이 부족하거나 근무성적이 극히 나쁜 경우는 봉급의 80퍼센트, 그 외에는 봉급의 50퍼센트를 지급
  - 다만, 직무수행 능력이 부족하거나 근무성적이 극히 저조한 경우 외의 사유로 직위해제된 자가 직위해제일로부터 3개월이 지나도 직위를 부여받지 못한 때에는 그 3개월이 지난 후의 기간 중에는 봉급의 30퍼센트를 지급한다.

5. 면직 또는 징계처분 등이 취소된 공무원의 보수지급(영 제29조)

○ 영 제29조에 따르되, 영 제14조제4호의 규정 중 「지방공무원임용령」 제31조의6 제2항제2호 가목 1)의 '인사위원회가 징계하지 아니하기로 의결한 경우'에는 '불문경고'를 포함한다.

6. 시간선택제근무·한시임기제 공무원의 보수지급

가. 봉급월액(영 제29조의3 및 제29조의4)

○ 시간선택제근무를 하는 공무원 등(아래에 해당하는 공무원)에 대하여는 통상적인 근무시간을 근무할 경우 받을 봉급월액을 기준으로 근무시간에 비례하여 봉급월액을 지급한다.
  - 시간선택제채용공무원(「지방공무원 임용령」 제3조의5)
  - 시간선택제전환공무원(「지방공무원 임용령」 제38조의15제2항)
  - 시간선택제전환공무원(「지방별정직공무원 인사규정」 제11조제1항)

○ <u>한시임기제공무원으로 근무하는 사람에게 지급하는 봉급월액은 「공무원보수규정」 별표 30의2에 따른 봉급액을 기준으로 근무시간에 비례하여 지급한다.</u>

나. 봉급의 감액지급(영 제25조, 제26조, 제27조, 제28조)

○ 징계처분, 결근, 무급휴가, 휴직, 직위해제 등 봉급의 감액지급 사유가 발생한 경우에는 영 제29조의3에 따라 책정된 시간제근무공무원의 봉급월액을 기준으로 영 제25조 내지 제28조에서 정한 비율을 감액하여 지급함.
  * 단, '16.6.30.부터는「지방공무원법」(법률 제13634호) 제71조, 부칙 제1조 및 제4조에 따라 '16.6.30. 이후 발생한 사유로 강등 또는 정직처분을 받는 경우 그 처분기간 중 보수의 전액을 감한다('16.6.30.전에 발생한 사유로 징계처분을 받은 경우에는 종전 규정 적용).

> **예시**
>
> 1. 6급 10호봉으로 재직하던 공무원이 '12.3.1. ~ '12.12.31.까지 주당 30시간씩 근무하는 시간제근무 공무원으로 지정된 경우 시간제근무 기간의 봉급지급 방법은?
>   - 해당 공무원이 정상근무시 지급받을 봉급월액을 기준으로 시간에 비례하여 지급하여야 하므로 6급 10호봉 봉급월액의 3/4을 지급함.
>   ※ 6급 10호봉 봉급월액 × 30시간/40시간

《『지방공무원법』 제63조 및 제64조를 적용받는 공무원의 휴직시 봉급지급 및 승급기간에의 산입 여부》

1. 직권휴직 (『지방공무원법』 제63조 제1항 및 제64조)

종 류		질병휴직	병역휴직	행방불명	법정의무수행
근 거		제1호	제2호	제3호	제5호
요 건		신체정신상의 장애로 장기 요양을 요할 때	병역복무를 필하기 위하여 징·소집 되었을 때	천재·지변·전시· 사변 기타 사유로 생사· 소재가 불명한 때	기타 법률상 의무 수행을 위하여 직무를 이탈 하게 되었을 때
기 간		1년 이내 (1년범위에서 연장 가능)	복무기간	3월 이내	복무기간
호봉제 적용자	봉급지급	·1년 이하 봉급 70% 지급 ·1~2년 봉급 50% 지급	미지급	미지급	미지급
	수당 등	수당규정에 의하여 지급	〃	〃	〃
연봉적용자		·1년 이하 연봉월액 60% 지급 ·1~2년 연봉월액 40% 지급	〃	〃	〃
승급기간산입		미산입	복직일에 휴직 기간산입	미산입	복직일에 휴직 기간산입

* 질병휴직 기간 연장 및 봉급 지급비율 개정사항은 '14. 2. 7부터 적용(이전까지는 종전규정 적용)
※ 공무상질병 또는 부상 휴직의 경우 승급제한이 되지 않으며, 봉급도 전액 지급됨.

2. 청원휴직(『지방공무원법』 제63조 제2항 및 제64조)

종 류	고용휴직	유학휴직	연수휴직	육아휴직	가족돌봄휴직	해외동반휴직	자기개발휴직
근 거	제1호	제2호	제3호	제4호	제5호	제6호	제7호
요 건	국제기구·외국기관, 국내외의 대학·연구기관, 다른 국가기관 또는 대통령령이 정하는 민간기업 그 밖의 기관에 임시로 채용될 때	해외유학을 하게 된 때	행정안전부장관 또는 교육부장관이 지정하는 연구·교육기관 등에서 연수하게 된 때	만8세 이하(취학중인 경우 초등학교 2학년 이하를 말함) 자녀를 양육하기 위하여 필요하거나, 여자공무원이 임신 또는 출산하게 된 때(친생자, 양자 포함)	조부모·부모·배우자·자녀·손자녀·배우자의 부모를 부양하거나 돌보기 위하여 필요한 때	외국에서 근무·유학 또는 연수하는 배우자를 동반하게 된 때	5년 이상 재직한 공무원이 직무 관련 연구과제 수행 또는 자기개발을 위하여 학습·연구 등을 하게 된 때(단, 자기개발휴직 후 복직한 공무원은 복직 후 10년 이상 근무하여야 다시 자기개발휴직 사용 가능)
기 간	채용기간(단, 민간근무휴직은 3년 이내)	3년 이내 (2년 범위 내 연장가능)	2년 이내	3년 이내	1년 이내	3년 이내 (2년 범위 내 연장가능)	1년 이내
호봉제 적용자 - 봉급지급	미지급	50%지급 (재직기간 중 2년 이내)	미지급	미지급	미지급	미지급	미지급
호봉제 적용자 - 수당등	〃	수당규정에 의하여 지급 (재직기간 중 2년 이내)	〃	수당규정에 의하여 지급 (1년 이내)	〃	〃	〃
연봉 적용자	〃	연봉월액 40% (2년 이내)	〃	미지급	〃	〃	〃
승급기간 산입	복직일에 휴직기간 산입	복직일에 휴직기간산입	미산입	복직일에 휴직기간산입 [최초 1년 이내에 한함 단, 셋째자녀 이후의 육아휴직기간은 전기간(최대 3년)을 산입)]	미산입	미산입	미산입

* 유학휴직시 봉급 등의 인정기간 단축(3년→2년) 관련 개정사항은 '14. 2. 7일부터 휴직을 사용하는 경우부터 적용

7. 직종 변경('13.12.12.)에 따른 호봉 획정 및 봉급(연봉) 보전

(영 제24917호 부칙 제2조, 제25468호 부칙 제6조)

○ 영 제24917호 부칙 제2조(직종 변경에 따른 호봉 획정 및 봉급 보전에 관한 특례)는 법률 제11531호『지방공무원법』일부개정법률 부칙 제4조에 따라 직종이 변경되어 임용되는 것으로 보는 공무원에 대해서는 다음의 구분에 따라 변경임용 후 최초의 호봉을 정한다. 다만, 봉급이 감소되는 경우에는 이 영 시행 당시 봉급에 해당하는 금액을 지급하되, 매년도 공무원 처우개선율을 반영한 금액을 포함하여 지급하며, 그 구체적인 금액은 매년 행정안전부장관이 정함.

- 단, 별정직에서 직종이 변경되어 지방전문경력관으로 임용되는 공무원에게는 영 제25468호 부칙 제5조(지방전문경력관으로 임용된 것으로 보는 종전 별정직공무원의 호봉재획정 등에 관한 특례)를 적용한다.

법 시행 전의 직종	법 시행 후의 직종	변경임용 후 최초의 호봉
별정직공무원(호봉제적용대상 공무원만 해당)	지방전문경력관 또는 연구직·지도직 공무원	해당 직위군 또는 계급의 호봉 중 임용 직전의 봉급액과 차액이 가장 적으면서 낮지 아니한 금액에 해당하는 호봉으로 하되, 낮지 아니한 금액에 해당하는 호봉이 없는 경우에는 해당 직위군 또는 계급의 최고 호봉으로 한다.
기능5급 이상의 기능직 공무원	일반직 6급 공무원	임용 직전의 봉급액과 차액이 가장 적으면서 낮지 아니한 금액에 해당하는 호봉으로 하되, 낮지 아니한 금액에 해당하는 호봉이 없는 경우에는 해당 계급의 최고 호봉으로 한다.
기능6급 이하의 기능직공무원	일반직공무원	임용 직전 계급의 호봉
연봉제 적용대상 공무원	호봉제 적용대상 공무원	봉급[성과연봉을 제외한 연봉월액의 78퍼센트(전임계약직공무원 중 개방형직위에 임용되는 계약직공무원이 아닌 공무원과 시간제 계약직공무원은 84퍼센트)를 말한다]의 상당 금액과 차액이 가장 적으면서 낮지 아니한 금액에 해당하는 호봉으로 하되, 낮지 아니한 금액에 해당하는 호봉이 없는 경우에는 해당 계급 또는 직무군의 최고 호봉으로 한다.

※ 직종변경('13.12.12.)에 따른 '14년도 봉급(연봉) 조정 방안 참조

> **< 별정직 → 지방전문경력관 >**
> - 별정직 6급 10호봉(2,455,300원) → 지방전문경력관 나군 12호봉(2,489,400원)
> - 별정직 7급 10호봉(2,217,800원) → 지방전문경력관 나군 9호봉(2,236,900원)
> - 별정직 5급 20호봉(3,597,700원) → 지방전문경력관 가군 16호봉(3,640,800원)
>
> **< 별정직 → 일반직 >**
> - 별정직 6급 10호봉(2,455,300원) → 일반직 6급 10호봉(2,455,300원)
> - 별정직 7급 10호봉(2,217,800원) → 일반직 7급 10호봉(2,217,800원)
> - 별정직 5급 20호봉(3,597,700원) → 일반직 5급 20호봉(3,597,700원)
>
> **< 별정직 → 연구직 >**
> - 별정직 6급 10호봉(2,455,300원) → 연구사 12호봉(2,506,600원)
> - 별정직 7급 10호봉(2,217,800원) → 연구사 9호봉(2,273,400원)
> - 별정직 5급 20호봉(3,597,700원) → 연구관 14호봉(3,680,900원)
>
> **< 기능직 → 일반직 >**
> - 기능직 7급 10호봉(2,217,800원) → 일반직 7급 10호봉(2,217,800원)
> - 기능직 5급 10호봉(2,878,900원) → 일반직 6급 16호봉(2,881,800원)
> - 기능직 4급 20호봉(3,960,600원) → 일반직 6급 32호봉(3,516,500원) * 봉급보전
>
> **< 별정직 3급(연봉제, 기본연봉월액 5,000,000원) → 지방전문경력관 가군 >**
> - 기본연봉월액의 78%(3,900,000원) → 지방전문경력관 가군 20호봉(3,941,400원)
>
> **< 별정직 3급(연봉제, 기본연봉월액 5,000,000원) → 연구관 >**
> - 기본연봉월액의 78%(3,900,000원) → 연구관 16호봉(3,929,200원)

○ 전임계약직공무원에서 별정직공무원으로 직종이 변경되어 임용되는 것으로 보는 연봉제 적용대상 공무원의 성과연봉을 제외한 기본연봉이 감소하는 경우에는 종전의 기본연봉에 해당하는 금액을 지급하되, 매년도 공무원 처우 개선율을 반영한 금액을 포함하여 지급하며, 그 구체적인 금액은 매년 행정안전부장관이 정함.

8. 종전 계약직공무원의 경력 인정에 관한 경과조치(영 제24917호 부칙 제3조)

○ 제8조제2항 후단 및 별표 2 제1호 가목 단서의 규정에 따라 공무원경력을 인정하는 경우 이 영 시행전의 계약직공무원으로서 근무한 경력은 임기제공무원의 경력과 같은 것으로 본다.

【 직종변경('13.12.12.)에 따른 봉급(연봉) 조정 방안 】

□ 근   거 :「지방공무원보수규정」('13.12.11.) 부칙 제2조
　○ 법률 제11531호 지방공무원법 일부개정법률 부칙 제4조에 따라 직종이 변경되어 임용되는 것으로 보는 공무원에 대해서는 다음의 구분에 따라 변경임용 후 최초의 호봉을 정한다. 다만, 봉급이 감소되는 경우에는 이 영 시행 당시 봉급에 해당하는 금액을 지급하되, 매년도 공무원 처우개선율을 반영한 금액을 포함하여 지급하며, 그 구체적인 금액은 행정안전부장관이 정한다.

□ 봉급 보전(호봉제)
　○ 적용대상 및 방법

법 시행 전의 직종	법 시행 후의 직종	봉급보전 대상*
별정직공무원(호봉제적용 대상 공무원만 해당)	지방전문경력관 또는 연구직·지도직 공무원	직종전환 후에 봉급액이 감소되는 자로서, 해당 전문경력관 또는 연구·지도직의 최고 호봉 적용자
기능 5급 이상의 기능직 공무원	일반직 6급 공무원	직종전환 후에 봉급액이 감소되는 자로서, 해당 일반직 6급의 최고 호봉 적용자
연봉제 적용대상 공무원	호봉제 적용대상 공무원	직종전환 후에 봉급[성과연봉을 제외한 연봉 월액의 78퍼센트(전임계약직공무원 중 개방형 직위에 임용되는 계약직공무원이 아닌 공무원 시간제계약직공무원은 84퍼센트)]의 상당금액이 감소되는 자로서, 해당 계급 또는 직무군의 최고 호봉 적용자

　○ 봉급 조정방안
　- 직종변경('13.12.12.) 시 영 부칙 제2조에 따라 봉급보전을 받은 경우(봉급보전 대상*)에는, 대상자의 직종전환 전 호봉에 해당하는 '13년 봉급표 상의 봉급(상당)액에 당해연도까지의 처우개선율(기본급 조정률)을 인상·조정한 금액으로 봉급보전 실시
　·직종전환 前에 적용한 해당 호봉(봉급 상당액)의 당해연도 봉급액 …… ①
　　⇒ 직종전환 前 호봉에 해당하는 봉급액 × 당해연도까지의 기본급조정률 반영분
　·직종전환 後에 적용한 해당 최고호봉의 당해연도 봉급액 ………………… ②
　※ ① - ② = ③ ⇒ ③ **금액을 보전함.**

　○ 직종개편으로 전임계약직공무원에서 지방별정직공무원으로 임용된 공무원의 경우, 직종개편 시점('13.12.12.)부터 해당 공무원의 계약기간이 끝날 때까지 아래 방법에 의한 봉급차액을 보전한다.

> ① 직종개편 전 기본연봉에 처우개선분이 반영된 연봉액
> 　- '13년도 기본연봉 × 처우개선분
> ② 직종개편 후에 받는 봉급(처우개선분 반영)과 정근수당, 정근수당 가산액, 명절휴가비의 합
> 　⇒ 직종개편으로 인해 ① - ② > 0일 경우, ① - ②의 금액을 봉급에 보전

[별표 1]

직종별 경력환산율표 해설

1) 일반직공무원 등의 경력환산율표(영 별표 2)

□ 공무원 경력(환산율 100%)

○ 1948년 8월 15일 이후『지방공무원법』제2조와『국가공무원법』제2조에 규정된 공무원으로 근무한 경력으로서 다음의 경력을 포함함.

　* 다만, 법령에 의한 봉급을 받지 아니하거나 비상근으로 근무한 공무원 경력은 제외함 (시간선택제임기제공무원 및 지방의회의원 경력은 공무원경력으로 포함함).

　※ 시간선택제임기제공무원은 근무한 시간에 비례하여 경력을 인정함.

① 재건국민운동본부 및 국민운동본부 직원 경력(1961.6.12.~1964.8.14.)

　- 본부와 각 지부(촉진회는 제외함)에서 본부장, 차장, 지부장, 이사, 참사, 비서장, 간사(촉진회 또는 각 위원회 상임간사는 제외), 주사, 비서, 록사 또는 참의, 부의, 부이사, 부참사, 서사 및 기능직으로 근무한 경력

　　* 경력증명서 발급 기관 : 행정안전부 인사기획관실

② 『지방공무원법』(1963.11.1.공포, 법률 제1427호) 제2조제2항제6호 및 『국가공무원법』(1963.12.16.공포, 법률 제1521호) 제2조제2항제8호에 의하여 채용된 기한부공무원 경력

③ 『교육공무원법』제2조에 의한 교육공무원으로 근무한 경력

　- 전임강사, 정원상의 조교와 준교사 경력은 포함.

　　* 다만,「지방공무원교육훈련법」기타 법령에 의해 임명된 교수요원(교관요원)에 대하여는「공무원보수규정」별표 22(교육공무원등의 경력환산율표)에 의하여 강사경력을 인정할 수 있음.

④ 병역의무수행을 위하여 휴직 또는 면직된 공무원으로서 다음의 휴직 또는 면직된 기간

시 기 별	경력 인정
1957.8.14. 이전	공무원 재직중 병역의무 수행을 위하여 면직(병역기피등 불법행위로 인하여 면직되는 경우는 제외)되었다가 복직된 자의 실제 군복무기간
1957.8.15.~1963.5.31.	공무원 재직중 병역의무 수행을 위하여 입대하였다가 제대후 복직된 자의 실제 군복무기간
1963.6.1. 이후	병역의무수행을 위하여 휴직된 자의 복무기간 (입대전, 제대후의 공백기간도 포함)

⑤ 『법원조직법』 제72조에 의한 사법연수원의 연수생 경력

⑥ 군무원인 향토예비군 중대장으로 근무한 경력

* 종전 『군무원인사법』에 의한 임시군무원 신분도 포함함. 다만, 군무원 등으로 임명되기 이전의 향토예비군 중대장 경력은 공무원 경력이 아니므로 포함될 수 없음.

○ 군복무경력도 공무원 경력에 포함되며 다음의 경력으로 함.

< 1948년 8월 15일 이후 다음의 경력 >

- 현역군인으로 복무한 경력

    * 병·부사관·준사관·장교와 현역병에 준하는 관리·감독과 보수를 지급받는 보충역(舊 방위병 포함)·상근예비역·대체역을 포함한다.

- 현역병으로 입영한 후 『병역법』에 의하여 의무경찰대원(舊 전투경찰대원)이나 교정시설 경비교도로 전임하여 복무한 경력

- 학도의용군경력

    * 군 복무경력중 전투종사의 경력이 있어도 별도의 가산 혜택은 없음.

< 군 복무경력기간 >

① 원   칙 : 병적증명서에 기재되어 있는 사실상 현역으로 복무한 기간

* 병적증명서 : 주민등록표 초본 또는 각군 본부에서 발급한 군경력증명서 포함.

② 학도의용군의 군복무 경력기간 : 8월

* 학도의용군은 병적증명서상에 현역복무기간의 입대일과 전역일이 동일하며 군번은 07……, 계급은 이등병으로 표시되어 있음.

③ 군간부후보생(무관후보생) 기간 : 군복무경력에 포함하지 아니함.

- 교대출신의 예비역 부사관후보생이거나, 또는 사병으로 복무하다가 장교로 임관된 경우 등에 임관전 군간부후보생(무관후보생) 기간이 병적증명서에 병·부사관 또는 장교의 복무기간으로 기재되어 있어도 군복무경력에서 제외함.

- 다만, 지원에 의하지 아니하고 임용된 하사 또는 사병은 군간부후보생(무관후보생) 기간이 없는 것으로 봄.

    * "군간부후보생"이란 장교·준사관·부사관의 병적 편입을 위하여 군사교육기관 또는 수련기관 등에서 교육이나 수련 등을 받고 있는 사람을 말함(『병역법』 제2조 참조)

④ 상근예비역·보충역 및 방위소집 복무기간
  - 1982.9.9. 이전(방위소집 입영자)
    · 현역복무기간이 12월 이상이거나 해제사유가 만기인 경우 : 1년
    · 복무단축사유(의가사, 질병사유 등)로 6월 이상 현역을 필한 경우 : 6월
    · 6월 미만인 현역미필 보충역 : 군경력이 없는 것으로 한다.
      * 6월 미만으로 복무했더라도 대학생 복무단축 등에 따라 현역을 필한 경우에는 6월 인정한다.
  - 1982.9.10.~1985.12.31.(방위소집 입영자)
    · 병적상의 현역복무기간 (법령상 복무기간의 범위내)
    · 6월 미만인 현역미필 보충역 : 군경력이 없는 것으로 한다.
      * 6월 미만으로 복무했더라도 대학생 복무단축 등에 따라 현역을 필한 경우에는 6월 인정한다.

【 방위소집 복무인정기간 변경에 따른 호봉 재획정 방법 】

○ 적용대상자 : '82.9.10.~'85.12.31. 방위소집 입영자

○ 호봉 재획정 방법
  - 종전 호봉 획정시 확인한 병역사항을 기준으로 호봉재획정 실시
  * 다만, 필요한 병역사항이 확인되지 않는 경우에는 병적증명서 등 확인 필요

구 분	기존	재획정
현역복무기간이 12월 이상이거나 해제사유가 만기인 경우	1년	병적상의 현역복무기간
복무단축사유(의가사, 질병사유 등)로 6월 이상 현역을 필한 경우	6월	

○ 재획정 기준일 : 2019. 2. 1.
【예시1】'83년 1월 3일 방위소집 입영하고 '84년 3월 2일 소집 해제된 자*의 경우
    * '19.1.1.기준 6급 25호봉(잔여기간 7월 25일, 차기승급 : '19.6.1.)
  ① 기존에 호봉인정기간이 1년인 자로, 호봉 재획정 대상자에 해당됨
  ② '19.2.1. 호봉 재획정 결과 : 6급 25호봉 (잔여기간 10월25일, 차기승급 : '19.4.1.)
    · 잔여기간 10월 25일 = 7월 25일('19.1.1.기준 잔여기간) + 2월(재획정기간) + 1월(재직기간)
【예시2】'83년 1월 3일 방위소집 입영자로 '83년 8월 10일 소집 해제된 자*의 경우
    * '19.1.1.기준 6급 27호봉(잔여기간 10월 25일, 차기승급 : '19.3.1.)
  ① 기존에 호봉인정기간이 6월인 자로, 호봉 재획정 대상자에 해당됨
  ② '19.2.1. 호봉 재획정 결과 : 6급 28호봉 (잔여기간 1월3일, 차기승급 : '20.1.1.)
    · 잔여기간 1월 3일 = 10월 25일('19.1.1.기준 잔여기간) + 1월 8일(재획정기간) + 1월(재직기간) - 1년 (호봉승급반영)

○ 연봉 조정 방법
- 연봉조정 기준일 : 2019. 2. 1.
- 현재 연봉대상자 중 방위소집 복무기간의 군경력 추가인정시 다음의 순서에 따라 기본연봉(Y) 조정

ⅰ) 호봉제를 가정하여 '19.2.1. 당초 호봉(근무연수) 및 정기승급일 기준, 신규채용에 따른 연봉책정 방식으로 기본연봉(A) 계산
ⅱ) 호봉제를 가정하여 '19.2.1. 방위소집 복무기간의 군경력 추가인정이 반영된 호봉(근무연수) 및 정기승급일 기준, 신규채용에 따른 연봉책정 방식으로 기본연봉(B) 계산
ⅲ) ⅱ)의 기본연봉(B) - ⅰ)의 기본연봉(A)의 금액(차액분)을 대상자의 '19년 기본연봉(Y)에 가산·조정

※ 단, '18년도 계급별 연봉 한계액을 초과하는 경우에는 초과하지 않는 범위 내에서만 가산

【예시】 '19년 3급(상당) 공무원 기본연봉(Y) 87,000,000원(가정)

ⅰ) 호봉제를 가정했을 경우 '19.2.1. 당초 3급 25호봉(잔여기간 3월 20일, 차기 승급일 '19.11.1.) 기준 기본연봉 : 88,528천원 (88,527,648원을 최종 백원단위에서 절상)
  ▸ 봉급액 : 5,691,600원(3급 25호봉 5,680,800원에 1호봉 승급액(43,100원)의 3/12인 10,775원을 합산한 금액을 최종 십원단위에서 반올림하여 산출한 금액)
  ▸ 봉급연액 : 68,299,200원(5,691,600원 × 12개월)
  ▸ 정근수당 : 5,691,600원(5,691,600원 × 100%)
  ▸ 정근수당가산금 : 1,560,000원(130,000원 × 12개월)
  ▸ 관리업무수당 : 6,146,928원(5,691,600원 × 108%)
  ▸ 명절휴가비 : 6,829,920원(5,691,600원 × 120%)

ⅱ) 호봉제를 가정했을 경우 '19.2.1. 방위복무기간 중 2개월을 군복무기간으로 추가 인정시 '19.2.1. 3급 25호봉(잔여기간 5월 20일, 차기승급일 '19.9.1.) 기준 기본연봉 : 88,638천원(88,637,664원을 최종 백원단위에서 절상)
  ▸ 봉급액 : 5,698,800원 (3급 25호봉 5,680,800원에 1호봉 승급액(43,100원)의 5/12인 17,958원을 합산한 금액을 최종 십원단위에서 반올림하여 산출한 금액)
  ▸ 봉급연액 : 68,385,600원 (5,698,800원 × 12개월)
  ▸ 정근수당 : 5,698,800원 (5,698,800원 × 100%)
  ▸ 정근수당가산금 : 1,560,000원(130,000원 × 12개월)
  ▸ 관리업무수당 : 6,154,704원(5,698,800원 × 108%)
  ▸ 명절휴가비 : 6,838,560원(5,698,800원 × 120%)

ⅲ) '19.2.1. 기준 기본연봉(Y) 조정 : 87,155천원
  ▸ 88,683천원 기본연봉(B)) - 88,528천원(ⅰ의 기본연봉(A)) = 155천원을 대상자의 '19년 기본연봉 87,000천원에 추가가산

- 1986.1.1.~1994.12.31.(방위소집 입영자)
  · 병적상의 현역복무기간(법령상 복무기간의 범위 내)
- 1995.1.1. 이후(상근예비역·보충역 입영자)
  · 병적상의 현역복무기간(법령상 복무기간의 범위 내)
    * 보충역 중 사회복무요원(舊 공익근무요원)의 법령상 복무기간은 「병역법」 제30조에서 정하는 기간을 말한다.
    * 현역병에 준하는 관리·감독과 보수를 지급받는 보충역 경력을 포함하되, 이에 해당하지 않는 예술체육요원·산업기능요원·전문연구요원, 승선근무예비역, 군간부후보생(무관후보생) 경력은 제외한다(영 별표 2 제1호 가목).

⑤ 의무경찰대원(舊 전투경찰대원) 복무기간
- 『병역법』 및 「의무경찰대 설치 및 운영에 관한 법률」(舊 「전투경찰대 설치법」)에 따라 현역병의 복무특례로서 군 복무경력으로 인정

⑥ 교정시설경비교도 복무기간
- 『병역법』 및 『교정시설경비교도대설치법』에 따라 현역병의 복무특례로서 군복무경력으로 인정

⑦ <u>대체역 복무기간</u>
- <u>「대체역의 편입 및 복무 등에 관한 법률」에 따라 대체역으로 복무한 기간은 군복무경력으로 인정</u>

□ 유사경력(환산율 50~100%) (※ 1948년 8월 15일 이후 경력에 한함)
가) 전문·특수경력(환산율 100% 이내)

경력구분	합산대상공무원	인정대상기관	인정대상경력
① 민간 전문분야 근무경력 (100% 이내)	○ 영 [별표 2]의 경력 환산율표를 적용받는 일반직·별정직·특정직공무원등	○ 민법에 의한 재단법인 및 사단법인 ○ 상법에 의한 합명·합자·주식·유한·유한책임회사 ○ 개별법에 의한 연구기관등 법인체 ○ 사업자 등록이 된 개인사무소 ○ 외국의 국가기관(지방자치단체 포함), 공공기관, 법인 등	○ 임용예정 직렬 및 직류와 동일한 분야에 직접 종사하면서 정기적인 보수를 지급받고 근무한 경력 * (1)~(3)에 해당하는 경우 '동일한 분야'로 인정하되, 기관별「호봉경력 평가 심의회」를 거쳐 결정하며,「지방별정직공무원 인사규정」제7조제1항제1호에 따른 공무원으로서 같은 조 제3항을 적용받은 경우에는 기관별「호봉경력 평가 심의회」에서 '동일한 분야' 근무경력을 결정함 (1) 자격증·면허증·박사학위 취득(외국에서 취득한 자격증 등의 경우 법령에 의하여 국내에서 인정되는 자격증 및 박사학위 소지자로서 별표 4의 관련 자격증·박사학위 그리고 관련 학과와 동일하거나 동등하다고 지방자치단체의 장 또는 지방의회의 의장이 인정하는 경우) 후 그와 동일한 전문분야에서 근무한 경력 (2) 자격증·면허증·박사학위 없이 근무한 경력으로서「지방공무원법」제27조제2항제3호 등 각 직종별로 민간 근무 경력을 요건으로 하는 경력경쟁임용 시험등에서 관련 직무분야로 인정받은 경력

경력구분	합산대상공무원	인정대상기관	인정대상경력
			(3) 자격증·면허증·박사학위 없이 근무한 경력으로서 (1), (2)에 상응하는 경력 - 동일한 직장에서 동일한 업무를 계속하여 수행하던 중 자격증을 취득하여 자격증 취득 전·후 업무 동일성이 인정되고, 해당 경력이 임용예정 직렬 및 직류의 업무와 동일한 분야의 경력인 경우 자격증 취득 전 경력 - 해당 지방자치단체에 민간 근무경력을 요건으로 하는 경력경쟁채용시험등이 있고, 경채시험에서 관련 직무 분야로 인정한 경력과 동일한 경력(단, 공개경쟁채용시험을 통해 임용된 일반 행정직 등 행정업무담당 직렬은 제외) * 자격(면허)증·박사학위 취득일 : 법령 또는 학칙 등에 따라 해당 자격이 부여된 시점 * 비정규직 경력인정 환산율은 근무경력관련 여러 정황 등 (업무의 전문성, 근무기간, 기업체의 규모, 근무인원, 근무형태 등)을 고려하여 100% 이내에서 기관별 「호봉경력평가 심의회」를 거쳐 결정함. * 기타 직무분야와 관련하여 지방자치단체의 장 또는 지방의회의 의장이 특히 필요하다고 인정하는 자격증 및 학위에 대하여는 행정안전부장관과 개별적으로 협의

경력구분	합산대상공무원	인정대상기관	인정대상경력
② 교육·연구기관 근무경력 (100% 이내)	○ 영 별표2의 경력환산율표를 적용받는 일반직·별정직·특정직 공무원 중 연구 및 기술분야의 공무원	○ 교육기관 - 초·중등교육법 제2조 및 고등교육법 제2조에 규정된 교육기관 ○ 연구기관(연구를 목적으로 하는 기관) - 법령 또는 학칙에 의하여 대학에 부설된 연구기관 - 정부에서 설립기금이나 2년 이상 운영유지비를 보조받는 독립된 연구기관 - 연구전담요원이 박사급 이상 3명 또는 석사급 이상 15명 이상인 독립된 연구기관 ○ 외국의 대학(국내 전문대학에 준하는 학교 포함) 이상의 - 교육기관·대학부설 연구기관 ○ 기타 행정안전부장관과 협의하여 인정된 연구기관	○ 근로계약을 체결하고 현재 근무하는 연구·기술 분야와 동일한 분야에서 직접 종사하면서 정기적인 보수를 지급 받으며 근무한 경력 이 경우 동일분야는 기관별 「호봉경력 평가 심의회」를 거쳐 결정함. - 단, 「고등교육법」 제17조 및 「초·중등교육법」 제22조에 따른 시간강사 등 경력을 포함. ※ 연구 지원 및 보조업무는 제외 ※ 비정규직 경력인정 환산율은 근무경력관련 여러 정황 등 (업무의 전문성, 근무기간, 근무형태, 기업체의 규모, 근무인원 등)을 고려하여 100% 이내(시간강사 등 경력은 50% 이내)에서 기관별 「호봉경력 평가 심의회」를 거쳐 결정하되, 「초·중등교육법」 제22조의 시간강사 등 경력은 실제 강의시간에 비례하여 경력으로 인정함. * 초·중등학교 시간강사경력 $= 근무기간 \times \dfrac{주당\ 실근무시간}{초·중등교원\ 평균\ 주당\ 근무시간}$

경력구분	합산대상공무원	인정대상기관	인정대상경력
③ 언론기관 근무 경력 (100% 이내)	○공보업무를 주된 기능으로 하여 설치한 정부의 각급 기관에 근무하는 공무원 (지방자치단체 직제 상의 보조기관 또는 보좌기관 이상의 기관에 한한다) ○공보업무를 주된 직무로 하는 공무원	○「신문 등의 진흥에 관한 법률」에 의하여 등록된 일간신문사, 인터넷 신문 ○문화체육관광부에 등록된 외신기관 ○「방송법」 제9조에 의하여 방송통신위원회 또는 과학기술정보통신부의 허가를 받은 방송국 ○외국의 일간신문사·통신사·방송국으로서 행정안전부장관이 인정하는 외국언론기관 ○기타 행정안전부장관과 협의하여 인정된 언론기관	○신문, 통신 또는 방송의 – 보도·편집·제작·편성 업무를 직접 담당하면서 – 근무한 경력 ※ 비정규직 경력인정 환산율은 근무경력관련 여러 정황 등 (업무의 전문성, 근무기간, 기업체의 규모, 근무인원, 근무형태 등)을 고려하여 100% 이내에서 기관별 「호봉경력 평가 심의회」를 거쳐 결정함.
④ 행정안전부장관이 인정하는 고도의 특수경력 (100% 이내)	○행정안전부장관과 협의하여 인정된 다음의 업무에 종사하는 공무원 ·객관적으로 고도의 전문분야 또는 특수 분야라고 공히 인정될 수 있는 업무 ·지방자치단체에서 특히 필요하나 전문 인력이 희소하여 충원이 극히 곤란한 업무	○법인체·회사 등	○행정안전부장관과 협의하여 인정된 업무와 동일한 업무에 종사한 경력

나) 지방자치단체 및 국가기관 등 경력(환산율 50~100%)

경력구분	합산대상공무원	인정대상기관	인정대상경력
① 「지방잡급직원규정」(대통령령 제7976호) 및 「잡급직원규정」(대통령령 제7265호)에 의한 잡급직원 근무경력(동일분야 100% 이내, 비동일분야 80% 이내)	○ 영 [별표 2]의 경력환산율표를 적용받는 일반직·별정직·특정직 공무원 등	○ 지방자치단체 또는 국가기관	○ 「지방잡급직원규정」('76.1.1.~'82.3.4.)에 의한 잡급경력 ○ 「잡급직원규정」('75.1.1.~'81.12.31.)에 의한 잡급경력 * 예산과목상 상용잡급이라 하였음.
② 「지방잡급직원규정」 및 「잡급직원규정」 시행일전의 임시직, 촉탁, 잡급 등 근무경력 (동일분야 100% 이내, 비동일분야 80% 이내)	〃	〃	○ 「지방잡급직원규정」 및 「잡급직원규정」 시행일전 임시직, 공원직고원, 상용부유급상비대원, 잡급, 촉탁등으로 2월 이상 근무하고 봉급이 인건비에서 지급된 경력
③ 지방자치단체 또는 국가기관 등에서 임시직, 촉탁, 잡급 등으로 근무한 경력중 영 별표 2의 2. 나, 1)외의 경력으로서 행정안전부장관이 인정하는 경력 (동일분야 100% 이내, 비동일분야 50% 이내)	〃	〃	○ 다음의 근무경력으로 3월 이상 근무한 경력 - 초·중·고 육성회 및 대학의 기성회 근무경력 - 경찰관서의 방범원, 교통지도원 근무경력 - 「사무보조원운용지침」에 의한 사무보조원 근무경력

경력구분	합산대상공무원	인정대상기관	인정대상경력
			○ 기타 지방자치단체 또는 국가 등의 기관에서 사실상 공무를 수행하고 3월 이상 근무한 경력 ○ 「지방잡급직원규정」 및 「잡급직원규정」 시행일전 임시직, 잡급, 촉탁 등으로 3월 이상 근무하고 봉급이 인건비 이외의 예산에서 지급된 경력 및 「지방잡급직원규정」 및 「잡급직원규정」 시행일 이후 임시직, 잡급, 촉탁 등으로 3월 이상 근무한 경력
④ 시보임용전 이수한 교육훈련경력중 행정안전부장관이 인정하는 경력 (100%)	○ 영 [별표 2]의 경력환산율표를 적용받는 일반직·별정직·특정직 공무원 등	○ 지방자치단체 또는 국가기관	○ 임용예정직급에 상응하는 교육훈련을 이수하고 해당직급에 임용된 경우의 시보임용 전 교육훈련경력(교육훈련을 이수하지 않은 경우는 인정되지 아니하되, 실무수습기간은 포함)

경력구분	합산대상공무원	인정대상기관	인정대상경력
⑤ 청원경찰 근무 경력 (동일분야 100% 이내, 비동일분야 80% 이내)	○ 영 [별표 2]의 경력 환산율표를 적용받는 일반직·별정직·특정직 공무원 등	○ 지방자치단체 또는 국가기관	○「청원경찰법」에 의한 청원경찰로서 근무한 경력
⑥ 청원산림보호직원 근무경력 (동일분야 100% 이내, 비동일분야 80% 이내)	〃	〃	○「청원산림보호직원 배치에 관한 법률」에 의한 청원산림 보호직원으로서 근무한 경력
⑦ 직업훈련지도원 근무경력 (동일분야 100% 이내, 비동일분야 80% 이내)	〃	〃	○「근로자직업능력 개발법」에 따른 직업능력개발훈련 업무에 근무한 경력
⑧ 위원회의 상임·전임 직원 근무 경력 (동일분야 100% 이내, 비동일분야 80% 이내)	〃	○ 지방자치단체 또는 국가기관의 위원회등. 다만, 한시적인 자문위원회와 법령에 의하지 아니하는 위원회는 제외함.	○ 위원회 등의 상임위원과 전임직원으로서 정규의 보수를 받고 근무한 경력
⑨「재외공관고용원규정」 (각령 제901호)에 의한 고용원 근무경력 (동일분야 100% 이내, 비동일분야 80% 이내)	〃	○ 재외공관	○「재외공관고용원 규정」에 의한 고용원으로 근무한 경력
⑩ 민간직업상담원 근무경력 (동일분야 100% 이내, 비동일분야 80% 이내)	〃	○ 지방자치단체 또는 국가기관	○「직업안정법」제4조의4, 「고용보험법」제33조에 의한 직업상담원으로서 근무한 경력

* '동일분야'에 대해서는 (가) 전문·특수경력 중 ①민간전문분야 경력에 대한 '동일한 분야' 인정 기준을 적용함.

다) 기타경력(환산율 50~100%이내)

경력구분	합산대상공무원	인정대상기관	인정대상경력
① 별정우체국 근무경력 (동일분야 100% 이내, 비동일분야 70% 이내)	○ 영 [별표 2]의 경력 환산율표를 적용받는 일반직, 별정직, 특정직 등 공무원	○ 별정우체국법에 의한 별정우체국	○ 별정우체국에서 근무한 경력
② 국제기구 근무 경력 (동일분야 100% 이내, 비동일분야 70% 이내)	〃	○ 국제법상 독자적인 지위를 가지는 다음의 조직체를 말함. · 유엔본부기관 및 산하기관 · 기타 정부간에 체결된 국제기구	○ 국제기구에서 근무한 경력
③ 공공기관 등에서 근무한 경력 (동일분야 100% 이내, 비동일분야 70% 이내)	〃	○「공공기관의 운영에 관한 법률」에 의한 공기업 및 준정부기관 ○「지방공기업법」에 의해 설립된 공사 및 공단 ○ 개별법에 의하여 설립된 공공법인으로서 행정안전부장관이 인정하는 법인(별표 5 참조)	○ 공공기관 등에서 근무한 경력 - 단, 비동일분야 근무 경력은 행정·경영·연구·기술 분야에서 근무한 경력에 한함.
④『국제경기대회지원법』제2조에 근거하여 설치되는 각종 국제경기 대회 조직위원회 근무경력 (동일분야 100% 이내, 비동일분야 70% 이내)	〃	○『국제경기대회지원법』제2조에 근거하여 설치되는 각종 국제경기 대회조직위원회	○ 국제경기대회조직위원회에서 근무한 경력

경력구분	합산대상공무원	인정대상기관	인정대상경력
⑤ 사립학교 교·직원 근무경력 (동일분야 100% 이내, 비동일분야 70% 이내)	○ 영 별표 2의 경력 환산율표를 적용받는 일반직, 별정직, 특정직 등 공무원	○「사립학교교직원연금법」의 적용을 받는 학교	○ 교원 또는 직원으로 근무한 경력
⑥ 국·공립학교 임시교원 또는 기간제교원 근무경력 (동일분야 100% 이내, 비동일분야 70% 이내)	〃	○「초·중등교육법」 제3조에 의한 국·공립학교	○「교육공무원법」 제32조에 의해 국·공립학교에서 임시교원 또는 기간제교원으로 근무한 경력
⑦ 사립학교 임시교원 또는 기간제교원 근무경력 (동일분야 100% 이내, 비동일분야 50% 이내)	〃	○「초·중등교육법」 제3조에 의한 사립학교	○「사립학교법」 제54조의4에 의해 사립학교에서 임시교원 또는 기간제교원으로 근무한 경력
⑧ 예술·체육요원, 산업기능요원, 전문연구요원 및 승선근무 예비역 의무복무경력 (100%)	〃	○「병역법」에 따른 복무기관	○「병역법」에 따른 예술·체육요원, 산업기능요원, 전문연구요원 및 승선근무예비역으로 의무복무한 경력 (단, 의무복무기간이 3년을 초과하는 경우에는 의무복무기간을 3년으로 산정)

* '동일분야'에 대해서는 (가) 전문·특수경력 중 ①민간전문분야 경력에 대한 '동일한 분야' 인정 기준을 적용함.

* 비정규직 경력 인정 환산율은 근무경력 관련 여러 정황(업무의 전문성, 근무기간, 기업체 규모, 근무인원, 근무형태 등)을 고려하여 각 경력종류별 동일분야 또는 비동일분야 경력 인정 환산율 범위 내에서 기관별「호봉경력 평가 심의회」를 거쳐 결정함.

2) 연구직공무원의 경력환산율표(영 별표 3)

> **경력의 시기별 구분**
>
> ○ 모든 경력을 [영 별표 3]에 따라 1981년 12월 30일 이전 경력과 1981년 12월 31일 이후 경력 등 시기별로 구분함.
>
> 〈 시기별 구분 사유 〉
> - 1981년 12월 30일 이전에는 1급 내지 9급의 계급제였으나, 1981년 12월 31일 「지방연구직공무원의계급구분과임용등에관한규정」(대통령령 제10695호)의 시행으로 연구관·연구사 2계급으로 제도가 개편되어
> - 경력환산율표의 적용은 제도개편 당시 재직중인 자와 제도개편 이후 임용된 연구직 공무원이 임용시점에 따라 각각 다른 경력환산율표를 적용하였으나, 이를 임용시기에 관계없이 연구직규정 시행 전·후 경력으로 구분하여 동일시기 동일경력에 대하여는 동일한 경력환산율표를 적용받도록 하였음.

☐ 1981년 12월 30일 이전 경력
  ○ 공무원경력 및 군 의무복무경력 : 일반직 등의 경우와 같음.
  ○ 유사경력(환산율 50 ~ 100% 이내)

경 력 구 분	경 력 인 정
① 교육·연구기관 근무경력 (100% 이내)	1) 일반직공무원 등의 유사경력 중 가) 전문·특수경력의 ②와 같음.
② 행정안전부장관이 인정하는 고도의 특수경력(100% 이내)	〃 ④와 같음.
③ 「지방잡급직원규정」(대통령령 제7976호) 및 「잡급직원규정」(대통령령 제7265호)에 의한 잡급직원 근무경력 (동일분야 100% 이내, 비동일분야 80% 이내)	1) 일반직공무원 등의 유사경력 중 나) 국가 및 지방자치단체 등 경력의 ①과 같음.
④ 「지방잡급직원규정」 및 「잡급직원규정」 시행일전의 임시직, 촉탁, 잡급등 근무경력 (동일분야 100% 이내, 비동일분야 80% 이내)	〃 ②와 같음.

경 력 구 분	경 력 인 정
⑤ 지방자치단체 또는 국가기관에서 임시직, 촉탁, 잡급 등으로 근무한 경력 중 영 별표3의 1. 나. 3)외의 경력으로서 행정안전부장관이 인정하는 경력 (동일분야 100% 이내, 비동일분야 50% 이내)	1) 일반직공무원 등의 유사경력 중 　　나) 국가 및 지방자치단체 등 경력의 ③과 같음.
⑥ 시보임용전 이수한 교육훈련 경력 중 행정안전부장관이 인정하는 경력(100%)	〃　　　　　　　　　　④와 같음.
⑦ 민간전문분야 근무경력 (100% 이내)	1) 일반직공무원 등의 유사경력 중 　　가) 전문·특수경력의 ①과 같음. 　　* 동일분야 직류의 공무원으로 임용되는 경우에 한함.
⑧ 공공기관등에서 근무한 경력 (동일분야 100% 이내, 비동일분야 50% 이내)	1) 일반직공무원 등의 유사경력 중 　　다) 기타경력의 ③과 같음.
⑨ 사립학교 교·직원 근무경력 (동일분야 100% 이내, 비동일분야 50% 이내)	1) 일반직공무원 등의 유사경력 중 　　다) 기타 경력 ⑤와 같음.
⑩ 국·공립학교 임시교원 근무경력(100% 이내)	「교육공무원법」(법률 제5207호 시행 이전) 제32조에 의해 국·공립학교에서 임시교원으로 근무한 경력 * 동일분야 직류의 공무원으로 임용되는 경우에 한함.

□ 1981년 12월 31일 이후 경력
　○ 공무원 경력(환산율 60~100%)

경력구분	합산대상공무원	인정대상기관	인정대상경력
① 동일한 연구·지도분야 근무경력(100%)	○ 연구직공무원	○ 지방자치단체 또는 국가기관	○ 동일한 연구·지도분야에서 연구직, 지도직, 특정직, 별정직 또는 임기제공무원으로 근무한 경력. 다만, 지도분야에서 지도직으로 근무한 경력은 1986년 1월 1일 이후 근무한 경력에 한함. * 1985년 12월 31일 이전 지도분야에서 지도직으로 근무한 경력은 ② 유사한 연구·지도 및 기술분야에서 근무한 경력에 해당됨.
② 유사한 연구·지도 또는 기술분야 근무경력(70%)	〃	〃	○ 유사한 연구·지도 또는 기술분야에서 근무한 경력
③ 기타 공무원 경력(60%)	〃	〃	○ ① 및 ② 경력이외의 공무원경력. 다만, 군간부후보생(무관후보생) 및 고용직(종전의 경노무 고용직을 말함)은 제외함.

○ 「병역법」, 「군인사법」 또는 「대체역의 편입 및 복무 등에 관한 법률」에 따른 의무복무경력 : 일반직 등의 경우와 동일(단, 의무복무기간이 3년을 초과하는 경우에는 의무복무기간을 3년으로 산정)

○ 유사경력(환산율 50 ~ 100% 이내)

경력구분	합산대상공무원	인정대상기관	인정대상경력
① 대학원에서 동일 분야 학위 취득 법정연수(100%)	○ 연구직공무원	○ 대학원(법령에 의하여 석사 또는 박사학위를 수여할 수 있는 기관 포함) ○ 지방자치단체의 장 또는 지방의회의 의장이 위 국내 대학원과 동등하다고 인정하는 외국 대학원	○ 동일한 분야의 석사 및 박사학위를 취득함에 필요한 법정최저년수(각 대학원 학칙으로 정한 최저수업연한 또는 지방자치단체의 장이나 지방의회의 의장이 국내와 동등하다고 인정하는 외국 석·박사 학위로서 해당 대학원 학칙 등으로 정한 최저수업연한을 말함). 다만 1986년 1월 1일 이후 연구관으로 임용된 경우에는 박사학위과정에 한하여 인정함.
② 대학원에서 유사 분야 학위 취득 법정연수(50%)	〃	〃	○ 유사한 분야의 석사 및 박사학위를 취득함에 필요한 법정최저연수(각 대학원 학칙으로 정한 최저수업연한 또는 지방자치단체의 장이나 지방의회의 의장이 국내와 동등하다고 인정하는 외국 석·박사 학위로서 해당 대학원 학칙 등으로 정한 최저수업연한을 말함). 다만 1986년 1월 1일 이후 연구관으로 임용된 경우에는 박사학위과정에 한하여 인정함.

경력구분	합산대상공무원	인정대상기관	인정대상경력
③ 행정안전부장관이 인정하는 연구·교육기관 근무경력(100% 이내)	○ 연구직공무원	○ 전문대학이상의 기관 ○ 연구기관(연구를 목적으로 하는 기관) · 법령 또는 학칙에 의하여 대학에 부설된 독립된 연구기관 · 정부에서 설립 기금이나 2년 이상 운영 유지비를 보조받는 독립된 연구기관 · 연구전담요원이 박사급 이상 3명 또는 석사급 이상 15명 이상인 독립된 연구기관 ○ 외국의 대학(국내 전문대학에 준하는 학교 포함) 이상 교육기관·대학 부설연구기관 ○ 기타 행정안전부장관과 협의하여 인정된 연구기관	○ 근로계약을 체결하고 정기적인 보수를 받으며 동일한 연구 분야에 근무한 경력 (이 경우 동일분야는 기관별「호봉경력평가 심의회」를 거쳐 결정함) - 단,「고등교육법」제17조 및「초·중등교육법」제22조에 따른 시간강사 등 경력을 포함함. * 연구지원 및 연구보조업무는 제외 * 비정규직 경력인정 환산율은 근무경력 관련 여러 정황 등(업무의 전문성, 근무기간, 기업체의 규모, 근무인원, 근무형태 등)을 고려하여 100% 이내(시간강사 등 경력은 50% 이내)에서 기관별「호봉경력평가 심의회」를 거쳐 결정하되,「초·중등교육법」제22조의 시간강사 등 경력은 50% 이내에서 실제 강의 시간에 비례하여 경력으로 인정함. * 초·중등학교 시간강사경력 $= 근무기간 \times \dfrac{주당\ 실근무시간}{초·중등교원\ 주당\ 평균\ 근무시간}$

경력구분	합산대상공무원	인정대상기관	인정대상경력
④ 지방자치단체 또는 국가기관에서 임시직, 촉탁, 잡급 등으로 근무한 경력(100% 이내)	○ 연구직공무원	○ 지방자치단체 또는 국가기관	○ 동일한 전문분야에서 임시직, 촉탁, 잡급 등으로 3월 이상 근무한 경력
⑤ 시보임용전 이수한 교육훈련경력 중 행정안전부장관이 인정하는 경력 (100%)	〃	1) 일반직공무원 등 유사경력 중 나) 지방자치단체 및 국가기관 등 경력의 ④와 같음.	
⑥ 민간전문분야 근무경력 (100%이내)	〃	1) 일반직공무원 등 유사경력 중 가) 전문·특수경력의 ①과 같음. * 동일분야 직류의 공무원으로 임용되는 경우에 한함.	
⑦ 공공기관 등에서 근무한 경력 (동일분야 100% 이내, 비동일분야 50% 이내)	〃	1) 일반직공무원 등 유사경력 중 다) 기타경력의 ③과 같음.	
⑧ 사립학교 교·직원 근무경력 (100% 이내)	〃	1) 일반직공무원 등 유사경력 중 다) 기타 경력의 ⑤와 같음. * 동일분야 직류의 공무원으로 임용되는 경우에 한함.	
⑨ 국·공립학교 임시교원 또는 기간제 교원 근무경력 (100% 이내)	〃	1) 일반직공무원 등 유사경력 중 다) 기타경력의 ⑥과 같음. * 동일분야 직류의 공무원으로 임용되는 경우에 한함.	
⑩ 사립학교 임시교원 또는 기간제 교원 근무경력 (100% 이내)	〃	1) 일반직공무원 등 유사경력 중 다) 기타경력의 ⑦과 같음. * 동일분야 직류의 공무원으로 임용되는 경우에 한함.	
⑪ 예술·체육요원, 산업기능요원, 전문연구요원 및 승선근무 예비역 의무복무 경력(100%)	〃	1) 일반직공무원 등 유사경력 중 다) 기타경력의 ⑧과 같음.	

* '동일분야'에 대해서는 (가) 전문·특수경력 중 ①민간전문분야 경력에 대한 '동일한 분야' 인정기준을 적용함.
* 비정규직 경력 인정 환산율은 근무경력 관련 여러 정황(업무의 전문성, 근무기간, 기업체 규모, 근무인원, 근무형태 등)을 고려하여 각 경력종류별 동일분야 또는 비동일분야 경력인정 환산율 범위 내에서 기관별 「호봉경력 평가 심의회」를 거쳐 결정함.

3) 지도직공무원의 경력환산율표(영 별표 4)

경력의 시기별 구분

○ 모든 경력을 [영 별표 4]에 따라 1985년 12월 31일 이전 경력과 1986년 1월 1일 이후 경력으로 시기별로 구분함.

< 시기별 구분 사유 >
- 1985년 12월 31일 이전에는 1급 내지 9급의 계급제였으나, 1986년 1월 1일 지도관, 지도사 2계급으로 제도가 개편되어,
- 경력환산율표의 적용은
  · 1985년 12월 31일 이전 일반직 계급제 경력은 1985년 12월 31일 이전 경력환산율표 (일반직 등의 경력환산율표와 동일)를
  · 「지방연구·지도및의료직공무원의임용등에관한규정」 시행 이후 경력은 1986년 1월 1일 이후 경력환산율표를 적용받도록 하였음.

□ 1985년 12월 31일 이전 경력
  ○ 공무원경력 및 군의무복무경력 : 일반직 등의 경우와 같음.
  ○ 유사경력(환산율 50 ~ 100% 이내)

경 력 구 분	경 력 인 정
① 민간전문분야 근무경력 (100% 이내)	1) 일반직공무원 등 유사경력 중 　가) 전문·특수경력의 ①과 같음.
② 교육·연구기관 근무경력 (100% 이내)	〃　　　　②와 같음.
③ 행정안전부장관이 인정하는 고도의 특수경력(100% 이내)	〃　　　　④와 같음.
④ 「지방잡급직원」 규정(대통령령 제7976호) 및 「잡급직원규정」 (대통령령 제 7265호)에 의한 잡급직원 근무경력 (동일분야 100% 이내, 비동일분야 80% 이내)	1) 일반직공무원 등 유사경력 중 　나) 지방자치단체 및 국가기관 등 경력의 ①과 같음.

경 력 구 분	경 력 인 정
⑤ 「지방잡급직원규정」 및 「잡급직원규정」 시행일전의 임시직, 촉탁, 잡급등 근무경력 (동일분야 100% 이내, 비동일분야 80% 이내)	1) 일반직공무원 등 유사경력 중 나) 지방자치단체 및 국가기관 등 경력의 ②와 같음.
⑥ 지방자치단체 및 국가기관 등에서 임시직, 촉탁, 잡급 등으로 근무한 경력 중 영 별표 4의 1. 나. 4)외의 경력 으로서 행정안전부장관이 인정하는 경력 (동일분야 100% 이내, 비동일분야 50% 이내)	〃 ③과 같음.
⑦ 시보임용전 이수한 교육훈련 경력중 행정안전부장관이 인정하는 경력(100%)	1) 일반직공무원 등 유사경력 중 나) 지방자치단체 및 국가기관 등 경력의 ④와 같음.
⑧ 공공기관 등에서 근무한 경력 (동일분야 100% 이내, 비동일분야 50% 이내)	1) 일반직공무원 등 유사경력 중 다) 기타 경력의 ③과 같음.
⑨ 별정우체국 근무경력 (동일분야 100% 이내, 비동일분야 70% 이내)	〃 ①과 같음.
⑩ 국제기구 근무경력 (동일분야 100% 이내, 비동일분야 70% 이내)	〃 ②와 같음.
⑪ 사립학교 교·직원 근무경력 (동일분야 100% 이내, 비동일분야 50% 이내)	1) 일반직공무원 등 유사경력 중 다) 기타 경력 ⑤와 같음.
⑫ 국·공립학교 임시교원 근무경력(100% 이내)	「교육공무원법」(법률 제5207호 시행이전) 제32조에 의해 국·공립학교에서 임시교원으로 근무한 경력 * 동일분야 직류의 공무원으로 임용되는 경우에 한함.

□ 1986년 1월 1일 이후 경력
  ○ 공무원 경력(환산율 60 ~ 100%)

경력구분	합산대상공무원	인정대상기관	인정대상경력
① 동일한 연구·지도분야 근무 경력(100%)	○ 지도직공무원	○ 지방자치단체 또는 국가기관	○ 동일한 연구·지도 분야에서 연구직, 지도직, 특정직, 별정직 또는 임기제 공무원으로 근무한 경력.
② 유사한 연구·지도 또는 기술분야 근무 경력(70%)	〃	〃	○ 유사한 연구·지도 또는 기술분야에서 근무한 경력
③ 기타 공무원 경력(60%)	〃	〃	○ ① 및 ② 이외의 공무원경력. 다만, 군간부후보생(무관후보생) 및 고용직(종전의 경노무고용직을 말함)은 제외함.

  ○ 「병역법」, 「군인사법」 또는 「대체역의 편입 및 복무 등에 관한 법률」에 따른 의무복무경력 : 일반직 등의 경우와 동일(단, 의무복무기간이 3년을 초과하는 경우에는 의무복무기간을 3년으로 산정)
  ○ 유사경력(환산율 50 ~ 100%이내)

경력구분	합산대상공무원	인정대상기관	인정대상경력
① 대학원에서 동일분야 학위 취득 법정연수 (100%)	○ 지도직공무원	○ 대학원(법령에 의하여 석사 또는 박사학위를 수여할 수 있는 기관 포함) ○ 지방자치단체의 장 또는 지방의회의 의장이 위 국내 대학원과 동등하다고 인정하는 외국 대학원	○ 동일한 분야의 석사 및 박사학위를 취득함에 필요한 법정최저연수(각 대학원 학칙으로 정한 최저수업연한 또는 지방자치단체의 장이나 지방의회의 의장이 국내와 동등하다고 인정하는 외국 석·박사 학위로서 해당 대학원 학칙 등으로 정한 최저수업연한을 말함). 다만, 지도관으로 임용되는 경우에는 박사학위 과정에 한함.

경력구분	합산대상공무원	인정대상기관	인정대상경력
② 대학원에서 유사분야 학위 취득 법정연수 (50%)	○ 지도직공무원	○ 대학원(법령에 의하여 석사 또는 박사학위를 수여할 수 있는 기관 포함) ○ 지방자치단체의 장 또는 지방의회의 의장이 위 국내 대학원과 동등하다고 인정하는 외국 대학원	○ 유사한 분야의 석사 및 박사학위를 취득함에 필요한 법정 최저연수 (각 대학원 학칙으로 정한 최저수업연한 또는 지방자치단체의 장이나 지방의회의 의장이 국내와 동등하다고 인정하는 외국 석·박사 학위로서 해당 대학원 학칙 등으로 정한 최저수업연한을 말함). 다만, 지도관으로 임용되는 경우에는 박사학위과정에 한함.
③ 행정안전부장관이 인정하는 연구·교육기관 근무 경력(100% 이내)	〃	○ 전문대학 이상의 기관 ○ 연구기관(연구를 목적으로 하는 기관) · 법령 또는 학칙에 의하여 대학에 부설된 연구기관 · 정부에서 설립기금이나 2년 이상 운영유지비를 보조받는 독립된 연구기관 · 연구전담요원이 박사급 이상 3명 또는 석사급 이상 15명 이상인 독립된 연구기관 ○ 외국의 대학(국내 전문대학에 준하는 학교 포함) 이상 교육기관·대학 부설연구기관 ○ 기타 행정안전부장관과 협의하여 인정된 연구기관	○ 근로계약을 체결하고 정기적인 보수를 받으며 동일한 연구·지도 분야에서 근무한 경력 (이 경우 동일한 연구·지도분야는 기관별 「호봉경력 평가 심의회」를 거쳐 결정함) · 단, 「고등교육법」 제17조 및 「초·중등교육법」 제22조에 따른 시간강사등 경력을 포함함. * 연구지원 및 연구 보조 업무 제외.

경력구분	합산대상공무원	인정대상기관	인정대상경력
			※ 비정규직 경력인정 환산율은 근무경력 관련 여러 정황 등(업무의 전문성, 근무기간, 기업체의 규모, 근무인원, 근무형태 등)을 고려하여 100% 이내(시간강사등 경력은 50% 이내)에서 기관별 「호봉경력 평가 심의회」를 거쳐 결정하되, 「초·중등교육법」 제22조의 시간강사등 경력의 호봉은 50% 이내에서 실제 강의시간에 비례하여 인정 *초·중등학교 시간강사경력 = 근무기간 × $\dfrac{\text{주당 실근무시간}}{\text{초·중등교원 주당 평균 근무시간}}$
④ 지방자치단체 또는 국가기관에서 임시직, 촉탁, 잡급등 근무경력(100% 이내)	○ 지도직공무원	○ 지방자치단체 또는 국가기관	○ 동일한 전문분야에서 임시직, 촉탁, 잡급등으로 3월 이상 근무한 경력
⑤ 시보임용전 이수한 교육훈련 경력 중 행정안전부장관이 인정하는 경력 (100%)	〃	1) 일반직공무원 등 유사경력 중 　나) 지방자치단체 및 국가기관 등 경력 ④와 같음.	
⑥ 민간전문분야 근무경력 (100% 이내)	〃	1) 일반직공무원 등 유사경력 중 　가) 전문·특수경력 ①과 같음. 　* 동일분야 직류의 공무원으로 임용되는 경우에 한함.	

경력구분	합산대상공무원	인정대상기관	인정대상경력
⑦ 공공기관 등에서 근무한 경력 (동일분야 100% 이내, 비동일분야 50% 이내)	○ 지도직공무원	1) 일반직공무원 등 유사경력 중 다) 기타경력의 ③과 같음.	
⑧ 사립학교 교·직원 근무경력 (100% 이내)	〃	1) 일반직공무원 등 유사경력 중 다) 기타경력 ⑤와 같음. * 동일분야 직류의 공무원으로 임용되는 경우에 한함.	
⑨ 국·공립학교 임시교원 또는 기간제 교원 근무경력 (100% 이내)	〃	1) 일반직공무원 등 유사경력 중 다) 기타경력의 ⑥과 같음. * 동일분야 직류의 공무원으로 임용되는 경우에 한함.	
⑩ 사립학교 임시교원 또는 기간제 교원 근무경력 (100% 이내)	〃	1) 일반직공무원 등 유사경력 중 다) 기타경력의 ⑦과 같음. * 동일분야 직류의 공무원으로 임용되는 경우에 한함.	
⑪ 예술·체육요원, 산업기능요원, 전문연구요원 및 승선근무 예비역 의무복무 경력(100%)	〃	<u>1) 일반직공무원 등 유사경력 중 다) 기타경력의 ⑧과 같음.</u>	

* '동일분야'에 대해서는 (가) 전문·특수경력 중 ①민간전문분야 경력에 대한 '동일한 분야' 인정기준을 적용함.
* 비정규직 경력 인정 환산율은 근무경력 관련 여러 정황(업무의 전문성, 근무기간, 기업체 규모, 근무인원, 근무형태 등)을 고려하여 각 경력종류별 동일분야 또는 비동일분야 경력인정 환산율 범위 내에서 기관별 「호봉경력 평가 심의회」를 거쳐 결정함.

4) 교육공무원 등의 경력환산율표(「공무원 보수규정」 별표 22)
○ 교육공무원 등의 경력환산율표의 해석 및 적용에 관한 구체적인 사항은 교육부장관이 인사혁신처장과 협의하여 정하는 바에 따름.
※ 비고 : 지방자치단체의 장과 지방의회의 의장은 소속 공무원 호봉 경력을 인정함에 있어서 통일성과 형평성을 확보하고 기관별 업무 특수성을 고려할 수 있도록 행정안전부장관이 정한 기준 범위 내에서 동일분야, 상당계급, 비정규직 경력인정 환산율 등 호봉경력 인정에 필요한 구체적인 운영기준을 자체적으로 마련·시행하여야 함.

[별표 2]

호봉 획정을 위한 공무원경력의 상당계급기준표

직 종	상 당 계 급 구 분								
	1급	2급	3급	4급	5급	6급	7급	8급	9급
1. 일반직등(공무원보수규정 별표 3 및 별표 4의 적용직종)						우정3~6급	우정7급	우정8급	우정9급
2. 일반직 우정직군					우정1~2급				
3. 기능직						기능1~6급	기능7급	기능8급	기능9~10급
* 군 인	소 장	준 장	대 령	중 령	소 령	대위 : 경감 중위 : 경위	소위·준위	원사·상사· 중사	하 사
4. 교 육 공 무 원	초·중등교원 봉급표 적용대상자			24호봉이상	18-23호봉	14-17호봉 ⇒ 경감 11-13호봉 : 경위	9-10호봉	4-8호봉	3호봉이하
	대학교원 봉급표 적용대상자	대학 : 30호봉이상	대학 : 24-29호봉	대학 : 17-23호봉	대학 : 11-16호봉	대학 : 9-10호봉 ⇒ 경감 대학 : 7-8호봉 ⇒ 경위	대학 : 6호봉이하		
경 찰	치안정감	치안감	경무관	총 경	경 정	경감 : 3년 이상자, 기능직은 5급이상 우정직군은 3~5급 경위 : 3년 미만자, 기능직·우정 직군은 6급	경 사	경 장	순 경

5. 소방

직종	상단계급구분									
	소장	준장	대령	중령	소령	구 분	원사·상사	중사	하사
*군인						대위 : 소방경 중위·소위 : 소방위 준위 : 소방위	원사·상사	중사	하사
초·중등교원 봉급표 적용대상자				24호봉이상	18-23호봉	14-17호봉 : 소방경 11-13호봉 : 소방위	9-10호봉	4-8호봉	3호봉이하
대학교원 봉급표 적용대상자	대학 : 30호봉이상	대학 : 24-29호봉	대학 : 17-23호봉	대학 : 11-16호봉		대학 : 9-10호봉 ⇒ 소방경 대학 : 7-8호봉 ⇒ 소방위	대학 : 6호봉이하		
소방	소방정감	소방감	소방준감	소방정	소방령	소방경 : 3년 이상자, 기능직은 5급 이상 우정직군은 3~5급 소방위 : 3년 미만자, 기능직·우정직군은 6급	소방장	소방교	소방사

직종	\	\	\	\	상 단 계 급 구 분	\	\	\	\
		준장	대령	중령	소령	대위	중위	소위·준위·원사	상사·중사	하사
6. 군인	*군인	준장	대령	중령	소령	대위·중위·소위	준위	원사·상사	중사	하사
7. 군무원		1급	2급	3급	4급	5급	6급	7급	8급	9급
8. 교육공무원	대학교원 (전문대학 포함)		교수 (3년 이상)	교수 (3년 미만)	부교수	조교수	전임강사			
	초·중등교원 봉급표 적용대상자				24호봉 이상	16-23호봉	12-15호봉	11호봉 이하		
	초·중등 교원 및 기타 교육공무원		대학: 30호봉 이상	대학: 24-29호봉	대학: 17-23호봉	대학: 11-16호봉	대학: 7-10호봉	대학: 6호봉 이하		
	대학교원 봉급표 적용대상자									
9. 판사·검사		11호봉 이상	8-10호봉	5-7호봉	2-4호봉					
10. 고용직										고용직

직종	상 당 계 급 구 분						
11. 연구직공무원 ('81.12.31 이후의 연구직경력에 한함)	가.지방연구직 및 지도직 공무원의 임용등에 관한규정 (이하"연구직등 규정"이라 한다) [별표 2]의 제1호 나목 직위에서 재직한 기간	가.연구직등 규정 [별표 2]의 제1호 나목 및 제2호 가목의 직위에서 3년을 초과하여 재직한 기간	가.연구직등 규정 [별표 2]의 제1호 나목 및 제2호 가목의 직위에서 재직한 기간	가.연구직등 규정 [별표 2]의 제1호 나목 및 제2호 가목의 직위에서 재직한 기간	·연구관으로서 재직한 기간	·연구사로서 5년을 초과하여 재직한 기간	·연구사로서 재직한 기간
	나.연구관 으로서 23년을 초과하여 재직한 기간	나.연구관 으로서 19년을 초과하여 재직한 기간	나.연구관 으로서 15년을 초과하여 재직한 기간	나.연구관 으로서 8년을 초과하여 재직한 기간			

직종	상당 계급 구분						
		가.연구직등 규정 [별표 2의2] 의 제1호 가목 및 제2호 가목의 직위에서 3년을 초과하여 재직한 기간 나.지도관 이로서 19년을 초과하여 재직한 기간	가.연구직등 규정 [별표 2의2] 의 제1호 가목 및 제2호 가목의 직위에서 재직한 기간 나.지도관 이로서 15년을 초과하여 재직한 기간	가.연구직등 규정 [별표 2의2] 의 제1호 가목 및 제2호 가목의 직위에서 재직한 기간 나.지도관 이로서 8년을 초과하여 재직한 기간	·지도관이로서 재직한 기간	·지도사로서 10년을 초과하여 재직한 기간	·지도사로서 5년을 초과하여 재직한 기간	·지도사로서 재직한 기간
12. 지도직공무원 ('86.1.1. 이후의 지도직경력에 한함)							

직종		상당 계급 구분									
		연봉등급 "1"호로	연봉등급 "2"호로	연봉등급 "3"호로	연봉등급 "4"호로	연봉등급 "5"호로	연봉등급 "6"호로	연봉등급 "7"호로	연봉등급 "8"호로	연봉등급 "9·10"호로
12. 일반임기제	'00.4.18. 이후 계약자	재직한 기간	재직한 기간	재직한 기간	재직한 기간	재직한 기간	재직한 기간	재직한 기간	재직한 기간	재직한 기간
13. 전임임기제 공무원	'87.12.31. 이전 계약자				가.1등급으로 재직한 기간	가.2등급으로 재직한 기간	가.3등급으로 재직한 기간	가.4등급으로 재직한 기간	·5등급으로서 4등급봉급 한계액의 60% 초과한 봉급을 받고 재직한 기간	·5등급으로서 4등급봉급 한계액의 60%이하의 봉급을 받고 재직한 기간
					나.5등급으로서 2등급의 봉급 한계액을 초과한 봉급을 받고 재직한 기간	나.5등급으로서 3등급의 봉급 한계액을 초과한 봉급을 받고 재직한 기간	나.5등급으로서 4등급의 봉급 한계액을 초과한 봉급을 받고 재직한 기간	나.5등급으로서 4등급의 봉급 한계액의 80%를 초과한 봉급을 받고 재직한 기간		

직종		상 당 계 급 구 분					
		·"가"목으로 재직한 기간	·"나"목으로 재직한 기간	·"다"목으로 재직한 기간	·"라"목으로 재직한 기간	·"마"목으로 "마"목 봉급 한계액의 60% 초과한 봉급을 받고 재직한 기간	·"마"목으로서 "마"목 봉급한계액의 60% 이하의 봉급을 받고 재직한 기간
	'88.1.1. 이후 계약자						
14. 전임전문임기제	'00.4.18. 이후 계약자	〃	〃	〃	〃	〃	〃
15. 전문임기제	'02.7.13. 이후 계약자	〃	〃	〃	〃	〃	〃
16. 한시임기제			5호로 재직한 기간	6호로 재직한 기간	7호로 재직한 기간	8호로 재직한 기간	9호로 재직한 기간
17. 전문경력관		가군 27호봉 이상	나군 26호봉 이하	나군 28호봉 이상	나군 27호봉 이하	다군 28호봉 이상	다군 27호봉 이하

비고 : 1. 상당계급 구분란중 동일한 구분 내에 있는 직종별 계급직위 또는 호봉을 포함한다. 이하 같다)은 상호간에 상당하는 계급으로 본다. 다만, 경찰·소방·군무원의 경우에는 당해 직종에서 *표가 있는 직종 계급구분란의 상당계급을 우선적으로 적용함.
2. 연구직·지도직의 경우 동일한 경력에 대하여 상당계급구분을 달리할 수 있는 때에는 유리한 상당계급을 적용하고, "재직한 기간"에는 연구관·지도관은 5급이상의 재직기간, 연구사·지도사는 6급이하의 재직기간을 적용하며, 석사·박사학위를 소지한 연구사·지도사는 동학위 취득에 필요한 법정최저소요연수를 재직한 기간에 산입하고 승진제한기간은 재직기간에 산입하지 아니함.
3. 일반임기제인 이사는 본 표에 불구하고 전문이는 4급, 일반이는 5급으로 함.
4. 약사는 7급으로, 간호사는 8급으로 함.
5. 공중보건의사, 병역판정검사전담의사, 공익법무관 및 공중방역수의사로 근무한 경력의 상당계급은 각각 「농어촌 등 보건의료를 위한 특별조치법」, 「병역법 시행령」, 「공익법무관에 관한 법률 시행령」 및 「공중방역수의사에 관한 법률 시행령」에서 정한 보수기준에 해당하는 군인 계급으로 본다.

[별표 3]

호봉 획정을 위한 유사경력의 상당계급기준표

대 상 경 력	상 당 계 급
1. 전문·특수경력 가. 법인, 단체 또는 민간기업체 등에서 임용예정 직렬 및 직류와 동일한 분야의 업무에 종사한 경력 ○ 자격증·박사학위 취득 후 경력 – 「국가기술자격법」에 의한 <u>기술·기능분야</u> 자격증	

공무원구분	자 격 구 분				
	기술사	기능장	기 사	산업기사	기능사
일반직공무원등	5급	6급	7급	8급	9급
전문경력관	가군	나군		다군	
경찰공무원	경 정	경 감	경 위	경 장	순 경
연구직공무원	연구관	–	연구사	–	–
지도직공무원	지도관	–	지도사		–

– 박사학위 : 일반직 5급(경정, 연구관, 지도관, 기능5급)

○ 자격증·박사학위 없는 경력

일반직등공무원	5급	6급	7급	8급	9급
근무연수	10년 이상	10년 미만~ 6년 이상	6년 미만~ 3년 이상	3년 미만~ 1년6월 이상	1년6월 미만
전문경력관	가군	나군		다군	
근무연수	10년 이상	10년 미만~3년 이상		3년 미만	

경찰공무원	경정	경감	경위	경사	경장	순경
근무연수	10년 이상	10년 미만~ 8년 이상	8년 미만~ 6년 이상	6년 미만~ 3년 이상	3년 미만~ 1년6월 이상	1년6월 미만

연구직·지도직공무원	연구관·지도관	연구사·지도사
근무연수	10년 이상	10년 미만

* 다만, 위 기준에도 불구하고 관리자로서 판단할 수 있는 3년 이상 근무경력(예시 : 본부장·부장·차장·과장·팀장 등)은 기관별 「호봉경력 평가 심의회」를 거쳐 5급상당 경력으로 인정할 수 있음.

※ 예시 : 팀장으로 5년 근무 시 근무연수에 따라 1년 6월 미만의 기간은 9급 상당, 1년 6월 ~ 3년 미만의 기간은 8급 상당, 3년 이상 기간인 2년 1일을 5급 상당 경력으로 인정 가능(보수지침 내 예시(p.38) 참고)

※ 자격증·박사학위 없는 경력의 근무연수 산정시 시간제로 근무한 경력은 지침에 따라 산정한 최종 경력기간을 기준으로 함

* 여러 기관의 경력이 있는 경우, 각 기관별로 근무연수에 따라 상당계급 기준 적용 후 계급별로 상호 합산함

대 상 경 력	상 당 계 급
나. 연구 및 기술 분야의 공무원이 교육·연구기관에서 동일업무에 종사한 경력	(1) 교육기관 ○ 1. 가.의 상당계급 적용

대 상 경 력	상 당 계 급
	○ 대학시간강사 등 경력 　- 「고등교육법」 제17조에 따른 시간강사 등 경력: 6급 　- 「초·중등교육법」 제22조에 따른 시간강사 등 경력 : 7급 ⑵ 연구기관 　○ 박사학위소지자로서의 경력 : 5급 　○ 박사학위 없는 경력 : 1. 가.의 자격증·박사학위 없는 경력 상당계급(근무연수) 적용
다. 공보업무담당당자가 신문, 방송, 통신기관에서 보도·편집·제작·편성 업무에 종사한 경력	행정안전부장관과 협의하여 정함.
라. 행정안전부장관이 인정하는 고도의 전문성을 요하는 업무 및 특수분야에 종사하는 공무원으로서 그와 동일한 업무에 종사한 경력	행정안전부장관과 협의하여 정함.
2. 국가 및 지방자치단체 등 근무경력	
가. 「지방잡급직원규정」(대통령령 제7976호) 및 「잡급직원규정」(대통령령 제7265호)에 의한 잡급직원경력과 동 규정 시행일전의 임시직, 촉탁, 잡급 등으로 국가 또는 지방자치단체의 기관에서 근무한 경력	○ 동일분야 : 1. 가.의 상당계급 적용 ○ 비동일분야 : 9급
나. 국가 또는 지방자치단체 등의 기관에서 임시직, 촉탁, 잡급 등으로 근무한 경력중 가호 외의 경력으로서 행정안전부장관이 인정하는 경력	○ 동일분야 : 1. 가.의 상당계급 적용 ○ 비동일분야 : 9급
다. 「청원경찰법」에 따른 청원경찰로서 지방자치단체 또는 국가기관에서 근무한 경력	○ 동일분야 : 1. 가.의 상당계급 적용 ○ 비동일분야 : 9급

대 상 경 력	상 당 계 급
라. 시보임용될 예정인 자가 받은 교육훈련 경력 중 행정안전부 장관이 인정하는 경력	시보임용된 계급
마. 「청원산림보호직원 배치에 관한 법률」에 따른 청원산림보호직원으로서 국가 또는 지방자치단체에서 근무한 경력	○ 동일분야 : 1. 가.의 상당계급 적용 ○ 비동일분야 : 9급
바. 「근로자직업능력 개발법」에 따른 직업능력 개발훈련 업무에 근무한 경력	○ 동일분야 : 1. 가.의 상당계급 적용 ○ 비동일분야 : 9급
사. 지방자치단체 또는 국가기관의 위원회 등의 상임위원과 전임직원으로서 정규의 보수를 받고 근무한 경력. 다만, 한시적인 자문위원회와 법령에 따르지 않는 위원회 등의 근무경력은 제외한다.	○ 동일분야 : 1. 가.의 상당계급 적용 ○ 비동일분야 : 9급
아. 재외공관고용원규정(각령 제901호)에 따라 근무한 고용원 경력	○ 동일분야 : 1. 가.의 상당계급 적용 ○ 비동일분야 : 9급
자. 「직업안정법」 제4조의4제1항에 따라 근무한 민간직업상담원 경력	○ 동일분야 : 1. 가.의 상당계급 적용 ○ 비동일분야 : 9급
3. 기타 경력 가. 별정우체국에서 근무한 경력	○ 동일분야 : 1. 가.의 상당계급 적용 ○ 비동일분야 : 9급
나. 국제기구(국제연합기구·기타 정부 간 국제기구)에서 근무한 경력	행정안전부장관과 협의하여 정함
다. 「공공기관의 운영에 관한 법률」 또는 개별법에 근거한 공공법인으로서 행정안전부장관이 인정하는 법인에서 행정·경영·연구·기술 분야의 직원으로 근무한 경력	1. 가.의 상당계급 적용

대 상 경 력	상 당 계 급
라. 『국제경기대회지원법』 제9조에 근거하여 설치되는 각종 국제경기대회조직위원회에서 근무한 경력	○ 동일분야 : 1. 가.의 상당계급 적용 ○ 비동일분야 : 9급
마. 사립학교에서 근무한 교직원 경력	○ 동일분야 : 1. 가.의 상당계급 적용 ○ 비동일분야 : 9급
바. 국·공립학교 임시교원 또는 기간제교원 근무경력	○ 동일분야 : 1.가.의 상당계급 적용 ○ 비동일분야 : 9급
사. 사립학교 임시교원 또는 기간제교원 근무경력	○ 동일분야 : 1.가.의 상당계급 적용 ○ 비동일분야 : 9급

비고 : 1. 각 경력종류별 상당계급은 「호봉경력 평가 심의회」를 거쳐 결정함.
      2. 행정안전부장관과 협의하여 정하는 상당계급 구분은 임용권자가 행정안전부장관과 협의하여 정함.
      3. 행정안전부장관과 협의하여 상당계급을 정하고자 하는 경우에는 협의대상경력의 계급구분에 관한 자료를 첨부하여 협의하되 직종별로 최저계급 상당경력에 대하여는 협의하지 아니하고 최저계급 경력으로 인정할 수 있음.
      4. 일반직이 아닌 직종의 상당계급은 일반직의 계급을 기준으로 별표 2에 따라 이에 상당하는 계급으로 함.
      5. 재직자 중 변경된 상당계급 적용결과가 오히려 불리하게 호봉재획정 되는 경우, 기존 상당계급 그대로 적용

[별표 4]

호봉 획정을 위한 관련자격증의 상당계급기준표

○ 직렬별 관련 자격증
 - 일반직공무원

직 군	직 렬	직 류	계 급				
			5급	6급	7급	8급	9급
행 정	행 정	일반행정	변호사, 변리사, 공인회계사		감정평가사		
		법무행정					
		재 경					
		국제통상					
		노 동	변 호 사		공인노무사		
		문화홍보	변 호 사				
		감 사	변 호 사, 공인회계사		세 무 사, 감정평가사		
		통 계					
		기업행정					
	세 무	지 방 세	변 호 사, 공인회계사		세 무 사		
	교육행정	교육행정	변 호 사				
	사회복지	사회복지	변 호 사		사회복지사 1급	사회복지사 2급	사회복지사 3급
	전 산	전 산	정보처리분야 기술사		정보처리분야 기사	정보처리분야 산업기사	정보처리분야 기능사
		데 이 터					
	사 서	사 서		1급정사서		2급정사서	준 사 서
	속 기	속 기					속기사 1·2·3급
	방 호	방 호					

직군	직렬	직류	계급 5급	6급	7급	8급	9급
기술	공업	일반기계	기계분야 기술사, 소방기술사	기계분야 기능장	기계분야 기사, 소방설비 (기계분야) 기사	기계분야 산업기사, 소방설비 (기계분야) 산업기사	기계분야 기능사
		농업기계					
		기계운전					
		조선	조선분야 기술사	1급항해사, 1급기관사	조선분야 기사, 2급항해사, 2급기관사, 1급통신사	조선분야 산업기사, 3·4급항해사, 3·4급기관사	조선분야 기능사, 5·6급항해사, 5·6급기관사, 2·3급통신사
		일반전기	전기분야 기술사, 소방기술사	전기분야 기능장	전기분야 기사, 소방설비 (전기분야) 기사	전기분야 산업기사, 소방설비 (전기분야) 산업기사	전기분야 기능사
		전자	전자분야 기술사	전자분야 기능장	전자분야 기사	전자분야 산업기사	전자분야 기능사
		원자력	에너지분야 기술사	원자로 조종감독자, 핵연료물질취급 감독자, 방사선취급 감독자	원자력기사, 핵연료물질 취급자, 방사성동위 원소취급자 (일반), 원자로조종사		
		금속	금속분야 기술사	금속분야 기능장	금속분야 기사	금속분야 산업기사	금속분야 기능사
		섬유	섬유분야 기술사	섬유분야 기능장	섬유분야 기사	섬유분야 산업기사	섬유분야 기능사
		일반화공	기술사 (화공및세라믹 분야, 가스)	기능장 (화공및세라믹 분야, 가스)	기사 (화공및세라믹 분야, 가스)	산업기사 (화공및세라믹 분야, 가스)	기능사 (화공및세라믹 분야, 가스)
		가스					
		자원	광업자원분야 기술사		광업자원분야 기사	광업자원분야 산업기사	광업자원분야 기능사
	농업	일반농업	기술사 (종자, 시설원예, 식품, 생사, 농화학)		기사 (종자, 시설원예, 농화학, 식품, 식물 보호)	산업기사 (종자, 시설원예, 생사, 식품, 식물 보호)	기능사 (종자, 원예, 버섯종균, 채소재배, 과수재배, 화훼재배, 농수산식품가공)

직군	직렬	직류	계급				
			5급	6급	7급	8급	9급
기술	농업	식물검역	기술사 (종자, 농화학)		기사 (종자, 식물 보호, 농화학)	산업기사 (종자, 식물 보호)	기능사 (종자,버섯 종균, 채소 재배, 과수재배, 화훼재배)
		축산	기술사 (축산)		기사 (축산, 식품), 수의사	산업기사 (축산, 식품), 가축인공 수정사	기능사 (축산, 식육처리, 축산식품가공)
		생명유전					
	녹지	산림자원	기술사 (종자, 산림, 임산가공, 조경)	기능장 (산림)	기사 (산림경영, 산림공학, 임업종묘, 식물보호, 임산가공, 조경)	산업기사 (산림,산림경영, 산림공학, 임업종묘, 식물보호, 임산가공, 조경)	기능사 (산림, 임업종묘, 식물보호, 목재가공, 펄프제지, 목질재료, 조경)
		산림보호					
		산림이용					
		조경					
	수의	수의			수의사	가축인공수정사	
	해양수산	일반해양	기술사 (해양분야, 식품)	1급항해사	기사 (해양분야, 식품), 2급항해사	산업기사 (해양분야, 식품), 3·4급항해사	기능사 (해양분야, 수산식품가공), 5·6급항해사
		일반수산					
		어로					
		일반선박	기술사 (조선분야)	1급항해사, 1급기관사	기사 (조선분야), 2급항해사, 2급기관사	산업기사 (조선분야), 3·4급항해사, 3·4급기관사	기능사 (조선분야), 5·6급항해사, 5·6급기관사
		선박항해					
		선박기관					
		해양교통 시설	기술사 (전기응용· 산업계측제어· 전자응용·정보 통신·측량 및 지형공간정보 ·토목시공)	기능장 (전기· 전자기기)	기사 (항로표지· 측량 및 지형공간정보· 전기·전기공사· 전자·무선설비 ·토목)	산업기사 (항로표지· 측량 및 지형공간정보· 전기·전기 공사·전자· 무선설비·토목)	기능사 (항로표지·전기· 전자기기)
	보건	보건	의사, 한의사, 치과의사, 산업위생관리 기술사		수의사, 약사, 한약사, 산업위생관리 기사	간호사, 조산사, 위생사, 산업위생관리 산업기사	간호조무사 임상병리사, 의무기록사, 방사선사, 물리치료사 치과기공사, 치과위생사, 작업치료사
		방역					
	식품위생	식품위생	식품 기술사		식품 기사	식품 산업기사, 위생사	영양사

직군	직렬	직류	계급				
			5급	6급	7급	8급	9급
기술	의료기술	의료기술	방사성동위원소취급자(특수)	방사선취급감독자	방사선동위원소취급자(일반), 임상심리사1급, 정신건강임상심리사1급	임상심리사2급, 정신건강임상심리사2급	임상병리사, 의무기록사, 방사선사, 물리치료사, 치과기공사, 치과위생사, 작업치료사
	의무	의무	의사, 한의사, 치과의사				
		치무					
	약무	약무	한의사		약사, 한약사		
	간호	간호				간호사, 조산사	간호조무사
	보건진료	보건진료				간호사, 조산사	
	환경	일반환경	기술사(환경분야)	기능장(위험물취급, 전기기기, 전기공사)	기사(환경분야), 수의사, 약사	산업기사(환경분야, 위험물취급, 전기기기, 전기공사), 위생사	기능사(환경분야, 위험물취급, 전기기기, 전기공사)
		수질					
		대기					
		폐기물					
	항공	일반항공	항공분야 기술사, 운송용조종사	항공분야 기능장, 사업용조종사	항공분야 기사, 자가용조종사	항공분야 산업기사, 항공정비사, 항공기관사, 항공교통관제사, 항공공장정비사	항공분야 기능사
		조종					
		정비					
	시설	도시계획	기술사(국토개발·토목·건축·교통 분야)	기능장(건축일반시공, 건축목재시공), 건축사	기사(국토개발·토목·건축·교통 분야, 방재), 건축사보	산업기사(국토개발·토목·건축·교통 분야)	기능사(국토개발·토목·건축 분야)
		일반토목	토목분야 기술사		토목분야 기사, 방재기사	토목분야 산업기사	토목분야 기능사
		농업토목					
		수도토목					

직군	직렬	직류	계급				
			5급	6급	7급	8급	9급
기술	시설	건축	건축분야 기술사	건축분야 기능장, 건축사	건축분야 기사, 건축사보	건축분야 산업기사	건축분야 기능사
		지적 측지	기술사 (측량 및 지형 공간정보, 지적)		기사 (측량 및 지형 공간정보, 지적)	산업기사 (측량 및 지형 공간정보, 지적)	기능사 (측량, 지적)
		교통시설 도시교통 설계	교통분야 기술사		교통분야 기사	교통분야 산업기사	
		디자인	기술사 (제품디자인, 도시계획, 조경)		기사 (시각디자인, 컬러리스트, 제품디자인, 건축, 실내건축, 도시계획, 조경)	산업기사 (시각디자인, 컬러리스트, 제품디자인, 건축, 실내건축, 조경)	
	방재안전	방재안전	기술사 (토질 및 기초·토목품질시험·토목구조·항만 및 해안·도로 및 공항·철도·수자원개발·상하수도·농어업토목·토목시공·측량 및 지형공간정보·도시계획·지질 및 지반·건설안전·교통·광해방지·건축전기설비·건축구조·건축기계설비·건축시공·건축품질시험)	기능장 (건축일반시공·건축목재시공)	기사 (건설재료시험·콘크리트·철도토목·토목·측량 및 지형공간정보·도시계획·응용지질·건설안전·교통·광해방지·건축설비·건축·방재)	산업기사 (건설재료시험·콘크리트·철도토목·토목·측량 및 지형공간정보·건설안전·교통·건축설비·건축일반시공·건축목공)	기능사 (건설재료시험·콘크리트·철도토목·전산응용토목제도·전산응용건축제도)

직 군	직 렬	직 류	계 급				
			5급	6급	7급	8급	9급
기 술	방송통신	통 신 사	통신분야 기술사	통신분야 기능장	통신분야 기사	통신분야 산업기사	통신분야 기능사
		통신기술					
		전송기술					
		전자통신 기 술	기술사 (전자·통신 분야)	기능장 (전자·통신 분야)	기사 (전자·통신 분야)	산업기사 (전자·통신 분야)	기능사 (전자·통신 분야)
	위 생	위 생	기술사 (식품, 포장, 품질관리, 축산, 농화학, 수산제조)		기사 (식품, 축산, 농화학, 수산제조, 포장, 품질관리), 위생사, 오물처리사1급	산업기사 (식품, 축산, 수산제조, 포장, 품질관리), 위생사, 오물처리사2급	기능사 (농산식품가공, 축산식품가공, 수산식품가공), 영양사
		사 역					
	조 리	조 리		기능장 (조리)		산업기사 (한식조리, 양식조리, 중식조리, 일식조리, 복어조리)	기능사 (한식조리, 양식조리, 중식조리, 일식조리, 복어조리)
	간호조무	간호조무				간호사, 조산사	간호조무사
	시설관리	시설관리		기능장 (전기)	기사 [전기, 전기공사, 토목, 건축설비, 건축, 소방설비 (전기분야), 소방설비 (기계분야), 조경]	산업기사 [전기, 전기공사, 기계정비, 토목, 건축설비, 건축, 소방설비 (전기분야), 소방설비 (기계분야), 조경]	기능사 (전기, 기계정비, 조경)
	운 전	운 전					제1종 대형· 특수면허

직군	직렬	직류	계급					
			5급	6급	7급	8급	9급
관리운영	토목운영	토목운영	기술사 (토목분야)		기사 (토목분야)	산업기사 (토목분야)	기능사 (토목분야)
	건축운영	건축운영	기술사 (건축분야)	기능장 (건축분야)	기사 (건축분야)	산업기사 (건축분야)	기능사 (건축분야)
		배관운영					
	통신운영	통신운영	기술사 (통신분야)	기능장 (통신설비)	기사 (통신분야)	산업기사 (통신분야)	기능사 (전자·통신분야)
	전화상담 운영	전화상담 운영					
	전기운영	전기운영	기술사 (전기분야)	기능장 (전기분야)	기사 (전기분야)	산업기사 (전기분야)	기능사 (전기분야)
	기계운영	기계운영	기술사 (기계분야), 운송용조종사, 사업용조종사	기능장 (기계분야)	기사 (기계분야)	산업기사 (기계분야), 항공기관사, 항공사, 항공교통관제사, 항공정비사, 항공공장정비사	기능사 (기계분야) 기능사(사진) ※ 영사직류
		영사운영					
	열관리 운영	열관리 운영		기능장 (보일러, 가스, 위험물관리)	기사 (열관리)	산업기사 (열관리, 보일러, 가스, 공조 냉동기계, 위험물관리)	기능사 (보일러시공, 보일러취급, 가스, 공조냉동기계, 위험물관리)
	화공운영	화공운영	기술사 (화공및세라믹 분야)	기능장 (화공및세라믹 분야)	기사 (화공및세라믹 분야)	산업기사 (화공및세라믹 분야, 가스)	기능사 (화공및세라믹 분야)
	가스운영	가스운영	기술사 (가스)	기능장 (가스)	기사 (가스)	산업기사 (가스)	기능사 (가스)
	기후환경 운영	기후환경 운영					

직군	직렬	직류	계급				
			5급	6급	7급	8급	9급
관리운영	선박항해운영	선박항해운영	기술사 (측량및지형 공간정보, 해양, 전기응용, 공업계측제어, 전자응용, 정보통신)	기능장 (전기기기, 전기공사, 전자기기, 통신설비), 1급항해사, 1급기관사	기사 (전기, 전기공사, 전자, 공업계측제어, 무선통신), 2급항해사, 2급기관사	산업기사 (전기, 전기공사, 공업계측제어, 무선통신, 방송통신, 전기기기, 전자), 3·4급 항해사, 3·4급 기관사	기능사 (전기공사, 전기기기, 전자기기, 전기용접, 무선통신, 방송통신), 5·6급 항해사, 5·6급 기관사
		선박기관운영					
	선박기관운영	선박기관운영					
	농림운영	영림운영	기술사 (종자, 산림, 축산, 임산가공, 식품, 농화학, 생사, 조경)		기사 (종자, 산림경영, 식물보호, 축산, 임산가공, 식품, 임업종묘, 농화학, 조경)	산업기사 (종자, 산림경영, 식물보호, 축산, 임산가공, 식품, 임업종묘, 산림, 농화학, 조경)	기능사 (산림, 목재가공, 농산식품가공, 축산식품가공, 수산식품가공)
		원예운영					
	사육운영	사육운영	기술사 (축산)		기사 (축산)	산업기사 (축산)	기능사 (축산)
	보건운영	보건운영	기술사 (식품, 대기관리, 수질관리, 소음진동, 폐기물처리), 의사, 치과의사, 한의사		기사 (대기환경, 수질환경, 소음진동, 폐기물처리, 식품), 위생사, 작업치료사, 방사성동위원 소취급자 (특수·일반), 방사선취급감 독자, 약사, 수의사	산업기사 (대기환경, 수질환경, 소음진동, 폐기물처리, 식품), 위생사, 간호사, 조산사	임상병리사, 의무기록사, 방사선사, 물리치료사, 치과기공사, 치과위생사, 작업치료사, 영양사

직군	직렬	직류	계급				
			5급	6급	7급	8급	9급
관리운영	사무운영	워드운영		1급정사서		2급정사서	준사서
		필기운영					
		계리운영					
		사서운영					
		전산운영	기술사 (정보처리분야)		기사 (정보처리분야)	산업기사 (정보처리분야)	기능사 (정보처리)

* ○○분야라 함은 국가기술자격법시행규칙〔별표 2〕중 기술·기능분야의 "○○"란에 해당하는 자격증을 말함. 다만, 법령 개정으로 해당 자격증 분야가 없는 경우 종전 법령 적용 가능하며,「지방공무원 인사규칙(표준안)」별표 5의2에 따라 각 지방자치단체의 장 또는 지방의회의 의장이 인사규칙에서 정한 경력경쟁임용을 위한 자격증 구분표 중 1.국가기술자격법령상의 기술·기능분야 자격증표의 직렬·직류별로 규정된 자격증을 포함하되, 상당 계급은 지방공무원 봉급업무 처리기준 별표 4에 준하여 적용한다.

- 연구직공무원

직 렬	직 류	계 급	
		연 구 관	연 구 사
학예연구	학예일반		
	미 술		
	국 악		
	국 어		
편사연구	편 사		
기록연구	기록관리		
공업연구	기 계	기술사(기계제작, 유체기계, 산업기계, 공조냉동기계, 건설기계, 철도차량, 차량, 기계공정설계, 용접, 금형)	기사(일반기계, 메카트로닉스, 철도차량, 건설기계, 건설기계정비, 자동차정비, 자동차검사, 기계공정설계, 치공구설계, 정밀측정, 공조냉동기계, 용접, 농업기계, 프레스금형설계, 사출금형설계, 열관리, 승강기)
	전 기	기술사(발송배전, 건축전기설비, 전기응용, 철도신호, 전기철도)	기사(전기, 전기공사, 철도신호, 승강기, 전기철도)
	전 자	기술사(공업계측제어, 전자응용, 전자계산기, 전자계산조직응용)	기사(공업계측제어, 메카트로닉스, 전자계산기, 전자, 전자계산기조직응용, 반도체설계)
	금 속	기술사(철야금, 비철야금, 금속재료, 표면처리, 금속가공, 비파괴검사)	기사(금속, 방사선비파괴검사·초음파비파괴검사·자기비파괴검사·침투비파괴검사·와전류비파괴검사·누설비파괴검사)
	섬 유	기술사(방사, 방적, 제포, 염색가공, 생사, 의류)	기사(방사, 방직, 의류, 염색가공)
	화 공	기술사(공업화학, 고분자제품, 화학장치설비, 세라믹, 화학공장설계, 식품, 화공안전)	기사(공업화학, 화공, 세라믹, 식품, 화약류제조)
	화 학		
	산업경영	기술사(제품디자인, 산업위생관리, 기계안전, 화공안전, 건설안전, 공정관리, 품질관리, 전기안전, 소방설비, 가스, 포장)	기사(제품디자인, 시각디자인, 컬러리스트, 산업안전, 건설안전, 공정관리, 품질관리, 산업위생관리, 소방설비, 가스, 포장)
	물 리	기술사(원자력발전, 핵연료, 방사선관리)	기사(원자력, 열관리, 전자, 광학)

직 렬	직 류	계 급	
		연 구 관	연 구 사
농업연구	작 물	기술사(종자, 시설원예, 식품, 농화학, 대기관리, 수질관리, 폐기물처리)	기사(종자, 시설원예, 식물보호, 농화학, 농림토양평가관리, 식품, 바이오화학제품제조, 대기환경, 수질환경, 폐기물처리), 약사
	농업환경	기술사(시설원예, 식품, 농화학, 조경, 산림, 산업위생관리, 대기관리, 수질관리, 폐기물처리, 자연환경관리, 토양환경, 기상예보)	기사(시설원예, 식물보호, 농화학, 농림토양평가관리, 식품, 바이오화학제품제조, 조경, 산업위생관리, 대기환경, 수질환경, 폐기물처리, 자연생태복원, 생물분류, 토양환경, 기상), 약사
	작물보호	기술사(종자, 시설원예, 농화학, 식품)	기사(종자, 시설원예, 식물보호, 농화학, 농림토양평가관리, 식품, 바이오화학제품제조)
	농업경영		
	산업곤충	기술사(생사)	기사(바이오화학제품제조)
	원 예	기술사(종자, 시설원예, 농화학)	기사(종자, 식물보호, 시설원예, 농화학, 바이오화학제품제조)
	생명유전	기술사(종자, 농화학, 식품)	기사(종자, 농화학, 식품, 바이오화학제품제조)
	농촌생활	기술사(의류, 염색가공, 식품, 산업위생관리, 수질관리, 폐기물처리, 농화학) 평생교육사 1급	기사(의류, 염색가공, 식품, 산업위생관리, 수질환경, 폐기물처리, 바이오화학제품제조, 농화학), 평생교육사 2급, 사회복지사 1급, 위생사 1급
	축 산	기술사(축산, 식품, 수질관리, 폐기물처리)	기사(축산, 식품, 수질환경, 폐기물처리, 바이오화학제품제조), 수의사
	농 공	기술사(기계제작, 유체기계, 차량, 공조냉동기계, 건설기계, 기계공정설계, 용접, 금형, 비파괴검사, 수자원개발, 상하수도, 농어업토목, 도시계획, 조경, 품질관리, 기계안전, 화공안전, 전기안전, 건설안전, 산업위생관리, 소방설비, 가스)	기사(일반기계, 메카트로닉스, 공조냉동기계, 건설기계, 건설기계정비, 치공구설계, 농업기계, 정밀측정, 용접, 프레스금형설계, 사출금형설계, 토목, 조경, 품질관리, 산업안전, 건설안전, 방사선비파괴검사, 초음파비파괴검사, 자기비파괴검사, 침투비파괴검사, 와전류비파괴검사, 누설비파괴검사, 산업위생관리, 소방설비, 가스, 기계공정설계, 궤도장비정비, 승강기)
	농식품개발	기술사(식품, 축산, 농화학)	기사(식품, 바이오화학제품제조), 영양사, 위생사, 주조사
녹지연구	임 업	기술사(종자, 산림, 임산가공, 조경, 농화학)	기사(종자, 산림공학, 산림경영, 임산가공, 식물보호, 농화학, 임업종묘, 조경, 농림토양평가관리)
	조 경		

직 렬	직 류	계 급	
		연 구 관	연 구 사
수의연구	수 의	기술사(축산)	기사(축산), 수의사
해양수산 연 구	해양환경	기술사(해양, 수산양식, 어로, 수산제조, 수질관리)	기사(해양환경, 해양자원개발, 어병, 해양공학, 수산양식, 어로, 수산제조, 수질환경)
	수산자원	기술사(해양, 수산양식, 어로, 수산제조, 수질관리)	기사(해양환경, 해양자원개발, 어병, 해양공학, 수산양식, 어로, 수산제조, 수질환경, 해양생산관리)
	수산양식	기술사(수산양식, 수질관리)	기사(수산양식, 어병, 수질환경, 바이오화학제품제조)
	수산공학	기술사(해양, 어로, 수질관리)	기사(해양조사, 해양자원개발, 해양공학, 어로, 수질환경, 해양공학, 해양생산관리)
	수산가공	기술사(수산제조, 수질관리)	기사(수산제조, 수질환경, 식품, 바이오화학제품제조)
	수산경제	기술사(해양, 수산양식, 어로, 수산제조, 수질관리)	기사(해양환경, 해양자원개발, 어병, 해양공학, 수산양식, 어로, 수산제조, 수질환경)
보건연구	의 학	의사, 한의사, 치과의사	수의사
	약 학	한의사	약사, 한약사
	공중보건	기술사(식품, 대기관리, 수질관리, 소음진동, 폐기물처리, 산업위생관리, 방사선관리, 산업위생관리) 의사, 치과의사, 한의사, 방사성동위원소취급자(특수)	기사(대기환경, 수질환경, 소음진동, 폐기물처리, 식품, 산업위생관리) 수의사, 약사, 한약사, 방사성동위원소취급자(일반), 방사선취급감독자, 위생사
환경연구	환 경	기술사(대기관리, 수질관리, 소음진동, 폐기물처리, 공업화학, 고분자제품, 화학장치설비, 화학공장설계, 수자원개발, 상하수도, 산림, 농화학, 해양, 산업위생관리, 조경, 화공안전, 지질및지반, 방사선관리, 기상예보, 자연환경관리, 토양환경), 의사	기사(대기환경, 수질환경, 소음진동, 폐기물처리, 공업화학, 조경, 산림공학, 영림, 농화학, 해양조사, 산업위생관리, 해양환경, 식물보호, 자연생태복원, 생물분류, 토양환경, 산림경영) 수의사, 약사, 위생사
시설연구	토 목	기술사(토질및기초, 토목구조, 항만및해안, 도로및공항, 철도, 수자원개발, 상하수도, 농어업토목, 토목시공, 토목품질시험, 측량및지형공간정보, 도시계획, 조경, 지적, 지질및기반, 건설안전, 교통)	기사(토목, 건설재료시험, 철도보선,측량및지형공간정보, 도시계획, 조경, 지적, 지질및기반, 건설안전, 교통)
	건 축	기술사(건축구조, 건축기계설비, 건축시공, 건축품질시험, 건축전기설비, 건설안전, 소방)	기사(건축설비, 건축, 실내건축, 건설안전, 소방설비), 건축사

직 렬	직 류	계 급	
		연 구 관	연 구 사
방재안전 연 구	안전관리		기사(방재)
	재난관리		

- 지도직공무원

직렬	직류	계급	
		지도관	지도사
농촌지도	농 업	기술사(종자, 시설원예, 식품, 농화학)	기사 및 산업기사(종자, 식물보호, 식품, 시설원예) 기사(농화학, 바이오화학제품제조)
	농업경영	기술사(정보관리)	기사 및 산업기사(정보처리)
	임 업	기술사(조경, 산림, 종자, 임산가공, 농화학)	기사 및 산업기사(조경, 종자, 산림경영, 식물보호, 임산가공, 임업종묘) 기사(농화학, 산림공학)
	잠 업	기술사(생사)	기사(바이오화학제품제조)
	원 예	기술사(종자, 농화학, 시설원예)	기사 및 산업기사(종자, 시설원예, 식물보호) 기사(농화학, 바이오화학제품제조)
	축 산	기술사(축산, 식품, 폐기물처리)	기사 및 산업기사(축산, 식품, 폐기물처리) 기사(바이오화학제품제조), 수의사
	가축위생	기술사(축산)	기사(축산), 수의사
	농촌사회	평생교육사1급	청소년지도사, 평생교육사2급
	농업기계	기술사(기계제작, 유체기계, 산업기계, 공조냉동기계, 건설기계, 차량, 기계공정설계, 용접, 금형)	기사 및 산업기사(공조냉동기계, 메카트로닉스, 건설기계, 자동차검사, 자동차정비, 건설기계정비, 치공구설계, 용접, 농업기계, 정밀측정) 기사(일반기계, 기계공정설계, 프레스금형설계, 사출금형설계, 승강기)
	농업토목	기술사(토질및기초, 토목구조, 수자원개발, 상하수도, 농어업토목, 토목시공, 토목품질시험, 측량및지형공간정보, 조경, 지적, 지질및지반, 건설안전, 교통)	기사 및 산업기사(건설재료시험, 토목, 조경, 측량및지형공간정보, 지적, 응용지질, 건설교통, 교통)

직 렬	직 류	계 급	
		지 도 관	지 도 사
농촌지도	농촌생활	기술사(의류, 염색가공, 식품, 조경, 산업위생관리, 수질관리, 폐기물처리) 평생교육사1급	기사 및 산업기사(조경, 식품, 산업위생관리, 수질환경, 폐기물처리, 섬유물리, 섬유화학) 기사(의류, 염색가공) 영양사, 위생사, 평생교육사2급
어촌지도	어 촌	기술사(해양, 수산양식, 어로, 수산제조, 수질관리)	기사 및 산업기사(수산양식, 어로, 수산제조, 수질환경, 항로표지) 기사(해양환경, 어병, 해양자원개발, 해양공학, 해양생산관리, 수산질병관리사) 산업기사(해양조사)

○ 직렬별 관련 박사학위 및 관련학과

※ 지방자치단체의 장과 지방의회의 의장은 교과과정 등을 고려하여 [별표4]에서 정하는 "해당 학과 또는 전공"과 동일하다고 인정되는 학과를 추가로 지정할 수 있음.

- 일반직공무원

직 렬	직 류	학위종류	해당학과 또는 전공
행 정	일반행정 법무행정 재 경 국제통상	행정학박사 법학박사 경제학박사 경영학박사 정치학박사	행정학과 법학과 경제학과, 국제경제학과, 농경제학과 경영학과 외교학과
	노 동	경영학박사 노동경제학박사	경영학과 노사학과, 노동경제학과
	문화홍보	문학박사 신방학박사	해당학과 신문방송학
	감 사	법학박사 행정학박사 경영학박사 회계학박사 공학박사	해당학과
	통 계	통계학박사 경제학박사 이학박사	통계학과, 계산통계학과 경제학과(계량경제학) 수학과
	기업행정		
세 무	지 방 세	경제학박사 경영학박사 회계학박사 재무학박사 법학박사	경제학과, 국제경제학과, 농경제학과 경영학과 회계학과 재무학과 법학과
교육행정	교육행정	교육학박사 행정학박사 법학박사 경영학박사	교육행정학과, 교육학과 행정학과 법학과 경영학과
사회복지	사회복지	문학박사	사회복지학과

직 렬	직 류	학위종류	해당학과 또는 전공
전 산	전 산	공학박사	전산학과, 컴퓨터공학과, 전자공학과, 정보관리학과, 정보공학과, 경영정보학과
	데이터		
사 서	사 서	문학박사	도서관학과, 문헌정보학과, 서지학과
속 기	속 기		
방 호	방 호		
공 업	일반기계	공학박사 농학박사	기계공학과, 농공학과, 항공우주공학과, 농공학과
	농업기계		
	기계운전		
	조 선	공학박사	조선해양공학과
	일반전기	공학박사	전기공학과
	전 자	공학박사	전자공학과
	원자력	공학박사	원자력공학과
	금 속	공학박사	금속공학과
	섬 유	공학박사	섬유공학과
	일반화공	공학박사	화공학과
	가 스		
	자 원	공학박사	자원공학과
농 업	일반농업	농학박사	농학과, 농화학과, 농공학과
	식물검역		
	축 산	농학박사	축산학과, 동물자원과학과
	생명유전		

직 렬	직 류	학위종류	해당학과 또는 전공
녹 지	산림자원	농학박사	산림자원학과, 임학과
	산림보호		
	산림이용		
	조 경		
수 의	수 의	수의학박사	수의학과
해양수산	일반해양	이학박사	생물학과, 분자생물학과, 미생물학과, 해양학과, 지질과학과
	일반수산		
	어 로		
	일반선박	공학박사	조선해양공학과, 선박공학과
	선박항해		
	선박기관		
	해양교통시설		
보 건	보 건	보건학박사	보건학과
	방 역		
식품위생	식품위생	보건학박사	보건학과, 식품공학과, 식품영양학과
의료기술	의료기술	의학박사	의학과
의 무	일반의무		
	치 무	치의학박사	치의학과
약 무	약 무	약학박사	약학과
간 호	간 호	간호학박사	간호학과

직렬	직류	학위종류	해당학과 또는 전공
환경	일반환경	이학박사	생물학과, 분자생물학과, 미생물학과
	수질		대기과학과, 화학과
	대기	공학박사	화학공학과
	폐기물	행정학박사	환경계획과
항공	일반항공	공학박사	항공우주공학과, 컴퓨터공학과
	조종		
	정비		
시설	도시계획	행정학박사	도시계획학과, 환경공학과
	일반토목	공학박사	토목공학과
	수도토목		
	농업토목	공학박사	농공학과
	건축	공학박사	건축공학과
	지적	공학박사	토목공학과
	측지	공학박사	토목공학과
	교통시설	공학박사	교통공학과
	도시교통설계		
	디자인		
방재안전	방재안전	공학박사	토목공학과, 방재안전공학과, 안전공학과, 건축공학과, 도시공학과, 농공학과
통신사	통신사	공학박사	컴퓨터공학과, 전자공학과, 전기공학과
	통신기술	공학박사	컴퓨터공학과, 전자공학과, 전기공학과, 정보통신공학과, 전파공학과
	전송기술		
	전자통신기술		
위생	위생		
	사역		
조리	조리		
간호조무	간호조무		
시설관리	시설관리		
운전	운전		

- 연구직 공무원

직 렬	직 류	학위종류	해당학과 또는 전공
학예연구	학예일반	문학박사, 공학박사	국문학과, 인류학과, 사학과, 음악학과 건축학과, 문화재보존학과
	미 술	문학박사	미술학과
	국 악	문학박사	음악학과
	국 어	문학박사	국문학과
편사연구	편 사	문학박사	사학과
기록연구	기록관리	문학박사	기록관리학과
공업연구	기 계	공학박사	기계공학과, 기계설계학과
	전 기	공학박사	전기공학과
	전 자	공학박사	전자공학과, 정보통신공학과
	금 속	공학박사	금속공학과
	섬 유	공학박사	섬유공학과
	화 공	공학박사, 이학박사	화학공학과, 화학과
	화 학	공학박사, 농학박사	화학공학과, 임산공학과, 임학과, 제지공학과
	산업경영	공학박사	산업공학과
	물 리	이학박사	물리학과, 천문대기과학과, 천문우주학과, 우주과학과
농업연구	작 물	농학박사	농학과, 농화학과, 자원식물학과, 유전공학과, 농생물학과
		이학박사	생물학과, 화학과, 물리학과, 미생물학과
		약학박사	한약학, 약학
	농업환경	농학박사	농학과, 자원직물학과, 원예학과, 농화학과, 생물학과, 생화학과, 농생물학과, 미생물학과
		이학박사	식물학과, 농화학과, 생물학과, 물리학과, 화학과, 생화학과, 농생물학과, 미생물학과
		공학박사	환경공학과, 수자원학과, 관개배수학과
		환경학박사	환경학과

직 렬	직 류	학위종류	해당학과 또는 전공
농업연구	작물보호	농학박사	농화학과, 농생물학과, 유전공학과
		이학박사	생물학과, 화학과, 물리학과, 미생물학과
	농업경영	농학박사	농학과, 농공학과, 동물자원학과, 축산학과
		경제학박사	농경제학과, 경제학과
	산업곤충	농학박사	천연섬유학과, 농공학과, 농생물학과
		이학박사	분자생물학과, 화학과, 생물학과, 미생물학과, 유전공학과
		공학박사	섬유공학과
	원 예	농학박사	원예학과, 농공학과, 농생물학과,
		이학박사	농화학과
		공학박사	식품공학과
	생명유전	농학박사	농화학과
		이학박사	생물학과, 분자생물학과, 미생물학과, 화학과
		공학박사	유전공학과, 식품공학과
	농촌생활	농학박사	농학과, 농가정과, 가정학과
		이학박사	의류학과, 식품영양학과
		공학박사	식품공학과
	축 산	농학박사	축산학과, 동물자원학과, 낙농학과
		이학박사	미생물학과, 화학과, 생물학과
		공학박사	식품공학과
	농 공	농학박사	농공학과
		공학박사	기계공학과, 농업기계공학과, 전자공학과, 전기공학과, 금속공학과, 재료공학과, 제어계측공학과, 토목공학과
		이학박사	물리학과
	농식품개발		
수의연구	수 의	농학박사	동물자원학과
		이학박사	미생물학과, 생물학과, 화학과
		수의학박사	수의학과, 축산학과

직 렬	직 류	학위종류	해당학과 또는 전공
녹지연구	임 업	경제학박사	경제학과
		농학박사	농화학과, 농생물학과, 임학과, 임산가공학과, 조경학과
		이학박사	화학과, 생물학과, 분자생물학, 미생물학
		공학박사	유전공학과, 화학공학과, 공업화학과, 생물화학공학과, 생물공학과
	조 경		
해양수산연구	해양환경	이학박사	해양학과, 수산가공학과
	수산자원		
	수산양식		
	수산공학		
	수산가공		
	수산경제		
보건연구	의 학	의학박사, 치의학박사, 한의학박사, 이학박사, 수의학박사	의학과, 치의학과, 한의학과, 미생물학과, 생리학과, 생화학과, 수의학과
	약 학	약학박사, 간호학박사, 한의학박사, 이학박사	약학과, 간호학과, 한약학과, 생물학과, 미생물학과, 화학과
	공중보건	의학박사, 보건학박사, 한의학박사, 약학박사, 이학박사, 공학박사, 농학박사, 수의학박사	의학과, 보건학과, 한의학과, 약학과, 화학과, 생물학과, 식품학과, 위생공학과, 축산학과, 낙농학과, 수의학과
환경연구	환 경	환경학박사	환경공학과, 환경계획학과, 환경경제학과
시설연구	토 목	공학박사	토목공학과
	건 축	공학박사	건축공학과

직렬	직류	학위종류	해당학과 또는 전공
방재안전연구	안전관리	행정학박사	행정학과
		정책학박사	정책학과
		사회학박사	사회학과
		법학박사	법학과
		경제학박사	경제학과
		경영학박사	경영학과, 보험학과
		교육학박사	교육학과
		통계학박사	통계학과
		공학박사	안전공학과, 화학공학과, 공업화학과, 위기관리학과, 소방방재학과, 항해학과
		심리학박사	심리학과
		사회복지학박사	사회복지학과
		경찰학박사	경찰학과
		소방학박사	소방행정학과, 소방학과
	재난관리	공학박사	토목공학과, 도시공학과, 건축공학과, 환경공학과, 자원공학과, 원자력공학과, 해양공학과, 항공우주공학과, 기계공학과, 전기공학과, 전자공학과, 컴퓨터공학과, 정보통신공학과, 산업공학과, 방재안전학과, 도시방재학과
		보건학박사	보건학과
		이학박사	기상학과, 보건환경안전학과, 지형공간정보학과, 지질학과, 미생물학과
		수의학박사	수의학과

- 지도직 공무원

직 렬	직 류	학위종류	해당학과 또는 전공
농촌지도	농 업	농학박사	농학과, 농생물학과, 농화학과
	농업경영	경제학박사	농경제학과
	임 업	농학박사	임학과, 임가공학과, 임산공학과
	잠 업	농학박사	농학과, 천연섬유학과
	원 예	농학박사	원예과
	축 산	농학박사	축산학과
	가축위생	수의학박사	수의학과
	농촌사회	농학박사 경제학박사 교육학박사	농학과 농경제학과 농업교육학과
	농업기계	농학박사	농공학과
	농업토목	농학박사	농공학과
	농촌생활	사회복지학박사 가정학박사 교육학박사	협동과정(과학철학 등) 식품공학과, 식품가공학과, 가정계열학과 농업교육과
어촌지도	어 촌	이학박사 공학박사	해양학과, 수산학과 조선해양공학과

[별표 5]

[호봉 획정시 인정되는 공공법인의 범위]

* 명칭 변경, 기관 통·폐합이 된 기관은 관련법을 적용받는 기관에서 제외되기 전까지는 공공법인 범위에 포함('공공기관 알리오', '클린아이 지방공공기관 통합공시' 사이트 참고)

1. 공공기관의 운영에 관한 법률에 의한 공기업(예시)

   ○ 시장형 공기업

   한국가스공사, 한국광물자원공사, 한국남동발전㈜, 한국남부발전㈜, 한국동서발전㈜, 한국서부발전㈜, 한국석유공사, 한국수력원자력㈜, 한국전력공사, 한국중부발전㈜, 한국지역난방공사, 인천국제공항공사, 한국공항공사, 부산항만공사, 인천항만공사

   ○ 준시장형 공기업

   한국조폐공사, 그랜드코리아레저㈜, 한국마사회, ㈜한국가스기술공사, 대한석탄공사, 한국전력기술㈜, 한전KDN㈜, 한전KPS㈜, 제주국제자유도시개발센터, 주택도시보증공사, 한국감정원, 한국도로공사, 한국철도공사, 한국토지주택공사, 주식회사 에스알, 여수광양항만공사, 울산항만공사, 해양환경공단, 한국방송광고진흥공사, 한국수자원공사

2. 공공기관의 운영에 관한 법률에 의한 준정부기관(예시)

   ○ 기금관리형 준정부기관

   사립학교교직원연금공단, 국민체육진흥공단, 한국언론진흥재단, 한국무역보험공사, 한국원자력환경공단, 국민연금공단, 근로복지공단, 기술보증기금, 중소기업진흥공단, 신용보증기금, 예금보험공사, 한국자산관리공사, 한국주택금융공사, 공무원연금공단

   ○ 위탁집행형 준정부기관

   한국재정정보원, 한국교육학술정보원, 한국장학재단, (재)우체국금융개발원, (재)한국우편사업진흥원, 우체국물류지원단, 정보통신산업진흥원, 한국과학창의재단, 한국방송통신전파진흥원, 한국연구재단, 한국인터넷진흥원, 한국정보화진흥원, 재단법인 연구개발특구진흥재단, 한국국제협력단, 국제방송교류재단, 한국콘텐츠진흥원, 아시아문화원, 한국관광공사

농림수산식품교육문화정보원, 농림식품기술기획평가원, 축산물품질평가원, 한국농수산식품유통공사, 한국농어촌공사, 대한무역투자진흥공사, 한국가스안전공사, 한국광해관리공단, 한국디자인진흥원, 한국산업기술진흥원, 한국산업기술평가관리원, 한국산업단지공단, 한국석유관리원, 한국에너지공단, 한국에너지기술평가원, 한국전기안전공사, 한국전력거래소, 건강보험심사평가원, 국민건강보험공단, 사회보장정보원, 한국노인인력개발원, 한국보건복지인력개발원, 한국보건산업진흥원, (재)한국보육진흥원, 한국건강증진개발원, 국립공원공단, 국립생태원, 한국환경공단, 한국환경산업기술원, 한국고용정보원, 한국산업안전보건공단, 한국산업인력공단, 한국장애인고용공단, 한국청소년상담복지개발원, 한국청소년활동진흥원, 한국교통안전공단, 국토교통과학기술진흥원, 한국국토정보공사, 재단법인 대한건설기계안전관리원, 한국시설안전공단, 한국철도시설공단, 선박안전기술공단, 한국수산자원관리공단, 해양수산과학기술진흥원, 한국해양수산연수원, 한국승강기안전공단, 중소기업기술정보진흥원, 소상공인시장진흥공단, 창업진흥원, 한국소비자원, 시청자미디어재단, 독립기념관, 한국보훈복지의료공단, 한국식품안전관리인증원, 도로교통공단, 한국소방산업기술원, 한국임업진흥원, 한국산림복지진흥원, 농업기술실용화재단, 재단법인 한국특허전략개발원, 한국기상산업기술원

3. 지방공기업법에 의한 지방공사 및 지방공단(예시)

○ 지방공사의료원
서울강남병원, 부산, 대구, 인천, 수원, 의정부, 금촌, 포천, 이천, 안성, 춘천, 원주, 강릉, 속초, 삼척, 영월, 청주, 충주, 천안, 공주, 서산, 홍성, 군산, 남원, 목포, 순천, 강진, 포항, 김천, 안동, 울진, 마산, 진주, 제주, 서귀포

○ 지방공사
도시개발공사(서울, 부산, 대구, 광주, 대전, 인천), 지방개발공사(강원, 전북, 경북, 경남, 제주도, 마포, 송파), 지방공사(경기), 지하철 공사(서울, 대구, 인천, 광주), 농수산물도매시장관리공사(서울, 구리), 금강도선공사(군산), 도시철도공사(서울), 경기평택항만공사, 지방공사 대전엑스포과학공원, 구미원예수출공사

○ 지방공단
시설관리공단, 주차장관리공단(부산, 인천, 춘천, 울산), 체육시설관리공단(광주), 창원시경륜공단

○ 민관공동출자법인

장흥표고유통공사, 지방공사인천터미널(인천), 김제개발공사(김제), 구)광주교통관리공사, 문경도시개발공사(문경), 대전광역시도시개발공사(대전), 구)경강종합관광공사(춘천), 안성축산진흥공사, 철원농특산물유통공사, 태백관광개발공사, 청도지역개발공사, 하남시도시개발공사

4. 개별법(상법·민법 제외)에 의하여 설립된 공공법인 중 행정안전부장관이 인정하는 법인

1) 개별설치법에 의하여 설립된 공공법인

○ 연구기관 : 국방과학연구소, 한국국방연구원

○ 재단 : 구)대전엑스포기념재단, 한국사학진흥재단, 한국국제교류재단, 재외동포재단

○ 조합

건설공제조합, 농업협동조합, 수산업협동조합, 중소기업협동조합, 구)축산협동조합, 신용협동조합, 구)인삼협동조합, 산림조합, 엽연초생산협동조합, 경남낙농협동조합

○ 구)정부투자기관관리기본법 상 인정된 구)정부투자기관(예시)

구)대한광업진흥공사, 구)한국농어촌공사

○ 기타

국립대학교병원설치법에 의하여 설립된 국립대학병원, 대한적십자사, 상공회의소, 서울대학병원, 구)신용관리기금, 전쟁기념사업회, 한국국제협력단, 한국은행, 한국산업은행, 중소기업은행, 구)대한철광개발주식회사, 구)상호신용금고, 새마을금고, 상호저축은행, 민주화운동기념사업회, 한국방송공사, 서울대학교, 인천대학교, 국립중앙의료원

2) 육성법·촉진법 등에 의하여 설립된 법인

○ 특정연구기관육성법에 의하여 설립된 법인

한국과학기술원, 한국원자력연구원, 구)한국인삼연초연구소, 광주과학기술원

○ 기타 육성법에 의하여 설립된 법인

산업기술연구조합, 한국학중앙연구원, 한국지방행정연구원, 새마을운동중앙협의회, 구)사회정화국민운동중앙협의회, 바르게살기운동중앙협의회, 한국정보통신정책연구원

○ 촉진법·진흥법 등에 의하여 설립된 법인

　구)농지개량조합, 대한체육회, 지방문화원, 대한장애인체육회

○ 「정부출연연구기관 등의 설립·운영 및 육성에 관한 법률」에 의하여 설립된 법인

　한국개발연구원, 한국조세재정연구원, 대외경제정책연구원, 산업연구원, 에너지경제연구원, 정보통신정책연구원, 한국보건사회연구원, 한국노동연구원, 한국해양수산개발원, 한국교통연구원, 한국환경정책평가연구원, 한국농촌경제연구원, 국토연구원, 과학기술정책연구원, 통일연구원, 한국형사정책연구원, 한국행정연구원, 한국교육과정평가원, 한국직업능력개발원, 한국법제연구원, 한국여성정책연구원, 한국청소년정책연구원, 한국교육개발원, 한국과학기술연구원, 한국기초과학지원연구원, 한국천문연구원, 한국생명공학연구원, 한국한의학연구원, 한국생산기술연구원, 한국전자통신연구원, 한국식품연구원, 한국기계연구원, 한국전기연구원, 한국화학연구원, 한국과학기술정보연구원, 한국건설기술연구원, 한국철도기술연구원, 한국표준과학연구원, 한국해양과학기술원, 한국지질자원연구원, 한국항공우주연구원, 한국에너지기술연구원, 한국과학기술기획평가원

○ 「지방자치단체출연 연구원의 설립 및 운영에 관한 법률」에 의하여 설립된 연구원

3) 기타 개별법에 의하여 설립된 공공법인 중 행정안전부장관과 개별적으로 협의하여 인정되는 법인

　구)증권거래법에 의한 증권감독원, 구)한국은행법에 의한 은행감독원, 금융감독원, 구)의료보험법에 의한 지역의료보험조합 및 직장의료보험조합, 사립학교법에 의한 학교법인, 구)어선법에 의한 한국어선협회, 산업발전법에 의한 한국생산성본부, 모자보건법에 의한 인구보건복지협회, 부동산 가격공시 및 감정평가에 관한 법률에 의한 한국감정평가협회, 언론중재 및 피해구제 등에 관한 법률에 의한 언론중재위원회, 산업표준화법에 의한 한국표준협회, 산업기술혁신촉진법에 의한 전자부품연구원, 총포·도검·화약류 등 단속법에 의한 총포·화약안전기술협회, 대한민국재향군인회법에 의한 대한민국재향군인회, 대한지방행정공제회법에 의한 대한지방행정공제회, 변호사법에 의한 변호사협회, 결핵예방법에 의한 대한결핵협회, 청소년기본법에 의한 구)한국청소년진흥센터, 「법률구조법」에 의한 대한법률구조공단, 「민영교도소 등의 설치·운영에 관한법률」에 의한 민영교도소, 「보호관찰 등에 관한 법률」에 의한 한국법무보호복지공단, 「장애인복지법」에 의한 한국장애인개발원, 「암관리법」에 의한 국립암센터

■ 지방공무원보수업무등 처리지침(지방공무원봉급업무 처리기준) [별지 제1호 서식]

호봉획정을 위한 경력기간 합산신청서

[ ]공무원경력, [ ]군복무경력, [ ]유사경력

소속				직명		성명	
업체명	직종 및 직급	경력 기간 (연·월·일)			1주간 근무시간	면직일	승급제한사유 및 승급제한기간 (연·월·일)	특별승급사유 및 특별승급 (○급○호→○호)
		부터	까지	기간				

「지방공무원 보수규정」제8조 및 제9조제2항의 규정에 의하여 초임호봉의 획정과 새로운 경력을 합산하고자 경력증명서를 첨부하여 신청합니다.

년   월   일

신청인   (서명 또는 인)

소속기관의 장 (호봉획정권자) 귀하

첨부서류	경력증명서 (병적증명서)

210mm×297mm[백상지 80g/㎡]

■ 지방공무원보수업무등 처리지침(지방공무원봉급업무 처리기준) [별지 제2호 서식]

호봉획정을 위한 전력조회 요청서

행 정 기 관 명

수신자
(경유)
제 목 공무원 전력조회

　　　　「지방공무원 보수규정」 제8조 및 제9조제2항에 의하여 아래 공무원에 대한 전력을 조회하니 협조하여 주시기 바랍니다.

소속	성명 (직급)	경력 내 용					
		근무처	직급	경력기간 (년·월·일)	채용형태 (정규직여부)	근무시간 (주당 근무 시간 / 주당 통상 근 무시간)	담당직무

※ 위의 전력조회결과는 공무원 보수책정의 근거자료가 되오니 사실관계를 정확히 기재하여 주시기 바랍니다.　끝.

발 신 명 의　[직인]

기안자(직위/직급) 서명　검토자(직위/직급) 서명　결재권자(직위/직급) 서명
협조자(직위/직급) 서명
시행　처리과명-일련번호(시행일자)　　접수　처리과명-일련번호(접수일자)
우　　주소　　　　　　　　　　　/ 홈페이지 주소
전화 (　　)　　　전송 (　　)　　　/ 공무원의 공식 전자우편주소/공개구분

210mm×297mm[백상지 80g/㎡]

2024년도 공무원봉급표와 연봉표

CONTENTS 차 례

1. 일반직공무원과 일반직에 준하는 특정직 및 별정직 공무원 등의 봉급표 ·· 135

2. 지방전문경력관의 봉급표 ··· 136

3. 연구직공무원의 봉급표 ·· 137

4. 지도직공무원의 봉급표 ·· 138

5. 교육감 소속의 교육전문직원의 봉급표 ································ 139

6. 전문대학 및 대학교원 등의 봉급표 ····································· 139

7. 연봉제 적용대상 공무원의 연봉 내역 ·································· 140

일반직공무원과 일반직에 준하는 특정직 및 별정직 공무원 등의 봉급표

- 공무원보수규정 [별표 3] 준용 -

(월지급액, 단위 : 원)

계급 호봉	1급	2급	3급	4급	5급	6급	7급	8급	9급
1	4,367,600	3,931,900	3,547,400	3,040,400	2,717,000	2,241,500	2,050,600	1,913,400	1,877,000
2	4,520,700	4,077,800	3,678,600	3,164,500	2,826,700	2,345,700	2,125,400	1,963,000	1,897,100
3	4,677,700	4,225,600	3,813,800	3,290,700	2,940,800	2,453,200	2,209,000	2,019,800	1,925,200
4	4,838,200	4,374,800	3,949,900	3,419,800	3,059,200	2,563,100	2,302,400	2,084,300	1,961,600
5	5,002,600	4,526,100	4,088,300	3,550,700	3,180,800	2,676,300	2,408,100	2,163,600	2,006,700
6	5,169,000	4,677,600	4,228,000	3,682,900	3,304,800	2,792,600	2,516,400	2,263,400	2,061,100
7	5,337,900	4,831,100	4,369,400	3,816,200	3,430,700	2,909,300	2,625,300	2,363,500	2,133,300
8	5,508,100	4,984,400	4,511,100	3,950,200	3,558,200	3,026,300	2,735,100	2,459,900	2,220,800
9	5,680,900	5,138,700	4,654,000	4,084,700	3,686,100	3,143,700	2,839,500	2,551,700	2,304,500
10	5,854,600	5,292,900	4,796,800	4,219,000	3,814,900	3,253,800	2,939,100	2,638,700	2,385,100
11	6,027,900	5,447,900	4,939,900	4,354,500	3,935,300	3,358,200	3,033,100	2,722,800	2,461,800
12	6,207,100	5,608,200	5,088,200	4,482,000	4,051,400	3,461,000	3,125,400	2,805,000	2,538,300
13	6,387,300	5,769,400	5,226,000	4,601,200	4,161,600	3,557,700	3,213,100	2,884,000	2,611,500
14	6,568,000	5,915,400	5,354,000	4,712,500	4,264,300	3,649,000	3,296,800	2,959,600	2,682,600
15	6,725,800	6,050,000	5,471,900	4,817,300	4,361,400	3,736,800	3,376,900	3,032,100	2,750,600
16	6,866,100	6,173,300	5,581,800	4,916,200	4,452,700	3,819,000	3,452,500	3,102,200	2,816,300
17	6,990,400	6,286,800	5,684,000	5,008,000	4,538,600	3,897,500	3,525,200	3,167,600	2,880,600
18	7,101,100	6,390,600	5,779,000	5,093,700	4,619,700	3,971,700	3,594,700	3,230,900	2,940,300
19	7,200,200	6,486,500	5,866,800	5,173,800	4,696,100	4,042,100	3,660,200	3,291,800	2,999,200
20	7,289,100	6,573,900	5,949,100	5,248,600	4,767,800	4,108,300	3,722,500	3,349,800	3,055,200
21	7,371,000	6,653,900	6,025,300	5,318,500	4,835,100	4,172,000	3,782,000	3,405,200	3,108,200
22	7,443,900	6,727,300	6,095,800	5,384,100	4,898,400	4,231,900	3,838,100	3,458,400	3,158,900
23	7,505,600	6,794,400	6,160,900	5,445,700	4,958,200	4,288,100	3,892,500	3,509,000	3,207,400
24		6,849,300	6,221,800	5,503,800	5,014,000	4,341,700	3,944,000	3,557,900	3,253,900
25		6,901,700	6,271,600	5,556,800	5,066,800	4,392,600	3,992,800	3,604,300	3,298,200
26			6,319,300	5,601,800	5,116,500	4,440,800	4,039,700	3,649,200	3,338,300
27			6,363,500	5,643,200	5,157,800	4,486,500	4,079,200	3,686,700	3,372,800
28				5,682,900	5,197,400	4,524,900	4,116,100	3,722,800	3,406,000
29					5,233,800	4,560,700	4,151,800	3,757,000	3,438,100
30					5,269,100	4,596,200	4,185,900	3,790,000	3,469,200
31						4,629,000	4,217,900	3,822,100	3,499,900
32						4,660,000			

지방전문경력관의 봉급표

- 공무원보수규정 [별표 3의2] 준용 -

(월지급액, 단위 : 원)

호봉 \ 직위군	가군	나군	다군
1	2,717,000	2,050,600	1,877,000
2	2,845,800	2,139,400	1,895,700
3	2,975,000	2,236,500	1,923,900
4	3,105,300	2,342,600	1,962,000
5	3,238,100	2,453,300	2,010,500
6	3,367,800	2,566,400	2,070,100
7	3,493,500	2,681,000	2,141,700
8	3,620,600	2,792,400	2,229,900
9	3,748,800	2,889,900	2,315,600
10	3,879,500	2,985,800	2,399,800
11	3,995,800	3,080,100	2,476,900
12	4,108,700	3,164,300	2,545,000
13	4,209,500	3,249,300	2,617,000
14	4,313,400	3,323,500	2,690,200
15	4,422,200	3,397,600	2,760,500
16	4,504,800	3,474,300	2,827,600
17	4,586,500	3,551,300	2,887,100
18	4,659,200	3,620,500	2,947,900
19	4,736,000	3,684,900	3,009,700
20	4,807,700	3,753,400	3,072,600
21	4,884,500	3,823,000	3,132,000
22	4,957,800	3,884,100	3,193,000
23	5,034,600	3,948,000	3,248,800
24	5,113,700	4,014,700	3,308,600
25	5,190,900	4,076,000	3,362,900
26	5,273,800	4,137,400	3,421,800
27	5,354,200	4,201,700	3,477,900
28	5,432,600	4,266,500	3,528,200
29	5,514,400	4,326,700	3,577,500
30	5,591,400	4,386,400	3,624,100
31	5,670,400	4,446,000	3,667,100
32	5,751,800	4,505,300	3,708,300
33	5,832,300	4,565,900	3,747,200
34	5,912,500	4,623,500	3,785,600
35	5,992,300	4,683,200	3,826,300
36	6,072,200	4,738,500	3,866,300
37	6,152,700	4,793,500	3,906,200
38	6,233,500	4,848,600	3,946,000
39	6,312,500		
40	6,363,500		

연구직공무원의 봉급표

- 공무원보수규정 [별표 5] 준용 -

(월지급액, 단위 : 원)

호봉 \ 계급	연구관	연구사
1	2,717,000	2,050,600
2	2,850,200	2,154,000
3	2,983,100	2,267,200
4	3,116,200	2,391,200
5	3,248,800	2,518,000
6	3,441,000	2,641,700
7	3,632,300	2,765,800
8	3,823,400	2,889,800
9	4,013,700	3,012,900
10	4,203,900	3,136,200
11	4,373,300	3,229,000
12	4,542,500	3,321,800
13	4,709,500	3,415,100
14	4,877,900	3,508,100
15	5,044,600	3,600,700
16	5,207,000	3,674,700
17	5,368,600	3,748,000
18	5,530,800	3,822,100
19	5,691,100	3,895,200
20	5,851,800	3,969,000
21	5,985,700	4,040,000
22	6,118,600	4,111,600
23	6,252,000	4,182,800
24	6,384,800	4,253,900
25	6,517,900	4,324,700
26	6,629,100	4,373,800
27	6,741,700	4,422,700
28	6,853,400	4,471,900
29	6,964,400	4,519,300
30	7,075,900	4,568,200
31	7,162,100	4,616,900
32	7,248,500	4,659,500
33		4,702,300
34		4,744,300
35		4,786,500
36		4,825,800

지도직공무원의 봉급표
- 공무원보수규정 [별표 6] 준용 -

(월지급액, 단위 : 원)

호봉 \ 계급	지도관	지도사
1	2,717,000	1,913,400
2	2,848,500	1,989,100
3	2,979,500	2,079,700
4	3,111,100	2,186,900
5	3,240,600	2,312,900
6	3,413,100	2,425,500
7	3,585,600	2,538,600
8	3,758,600	2,650,900
9	3,930,600	2,763,400
10	4,101,500	2,875,400
11	4,256,200	2,972,000
12	4,409,900	3,068,200
13	4,563,700	3,163,800
14	4,716,700	3,259,000
15	4,868,600	3,353,100
16	5,002,700	3,438,100
17	5,138,800	3,522,700
18	5,273,700	3,606,600
19	5,407,300	3,690,300
20	5,540,600	3,774,400
21	5,659,400	3,852,200
22	5,778,800	3,930,600
23	5,897,500	4,008,000
24	6,016,000	4,085,400
25	6,134,800	4,162,400
26	6,238,600	4,220,600
27	6,341,700	4,279,500
28	6,445,500	4,338,400
29	6,548,300	4,397,100
30	6,652,700	4,454,800
31	6,722,500	4,505,300
32	6,793,100	4,549,400
33		4,593,600
34		4,637,400
35		4,681,400
36		4,722,300

교육감 소속의 교육전문직원의 봉급표

- 공무원보수규정 [별표 11] 준용 -

(월지급액, 단위 : 원)

호봉	봉급	호봉	봉급
1	1,806,700	21	3,377,600
2	1,861,400	22	3,502,200
3	1,916,900	23	3,625,800
4	1,972,200	24	3,749,800
5	2,028,000	25	3,873,600
6	2,083,600	26	3,997,900
7	2,138,700	27	4,127,500
8	2,193,500	28	4,256,800
9	2,247,400	29	4,392,000
10	2,285,900	30	4,527,800
11	2,324,400	31	4,663,100
12	2,384,200	32	4,798,300
13	2,492,800	33	4,935,600
14	2,601,800	34	5,072,400
15	2,710,700	35	5,209,500
16	2,819,900	36	5,346,000
17	2,927,700	37	5,464,800
18	3,040,700	38	5,583,700
19	3,152,900	39	5,702,800
20	3,265,300	40	5,821,200

전문대학 및 대학교원 등의 봉급표

- 공무원보수규정 [별표 12] 준용 -

(월지급액, 단위 : 원)

호봉	봉급	호봉	봉급
1	2,232,000	18	3,986,000
2	2,302,200	19	4,121,900
3	2,373,000	20	4,256,500
4	2,443,100	21	4,391,500
5	2,513,900	22	4,526,500
6	2,591,400	23	4,702,500
7	2,668,600	24	4,878,100
8	2,746,300	25	5,053,700
9	2,862,800	26	5,228,900
10	2,979,300	27	5,404,200
11	3,096,000	28	5,579,500
12	3,212,000	29	5,712,900
13	3,327,900	30	5,846,400
14	3,443,800	31	5,979,700
15	3,579,700	32	6,113,100
16	3,715,500	33	6,246,600
17	3,850,800		

1. 서울시립대학교 총장 : 9,022,800원
2. 그 밖의 전문대학 및 대학의 총장 : 7,502,800원

연봉제 적용대상 공무원의 연봉 내역

1. 지방자치단체장 등

(단위 : 천원)

구 분		연봉액
서울특별시장		145,332
광역시장·특별자치시장·도지사·특별자치도지사, 서울특별시·광역시·특별자치시·도·특별자치도의 교육감		141,143
시장·군수 및 자치구의 구청장	부시장·부군수·부구청장의 계급이 2급 또는 이에 상당하는 계급인 시·군·자치구의 경우	123,449
	부시장·부군수·부구청장의 계급이 3급 또는 이에 상당하는 계급인 시·군·자치구의 경우	113,818
	부시장·부군수·부구청장의 계급이 4급 또는 이에 상당하는 계급인 시·군·자치구의 경우	105,558

비고 : 1. 정무직지방공무원으로 임명하는 서울특별시의 정무부시장의 연봉은 141,143천원, 특별자치도 감사위원회의 위원장 연봉은 113,818천원, 세종특별자치시 감사위원회의 위원장 연봉은 105,558천원, 제주특별자치도 행정시장의 연봉은 113,818천원으로 한다.

2. 정무직지방공무원으로 임명하는 시·도 자치경찰위원회의 위원장 연봉은 113,818천원, 상임위원 연봉은 105,558천원으로 한다. 다만, 서울특별시·부산광역시·인천광역시와 경기도남부의 자치경찰위원회 위원장의 연봉은 123,449천원, 상임위원 연봉은 113,818천원으로 하며, 세종특별자치시의 자치경찰위원회 위원장의 연봉은 105,558천원, 상임위원 연봉은 98,431천원으로 한다.

3. 「지방자치법」 제199조에 따른 특별지방자치단체의 장(같은 법 제205조제2항에 따라 구성 지방자치단체의 장이 특별지방자치단체의 장을 겸하는 경우는 제외한다)의 연봉은 그 특별지방자치단체를 구성하는 지방자치단체의 장이 행정안전부장관과 협의하여 특별지방자치단체의 규약으로 정하는 금액으로 한다.

2. 1급내지 5급(상당)공무원

(단위 : 천원)

구 분	상한액	하한액
1급(상당) 공무원	125,232	83,478
2급(상당) 공무원	115,739	77,122
3급(상당) 공무원	107,598	72,279
4급(상당) 공무원	98,431	57,211
5급(상당) 공무원	87,181	38,738

비고 : 1. 기본연봉액에 성과연봉액을 합산한 총연봉액이 연봉상한액을 초과하더라도 해당 연도에는 성과연봉을 전액 지급할 수 있으나, 다음 연도에 기본연봉에 산입할 때에는 해당 연도의 연봉상한액을 초과하지 않는 금액만 산입한다.

2. 3급(상당) 공무원 중 3급 또는 4급 복수직 정원에 해당하는 공무원의 연봉한계액의 하한액은 64,186천원으로 한다.

3. 4급(상당) 공무원 중 4급 또는 5급 복수직 정원에 해당하는 공무원의 연봉한계액의 하한액은 53,585천원으로 한다.

4. 5급(상당) 공무원 중 과장급 직위에 해당하지 않는 공무원의 연봉한계액의 상한액은 81,159천원으로 한다.

2. 전문경력관 공무원

(단위 : 천원)

구 분	상한액	하한액
전문경력관 가군 공무원	94,839	38,738

비고 : 기본연봉액에 성과연봉액을 합산한 총연봉액이 연봉상한액을 초과하더라도 해당 연도에는 성과연봉을 전액 지급할 수 있으나, 다음 연도에 기본연봉에 산입하는 때에는 해당 연도의 연봉상한액을 초과하지 않는 금액만 산입한다.

3. 연구직 및 지도직 공무원

(단위 : 천원)

구 분	상한액	하한액
연구관 공무원	116,331	38,738
지도관 공무원	107,556	38,738

비고 : 기본연봉액에 성과연봉액을 합산한 총연봉액이 연봉상한액을 초과하더라도 해당 연도에는 성과연봉을 전액 지급할 수 있으나, 다음 연도에 기본연봉에 산입하는 때에는 해당 연도의 연봉상한액을 초과하지 않는 금액만 산입한다.

4. 자치경찰공무원

(단위 : 천원)

구 분	상한액	하한액
자치경무관 공무원	107,598	72,279
자치총경 공무원	98,431	59,353
자치경정 공무원	81,159	40,797

비고 : 기본연봉액에 성과연봉액을 합산한 총연봉액이 연봉상한액을 초과하더라도 해당 연도에는 성과연봉을 전액 지급할 수 있으나, 다음 연도에 기본연봉에 산입하는 때에는 해당 연도의 연봉상한액을 초과하지 않는 금액만 산입한다.

5. 임기제공무원 및 별표 11 제3호에 해당하는 별정직공무원

가. 임기제공무원 및 별정직공무원(개방형직위에 임용되는 공무원 및 전문임기제 공무원은 제외한다)

(단위 : 천원)

구분	상한액	하한액
5급(상당)		65,346
6급(상당)	81,239	54,132
7급(상당)	66,396	47,157
8급(상당)	58,248	41,551
9급(상당)	51,290	

비고 : 1. 기본연봉액에 성과연봉액을 합산한 총연봉액이 연봉상한액을 초과하더라도 해당 연도에는 성과연봉을 전액 지급할 수 있으나, 다음 연도에 기본연봉에 산입할 때에는 해당 연도의 연봉상한액을 초과하지 않는 금액만 산입한다.
2. 별표 11 제3호에 해당하는 4급 상당 이상의 별정직공무원에 대해서는 5급(상당)의 연봉한계액을 적용한다.

나. 개방형직위에 임용되는 임기제공무원(전문임기제 공무원은 제외한다) 및 별정직공무원

(단위 : 천원)

연봉등급	적용대상	상한액	하한액
1호	1급 공무원 또는 이에 상당하는 공무원으로 임명할 수 있는 직위에 임용되는 임기제공무원 및 별정직공무원		93,147
2호	2급 공무원 또는 이에 상당하는 공무원으로 임명할 수 있는 직위에 임용되는 임기제공무원 및 별정직공무원		84,683
3호	3급 공무원 또는 이에 상당하는 공무원으로 임명할 수 있는 직위에 임용되는 임기제공무원 및 별정직공무원		76,986
4호	4급 공무원 또는 이에 상당하는 공무원으로 임명할 수 있는 직위에 임용되는 임기제공무원 및 별정직공무원		66,122
5호	5급 공무원 또는 이에 상당하는 공무원으로 임명할 수 있는 직위에 임용되는 임기제공무원 및 별정직공무원	87,989	50,012
6호	6급 공무원 또는 이에 상당하는 공무원으로 임명할 수 있는 직위에 임용되는 임기제공무원 및 별정직공무원	76,868	38,729

비고 : 1. 지방자치단체의 장과 지방의회의 의장은 연봉한계액의 상한액으로는 우수 전문인력을 확보하기 어려운 경우, 그 밖에 특히 필요한 경우에는 다른 법령에 특별한 규정이 있는 경우를 제외하고는 직근 상위등급의 상한액 이내의 금액으로 정할 수 있다.
2. 기본연봉액에 성과연봉액을 합산한 총연봉액이 연봉상한액을 초과하더라도 해당 연도에는 성과연봉을 전액 지급할 수 있으나, 다음 연도에 기본연봉에 산입할 때에는 해당 연도의 연봉상한액을 초과하지 않는 금액만 산입한다.

다. 전문임기제 공무원

(단위 : 천원)

구 분	상한액	하한액
가급(1급 상당)		93,147
가급(2급 상당)		84,683
가급(3급 상당)		76,986
가급(4급 상당)		66,122
나급(5급 상당)	87,989	50,012

비고 : 1. 지방자치단체의 장과 지방의회의 의장은 연봉한계액의 상한액으로는 우수 전문인력을 확보하기 어려운 경우, 그 밖에 특히 필요한 경우에는 다른 법령에 특별한 규정이 있는 경우를 제외하고는 직근 상위등급의 상한액 이내의 금액으로 정할 수 있다.
2. 기본연봉액에 성과연봉액을 합산한 총연봉액이 연봉상한액을 초과하더라도 해당 연도에는 성과연봉을 전액 지급할 수 있으나, 다음 연도에 기본연봉에 산입할 때에는 해당 연도의 연봉상한액을 초과하지 않는 금액만 산입한다.

2
지방공무원특별승급제도 운영기준

Ⅰ. 총 칙
Ⅱ. 특별승급제 운영 기본방침
Ⅲ. 특별승급의 요건
Ⅳ. 특별승급 인원
Ⅴ. 특별승급의 절차 등
Ⅵ. 행정사항

CONTENTS 차 례

Ⅰ. 총 칙

1. 목 적 ·· 149
2. 근 거 ·· 149
3. 적용대상 ··· 149

Ⅱ. 특별승급제 운영 기본방침

1. 업무실적 우수자의 적극 발탁 ································· 150
2. 실적과 보상의 균형원칙 ·· 150
3. 엄정하고 객관적인 심사 ·· 150

Ⅲ. 특별승급의 요건 _ 151

Ⅳ. 특별승급 인원 _ 152

Ⅴ. 특별승급 절차 등

1. 인사위원회 ··· 152
   가. 기 능 ··· 152

제2장 지방공무원특별승급제도 운영기준

    2. 특별승급 절차 ·· 152
        가. 「부서장」의 추천 ··· 152
        나. 업무실적에 대한 조사 실시 ······························ 153
        다. 인사위원회의 심의 결정 ··································· 153
        라. 심사결과 통보 및 발령 ··································· 154
    3. 특별승급의 제한 등 ··· 154

Ⅵ. 행정사항

    1. 지방자치단체별 자체지침 마련 ···························· 155
    2. 소요 예산에 대한 조치 ······································ 155
    3. 특별승급 시행계획 및 결과의 통보 ······················ 155

별지 목록

    <별지 제1호 서식> 공무원 특별승급 추천서 ·························· 156
    <별지 제2호 서식> 특별승급 다면 평가서(예시) ··················· 157
    <별지 제3호 서식> 특별승급 실시결과 통보서 ······················ 158

제2장 지방공무원특별승급제도 운영기준

Ⅰ. 총 칙

1. 목 적

이 장은 「지방공무원 보수규정」 제15조제1항제1호의 규정에 따른 특별승급과 관련하여, 그 운영에 필요한 사항을 구체적으로 정함으로써 특별승급제도의 공정하고 효율적인 운영을 기하기 위함.

2. 근 거

○ 「지방공무원 보수규정」(대통령령 제34100호, 2024. 1. 5.) 제15조(특별승급)

* 이하 이 장에서 「지방공무원 보수규정」은 "영"이라 함.

3. 적용대상

○ 「지방공무원 보수규정」상 호봉제를 적용받는 공무원

Ⅱ. 특별승급제 운영 기본방침

◆ 업무실적이 뛰어난 공무원을 적극적으로 찾아 실적에 상응한 보상을 부여함으로써 공직의 활력과 경쟁력을 제고
◆ 특별승급에 의한 보상은 그 효과가 크고, 또 효과가 장기간에 걸치는 점을 감안, 엄격한 심의기준과 공정하고 객관적인 심의 절차를 마련하여 특별승급제도의 조기정착을 도모

1. 업무실적 우수자의 적극 발탁

○ 사명감과 열의를 가지고 적극적으로 업무를 수행하여 탁월한 업무 실적을 거둔 공무원을 발탁하여 특별승급시킴으로써 행정발전을 도모하고 공직의 경쟁력 제고에 기여

○ 각 지방자치단체에서는 이러한 목적에 적합하도록 자체 운영지침을 마련하여 시행하여야 함.

2. 실적과 보상의 균형원칙

○ 원칙적으로 특별승급은 특별승급의 사유가 되는 업무실적의 총체적 효과가 특별승급으로 인하여 개인이 받는 경제적 이익을 정당화시킬 수 있는 경우에 한해 시행되어야 함.

○ 지방자치단체에서는 업무실적우수자에 대하여 특별승급을 결정할 때 특별승진, 평정우대, 성과상여금 지급 등 기존의 인센티브 부여수준과도 적절한 균형을 이루도록 하여야 함.

3. 엄정하고 객관적인 심의

○ 특별승급은 해당 공무원의 전 생애에 걸쳐 경제적 이익을 부여하는 효과가 있고, 운영여하에 따라 남용의 소지가 있으므로 엄정하고 객관적인 심의에 의한 대상자 선발이 중요

※ 특별승진은 직제상 정원에 의해 제약을 받아 남용의 소지가 원천적으로 제한됨에 비해, 특별승급은 그러한 제한이 없음.

○ 지방자치단체에서는 이 장에 의한 제반 기준과 절차를 이행할 뿐만 아니라 실질적으로 특별승급을 받을 만한 실적이 있는 사람만이 혜택을 받도록 자체적인 보완기준을 마련하는 등 운영의 내실화에 만전을 기해야 함.

Ⅲ. 특별승급의 요건

○ 공무원 실근무경력 <u>1년 이상인 자 중</u> 탁월한 업무수행으로 행정발전에 크게 기여한 실적이 있는 자 및 규제개혁 또는 적극적이고 신속한 민원처리로 행태개선에 크게 기여한 자로서 아래 각호의 요건을 모두 충족시켜야 함.
  ① 특별승급의 대상이 되는 업무실적이 객관적으로 뚜렷하고 명백하여 동료 공무원들의 일상적 업무실적과는 명확히 구분 되어야 함.
  ※ 업무실적이 본 요건을 충족시키는지 여부는 이 장 Ⅴ. 2. 나.의 사실 조사를 토대로 <u>인사위원회</u>에서 판단하되, 다면평가를 함께 참고할 수 있음.
  ② 대상 업무실적이 제안규정 및 예산성과금제의 적용대상이 되는 업무실적이 아닐 것
  ③ 현행 성과상여금제도에 의해서는 실적에 상응한 충분한 보상이 어렵다고 판단될 것

> 예시
> - 직무관련 창의적·능동적인 업무개선 등을 통해 행정발전에 크게 기여한 공무원
> - 연구실적이 특히 우수하거나, 행정능률 및 성과를 현저하게 향상 시킨 공무원
> - 불필요한 행정규제 철폐, 획기적인 법령 제·개정, 집단민원·고질적 민원업무 등 복합민원 처리절차 간소화로 주민편의 증진 및 업무행태 개선에 탁월한 기여를 한 공무원
> - 국정과제, 소속 지방자치단체의 주요 역점과제의 성공적 추진으로 경제위기 극복 및 행정발전에 탁월한 기여를 한 공무원
> - 사회복지 등 주민수요 급증 업무의 적극적·능동적 수행으로 탁월한 실적을 거둔 공무원
> - 격무·기피 업무를 성실히 수행하여 탁월한 실적을 거둔 공무원
> - 복지예산 절감, 국고보조금 부정수급 적발 등에 따른 예산절감 실적이 인정되는 공무원
> - 올림픽, 아시안게임 등 범국가적인 행사와 관련한 조직위원회 등에서 탁월한 업무수행으로 성공적 개최에 기여한 공무원

Ⅳ. 특별승급 인원

○ 특별승급 가능 인원은 최근 3년간 지방자치단체의 장 또는 지방의회의 의장별 특별승급 적용대상(호봉제 공무원) 정원의 2%범위 이내로 한정
  - 다만, 사회복지 또는 재난·안전 분야는 사회복지업무담당자 정원 또는 재난·안전업무담당자 정원의 5% 범위 내에서 추가 특별승급 가능
    ※ 지방자치단체의 장 또는 지방의회의 의장별 가능인원 산출시 소수점 이하는 절상함.
    ※ "지방자치단체"라 함은 「지방자치법」 제2조제1항 및 「지방교육행정기관의 기구와 정원기준 등에 관한 규정」 제2조제2호의 정의에 따름

Ⅴ. 특별승급 절차 등

1. 인사위원회

가. 기 능

○ 자체 특별승급심의제도 운영지침의 심의·결정

○ 특별승급심의기준의 결정

○ 특별승급대상자의 확정

2. 특별승급 절차

가. 「부서장」의 추천

○ 각 부서의 장(직제상 최저단위 보조기관을 의미)은 소속 공무원 중 업무실적이 탁월 또는 규제개혁 및 민원처리가 우수하여 특별승급 요건에 해당되는 공무원이 있는 경우, 특별승급 추천서(이 장의 [별지 제1호 서식])를 작성하여 실국장 또는 단위기관장의 결재를 받아 지방자치단체의 장 또는 지방의회의 의장에게 특별승급을 요청한다.

○ 지방자치단체의 장과 지방의회의 의장은 필요시 별도 계획을 수립하여 각 부서의 장으로 하여금 특별승급 대상자를 추천하도록 할 수 있으며
  - 적절하다고 판단되는 경우 다른 추천방식을 활용할 수 있음.
  - 이 경우 지방자치단체의 장과 지방의회의 의장은 실·국 또는 단위기관장에게 추천 인원수를 조정하도록 할 수 있다.

○ 추천대상 업무실적은 추천일로부터 최근 2년 이내의 기간 중 수행한 업무의 실적을 원칙으로 하되, 그 이전의 실적도 참고함.
- 다만, 업무의 특성상 업무수행에 따른 효과가 늦게 나타나는 경우에는 그러한 효과발생이 확인된 후 1년 이내에 추천 가능

나. 업무실적에 대한 조사 실시

○ 지방자치단체의 장과 지방의회의 의장은 추천된 공무원의 업무실적을 검토하고 추천된 내용에 대한 사실조사를 한 후 <u>인사위원회에 특별승급심의를</u> 의뢰함.
- 이 경우 업무실적에 대한 다면평가를 함께 실시하여 그 결과를 <u>심의</u>에 반영할 수 있음.
※ 다면평가를 실시할 경우, 다면평가단은 추천된 공무원의 상급자·동료·하급자·고객 등으로 구성하고, 그 인원은 10인 이상으로 하며, 다면평가의 절차 및 방법, 평정요소 등은 [별지 제2호 서식] 표준안을 참고하여 지방자치단체의 장 또는 지방의회의 의장이 정함.
○ 사실조사 결과 업무실적이 특별승급의 요건에 현저히 미달하는 경우에는 특별승급<u>심의</u>를 아니할 수 있음.
  예시) 사실조사 결과 그 실적이 현저히 미달하는 경우
       사실조사 결과 동료들과 유사한 일상적인 업무실적이거나 추천된 공무원의 실적이 아닌 경우 등에는 특별승급심의를 아니 할 수 있음.
○ 사실조사 결과는 <u>인사위원회</u>에 제출하여 <u>심의</u>에 참고토록 함.

다. <u>인사위원회의 심의 결정</u>

○ <u>심의 시기</u> : 연 1회 개최(필요시 수시개최)하되, 가급적 성과상여금 지급일정에 맞추어 실시

○ <u>심의 기준</u>
- 각 지방자치단체 특성과 <u>심의대상</u> 실적의 내용 등을 고려하여 위원회에서 정하되 이 장 Ⅱ. 2. "실적과 보상의 균형원칙"을 기본적으로 고려하여야 하며, 다면평가 결과를 기준에 포함할 수 있음.

○ 결 정
- 특별승급시 예상되는 보수상 효과가 성과상여금의 최상위 등급을 받았을 때의 성과상여금 액수의 5배를 넘는 경우에는 원칙적으로 대상실적의 효과가 특별승급 효과를 초과할 경우에만 특별승급을 결정하여야 함.

- 심의결과 업무실적의 탁월성은 인정되나 실적과 보상의 균형원칙의 기준에 의할 때 특별승급으로 인한 혜택이 과도하다고 판단되는 경우에는 특별승급결정 대신 성과상여금 지급시 적정 혜택을 부여하도록 의결로써 권고할 수 있음.
- 성과상여금의 지급 권고시에는 적정 지급액 수준을 정하여 권고할 수 있으며, 이 경우 지급권고액은 성과상여금 최고등급 지급기준액의 5배를 상한으로 함.
  ※ 특별승급의 결정에 있어 특별승급의 보수상 효과가 성과상여금 S등급 지급액의 5배를 초과하는지 여부를 주요한 기준으로 삼도록 하는 것은 특별승급의 경우 그 승급효과가 개인의 직급과 호봉에 따라 차이가 크게 나타나는 문제가 발생하여 동일 실적에 대하여 보상이 서로 다르게 이루어지는 문제점을 보완하기 위한 것임.

라. 심의결과 통보 및 발령

○ 통보
- 지방자치단체의 장과 지방의회의 의장은 인사위원회 심의결과를 보고받는 즉시 이를 해당공무원의 승급권자에게 통보

○ 승급 발령(영 제15조 제4항 및 제6항)
- 승급권자는 특별승급결정통보를 받은 날의 다음달 1일자로 1호봉을 특별승급 발령함.
  ※ 다만, 승진 또는 승급의 제한을 받고 있는 자는 승진 또는 승급의 제한이 만료된 날이 속하는 달의 다음달 1일자로 특별승급함.
- 특별승급일이 대상공무원의 정기승급일인 경우 2호봉을 승급시킴.

3. 특별승급의 제한 등

○ 동일한 업무실적을 사유로 이 장에 의한 특별승급과 다른 법령·지침에 의한 특별승진, 특별승급, 예산절약 성과금 등의 혜택은 중복되어 부여될 수 없음.

○ 특별승급자는 특별승급일로부터 5년 이내에 다시 특별승급을 할 수 없음.

○ 지방자치단체의 장과 지방의회의 의장은 특별승급된 자에 대하여 Ⅱ.2. 실적과 보상의 균형원칙에 따라 특별승급 후 최초로 도래하는 성과상여금 지급 대상에서 제외하거나 지급등급을 별도로 결정할 수 있음.

Ⅵ. 행정사항

1. 지방자치단체별 자체지침 마련

○ 지방자치단체의 장과 지방의회의 의장은 이 장이 정하는 범위에서 특별승급 운영지침을 마련하여 시행

○ 소속 공무원이 제도의 취지 및 그 운영방법을 명확하게 알 수 있도록 특별승급 운영지침을 공지하고 교육하여야 함.

2. 소요 예산에 대한 조치

○ 지방자치단체의 장과 지방의회의 의장은 특별승급 시행계획 수립시 특별승급에 따른 인건비 소요예산을 충분히 검토한 후 시행
  - 특별승급에 따른 소요예산은 해당기관의 기정 인건비 재원으로 충당

3. 특별승급 시행계획 및 결과의 통보

○ 지방자치단체의 장과 지방의회의 의장이 이 장에 의한 특별승급을 실시하고자 할 경우에는 사전에 시행계획을 행정안전부장관(교육부장관)에게 통보하여야 함 (시·군·구는 시·도 경유).

○ 지방자치단체의 장과 지방의회의 의장은 특별승급을 실시한 후 그 시행결과 (특별승급 추천서 포함)를 즉시 행정안전부장관(교육부장관)에게 통보하여야 함 (시·군·구는 시·도 경유). <제출서식 : [별지 제3호 서식]>

[별지 제1호 서식]

공무원 특별승급 추천서

1. 피추천인

소 속	직 위	직 급	성 명	생년월일

2. 특별승급추천 사유

3. 추천사유에 해당하는 업무실적 확인 가능처(사람)

| 기관명 | 성명 | 연락처 ||
		주소	전화

년   월   일

추천인   소 속 :   직 위 :   성 명 :   (서명)

※ 작성 요령
    ○ 특별승급추천사유 : 통상의 업무실적이 아니라 특별승급요건에 해당되는 업무실적을 간단히 기술, 실적에 따른 효과 등을 구체적 적시(가급적 계량화)
    ○ 업무실적을 구체적으로 확인할 수 있는 기관·고객 등의 연락처를 기재(연락처 3곳 이상)

[별지 제2호 서식]

특별승급 다면 평가서[예시]

특별승급 대상 업적(   )

업 무 실 적

○ 실적 요지
 -
  ※ 인사담당부서에서 특별승급추천서에 기재된 추천사유를 중심으로 기재함.

○ 효과분석
 -
  ※ 지방자치단체의 장과 지방의회의 의장은 특별승급추천서에 기재된 업무실적에 대해 먼저 조사한 후 그 효과를 분석, 기재함으로써 평가자의 객관적인 판단이 가능토록 해야 함.

1. 귀하는 위 대상자의 업무실적이 통상적인 업무수행 실적을 초과하는 탁월한 실적이라고 생각하십니까?
   □ 매우 그렇다 □ 그렇다 □ 잘 모르겠다 □ 아니다 □ 절대 아니다
   <이하는 1에서 긍정(매우그렇다, 그렇다)답변자만 응답>

2. 아래 요소별로 귀하의 입장에서 통상적인 업무실적보다 탁월하다고 판단되는 정도를 선택하여 주십시오.
   ① 창의적인 아이디어를 활용하여 업무혁신에 기여 (아주 뛰어남, 뛰어남, 보통)
   ② 많은 시간과 노력의 투입 (아주 뛰어남, 뛰어남, 보통)
   ③ 가시적 성과의 크기 (아주 뛰어남, 뛰어남, 보통)
   ④ 행정발전에 장기적, 간접적으로 기여할 것으로 예상되는 정도(아주 뛰어남, 뛰어남, 보통)
   ⑤ 주요 국정업무 분야의 발전에 크게 기여하는 업무인지 정도 (아주 뛰어남, 뛰어남, 보통)

3. 특별승급은 공직재직기간 중 혜택이 지속될 뿐 아니라 퇴직후 연금에도 영향을 줄 수 있습니다. 위 대상자가 특별승급을 할 경우 퇴직시까지의 금전적 효과는 현재가치로 (   )에 상당할 것으로 추단됩니다. 귀하는 위에 기술된 실적이 이러한 혜택이 부여되는 특별승급을 시킬 만큼 탁월한 업적이라고 생각하십니까
   □ 매우 그렇다 □ 그렇다 □ 잘 모르겠다 □ 아니다 □ 절대 아니다

※ 업무실적내용에 대한 객관적인 평가가 이루어지도록, 꼭 필요한 경우가 아니면 특별승급대상자의 인적사항은 표시하지 않음.

[별지 제3호 서식]

특별승급 실시결과 통보서

기관명 :　　　　　　　　　　　작성일 :

일련 번호	소 속	직 급 (호봉)	성 명	현직급 재직기간	특별승급발령 (예정)일

첨부 : 공무원 특별승급 추천서 사본 각 **1**부.

3

지방공무원원천징수 등 업무 처리기준

I. 목 적
II. 근 거
III. 원천징수 등 처리방법

CONTENTS
차 례

I. 목 적 _163

II. 근 거 _163

III. 원천징수 등 처리방법

1. 원천징수 등 신청방법 ·· 163
2. 원천징수 등 기간 ·· 164
3. 원천징수 등 내용의 변경·철회 ································ 164
4. 원천징수 등 동의기간에 관한 경과조치 ················· 164
5. 기타사항 ··· 165

별지 목록

<별지 제1호 서식> 원천징수 동의(신규, 변경, 철회)서 ······················· 166
<별지 제2호 서식> 원천징수 관리대장 ·· 168

제 3 장 지방공무원원천징수 등 업무 처리기준

I. 목 적

「지방공무원 보수규정」 제18조의2제2항에 따라 원천징수등의 방법, 운영 및 그 밖에 필요한 사항을 정함으로써 원천징수등 업무 처리의 정확성·통일성을 기한다.

II. 근 거

『지방공무원 보수규정』(대통령령 제34100호, 2024. 1. 5.)

* 이하 「지방공무원 보수규정」은 이 장에서 '영'이라 함.

III. 원천징수 등 처리방법

1. 원천징수 등 신청방법

○ 공무원이 영 제18조의2제1항제5호에 따라 매월 본인의 보수에서 일정금액을 원천징수 받고자 하는 경우에는 1장의 '원천징수 동의서'(별지 제1호 서식)에 동의를 받고자 하는 항목을 모두 기재하고 자필 서명을 하거나 전자인사관리 시스템(공무원의 인사기록을 데이터베이스화하여 관리하고 인사 업무를 전자적으로 처리할 수 있는 시스템을 말한다.)을 통하여 「회계관계 직원 등의 책임에 관한 법률」 제2조제2호가목에 따른 지출원(대리지출원, 분임지출원 및 대리분임지출원은 제외, 이하 '지출원'이라 한다)에게 제출하여야 한다.

* 해외파견, 격오지 근무 등의 사유로 원천징수 동의서를 직접 제출하기 곤란한 경우는 우편제출도 가능함.

** 동일 지방자치단체 내 소속기관이 달라짐에 따라 지출관이 변경된 경우에는 변경된 지출관에게 기존의 원천징수 동의서를 제출한 것으로 볼 수 있으며, 이 경우 급여 담당자는 해당 공무원이 기존의 원천징수 내역을 확인할 수 있도록 안내하여야 함.

2. 원천징수 등 기간

○ 공무원이 영 제18조의2 제1항 제5호에 따라 매월 본인의 보수에서 일정금액을 원천징수 받기 위해 원천징수 동의서를 제출한 경우, 원천징수가 이루어지는 기간은 공무원 개인이 원천징수 동의서에서 선택한 기간(원천징수 시작시점에서 종료시점까지의 기간을 말한다)으로 한정한다.
   * 원천징수 시작시점이 원천징수 동의서 제출일자 이전인 경우, 원천징수 시작시점은 원천징수 동의서 제출일자부터로 함
○ 다만, 원천징수 종료시점을 선택하지 않은 경우에는 변경·철회 등의 별도 의사표시 전까지 원천징수를 계속 동의한 것으로 본다.

3. 원천징수 등 내용의 변경·철회

○ 영 제18조의2 제1항 제5호에 따라 원천징수를 동의한 공무원이 원천징수 기간 만료 전에 동의내용을 변경 또는 철회(사유 : 기관 전출, 본인 의사 변경 등)하고자 하는 경우에는 '원천징수 동의(변경, 철회)서'에 해당사항을 기재하여 다시 제출하여야 한다.
   * 원천징수 동의 당시 원천징수 종료시점을 선택하지 않은 공무원이 원천징수 종료시점을 선택하고자 하는 경우에도 '원천징수 동의(변경, 철회)서'에 해당사항을 기재하여 제출

4. 원천징수 등 동의기간에 관한 경과조치

○ 영 시행(2019. 1. 8.) 이전에 종전의 영에 따라 3년의 범위에서 기간을 정하여 원천징수를 동의하였고 그 기간이 영 시행(2019. 1. 8.) 이후에도 남아있는 경우, 그 기간이 만료되기 전까지는 유효한 원천징수 동의로 본다.

5. 기타사항

○ 각 기관의 지출원은 영 제18조의2 제1항 제5호에 따른 원천징수등을 함에 있어 아래의 사항을 따른다.

1) 각 기관의 지출원은 소속공무원이 영 제18조의2제1항제1호 내지 제4호 외의 사항에 대하여 보수에서 일정금액을 원천징수 받고자 하는 경우(변경 또는 철회하는 경우 포함) 각각의 항목별로 원천징수 동의서를 작성하여 지출원에게 제출해야 한다는 사항을 홈페이지, 게시판 또는 전자우편 등의 방법으로 널리 공지하여야 한다.

2) 각 기관의 지출원은 원천징수 동의서를 기관에 비치하거나, 홈페이지, 게시판 또는 전자우편 등의 방법으로 공지하여 원천징수를 희망하는 공무원이 원천징수 동의서를 제출할 수 있도록 한다.

3) 각 기관의 지출원은 '원천징수 관리대장'(별지 제2호 서식)을 작성하여 기관에 비치하고, 관리대장에 항목별로 원천징수 동의(변경 또는 철회)사항에 대하여 그 일자 및 내용 등을 기재하여야 하며, 이 대장은 10년간 보관하여야 한다.

4) 각 기관의 지출원은 원천징수 동의서를 원천징수 기간 종료시점을 기준으로 5년간(원천징수 기간 종료시점의 다음날부터 기산하되, 종료시점이 12월 31일이 아닌 경우에는 5년이 되는 날이 속하는 연도의 말일까지로 함) 보관하여야 한다.

5) 매월 원천징수 동의서 제출 기한은 각 기관의 보수지급일 등을 고려하여 각 기관에서 자율적으로 정하되 소속공무원에게 미리 공지하여야 하며, 원천징수 동의서는 지출원에게 제출한 날(우편으로 신청한 경우는 소인이 찍힌 날)로부터 유효하다.

[별지 제1호서식]

원천징수 동의(신규, 변경, 철회)서[1]

(앞 쪽)

공무원	소 속			직 급			
	성 명			생년월일			

	구분[2]	동의사항[3]	금액(단위:원)	동의기간[4]		동의사유 등[5]
원천징수동의사항				시작	종료	

본인은 「지방공무원보수규정」 제18조의2제1항제5호의 규정에 따라

상기 내역이 매월 본인의 보수에서 원천징수 되는 것을 동의(또는 변경, 철회)합니다.

년 월 일

신청인 성명 (서명 또는 인)

※ (인)은 자필 서명으로 한다.

○ ○ ○ 지 출 원 귀 하

※ ○○○은 「회계관계 직원 등의 책임에 관한 법률」 제2조제1호가목에 따른 지출원이 소속된 기관을 말한다.

유의사항

1) 원천징수 동의(신규, 변경, 철회)서에 원천징수 동의 항목(예 : 상조회비, 동호회비 등)을 모두 기재
2) 신규 신청, 변경, 철회로 구분하여 작성
3) 구체적으로 기재 (예 : ○○상조회비)
4) 종료시점을 미기재할 경우에는 변경, 철회 등 별도 의사표시 전까지 원천징수를 계속 동의한 것으로 봄
5) 원천징수 동의(또는 변경, 철회)사유를 반드시 기재

210mm×297mm[백상지 80g/㎡]

(뒤 쪽)

	구분	동의사항	금액(단위:원)	동의기간		동의사유 등
				시작	종료	
원천징수동의사항						

[별지 제2호서식]

원천징수 관리대장

☐ 항목1) :   (예 : ○○상조회비 등)

연번	년월일	소속	직급	성명	동의사항(금액)2)	비고3)
1						
2						
3						
4						
5						
6						
7						
8						
9						
10						
11						
12						
13						
14						
15						
16						
17						
18						
19						
20						
21						
22						
23						
24						
25						
26						
27						
28						
29						
30						

1) 항목은 원천징수 항목별(예 : ○○상조회비, ○○동호회비 등)로 작성
2) 금액으로 작성, 동의사항을 변경하는 경우에는 변경사항을 기재
3) 신규 신청, 변경, 철회로 구분하여 작성

4

지방공무원연봉업무 처리기준

Ⅰ. 총 칙
Ⅱ. 연봉제 적용대상 및 연봉액 등
Ⅲ. 고정급적 연봉제 적용대상 공무원의 연봉 책정
Ⅳ. 성과급적 연봉제 적용대상 공무원의 연봉 책정
Ⅴ. 성과연봉 운영기준
Ⅵ. 연봉의 지급
Ⅶ. 연봉의 조정
Ⅷ. 명예퇴직수당 등의 산정 기준

CONTENTS 차례

Ⅰ. 총 칙

1. 목 적 ·· 175
2. 근 거 ·· 175
3. 연봉제의 구분과 적용대상 ··· 175

Ⅱ. 연봉제 적용대상 및 연봉액 등

1. 고정급적 연봉제 ··· 176
2. 성과급적 연봉제 ··· 177
   - 가. 적용대상(§32) ·· 177
   - 나. 「연봉」 및 「연봉외 급여」의 구성항목 ························ 177
   - 다. 계급(등급)별 연봉한계액(§34) ····································· 188

Ⅲ. 고정급적 연봉제 적용대상 공무원의 연봉 책정(§ 35①) _ 183

Ⅳ. 성과급적 연봉제 적용대상 공무원의 연봉 책정

1. 1급(상당)~5급(상당)공무원 및 자치경찰공무원 ················ 183
   - 가. 신규채용자의 연봉책정(§35②) ···································· 183
   - 나. 승진임용자의 연봉책정(§36) ······································· 187
   - 다. 강등 시의 연봉책정(§36의2) ······································· 193
   - 라. 강임 시 연봉 지급기준(§37) ······································· 193
2. 개방형직위가 아닌 직위에 임용되는 임기제공무원 및 별정직공무원 ···· 196
   - 가. 적용대상 ·· 196
   - 나. 연봉책정 ·· 196

제4장 지방공무원연봉업무 처리기준

3. 개방형직위에 임용되는 임기제공무원 및 별정직공무원 … 198
　가. 적용대상 ………………………………………………………… 198
　나. 연봉등급의 결정 ……………………………………………… 198
　다. 연봉등급의 발령 ……………………………………………… 199
　라. 연봉의 책정 …………………………………………………… 199
　마. 연봉심의 절차 ………………………………………………… 202
　바. 채용공고 및 채용계약서 작성시 보수사항 기재 방법(예시) …… 203
4. 전문임기제공무원 ……………………………………………… 207
　가. 적용대상 ………………………………………………………… 207
　나. 연봉의 책정 …………………………………………………… 207
5. 시간선택제임기제공무원 및 시간선택제전환공무원 ………… 208

Ⅴ. 성과연봉 운영기준

1. 지급대상 ………………………………………………………… 210
2. 지급단위 ………………………………………………………… 211
3. 지급기준 ………………………………………………………… 212
4. 개인별 지급순위 결정방법 …………………………………… 219
　가. 평가기준 ………………………………………………………… 219
　나. 지급순위명부의 작성 ………………………………………… 219
5. 평가등급 결정 및 이의신청, 성과연봉의 지급 …………… 220
　가. 평가등급 결정 기본 모델 …………………………………… 220
　나. 평가등급 결정의 특례 ………………………………………… 220
　다. 이의신청 ………………………………………………………… 224
　라. 성과연봉의 지급 ……………………………………………… 224
　마. 성과연봉의 지급제외 ………………………………………… 225
6. 기타 행정사항 ………………………………………………… 226
　가. 평가등급 결정절차 …………………………………………… 226
　나. 성과연봉의 연봉 합산방법 ………………………………… 227

CONTENTS 차 례

Ⅵ. 연봉의 지급

1. 연봉의 지급기준(§40) ··· 228
2. 연봉월액 등의 계산 ··· 229
   - 가. 기본원칙(§41) ··· 229
   - 나. 전직·전보 ··· 229
   - 다. 겸 임(§20③, §31) ·· 229
   - 라. 파 견(§20②) ··· 230
3. 연봉의 감액 지급 ·· 230
   - 가. 휴 직(§46) ·· 230
   - 나. 직위해제(§47) ··· 231
   - 다. 징계처분(§25, §33) ······································ 231
   - 라. 복 직 ·· 232
   - 마. 결 근(§45①) ··· 232
   - 바. 무급휴가(§45②) ··· 233
   - 사. 무보직 공무원에 대한 연봉 지급(영 제47조의2) ······· 233
   - 아. 권한대행기간 중의 연봉감액(§48의2) ················ 234
4. 면직 등 신분상실시 연봉의 지급 ······························· 234
   - 가. 면직·파면·해임 ··· 234
   - 나. 면직 또는 징계처분 등의 취소·무효(§48) ··········· 235
   - 다. 5년 이상 근속한 공무원의 월 중 면직 등(§43) ····· 236

Ⅶ. 연봉의 조정(§39)

1. 정기조정 ··· 238
2. 수시조정 ··· 238
3. 2024년 연봉의 정기조정 ······································ 239

제4장 지방공무원연봉업무 처리기준

 **명예퇴직수당 등의 산정기준** _254

 **별표 및 별지 목록**

[별표 1] 임기제공무원 신규채용 시 연봉책정을 위한 평가방법(예시) … 255
<별지 제1호 서식> 2024년도 연봉명세서 ································· 259
<별지 제2호 서식> 성과연봉 지급순위명부 ···························· 260
<별지 제3호 서식> 이의신청서 ··· 261
<별지 제4호 서식> 연봉심의 요청서[예시] ····························· 262

제4장 지방공무원연봉업무 처리기준

I. 총 칙

1. 목 적

「지방공무원 보수규정」 제6장에 따라 연봉제 보수제도의 시행에 필요한 사항과 동 규정에서 위임한 사항을 구체적으로 정함으로써 연봉제 운영과 업무처리의 정확성·통일성을 기하는 데 있다.

2. 근 거

「지방공무원 보수규정」(대통령령 제34100호, 2024. 1. 5.)

* 이하 「지방공무원 보수규정」은 이 장에서 '영'이라 한다.

3. 연봉제의 구분과 적용대상(영 제32조·별표 11)

구 분	적 용 대 상 공 무 원
고정급적 연봉제	정무직공무원
성과급적 연봉제	영 제4조제3항에 따른 봉급표를 적용받는 공무원 중 1급(상당)~5급(상당) 공무원
	영 제4조제3항에 따른 봉급표를 적용받는 공무원 중 정무직공무원을 정책적으로 직접 보좌하거나 지방자치단체의 국제관계역량강화를 위하여 특별시장·광역시장·특별자치시장·도지사·특별자치도지사를 보좌하는 5급 상당 이상의 별정직공무원
	영 제4조제4항에 따른 봉급표의 적용을 받는 공무원 중 가군에 해당하는 공무원
	영 제4조제6항 및 제7항에 따른 봉급표의 적용을 받는 공무원 중 연구관에 해당하는 공무원 또는 지도관에 해당하는 공무원
	「공무원보수규정」 별표 10의 봉급표가 준용되는 공무원 중 자치경무관부터 자치경정까지에 해당하는 자치경찰공무원
	임기제공무원(한시임기제공무원은 제외)

Ⅱ. 연봉제 적용대상 및 연봉액 등

1. 고정급적 연봉제

□ 적용대상(영 제32조와 별표 11)

영 [별표 11] 「연봉제의 구분 및 적용대상공무원 구분표」에 의하여 고정급적 연봉제를 적용받도록 규정된 정무직 공무원

□ 연봉 및 연봉외 급여

○ 연 봉
- 고정급적 연봉제 적용대상 공무원의 연봉액은 영 제34조 및 [별표 12]에서 정한 금액으로 한다.

< 고정급적 연봉제 적용대상 공무원의 연봉표 >

(단위 : 천원)

구 분		연 봉
서울특별시장		145,332
광역시장·특별자치시장·도지사·특별자치도지사, 서울특별시·광역시·특별자치시·도·특별자치도의 교육감		141,143
시장·군수·자치구의 구청장	부시장·부군수·부구청장의 계급이 2급 또는 이에 상당하는 계급인 시·군·자치구의 경우	123,449
	부시장·부군수·부구청장의 계급이 3급 또는 이에 상당하는 계급인 시·군·자치구의 경우	113,818
	부시장·부군수·부구청장의 계급이 4급 또는 이에 상당하는 계급인 시·군·자치구의 경우	105,558

* 정무직지방공무원으로 임명하는 서울특별시의 정무부시장의 연봉은 141,143천원, 제주특별자치도의 감사위원장과 행정시장 연봉은 113,818천원, 강원특별자치도 및 전북특별자치도 감사위원회의 위원장 연봉은 113,818천원, 세종특별자치시의 감사위원장의 연봉은 105,558천원

* 정무직지방공무원으로 임명하는 시·도 자치경찰위원회의 위원장 연봉은 113,818천원, 상임위원 연봉은 105,558천원, 다만, 서울특별시·부산광역시·인천광역시와 경기도남부의 자치경찰위원회 위원장의 연봉은 123,449천원, 상임위원 연봉은 113,818천원, 세종특별자치시의 자치경찰위원회 위원장의 연봉은 105,558천원, 상임위원 연봉은 98,431천원

* 「지방자치법」 제199조에 따른 특별지방자치단체의 장(같은 법 제205조제2항에 따라 특별지방자치단체를 구성하는 지방자치단체의 장이 특별지방자치단체의 장을 겸하는 경우는 제외한다)의 연봉은 그 특별지방자치단체를 구성하는 지방자치단체의 장이 행정안전부장관과 협의하여 특별지방자치단체의 규약으로 정하는 금액

○ 연봉외 급여
- 연봉 이외에 보수관련 법령 등에 의하여 가족수당, 직급보조비, 정액급식비 등을 별도 지급함.

2. 성과급적 연봉제

가. 적용대상(영 제32조 및 별표 11)

○ 영 [별표 11]에 의하여 성과급적 연봉제를 적용받도록 규정된 공무원
  - 일반직·별정직 중 1급(상당)~5급(상당) 공무원
  - 자치경무관부터 자치경정인 자치경찰공무원
  - 연구직공무원 중 연구관 및 지도직공무원 중 지도관, 전문경력관 중 가군
  - 임기제공무원(단, 한시임기제공무원은 제외)

○ 연도 중 연봉제 적용대상 공무원(5급)으로 승진한 경우
  - 승진한 해당연도 말까지는 계속하여 호봉제를 적용하고 다음연도부터 연봉제를 적용함
  - 다만, 1월 1일자로 승진한 경우에는 해당연도에 연봉제로 전환
  - 또한, 연도 중 5급으로 승진하였더라도 해당연도 12. 31. 현재 봉급이 지급되지 않는 휴직 등으로 연봉제 적용대상 직위에 재직 중이지 않는 자는 제외한다.

○ 연봉제 적용대상 공무원에서 호봉제 적용대상 공무원으로 강임된 경우, 종전대로 연봉제를 적용
  * 예시 : 5급 공무원이 6급으로 강임되는 경우

나. 「연봉」 및 「연봉외 급여」의 구성항목

□ 연 봉 : 기본연봉 + 성과연봉

○ 기본연봉
  - **1차년도**(최초 연봉제 전환 연도)
    봉급·정근수당(가산금 포함)·관리업무수당·명절휴가비의 연액(年額)
    * 다만, 관리업무수당의 경우 「지방공무원 수당 등에 관한 규정」 [별표 12]에 따른 대상자에 한함.
  - **2차년도 이후**(연봉제 전환 후 2차년도부터)
    2차년도 이후 기본연봉액 = 전년도 기본연봉액 + 해당연도 정책조정액

○ 성과연봉

전년도 업무성과에 대한 평가결과에 따라 평가등급별로 차등하여 해당 연도에 지급되는 금액

☐ 연봉외 급여

○ 기본연봉에 포함되지 아니하는 수당과 실비보상 등으로서 보수 관련 법령 등에 의하여 별도 지급하는 급여

- 가족수당, 시간외근무수당(관리업무수당 지급 대상자 제외), 연가보상비, 직급보조비, 정액급식비, 특수근무수당, 특수지근무수당, 대우공무원수당 등

    * 특수근무수당(특수업무수당·위험근무수당), 특수지근무수당은「지방공무원수당 등에 관한 규정」에 의하여 경력직·별정직공무원에게 지급하며, 임기제공무원(개방형 직위에 임용되는 임기제공무원 제외)에게는 지급하지 아니함(「지방공무원 수당 등에 관한 규정」별표9 제2호의 수당, 제11호 사목의 수당, 제13호의 수당 예외).

다. 계급(등급)별 연봉한계액(영 제34조와 별표 13)

☐ 개 요

○ 계급(등급)별 연봉한계액
- 계급(등급)내에서 개별공무원이 받을 수 있는 연봉의 상한액(최고액)과 하한액(최저액)을 의미함.

○ 연봉상한액 초과시 연봉의 지급 및 다음연도 기본연봉에의 산입
- 총연봉액(기본연봉액+성과연봉액)이 연봉상한액을 초과하더라도 당해 연도에는 성과연봉을 전액 지급할 수 있으나, 다음연도 기본연봉에 산입하는 때에는 당해 연도의 연봉상한액을 초과하지 아니하는 금액만 산입함.

☐ 1급~5급(상당) 공무원의 연봉한계액

(단위 : 천원)

계급구분	상 한 액	하 한 액
1급(상당)	125,232	83,478
2급(상당)	115,739	77,122
3급(상당)	107,598	72,279
3급(상당) 중 3·4급 복수직	107,598	64,186
4급(상당) 공무원	98,431	57,211
4급(상당) 중 4·5급 복수직	98,431	53,585
5급 과장급	87,181	38,738
5급 (상당, 과장급 이외)	81,159	38,738

* 기본연봉액에 성과연봉액을 합산한 총연봉액이 연봉상한액을 초과하더라도 해당 연도에는 성과연봉을 전액 지급할 수 있으나, 다음 연도에 기본연봉에 산입할 때에는 해당 연도의 연봉상한액을 초과하지 않는 금액만 산입한다.

☐ 전문경력관의 연봉한계액

(단위 : 천원)

구 분	상 한 액	하 한 액
전문경력관 가군 공무원	94,839	38,738

* 기본연봉액에 성과연봉액을 합산한 총연봉액이 연봉상한액을 초과하더라도 해당 연도에는 성과연봉을 전액 지급할 수 있으나, 다음 연도에 기본연봉에 산입할 때에는 해당 연도의 연봉상한액을 초과하지 않는 금액만 산입한다.

☐ 연구직 및 지도직 공무원의 연봉한계액

(단위 : 천원)

구 분	상 한 액	하 한 액
연구관 공무원	116,331	38,738
지도관 공무원	107,556	38,738

* 기본연봉액에 성과연봉액을 합산한 총연봉액이 연봉상한액을 초과하더라도 해당 연도에는 성과연봉을 전액 지급할 수 있으나, 다음 연도에 기본연봉에 산입할 때에는 해당 연도의 연봉상한액을 초과하지 않는 금액만 산입한다.

☐ 자치경찰공무원의 연봉한계액

(단위 : 천원)

계급구분	상 한 액	하 한 액
자치경무관	107,598	72,279
자치총경	98,431	59,353
자치경정	81,159	40,797

* 기본연봉액에 성과연봉액을 합산한 총연봉액이 연봉상한액을 초과하더라도 해당 연도에는 성과연봉을 전액 지급할 수 있으나, 다음 연도에 기본연봉에 산입할 때에는 해당 연도의 연봉상한액을 초과하지 않는 금액만 산입한다.

☐ 개방형 직위가 아닌 임기제공무원 및 별정직공무원의 연봉한계액
(영 별표 13 제5호의 가목)

(단위 : 천원)

구 분	상 한 액	하 한 액
5급(상당)		65,346
6급(상당)	81,239	54,132
7급(상당)	66,396	47,157
8급(상당)	58,248	41,551
9급(상당)	51,290	

* 기본연봉액에 성과연봉액을 합산한 총연봉액이 연봉상한액을 초과하더라도 해당 연도에는 성과연봉을 전액 지급할 수 있으나, 다음 연도에 기본연봉에 산입할 때에는 해당 연도의 연봉상한액을 초과하지 않는 금액만 산입한다.
* 별표 11 제3호에 해당하는 4급 상당 이상의 별정직공무원에 대해서는 5급(상당)의 연봉한계액을 적용한다.
* 인력의 확보에 지장이 없는 경우 등 필요한 때에는 영 제35조제3항에 따라 연봉하한액 이하의 금액으로도 정할 수 있으나, 일반직 9급 1호봉 기준 봉급연액 및 명절휴가비 연액의 합산액을 하회할 수 없음

☐ 개방형직위에 임용되는 임기제공무원 및 별정직공무원의 연봉한계액
  (영 별표 13 제5호의 나목)

(단위 : 천원)

연봉등급	적용대상	상한액	하한액
1호	1급공무원 또는 이에 상당하는 공무원으로 임명할 수 있는 직위에 임용되는 임기제공무원 및 별정직공무원		93,147
2호	2급공무원 또는 이에 상당하는 공무원으로 임명할 수 있는 직위에 임용되는 임기제공무원 및 별정직공무원		84,683
3호	3급공무원 또는 이에 상당하는 공무원으로 임명할 수 있는 직위에 임용되는 임기제공무원 및 별정직공무원		76,986
4호	4급공무원 또는 이에 상당하는 공무원으로 임명할 수 있는 직위에 임용되는 임기제공무원 및 별정직공무원		66,122
5호	5급공무원 또는 이에 상당하는 공무원으로 임명할 수 있는 직위에 임용되는 임기제공무원 및 별정직공무원	87,989	50,012
6호	6급공무원 또는 이에 상당하는 공무원으로 임명할 수 있는 직위에 임용되는 임기제공무원 및 별정직공무원	76,868	38,729

* 해당 등급의 연봉한계액의 상한액으로는 우수전문인력의 확보가 곤란하다고 판단되는 경우 등 특히 필요한 때에는 다른 법령에 특별한 규정이 있는 경우를 제외하고는 직근 상위등급의 상한액 범위이내의 금액으로 정할 수 있다.
* 또한, 인력의 확보에 지장이 없는 경우 등 필요한 때에는 영 제35조제3항에 따라 연봉하한액 이하의 금액으로도 정할 수 있다.
* 기본연봉액에 성과연봉액을 합산한 총연봉액이 연봉상한액을 초과하더라도 해당 연도에는 성과연봉을 전액 지급할 수 있으나, 다음 연도에 기본연봉에 산입할 때에는 해당 연도의 연봉상한액을 초과하지 않는 금액만 산입한다.

☐ 전문임기제 공무원의 연봉한계액(영 별표 13 제5호의 다목)

(단위 : 천원)

구 분	상 한 액	하 한 액
가급(1급 상당)		93,147
가급(2급 상당)		84,683
가급(3급 상당)		76,986
가급(4급 상당)		66,122
나급(5급 상당)	87,989	50,012

* 기본연봉액에 성과연봉액을 합산한 총연봉액이 연봉상한액을 초과하더라도 해당 연도에는 성과연봉을 전액 지급할 수 있으나, 다음 연도에 기본연봉에 산입할 때에는 해당 연도의 연봉상한액을 초과하지 않는 금액만 산입한다.

Ⅲ. 고정급적 연봉제 적용대상 공무원의 연봉 책정

□ 신규임용자의 연봉책정(영 제35조제1항)

○ **연봉책정일** : 신규임용일

○ **연봉책정방법**
- 영 [별표 12]에 명시된 임용직위별 해당 연봉액으로 책정함.

Ⅳ. 성과급적 연봉제 적용대상 공무원의 연봉 책정

1. **1급(상당)~5급(상당)공무원 및 자치경찰공무원**(영 별표 13의 제1호부터 제4호까지 적용대상 공무원)

   가. **신규채용자의 연봉책정**(영 제35조제2항)

   □ 연봉책정일 : 신규임용일

   □ 연봉책정의 원칙

   ○ 동일계급(상당)의 호봉제 적용대상 공무원으로 임용될 경우에 받게 되는 다음 각 호의 연간급여를 합산한 금액으로 책정한다.

   ① 봉 급

   * 신규채용 후 최초 정기승급일의 승급예정자는 1호봉 승급액의 12분의 11, 2번째 정기승급일의 승급예정자는 12분의 10, 3번째 정기승급일의 승급예정자는 12분의 9, 4번째 정기승급일의 승급예정자는 12분의 8, 5번째 정기승급일의 승급예정자는 12분의 7, 6번째 정기승급일의 승급예정자는 12분의 6, 7번째 정기승급일의 승급예정자는 12분의 5, 8번째 정기승급일의 승급예정자는 12분의 4, 9번째 정기승급일의 승급예정자는 12분의 3, 10번째 정기승급일의 승급예정자는 12분의 2, 11번째 정기승급일의 승급예정자는 12분의 1에 해당하는 금액을 가산하여 산정한 금액을 말함.

② 정근수당
* 신규채용일 현재의 근무연수에 2년을 가산하여 산정한 금액을 말하며, 정근수당가산금 및 추가 가산금을 포함함.
* 다만, 신규채용일 현재의 본인의 실제 근무년수가 5년 이하(근무년수 2년 가산 적용 전)이면서 호봉이 6호봉 이하인 대상자에 대해서는 다음과 같은 방법으로 조정한 근무년수를 가산

> ⅰ) 현재 근무년수+1년 ≧ 현재 호봉 : 10년-(본인 근무년수+2년) 가산
> * 예시1) 현재 근무년수 4년, 2호봉인 대상자 ⇒ 현재 근무년수+4년 적용
> ⅱ) 현재 근무년수+1년 < 현재 호봉 : 10년-(본인 호봉+1년) 가산
> * 예시2) 현재 근무년수 3년, 6호봉인 대상자 ⇒ 현재 근무년수+3년 적용

③ 관리업무수당 [「지방공무원 수당 등에 관한 규정」 별표 12에 따른 관리업무수당 지급대상자에 한함]

④ 명절휴가비

☐ 연봉책정의 특례

○ 책정한 연봉이 영 [별표 13]에서 정한 연봉하한액에 미달하는 경우
- 계급별 연봉하한액으로 책정함.

○ 우수전문인력의 확보가 곤란하거나 채용의 성격상 적절하지 아니하다고 판단되는 경우 등 필요한 경우
- 지방자치단체의 장과 지방의회의 의장은 해당 인사위원회의 심의·의결을 거친 후 연봉을 달리 정할 수 있음.
   ※ 인사위원회의 의결을 거치는 경우 별표 1 임기제공무원 신규채용시 연봉책정을 위한 평가표를 활용한 평가표 및 별지 제4호 서식 연봉심의 요청서를 반드시 첨부하여야 한다.

○ 일반직 1급공무원 또는 별정직 1급상당공무원이 퇴직후 30일 이내에 일반직 1급공무원 또는 별정직 1급상당공무원으로 채용되는 경우
- 종전의 연봉액과 영 제35조제2항(신규채용시 연봉책정)의 규정에 의해 책정한 금액 중 유리한 금액으로 책정함.

○ 성과급적 연봉제를 지급받는 국가공무원(직무성과급적 연봉제 적용 대상 포함)을 지방공무원으로 「지방공무원법」 제27조제2항제7호에 따라 경력경쟁임용하는 경우
- 종전의 기본연봉과 영 제35조제2항(신규채용시 연봉책정)의 규정에 의하여 책정한 금액 중 유리한 금액으로 책정하되, 영 별표 13에서 정한 연봉 상한액을 초과할 수 없음.   ※ 이 경우 성과연봉은 계속 지급

< 1급(상당)~5급(상당)공무원 신규채용자의 연봉책정 과정(요약) >

신규채용자의 연봉액 책정
동일계급(상당)의 호봉제 적용대상 공무원으로 임용될 경우에 받게 되는 보수액으로 책정(우수전문인력 확보가 곤란한 경우 등 특히 필요한 경우에는 예외적으로 인사위원회의 의결을 거친 후 별도 연봉액 결정)

연봉명세서 작성 [별지 제1호 서식] : 기본연봉, 연봉월액 등 산정

개인별 연봉명세서 통보 및 급여 지급 : 최초 급여지급일

📋 예시

○ 2024. 7. 5. 5급 3호봉, 근무연수 2년(군경력), 차기승급일이 2024. 10. 1.인 일반직 5급으로 신규임용된 공무원의 7월분 연봉월액 지급방법은?

☞ 연봉액(영 제35조 제2항) : 43,015천원

- 연봉 산정기준

  · 봉 급 액 : 3,029,600원

  (5급 3호봉 봉급액 2,940,800원에 1호봉 승급액(118,400원)의 9/12인 88,800원을 합산한 금액을 최종 십원단위에서 반올림하여 산출한 금액)

  · 근무연수 : 8년(2년 + 6년)

  ※ 신규임용일 기준으로 근무연수 5년 이하이면서 호봉이 6호봉 이하인 대상자의 경우에는 연봉책정 원칙에 규정되어 있는 근무연수 가산 기준을 적용[현재 근무연수 2년+1=현재 3호봉인 대상자는 10년-(본인 근무연수+2년)인 근무연수 6년 가산)]

- 연봉 산정내역 : 43,015천원(43,014,400원을 최종 백원단위에서 절상)

  · 봉급연액   : 36,355,200원(3,029,600원 × 12개월)

  · 정근수당   : 2,423,680원(3,029,600원 × 80%)

  · 정근수당 가산금 :   600,000원(50,000원 × 12개월)

  · 명절휴가비   : 3,635,520원(3,029,600원 × 120%)

☞ 연봉월액 : 3,584,580원 (→ 연봉액 43,015천원 ÷ 12개월)

☞ 2024년 7월분 실지급 연봉월액 : 3,122,050원

  → 연봉월액 3,584,580원/31일 × 27일(7.5 ~ 7.31) * 일원단위 절사

☞ 연봉외 급여인 직급보조비, 정액급식비, 가족수당, 특수근무수당, 특수지근무수당 등은 일할계산한 후 별도 지급

나. 승진임용자의 연봉책정(영 제36조)

□ 호봉제 적용대상자에서 연봉제 적용대상자로 승진하는 경우(영 제36조제1항)
1) 호봉제 적용대상자가 연봉제 적용대상자로 연도중 승진하는 경우(1월1일에 승진하는 경우 제외)   (예 : 6급(상당) 공무원 → 5급(상당) 공무원)
   - 승진한 해당 연도 말까지는 호봉제를 유지하고, 승진한 다음 연도 1월 1일에 연봉제로 전환한다.
   - 따라서 승진한 해당 연도 말까지의 보수는 호봉제 적용대상공무원과 같이 승진된 계급에서의 호봉·근무연수 등을 기준으로 산정한 보수를 지급

○ 연봉제 적용대상 공무원으로 승진한 다음 연도의 연봉책정
  다음 ①~④호의 급여연액(승진한 연도 12월 31일 기준) + 승진한 다음연도 1월 1일 연봉 정기조정에 의한 정책조정액(승진한 다음연도 봉급인상률 반영) + ⑤호의 성과연봉을 모두 합산하여 책정

① 봉 급
  * 승진한 다음 연도 정기승급 예정일이 1월 1일인 자는 1호봉 승급액, 2월 1일인 자는 1호봉 승급액의 12분의 11, 3월 1일인 자는 12분의 10, 4월 1일인 자는 12분의 9, 5월 1일인 자는 12분의 8, 6월 1일인 자는 12분의 7, 7월 1일인 자는 12분의 6, 8월 1일인 자는 12분의 5, 9월 1일인 자는 12분의 4, 10월 1일인 자는 12분의 3, 11월 1일인 자는 12분의 2, 12월 1일인 자는 12분의 1에 해당하는 금액을 가산하여 산정한 금액을 말함.

② 정근수당
  * 승진한 연도 12월 31일 현재 정근수당 산정시 기준이 된 본인의 근무연수에 2년을 가산하여 산정한 금액을 말함(정근수당가산금 및 추가가산금을 포함함)
  * 승진한 다음 연도 1월 1일에 근무연수의 변동이 있는 공무원도 2년만 가산
  * 다만, 근무년수 5년 이하 대상자에 대해서는 신규채용자와 동일한 기준 적용

③ 관리업무수당 [「지방공무원 수당 등에 관한 규정」 별표 12에 따른 관리업무수당 지급대상자에 한함]

④ 명절휴가비

⑤ 성과연봉(승진한 연도 12월 31일 기준으로 승진 후 2개월이 경과한 경우 해당됨)
  * 승진한 연도의 업무성과 평가결과에 따라 승진한 다음연도에 차등 지급받는 성과연봉을 말하며, 성과연봉 지급을 위한 평가등급별 인원비율, 지급률, 기준액 및 개인별 지급순위 결정방법은 이 장의 "V. 성과연봉 운영기준"을 참조

○ 승진한 해당 월의 보수지급
  - 승진임용일을 기준으로 승진전 계급과 승진후 계급에서의 월봉급액 및 각종 수당을 각각 일할계산하여 지급한다.
    ※ 연봉외급여인 가족수당, 직급보조비, 정액급식비, 연가보상비, 특수근무수당, 특수지근무수당 등은 보수관련법령에 의하여 별도 지급함.
  2) 호봉제 적용대상자가 1월 1일자로 연봉제 적용대상자로 승진한 경우
    - 연봉제 전환일시 : 당해연도 1월 1일자
    - 승진한 해당연도의 연봉책정
      • 봉급·정근수당·관리업무수당(관리업무수당 지급 대상자만 해당)·명절휴가비의 연액(전년도 12월 31일에 승진한 것으로 보아 전년도 12월 31일을 기준으로 한 금액) + 승진한 당해연도 1월 1일 연봉 정기조정에 의한 정책조정액을 합산한 금액
        * 각 급여항목의 구체적 산정기준은 위의 연도중 승진자의 경우와 같음.
        * 1월 1일 승진자의 경우 성과연봉 지급대상이 아니며, 본 지침 제6장 「성과상여금업무처리기준」에 의한 성과상여금 지급대상임.
○ 호봉제 적용대상자가 연봉제로 전환시 기본연봉액이 연봉하한액에 미달하는 경우 : 계급별 연봉하한액으로 기본연봉을 책정한다.

【 승진시 호봉 획정방법 변경에 따른 승진시 연봉책정의 특례(영 제20545호 부칙 제3조) 】

□ 목 적
  ○ 종전 21호봉 이상에서 승진할 경우 2호봉을 감하여 호봉을 획정하던 것을, '08.1.1. 부터 21호봉 미만에서 승진시와 마찬가지로 1호봉만 감하도록 함에 따라 이를 연봉책정에 반영하기 위함임.

□ 적용대상
  ○ '07.1.2. ~ '08.1.1. 승진(4급 공무원의 전보 포함)하여 2008.1.1.연봉제로 전환되는 공무원 중 종전에 21호봉 이상에서 승진하여 2호봉이 감하여 승진호봉이 책정된 공무원

□ 연봉책정의 적용특례
  ○ '07.12.31. 기준으로 영 별표9를 적용하여 승진시의 호봉을 획정한 후 '07.12.31. 급여를 기준으로 이 장의 '나. 승진임용자의 연봉책정방법'에 따라 연봉 책정

□ 연봉제 적용대상 공무원 간에 승진하는 경우(영 제36조제2항)
　※ 관리업무수당 관련 규정 적용시 연구관·지도관 공무원의 전보를 포함하여 적용하며, 이하 이 장에서 같음.
○ 승진전의 기본연봉액에 「계급별 승진가급」을 가산하여 승진 후 기본연봉을 책정한다.
　* 4급 → 3급 승진시 : 4급 기본연봉액 + 3급 승진가급 ⇒ 3급 승진자의 기본연봉
　- 다만, 5급 공무원이 4급으로 승진한 경우에는 5급 기본연봉에 4급 승진가급을 합산한 금액에 영 제36조제2항제1호에 따라 행정안전부장관이 정하는 금액(관리업무수당에 해당하는 금액 또는 관리업무수당 인상분)을 가산하여 기본연봉을 책정한다.
　※ 1월 1일자로 성과급적 연봉제 적용대상자가 승진하는 경우에는 기본연봉 정기조정 후, 승진가급을 합산하여 기본연봉을 책정한다. 다만, 5급(상당) 무보직(기본연봉에 관리업무수당이 포함되어 있는 5급(상당) 과장급은 제외)에서 4급(상당)으로 승진한 경우에는 5급(상당) 기본연봉 정기조정 후, 승진가급을 합산한 금액에 관리업무수당에 해당하는 금액을 가산하여 기본연봉을 책정한다(무보직 연구관·지도관 공무원이 과장급 이상 직위로 1월 1일자 전보시에도 동일한 방식 적용).

< 계급별 승진가급 >

(연액, 단위 : 천원)

구　분	5급 → 4급 승진시 (자치경정 → 자치총경)	4급 → 3급 승진시 (자치총경 → 자치경무관)	3급 → 2급 승진시	2급 → 1급 승진시
승진가급	8,356	9,167	8,141	9,493

※ **행정안전부장관이 정하는 금액**

1) 대상자 : 5급 기본연봉에 관리업무수당이 포함되지 않은 5급
　※ 기본연봉에 관리업무수당이 포함되어 연봉월액을 지급받고 있는 5급 공무원은 2) 적용
　○ 가산금액(관리업무수당에 해당하는 금액) : 4급 연봉월액[(5급 기본연봉+ 4급 승진가급)을 12개월로 나눈 금액]의 84%에 해당하는 금액의 9% × 12개월
2) 대상자 : 5급 기본연봉에 관리업무수당이 포함 된 5급(과장급)
　○ 가산금액(관리업무수당 인상분) : (4급 승진가급을 12개월로 나눈 금액)의 84%에 해당하는 금액의 9% × 12개월
　※ 연구관·지도관 중 과장급 직위로 전보시에는 연봉월액의 84%에 해당하는 금액의 7.8%×12월

- 연봉제 적용대상자가 연도 초 성과연봉을 책정하여 지급받던 연도 중 승진하는 경우
  · 승진임용일에 「계급별 승진가급」을 기본연봉에 가산하여 승진된 계급에서의 연봉액을 책정하며, 이미 지급하고 있는 성과연봉에 대하여는 아무런 영향을 미치지 아니한다.
- 계급별 승진가급 가산 후 기본연봉이 승진된 계급의 연봉상한액을 초과하는 경우
  · 연봉상한액까지만 인정한다.
- 연봉제를 적용중인 공무원이 강임된 후 다시 승진하는 경우
  · 강임된 계급에서의 연봉액에 계급별 승진가급을 별도 가산하지 아니하고 강임전 연봉액과 강임된 후 최종연봉액 중 유리한 금액으로 책정한다.
- '98년 이전 호봉제 적용 당시 강임된 공무원(예 : 1급→2급, 2급→3급국장)이 '99년 이후 연봉제 적용대상자로 전환된 후 다시 승진하는 경우
  · 행정안전부장관과 별도 협의하여 책정한다.

예시

○ 2024. 8. 12. 4급 공무원이 3급 공무원으로 승진한 경우 3급에서의 연봉액 책정 방법은?
  ☞ 4급 연봉액 : 75,914천원(가정)   * 연봉월액 : 6,326,160원
    - 기본연봉액 : 69,000천원   - 성과연봉액 : 6,914천원(평가등급 : A등급)
  ☞ 3급 연봉 상한액 : 107,598천원
  ☞ 3급 승진시 승진가급 : 9,167천원
  ☞ 승진된 계급(3급)에서의 연봉액 : 85,081천원(기본연봉액 + 성과연봉액)
    ◇ 기본연봉액 : 78,167천원
      → 승진전 4급에서의 기본연봉액 69,000천원과 승진가급 9,167천원 합산
    ◇ 성과연봉액 : 6,914천원
  ☞ 승진계급(3급) 연봉월액 : 7,090,080원[85,081천원(3급 연봉액) ÷ 12개월]
  ☞ 8월분 연봉월액 : 6,819,000원(승진임용일을 기준으로 일할계산한 후 합산 지급)
    → 2,244,760원 = 6,326,160원(4급 연봉월액) / 31일 × 11일(8.1 ~ 8.11)
    → 4,574,240원 = 7,090,080원(3급 연봉월액) / 31일 × 20일(8.12 ~ 8.31)
  ☞ 9월 이후 연봉월액 : 7,090,080원(3급 연봉월액)

📋 **예시**

○ 2024. 5. 4. 5급 과장급이 아닌 공무원이 4급 공무원으로 승진한 경우 4급에서의 연봉액 책정 방법은?

☞ 5급 연봉액 : 63,831천원(가정)   * 연봉월액 : 5,319,250원

- 기본연봉액 : 58,000천원   - 성과연봉액 : 5,831천원(A등급)

☞ 4급 연봉 상한액 : 98,431천원

☞ 4급 승진시 승진가급 : 8,356천원

☞ 승진된 계급(4급)에서의 연봉액 : 77,204천원(기본연봉+성과연봉)

◇ 기본연봉액 : 71,373천원(①+②) (백원단위에서 절상)

① 승진전 과장급이 아닌 5급에서의 기본연봉액 58,000천원과 승진가급 8,356천원 합산한 금액 : 66,356,000원

② 관리업무수당에 해당하는 금액 : 5,016,510원{4급 연봉월액[66,356천원(①)÷12개월]× 84%× 9%× 12개월}   * 일원단위 절사

◇ 성과연봉액 : 5,831천원

☞ 승진계급(4급) 연봉월액 : 6,433,660원[77,204천원(4급 연봉액) ÷ 12개월]   * 일원단위 절사

☞ 5월분 연봉월액 : 6,325,800원(승진임용일을 기준으로 일할계산한 후 합산 지급)

→ 514,760원 = 5,319,250원(5급 연봉월액) / 31일 × 3일(5.1 ~ 5.3)   * 일원단위 절사

→ 5,811,040원 = 6,433,660원(4급 연봉월액) / 31일 × 28일(5.4 ~ 5.31)   * 일원단위 절사

☞ 6월 이후 연봉월액 : 6,433,660원(4급 연봉월액)

☐ 연도 중 호봉제 적용대상자에서 연봉제 적용대상자로 승진 후 상위계급으로 다시 승진하는 경우

○ 위의 「연도 중 호봉제 적용대상자에서 연봉제 적용대상자로 승진하는 경우」와 「연봉제 적용대상 공무원간에 승진하는 경우」를 순차적으로 적용

* 이 경우에도 연도 중에는 그대로 호봉제를 적용함.

□ 연봉제 전환시점인 2024.1.1. 현재 징계처분, 직위해제, 휴직 등으로 승급 제한 및 보수 감액 적용 중인 자

  ○ **징계처분·직위해제 등으로 연봉제 전환시점 현재, 승급이 제한되어 있는 자가 2024년도 중에 승급제한이 만료되어 정기승급이 예상되는 경우**
    - 2023.12.31. 현재의 호봉 및 근무년수를 기준으로 한 봉급표상의 봉급액에 2024년도 정기승급 예정일에 해당되는 승급액을 가산한 금액을 봉급액으로 하여 기본 연봉액을 책정한다.
    * 이 경우에도 근무년수의 2년 가산 등 연봉제 전환에 따른 연봉책정의 원칙은 동일하게 적용

  ○ **연봉제 전환시점 현재, 승급이 제한되어 있는 자가 2025년 이후에 승급제한이 만료되어 정기승급이 예상되는 경우**
    - 2023.12.31. 현재의 호봉 및 근무년수를 기준으로 한 봉급표상의 봉급액만으로 기본연봉액을 책정한다.
    * 2024년도에는 정기승급이 예정되어 있지 않았으므로 가산되는 승급액 없음
    * 이 경우에도 근무년수의 2년 가산 등 연봉제 전환에 따른 연봉책정의 원칙은 동일하게 적용
    - 정기승급이 예정되어 있는 해당연도(2025년 이후)에 2023.12.31. 현재의 봉급액에 당초 정기승급 예정일에 해당되는 승급액을 가산한 금액을 봉급액으로 하여 2024년 이후의 정기조정분을 반영하여 연봉액을 조정한다.

  ○ **연봉제 전환시점 현재, 징계처분 등으로 인해 봉급이 감액중인 자의 경우**
    - 해당공무원의 계급·호봉 및 근무연수에 의한 월봉급액(감액하지 않은 금액)을 기준으로 연봉으로 전환한 후 영 제45조부터 제48조에서 정한 감액률에 따라 계속 감액지급한다.
    - 기본연봉에 포함되지 않는 연봉외 급여인 직급보조비, 정액급식비, 가족수당, 시간외근무수당(5급상당의 경우에 한함), 직급보조비, 정액급식비, 연가보상비 등은 보수 관련 법령에 의하여 별도 지급한다.

  ○ **연봉제 전환시점 현재, 봉급이 지급되지 않는 휴직중인 자의 경우**
    - 1월 1일자 연봉책정은 실시하지 않고 복직일에 호봉을 재획정(호봉제 유지)하고, 다음연도 1월 1일자로 전환한다.   * (예) 가족돌봄휴직, 육아휴직, 해외동반휴직, 고용휴직 등

다. 강등 시의 연봉책정(영 제36조의2)

○ 성과급적 연봉제 적용대상 공무원이 성과급적 연봉제가 적용되는 공무원으로 강등된 경우
- 강등 전의 기본연봉에서 영 제34조 및 제36조제2항에 따라 승진 시 가산된 금액을 감액(4급(상당) 공무원이 관리업무수당 지급대상이 아닌 5급(상당) 공무원으로 강등된 경우에는 강임시 연봉지급기준을 참고하여 관리업무수당에 해당하는 금액을 우선 감액한 뒤 승진가급을 추가 감액)하여 연봉을 책정하되, 강등된 공무원에게 지급되는 연봉은 강등된 계급에서의 연봉한계액의 상한액을 초과할 수 없다.
  * 승진 시 받았던 승진가급을 감하여 연봉 책정 (다만, 승진시 승진가급을 더한 금액이 승진된 계급에서의 연봉한계액의 상한액을 초과하여 초과하지 않는 금액만을 승진 시 가산한 경우에는 그 금액만을 감하여 연봉 책정)
  * '16년 성과급적 연봉제 확대 적용 대상자인 4급(상당) 공무원이 호봉제에서 연봉제 전환 이후 강등된 경우 ⅰ)과 ⅱ)를 순차적으로 적용하여 기본연봉 책정
    ⅰ) 강임시 연봉지급기준을 참고하여 관리업무수당에 해당하는 금액을 감액(관리업무수당 지급대상이 아닌 5급(상당)으로 강등된 경우)
    ⅱ) 강등 전의 직급에서 호봉을 획정한 후 호봉제 기준(4급(상당) 승진시 봉급표 적용)으로 강등시 감액되는 봉급 및 수당(명절휴가비·정근수당)의 합산액을 ⅰ)에 따라 산정된 기본연봉에서 감액

○ 성과급적 연봉제 적용대상 공무원인 5급(상당) 공무원이 6급(상당) 공무원, 연구관 또는 지도관 공무원이 연구사 또는 지도사 공무원으로 강등된 경우
- 호봉제 적용대상자로 되며, 이 경우 봉급은 영 제4조제3항에 따른 「공무원보수규정」 별표 3, 별표 3의2, 별표 5, 별표 6, 별표 10에 해당하는 봉급표를 적용하고, 호봉은 이 영 제8조(초임호봉의 획정)의 방법에 따라 획정한다.

라. 강임 시 연봉 지급기준(영 제37조)

※ 5급(상당)·연구관·지도관 공무원의 전보를 포함하여 적용하며, 이하 이 장에서 같음.

○ 연봉제 적용대상 공무원이 연봉제가 적용되는 하위계급으로 강임된 경우
- 강임되기 전의 연봉액에 해당하는 금액[4급(상당) 공무원에서 강임되는 경우(과장급이 아닌 5급으로 강임인 경우)에는 관리업무수당에 해당하는 금액을 제외한다]을 지급하되, 강임된 계급에서의 연봉한계액의 상한액이 강임되기 전의 연봉액보다 적은 경우에는 동 연봉상한액이 강임시의 연봉액을 초과할 때까지 동 연봉상한액을 지급한다.

※ 과장급 이상 직위에 있는 연구관·지도관이 직위가 없는 연구관·지도관으로 전보 시에는 관리업무수당에 해당하는 금액을 제외한 연봉으로 조정하여 지급한다.

> ○ 관리업무수당에 해당하는 금액 : 강임(전보) 당시 연봉월액(성과연봉을 제외한 금액)의 78%에 해당하는 금액의 9%(연구관·지도관은 7.8%) × 12개월

단, 과장급 5급에서 과장급이 아닌 5급으로 전보된 경우 연봉액에서 관리업무수당(성과연봉은 제외한 연봉월액의 78%의 9%에 해당하는 금액)을 제외하여 연봉월액을 재산정하여야 한다.

【예시】

○ 2024. 4. 10. 연봉제 적용대상인 4급 공무원이 연봉제 적용대상인 과장급 직위가 아닌 5급으로 강임된 경우 연봉액 책정 및 연봉월액 지급방법은?
☞ 강임전(4급) 연봉액 : 73,609천원(가정) ※ 기본연봉 69,000천원 + 성과연봉 4,609천원
☞ 강임후(5급) 연봉액 : 68,766천원(73,609,000원 - 4,843,800원)
  * 4급 연봉월액(성과연봉을 제외한 금액) : 5,750,000원
  * 행정안전부장관이 정하는 금액(관리업무수당) : 4,843,800원[5,750,000원 × 78% × 9% × 12개월]
  ※ 강임전 연봉액을 지급하되, 강임후의 연봉상한액 범위내에서 지급 가능
☞ 4월분 급여는 강임일을 기준으로 일할계산하여 지급

【예시】

○ 2024.8.10. 연봉제 적용대상인 5급 과장급 공무원이 과장급 직위가 아닌 직위로 전보된 경우 연봉액 책정 및 연봉월액 지급방법은?
☞ 전보전 기본연봉액 : 69,000천원(가정), 성과연봉은 제외한 연봉월액 : 5,750,000원
☞ 전보후 기본연봉액 : 64,157천원, 성과연봉은 제외한 연봉월액 : 5,346,410원
  [69,000,000원 - 4,843,800원(관리업무수당연액) = 64,156,200원, 백원단위에서 절상]
☞ 연봉액에서 제외할 관리업무수당 연액 산정 방법 : (성과연봉은 제외한 연봉월액 78%의 9%) × 12개월
  * 5,750,000원(전보전 기본연봉월액) × 78% × 9% × 12개월 = 4,843,800원(관리업무수당 연액)
☞ 8월분 급여는 전보일을 기준으로 연봉월액을 일할계산 지급
※ 과장급이 아닌 5급에서 과장급 5급으로 전보된 경우에는 과장급이 아닌 5급에서의 연봉월액(성과연봉 제외)의 84%의 9%에 해당하는 금액(관리업무수당)의 연액을 기본연봉에 추가하여 조정함(이후 초과근무수당 미지급)

○ 연봉제 적용대상 공무원이 연봉제가 적용되지 않는 하위계급으로 강임된 경우 (예 : 5급 공무원이 6급으로 강임된 경우, 연구관(지도관)공무원이 연구사(지도사)로 강임된 경우 등)
  - 호봉제 적용대상자로 바뀌지 않고 그대로 연봉제 적용대상자가 된다.
  - 연봉액은 강임되기 전의 연봉액에 해당하는 금액을 지급하되, 강임된 계급에서의 연봉한계액의 상한액을 초과하지 못한다.
  - 강임된 6급 공무원에 대한 연봉한계액의 상한액은 71,679천원, 연구사 86,476천원, 지도사 80,055천원으로 한다.

○ 강임된 달의 연봉월액 지급
  - 강임일을 기준으로 일할계산하여 지급한다.

예시

○ 2024. 8. 13. 연봉제 적용대상인 5급 공무원이 호봉제 적용대상인 6급으로 강임된 경우 연봉액 책정 및 연봉월액 지급방법은?
  ☞ 강임전(5급) 연봉액   : 72,000천원(가정)
  ☞ 6급 연봉 상한액   : 71,679천원
  ☞ 강임된 연도 연봉지급액 : 71,679천원(5급에서 6급 강임시 연봉한계액의 상한액)
    * 강임 전 연봉액을 지급하되, 강임 후의 연봉상한액 범위 내에서 지급 가능
  ☞ 8월분 급여는 강임일을 기준으로 일할계산하여 지급

2. 개방형직위가 아닌 직위에 임용되는 임기제공무원 및 별정직공무원

가. 적용대상(영 별표 13 제5호 가목 적용대상 공무원)

상근하는 일반임기제공무원 및 별정직공무원과 상근하지 아니하는 시간선택제임기제공무원에게 공통으로 적용한다.

※「지방공무원 임용령」제3조의2제1호, 제2호 및 별표 참조

나. 연봉책정

□ 신규임용자의 연봉책정(영 제35조제3항부터 제5항까지)

○ 연봉책정일 : 신규임용일

○ 연봉책정방법

- 영 [별표 13] 제5호 가목에서 정한 구분별 연봉한계액 하한액의 120퍼센트 범위 내에서는 지방자치단체의 장과 지방의회의 의장이 자율적으로 책정할 수 있다.

  * **이 경우 연봉은 대상자의 경력, 임용전 보수수준, 채용 직위의 업무 중요도 및 난이도 등을 고려하여 과소책정되지 않도록 이 장 [별표 1] "임기제공무원 신규채용시 연봉책정을 위한 평가방법(예시)"에 의한 평가를 실시한 뒤, 그 결과에 따라 120% 범위 내에서 책정하여야 함.**

- 다만, 구분별 연봉한계액 하한액의 120퍼센트 범위내에서는 우수전문인력의 확보가 곤란하거나 그 밖에 특히 필요하다고 판단되는 때에는 해당 인사위원회의 심의·의결을 거친 후 연봉한계액중 하한액의 120%를 초과하는 금액으로 연봉을 책정하되 **연봉 상한액의 범위이내로 책정**한다.

  * **인사위원회 의결을 거치는 경우 별표 1 임기제공무원 신규채용시 연봉책정을 위한 평가표 및 별지 제4호 서식 연봉심의 요청서를 반드시 첨부하여야 한다.**

- 인력확보에 지장이 없거나 그 밖에 필요하다고 판단되는 때에는 연봉한계액 하한액에 미달하는 금액으로 연봉을 책정할 수 있으나, **일반직 9급 1호봉 기준 봉급연액 및 명절휴가비 연액의 합산액을 하회할 수 없다.**

- 연봉은 해당 직무의 종류·곤란성 또는 책임도가 유사한 국가공무원에게 적용되는 연봉수준을 고려하여 적정한 금액으로 정하여야 한다.

□ 채용계약기간 연장자 등에 대한 연봉 책정

○ 「지방공무원 임용령」 제21조의4에 의하여 채용기간이 연장되는 경우에는 신규채용으로 보지 아니한다.

○ 채용기간이 연장되는 경우의 연봉책정(영 제39조)
  - 별도의 연봉액 조정 없이 채용기간이 연장되는 경우
    • 지방자치단체의 장 또는 지방의회의 의장이 채용기간만 연장한다.
  - 연봉액을 조정할 특별한 사유가 있는 계약기간 연장의 경우
    • 채용기간동안 성과연봉 평가등급이 평균 'A등급' 이상자로서 업무수행이 탁월한 경우에 한하여 지방자치단체의 장과 지방의회의 의장이 해당연도 연봉한계액 하한액의 120%범위내에서 자율적으로 조정하여 책정할 수 있으며, 그 범위를 초과하여 조정할 필요가 있는 경우 지방자치단체의 장과 지방의회의 의장은 해당 인사위원회의 심의·의결 거친 후 연봉액을 책정한다. 다만, 연봉액을 하향조정하는 경우는 그렇지 않다.
    * 인사위원회 의결을 거치는 경우 별표 1 임기제공무원 신규채용시 연봉책정을 위한 평가표 및 별지 제4호 서식 연봉심의 요청서를 반드시 첨부하여야 한다.

○ 연봉액을 조정할 특별한 사유가 있는 경우
  - 채용기간동안 성과연봉 평가등급이 평균 'A등급' 이상이거나 업무수행 실적이 탁월하여 행정발전에 현격히 기여하는 등 연봉액을 특별히 조정할 객관적이고 합리적인 타당성이 있는 경우에 한하여, 지방자치단체의 장과 지방의회의 의장이 채용당시 연봉한계액 하한액의 120% 범위 내에서 자율적으로 조정하여 책정할 수 있으며, 그 범위를 초과하여 조정할 필요가 있는 경우에는 지방자치단체의 장과 지방의회의 의장은 해당 인사위원회의 심의·의결을 거친 후 연봉을 조정·책정할 수 있다.
    * 인사위원회 의결을 거치는 경우 별표 1 임기제공무원 신규채용시 연봉책정을 위한 평가표 및 별지 제4호 서식 연봉심의 요청서를 반드시 첨부하여야 한다.

○ 동일직위에 재채용되는 임기제공무원의 연봉을 책정하는 경우 지방자치단체의 장과 지방의회의 의장은 자율책정범위 내에서 해당 임기제공무원의 종전 기본연봉을 보전해 줄 수 있다.

3. 개방형직위에 임용되는 임기제공무원 및 별정직공무원

가. 적용대상(영 별표 13 제5호 나목 적용대상 공무원)

「지방자치단체의 개방형직위 및 공모직위의 운영 등에 관한 규정」 제2조에 따라 1급부터 6급까지의 공무원 또는 이에 상응하는 공무원으로 보할 수 있는 일정한 직위에 임기제로 임용되는 공무원 및 별정직공무원

나. 연봉등급의 결정

지방자치단체의 장과 지방의회의 의장이 해당 개방형직위의 직제상의 직급 등을 고려하여 임용대상자의 경력요건에 따라 정한다.

☐ 직제상 개방형직위의 직급이 단수인 경우

○ 해당 개방형직위의 직제상 직급을 기준으로 연봉등급을 결정한다.

☐ 직제상 개방형직위의 직급이 복수인 경우

○ 신규임용시
- 「지방자치단체의 개방형직위 및 공모직위의 운영 등에 관한 규정」 제6조에 의한 선발시험위원회가 추천한 임용후보자의 경력요건에 따라 지방자치단체의 장과 지방의회의 의장이 정한다.

○ 임용기간 연장시
- 직제상 해당직위의 직급이 복수인 개방형직위에 신규임용된 과장급 직위에 한하여 하위 연봉등급에 임용된 임기제공무원이 그 임용기간을 연장함에 있어 상위 연봉등급에 해당하는 경력요건을 갖추고 있고, 근무성적 평정 결과 그 실적이 탁월한 경우에는 인사위원회의 심의·의결을 거친 후 연봉등급을 변경할 수 있다. 이때 변경된 연봉등급에 따라 신규임용자 연봉책정 방법을 준용하여 연봉액을 재산정할 수 있다.
    * 인사위원회 의결을 거치는 경우 별표 1 임기제공무원 신규채용시 연봉책정을 위한 평가표 및 별지 제4호 서식 연봉심의 요청서를 반드시 첨부하여야 한다.

다. 연봉등급의 발령

개방형직위에 임용되는 임기제공무원으로 임용하는 경우 인사발령시 각 개인별로 다음 예문과 같이 연봉등급을 발령한다.

```
                                              성명 ○ ○ ○
       지방임기제공무원(   호)에 임함.
       ○○○○에(근무를) 보(명)함.
       (임용기간 : 2○○○년 ○월○일 ~ 2○○○년 ○월○일)
```

라. 연봉의 책정

□ 신규임용자의 연봉책정(영 제35조제3항부터 제5항까지)

○ 연봉책정 기준일 : 신규임용일

○ 연봉책정 방법(일반기준)

- 영 [별표 13] 제5호 나목에서 정한 연봉등급별 연봉한계액 하한액의 130퍼센트 범위내에서 지방자치단체의 장과 지방의회의 의장이 책정할 수 있다. 이러한 경우「공무원 보수규정」제36조제3항에서 정하고 있는 방법을 활용하여 연봉을 산정할 수 있다. 다만, 동 규정에서 정한 "다음 각 호의 급여를 합산한 금액의 150퍼센트 이하"는 "다음 각 호의 급여를 합산한 금액의 130퍼센트 이하"로 한다.

- 지방자치단체의 장과 지방의회의 의장은 연봉등급별 연봉한계액 하한액의 130퍼센트 범위내에서는 우수전문인력의 확보가 곤란하거나 그 밖에 특히 필요하다고 판단되는 때에는 해당 인사위원회의 심의·의결을 거친 후 연봉을 달리 정하되, 해당 직무의 종류·곤란성 또는 책임도가 유사한 국가공무원에게 적용되는 연봉수준을 고려하여 적정한 금액으로 정하여야 한다.

    * **인사위원회 의결을 거치는 경우 별표 1 임기제공무원 신규채용시 연봉책정을 위한 평가표 및 별지 제4호 서식 연봉심의 요청서를 반드시 첨부하여야 한다.**

○ 연봉책정의 특례
 - 연봉책정 심의의 특례
  • 영 제35조제3항에서 제5항까지의 규정에 따라 연봉등급별 연봉한계액 하한액의 130퍼센트를 초과하는 경우에는 인사위원회의 심의·의결을 거쳐야 하나「공무원 보수규정」제36조제3항에서 정하고 있는 방법으로 연봉을 산정한 경우에는 인사위원회의 심의·의결없이 지방자치단체의 장 또는 지방의회의 의장이 자율적으로 책정할 수 있다.
   * 이 경우, 공무원보수규정에서 정한 "각 호의 급여를 합산한 금액의 150퍼센트 이하"는 "각 호의 급여를 합산한 금액의 130퍼센트 이하"로 한다.
  • 다만,「공무원보수규정」제36조제3항에서 정한 방법으로 산정한 연봉을 초과하여 연봉을 책정하여야 하는 경우 등 특별히 필요한 때에는 인사위원회의 심의·의결을 거친 후 연봉을 결정하여야 한다.

〈「공무원 보수규정」제36조제3항에 의한 연봉책정 방법〉

- 해당 직위에 경력직으로 임용되었을 경우를 가정하여 호봉을 산정
- 호봉 산정 후 해당 직종·계급의「기준연봉액」의 130% 이하에서 소속 지방자치단체의 장 또는 지방의회의 의장이 연봉액을 자율 책정. 다만, 경력직(임기제공무원 제외) 또는 별정직 공무원으로 퇴직한지 3월 이내에 신규채용된 경우에는「기준연봉액」의 120%를 초과할 수 없음.
- 호봉산정 기준 (영 제8조의 규정에 따라 호봉 산정)

〈계급 및 봉급표 적용기준〉

계급적용	연봉등급(호)에 대응하는 경력직 계급 적용
봉급표적용	직제상 명시된 해당직위의 직종 또는 채용자격기준(경력요건)에 따라 당해 채용대상자의 실제 임용된 직종을 확인한 뒤 그 직종의 봉급표를 적용(직제상 임용직위가 복수직종인 경우 포함)

(예) 직제상 직급이 서기관, 연구관 또는 계약직으로 되어 있는 경우 자격기준(경력요건)이 서기관에 해당하는 것이면, 공무원보수규정 [별표 3]의 봉급표를 적용하고, 연구관에 해당하는 것이면 [별표 5]를 적용함.

* 호봉산정시 민간경력 중 채용대상 직위의 직무와 관련이 있는 것은「지방공무원보수규정」의 직종별 경력환산율표에 따라 유사경력으로 인정할 수 있음.
* 기준연봉액 : 봉급표상 봉급액·정근수당(가산금 포함)·관리업무수당 (과장급이 아닌 임기제 5호 이하는 제외)·명절휴가비의 연액(年額)을 합산한 금액을 말함.
* 기준연봉액 책정시 1급~5급(상당)공무원에게 적용되는 봉급액 가산(1호봉 승급액의 11/12~1/12) 및 근무연수 가산(2년)은 적용되지 않음.

- **연봉상한액 적용에 관한 사항**(영 별표 13 제5호 나목)
  - 위의 신규채용시 연봉책정 일반기준에 의하여 최종 산출한 연봉액(조정 연봉액)은 영 별표 13 제5호 나목에 규정된 연봉등급별 연봉상한액을 초과할 수 없다(1호~4호 해당자는 연봉상한액이 없으므로 해당사항 없음).
  - 다만, 해당 연봉상한액으로는 우수전문인력의 확보가 곤란한 경우 그밖에 특히 필요한 경우에는 다른 법령에 특별한 규정이 있는 때를 제외하고는 인사위원회의 심의·의결을 거친 후 **직근 상위등급의 상한액 범위 이내**의 금액으로 책정할 수 있다.
    * **인사위원회 의결을 거치는 경우 별표 1 임기제공무원 신규채용시 연봉책정을 위한 평가표 및 별지 제4호 서식 연봉심의 요청서를 반드시 첨부하여야 한다.**
- **연봉하한액 적용에 관한 사항**
  - 인력의 확보에 지장이 없는 경우 등 필요한 때에는 연봉한계액의 하한액에 미달하는 금액으로도 책정할 수 있다.

○ **연봉책정시 유의점**
  - 연봉책정시에는 채용대상자와 충분한 의견을 교환하여야 하고, 대상자의 경력, 임용전 보수수준, 채용 직위의 업무 중요도 및 난이도 등을 고려하여 연봉이 과소책정되지 않도록 이 장 **[별표 1] "임기제공무원 신규채용시 연봉책정을 위한 평가방법(예시)"에 의한 평가를 실시한 뒤, 그 결과에 따라 책정**하여야 한다.
    * 다만, 「지방자치단체의 개방형직위 및 공모직위의 운영 등에 관한 규정」에 의하여 실시하는 선발과정에서 지방자치단체별로 설정한 직무수행 요건에 따른 심사결과(능력요건 및 특별요건 등)로 대체할 수 있음.
  - 지방자치단체의 장과 지방의회의 의장은 임용대상자의 연봉을 합리적으로 책정하기 위하여 필요한 관련 자료를 임용대상자로 하여금 미리 제출하도록 하거나, 자체 준비하여야 한다.

□ **채용계약(임용)기간 연장자 등에 대한 연봉책정**

○ 「지방공무원 임용령」 제21조의4 또는 「지방자치단체의 개방형직위 및 공모직위의 운영 등에 관한 규정」 제9조에 의하여 채용(임용)기간이 연장되는 경우에는 신규채용(임용)으로 보지 않는다.

○ 채용(임용)기간이 연장되는 경우의 연봉책정(영 제39조)
  - 별도의 연봉액 조정 없이 채용(임용)기간이 연장되는 경우에는 지방자치단체의 장 또는 지방의회의 의장이 채용(임용)기간만 연장한다.

- 연봉액을 조정할 특별한 사유가 있는 계약기간 연장의 경우
    • 채용기간동안 성과연봉 평가등급이 평균 'A등급' 이상자로서, 업무수행 실적이 탁월한 경우에 한하여 지방자치단체의 장과 지방의회의 의장이 당해연도 「기준연봉액」의 130% 이하(다만, 경력직(임기제공무원 제외) 또는 별정직 공무원으로 퇴직한지 3월 이내 신규채용된 자는 당해연도 기준연봉액의 120% 이하)에서 연봉을 조정할 수 있으며, 그 범위를 초과하여 조정이 필요한 경우에는 지방자치단체의 장과 지방의회의 의장이 해당 인사위원회의 심의·의결을 거친 후 연봉액을 조정한다. 다만, 연봉액을 하향조정하는 경우는 그렇지 않다.
    * **인사위원회 의결을 거치는 경우 별표 1 임기제공무원 신규채용시 연봉책정을 위한 평가표 및 별지 제4호 서식 연봉심의 요청서를 반드시 첨부하여야 한다.**
○ 연봉액을 조정할 특별한 사유가 있는 경우
- 채용기간동안 성과연봉 평가등급이 평균 'A등급' 이상이거나 업무수행 실적이 탁월하여 행정발전에 현격히 기여하는 등 연봉액을 특별히 조정할 객관적이고 합리적인 타당성이 있는 경우 또는 「지방공무원 인사제도 운영 지침」 제115조 제2항에 따라 실시하는 수시평가 결과에 따라 지방자치단체의 장과 지방의회의 의장이 필요하다고 판단하는 경우에 한하여 연봉을 조정할 수 있다.
    ※ 연봉 상향 조정 범위는 당해연도 「기준연봉액」의 130% 이하(다만, 경력직(임기제공무원 제외) 또는 별정직공무원으로 퇴직한지 3개월 이내 개방형직위 임기제로 신규채용된 자는 당해연도 기준연봉액의 120% 이하)로 하되, 이를 초과하는 경우에는 해당 인사위원회의 심의·의결을 거쳐야 한다.
    * **인사위원회 의결을 거치는 경우 별표 1 임기제공무원 신규채용시 연봉책정을 위한 평가표 및 별지 제4호 서식 연봉심의 요청서를 반드시 첨부하여야 한다.**
○ 동일직위에 재채용되는 임기제공무원의 연봉을 책정하는 경우 지방자치단체의 장과 지방의회의 의장은 자율책정범위 내에서 해당 임기제공무원의 종전 기본연봉을 보전해 줄 수 있다.

마. 연봉심의 절차

☐ 심의대상(심의요건)

○ 연봉등급별 연봉한계액 하한액의 130퍼센트를 초과하여 연봉을 책정하여야 할 특별한 사유가 있는 경우

- ○ 위 연봉책정의 특례 중 국가직의 「공무원 보수규정」 제36조제3항에 의한 자율책정범위를 초과하여 책정하여야할 특별한 사유가 있는 경우
  - * 다만, 「공무원 보수규정」에서 정한 "각 호의 급여를 합산한 금액의 150퍼센트 이하"는 "각 호의 급여를 합산한 금액의 130퍼센트 이하"로 한다.
- ○ 채용(임용)대상자의 연봉을 영 [별표 13] 제5호 나목에서 정한 연봉한계액의 상한액을 초과하여 **직근 상위등급의 상한액 범위 이내의 금액**으로 책정하여야 할 특별한 사유가 있는 경우
  - * 1~4호에 해당하는 개방형직위에 임용되는 임기제공무원의 경우에는 연봉상한액이 없으므로 이에 해당되지 아니함.

□ 심의시기

- ○ 인사관련규정 절차에 의하여 임용대상자가 확정된 후 심의한다.

□ 심의방법

- ○ 이 장 <별지 제4호 서식> "연봉심의 요청서"를 작성한 후 관련서류를 첨부하여 지방자치단체의 장과 지방의회의 의장은 해당 인사위원회의 심의·의결을 거친 후 결정한다.
  - * **인사위원회 의결을 거치는 경우 별표 1 임기제공무원 신규채용시 연봉책정을 위한 평가표 및 별지 제4호 서식 연봉심의 요청서를 반드시 첨부하여야 한다.**

바. 채용공고 및 채용계약서 작성시 보수사항 기재 방법(예시)

□ 채용공고시 보수사항 기재방법

- ○ 채용예정직위의 직제상 직급 또는 임용자격기준(경력요건)에 따라 해당 연봉등급별 연봉한계액(상한액 및 하한액)을 기재하고,
- - 임용 후 별도 지급되는 연봉외 급여액과 함께 구체적인 금액은 경력 등을 고려하여 추후 결정한다는 내용을 게재한다.
  - * 직제상 직급이 복수인 경우에는 높은 등급의 연봉상한액과 낮은 등급의 연봉하한액을 게시하고, 연봉외 급여도 높은 등급에서 받을 수 있는 것과 낮은 등급에서 받을 수 있는 금액을 병기한다.

○ 공고문 예문
- 채용예정직위의 직급이 단수인 경우(예 : 4급)

> □ 보수수준
> 연봉한계액(상한액 : 제한없음, 하한액 : 66,122천원) 범위 내에서 정하되, 구체적인 금액은 채용예정자의 능력·자격·경력 등을 고려하여 결정함(연봉외급여 _____원 별도지급).

- 채용예정직위의 직급이 복수인 경우(예 : 3·4급)

> □ 보수수준
> 연봉한계액(상한액 : 제한없음, 하한액 : 66,122천원) 범위 내에서 정하되 구체적인 금액은 채용예정자의 능력·자격·경력 등을 고려하여 결정함(연봉외급여 _____원 별도지급).

□ 채용계약서 작성시 보수사항 기재 방법

○ 각 지방자치단체의 자율책정 범위내에서 책정하는 경우
- 그 책정금액과 예산의 범위안에서 보수관련 법령 등에 의한 수당 등을 지급할 수 있다는 내용을 기재한다.

○ 인사위원회의 심의·의결을 거친 후 정하는 금액으로 연봉을 책정하는 경우
- 인사위원회의 심의·의결을 거친 후 그 금액이 결정되므로(일정한 기간 소요), 별도로 통보하는 금액과 기타 예산의 범위안에서 보수관련 법령 등에 의한 수당 등을 지급할 수 있다는 내용을 기재하고 우선 채용계약을 체결한다.

○ 채용계약서 게재 예문
- 자율책정 범위내에서 책정시

> **제○조(보수지급액 및 보수지급방법)**
> ① '갑'은 '을'에게 연봉 (금 _____원)을 매월 보수지급일에 연봉월액으로 지급한다.
> ② '갑'은 '을'에게 예산의 범위안에서 보수관련법령 등에 의한 수당 및 월정직책급(해당되는 경우)을 지급할 수 있다.
> ③ 「지방공무원 보수규정」 제39조에 의해 행정안전부장관이 정하는 연봉조정액을 지급할 수 있다.

- 인사위원회의 심의·의결을 거친 후 정하는 금액으로 책정한 경우

> **제○조(보수지급액 및 보수지급방법)**
> ① 「지방공무원 보수규정」 제35조제5항의 규정에 의하여 인사위원회의 심의·의결을 거친 후 정하는 금액을 연봉으로 하여 매월 보수지급일에 연봉월액으로 지급한다.
> ② '갑'은 '을'에게 예산의 범위안에서 보수관련법령 등에 의한 수당 및 월정직책급(해당되는 경우)을 지급할 수 있다.
> ③ 「지방공무원 보수규정」 제39조에 의해 행정안전부장관이 정하는 연봉조정액을 지급할 수 있다.

○ 2024. 5. 10 개방형직위인 ○○국장으로 신규임용된 임기제공무원(연봉등급 3호, 3급 16호봉 근무연수 11년)의 연봉책정 방법은?

☞ 일반임기제 연봉한계액(연봉등급 3호)

- 연봉상한액 : 없음   - 연봉하한액 : 76,986천원

☞ 제36조제3항에 의한 기준연봉액 : 86,010천원(86,009,900원을 최종 백원단위에서 절상)

◇ 산정내역 : 86,009,900원   * 일원단위 절사

- 봉급연액 :   66,981,600원 [5,581,800원(3급16호봉) × 12개월]
- 정근수당 :   5,581,800원 (5,581,800원 × 100%)
- 정근수당가산금 :   720,000원 (60,000원 × 12개월)
- 관리업무수당 :   6,028,344원 (5,581,800원 × 108%)
- 명절휴가비 :   6,698,160원 (5,581,800원 × 120%)

☞ 연봉책정액 : 94,611천원(기준연봉액×연봉조정률 110% 가정, 최종 백원단위에서 절상)

* 기준연봉액의 130%를 초과하여 연봉을 책정할 필요가 있다고 판단되는 경우 인사위원회의 심의·의결을 거친 후 결정된 연봉으로 책정 가능

☞ 연봉월액 : 7,884,250원

→ 94,611천원(연봉액) ÷ 12개월

☞ 2024. 5월분 실지급 연봉월액 : 5,595,270원(임용일을 기준으로 일할계산하여 지급)

→ 7,884,250(연봉월액)/31일 × 22일(5.10 ~ 5.31)

※ 연봉외급여인 직급보조비, 정액급식비, 가족수당, 연가보상비, 특수근무수당, 특수지근무수당 등은 연봉외급여로서 별도 지급

※ 일반직공무원이 개방형직위에 임용되어 경력직공무원 신분을 유지하는 경우에는 일반직 신규임용시 연봉책정방법에 따라 연봉을 책정하며, 연봉외급여로서 개방형직위 보전수당을 추가로 지급

📋 예시

○ 2024. 4. 1. 개방형직위인 OO과장으로 신규임용된 임기제공무원(연봉등급 4호, 4급 22호봉 근무연수 11년)의 연봉책정 방법은?

☞ 연봉등급 4호 연봉 한계액

- 상한액 : 없음   - 하한액 : 66,122천원

☞ 영 제36조제3항에 의한 기준연봉액 : 82,989천원(82,989,040원을 최종 백원단위에서 절상)

◇ 산정내역 : 82,989,040원   * 일원단위 절사

- 봉급연액 :   64,609,200원 [5,384,100원(4급22호봉) × 12개월]
- 정근수당 :   5,384,100원 (5,384,100원 × 100%)
- 정근수당가산금 :   720,000원 (60,000원 × 12개월)
- 관리업무수당 :   5,814,828원 (5,384,100원 × 108%)
- 명절휴가비 :   6,460,920원 (5,384,100원 × 120%)

☞ 연봉 책정(안)

- 기준연봉액의 130% 조정시 연봉액 : 107,886천원 * 최종 백원단위에서 절상
- 4호 연봉 상한액이 없으므로 자율책정 가능

  * 기준연봉액의 130%를 초과하여 연봉을 책정할 필요가 있다고 판단되는 경우 인사위원회의 심의·의결을 거친 후 결정된 연봉으로 책정 가능

☞ 연봉월액 : 8,990,500원

→ 107,886천원(연봉액) ÷ 12개월 *일원단위 절사

※ 연봉외급여인 직급보조비, 정액급식비, 가족수당, 연가보상비, 특수근무수당, 특수지근무수당 등은 연봉외급여로서 별도 지급

4. 전문임기제공무원(영 별표 13 제5호 다목 적용대상 공무원)

가. 적용대상(「지방공무원 임용령」 제3조의2제1의2호)

정책결정의 보좌 및 특정분야에 대한 전문지식이나 기술이 요구되는 업무를 수행하기 위해 채용되는 임기제 공무원을 말한다.

나. 연봉의 책정

□ 신규임용자의 연봉책정(영 제35조제3항부터 제5항까지)

○ 연봉책정일 : 신규임용일

○ 연봉책정방법

- 영 [별표 13] 제5호 다목에서 정한 구분별 연봉한계액 하한액의 130퍼센트 범위 내에서는 지방자치단체의 장과 지방의회의 의장이 자율적으로 책정할 수 있다.

  * **이 경우 연봉은 대상자의 경력, 임용전 보수수준, 채용 직위의 업무 중요도 및 난이도 등을 고려하여 과소책정되지 않도록 이 장 [별표 1] "임기제공무원 신규채용시 연봉책정을 위한 평가방법(예시)"에 의한 평가를 실시한 뒤, 그 결과에 따라 130% 범위 내에서 책정하여야 함.**

- 다만, 구분별 연봉한계액 하한액의 130퍼센트 범위내에서는 우수전문인력의 확보가 곤란하거나 그 밖에 특히 필요하다고 판단되는 때에는 해당 인사위원회의 심의·의결을 거친 후 연봉한계액 중 하한액의 130%를 초과하는 금액으로 연봉을 책정하되 직근 상위등급의 상한액 이내로 책정한다.

  * **인사위원회 의결을 거치는 경우 별표 1 임기제공무원 신규채용시 연봉책정을 위한 평가표 및 별지 제4호 서식 연봉심의 요청서를 반드시 첨부하여야 한다.**

- 인력확보에 지장이 없거나 그 밖에 필요하다고 판단되는 때에는 연봉한계액 하한액에 미달하는 금액으로 연봉을 책정할 수 있다.

- 연봉은 해당 직무의 종류·곤란성 또는 책임도가 유사한 국가공무원에게 적용되는 연봉수준을 고려하여 적정한 금액으로 정하여야 한다.

□ 채용계약기간 연장자 등에 대한 연봉 책정

○ 「지방공무원 임용령」 제21조의4에 의하여 채용기간이 연장되는 경우에는 신규채용으로 보지 아니한다.

○ 채용기간이 연장되는 경우의 연봉책정(영 제39조)
  - 별도의 연봉액 조정없이 채용기간이 연장되는 경우
    • 지방자치단체의 장 또는 지방의회의 의장이 채용기간만 연장한다.
  - 연봉액을 조정할 특별한 사유가 있는 계약기간 연장의 경우
    • 채용기간동안 성과연봉 평가등급이 평균 'A등급' 이상자로서 업무수행이 탁월한 경우에 한하여 지방자치단체의 장과 지방의회의 의장이 해당연도 연봉한계액 하한액의 130%범위 내에서 자율적으로 조정하여 책정할 수 있으며, 그 범위를 초과하여 조정할 필요가 있는 경우 지방자치단체의 장과 지방의회의 의장은 해당 인사위원회의 심의·의결을 거친 후 연봉액을 책정한다. 다만, 연봉액을 하향조정하는 경우는 그렇지 않다.
    * **인사위원회 의결을 거치는 경우 별표 1 임기제공무원 신규채용시 연봉책정을 위한 평가표 및 별지 제4호 서식 연봉심의 요청서를 반드시 첨부하여야 한다.**

○ 연봉액을 조정할 특별한 사유가 있는 경우
  - 채용기간동안 성과연봉 평가등급이 평균 'A등급' 이상이거나 업무수행 실적이 탁월하여 행정발전에 현격히 기여하는 등 연봉액을 특별히 조정할 객관적이고 합리적인 타당성이 있는 경우에 한하여, 지방자치단체의 장과 지방의회의 의장이 채용당시 연봉한계액 하한액의 130% 범위 내에서 자율적으로 조정하여 책정할 수 있으며, 그 범위를 초과하여 조정할 필요가 있는 경우에는 지방자치단체의 장과 지방의회의 의장은 해당 인사위원회의 심의·의결을 거친 후 연봉을 조정·책정할 수 있다.
    * **인사위원회 의결을 거치는 경우 별표 1 임기제공무원 신규채용시 연봉책정을 위한 평가표 및 별지 제4호 서식 연봉심의 요청서를 반드시 첨부하여야 한다.**

○ 동일직위에 재채용되는 전문임기제공무원의 연봉을 책정하는 경우 지방자치단체의 장과 지방의회의 의장은 자율책정범위내에서 해당 전문임기제공무원의 종전 기본연봉을 보전해 줄 수 있다.

5. 시간선택제임기제공무원(영 제35조제6항 관련) 및 시간선택제전환공무원

(지방공무원 임용령 제38조의15 및 지방별정직공무원 인사규정 제11조)

○ 시간선택제근무를 하는 공무원 등(시간선택제임기제공무원 및 시간선택제전환 공무원 포함, 이하 이 장에서 같음)은 **시간제가 아닌 통상적인 공무원으로 근무할 경우에 받게 될 연봉을 책정한 후, 이를 기준으로 근무시간에 비례하여 아래의 산식에 따라 산정·지급**

- 시간선택제근무를 하는 공무원 등의 연봉 (기본연봉 + 성과연봉)

  i) 기본연봉

  $$= \text{통상적인 공무원으로 근무할 경우의 연봉(성과연봉 제외)} \times \frac{\text{시간선택제근무를 하는 공무원 등의 주당 근무시간}}{40\text{시간}}$$

  ii) 성과연봉

  $$= \text{통상적인 공무원으로 근무한 경우의 성과연봉액} \times \frac{\text{통상적인 공무원으로 근무한 개월 수}^*}{12\text{개월}} + \text{통상적인 공무원으로 근무한 경우의 성과연봉액} \times \frac{\text{시간선택제 공무원 등으로 근무한 개월 수}}{12\text{개월}} \times \frac{\text{시간선택제 근무를 한 공무원 등의 주당 근무시간}^*}{40\text{시간}}$$

* 2024년 성과연봉 지급을 위한 평가대상 기간(2023년) 중 시간선택제 등으로(또는 통상적인 공무원으로) 근무한 기간(개월 수)을 의미함

  ※ 인사발령(시간제 전환·전일제 면직 후 동일자로 시간제 신규채용 등)으로 월 중부터 시간선택제 공무원으로 근무했을시 통상적인 공무원으로 근무한 기간이 월 중 15일 이상인 경우 또는 인사발령(전일제 전환·시간제 면직 후 동일자로 전일제 신규채용 등)으로 월 중부터 전일제 공무원으로 근무했을시 통상적인 공무원으로 근무한 기간이 월 중 15일 이상인 경우에는 각각 ii) 성과연봉 계산식에서 해당 월은 통상적인 공무원으로 근무한 개월 수에 포함·계산

  < 예 시 >

  - 2024년 기본연봉 56,000천원, 성과연봉 4,000천원인(성과연봉은 통상적인 공무원으로 근무한 경우 금액) 공무원이 2024년 5월 1일부터 5월 31일까지 주당 20시간 시간제근무를 함. 아울러 2023년 1월 1일부터 6월 30일까지는 통상적인 공무원으로 근무 후, 2023년 7월 1일부터 12월 31일까지 주당 20시간 시간제 근무를 한 바 있는 경우, 2024년 5월 연봉월액은?
    → 기본연봉 = 56,000천원 × (20시간÷40시간) ÷ 12개월 = 2,334천원
    → 성과연봉 = {4,000천원 × (6개월÷12개월) + 4,000천원 × (6개월÷12개월) × (20시간÷40시간)} ÷ 12개월 = 250천원
    → 5월 연봉액 : 2,584천원(=2,334천원 + 250천원)

Ⅴ. 성과연봉 운영기준

1. 지급대상

○ 전년도 12월 31일(이하 "지급기준일") 현재 해당기관에 소속되어 있는 성과급적 연봉제 적용대상인 1~5급(상당) 이상 공무원 및 임기제공무원(시간선택제 임기제공무원 포함) 및 별정직공무원(영 별표 11 3호에 해당하는 공무원)을 지급대상으로 한다.
  - 기관별 지급대상 인원(이하 "현원"이라 한다)의 산출에 있어서 지급기준일 현재 파견중인 자와 휴직·직위해제 및 기타 사유로 직무에 종사하지 않고 있는 자도 지급대상에 포함한다.
  - 다만, 휴직·직위해제·대기발령(근무지 지정명령을 받은 자 제외)·휴가·신규임용·교육훈련파견 등으로 지급기준일 현재 실제로 근무한 기간이 2개월 미만인 자는 현원에는 포함하되, 최하위순위에 배치하고 성과연봉을 지급하지 아니한다.
    • 신규임용자 중 채용 시 공무원 경력이 있는 경우, 채용연도의 실 근무기간을 합산하여 산정
  - 기관별 현원의 산출에 있어서 파견·휴직·직위해제·정직 등으로 본청 소속으로 되어 있는 자는 직전 근무기관(부서)의 현원으로 본다(다만, 원 소속기관과 파견받은 기관이 서로 합의하여 파견공무원에 대하여 파견받은 기관에서 성과연봉을 지급하기로 한 경우와 직제상 정원에 의한 파견자로서 인건비 예산이 파견받은 기관에 편성된 자에 대하여는 파견받은 기관의 현원으로 본다).
  - 전년도 중 5급(상당) 공무원으로 승진된 자로서 금년도에 최초로 연봉제 적용대상으로 전환된 자도 지급대상에 포함한다.
    (다만, 전년도 12월31일 기준으로 승진후 2월이 경과하지 아니한 경우에는 승진전 계급을 기준으로 성과상여금을 지급한다)

○ 전년도 퇴직자 중 전년도 업무실적이 있는 자를 지급대상으로 포함하여 재직자와 동일하게 평가하며, 실제 근무한 기간이 2개월 미만인 경우 현원에 포함하되 최하위 등급에 배치하고 성과연봉을 지급하지 아니한다.
  - 다만, 지급기준일 현재 공무원으로 재채용되어 재직하고 있는 경우에는 퇴직한 기관의 지급대상에서 제외한다.
    ※ 재채용자에 대해서는 재직 중인 기관에서 퇴직기관에서의 성과정보를 활용하여 평가 후 그 결과에 따라 지급하되, 퇴직기관 및 재직기관에서 실제로 근무한 기간이 총 2개월 미만인 자는 현원에는 포함하되 최하위등급에 배치하고 성과연봉을 지급하지 아니한다.

※ 성과급적 연봉제 적용대상 공무원이 제6장 지방공무원성과상여금업무 처리기준을 적용받지 않는 기관의 호봉제 적용대상 공무원으로 평가대상기간 내에 채용되는 경우 예외적으로 퇴직기관의 지급대상에 포함할 수 있음(다만, 재채용기관에서 평가대상기간 동안의 퇴직기관 근무실적 전체를 대상으로 지급등급 평가를 실시하여 성과급을 지급하는 경우에는 퇴직기관의 지급대상에서 제외).

2. 지급단위

○ 성과연봉의 지급단위 및 분리지급
 - 성과연봉은 지방자치단체의 장과 지방의회의 의장 단위로 지급하되, 지방자치단체의 장과 지방의회의 의장은 업무의 유사성과 평가기준의 동질성에 따라 필요한 경우에는 소속기관을 분리하여 지급할 수 있다.
   ※ 지방자치단체의 장과 지방의회의 의장이 협의하는 경우 통합하여 운영 가능

○ 성과연봉은 계급별로 평가등급을 결정하여 지급함을 원칙으로 하되, 필요한 경우에는 직위별로 통합할 수 있다.
 - 별정직 및 개방형직위에 임용되는 임기제공무원은 상당하는 계급에 통합하여 지급하되, 필요한 경우 경력직공무원과 분리하여 지급할 수 있다.
 - 개방형직위가 아닌 직위에 임용되는 임기제공무원은 채용등급별로 지급한다.
 - 과장급이 아닌 4급(상당) 이하 임기제 공무원의 경우에도 성과연봉 자율적 운영기준을 적용할 수 있다.
 - 재난·안전 업무를 전담하는 과장급 이상(4급상당 이상) 보직자가 아닌 공무원은 필요한 경우, 지급단위를 별도로 구성하여 지급할 수 있다.
 - 위 규정에 의한 계급 또는 채용등급별 재직인원이 4인 미만일 경우는 계급 또는 채용등급을 적절히 통합할 수 있다.
   ※ 「지방공무원 적극행정 운영규정」 제14조제1항제3호에 따라 성과연봉 최고등급 부여시 분리하여 지급가능. 이 경우 본래 지급단위 현원에서 제외함
   ※ 직종개편에 따라, 전임계약직공무원에서 별정직공무원(정책보좌관 등)으로 전환된 자 중 영 별표 11 제3호에 해당하는 연봉제 적용대상 공무원은 성과연봉 지급을 위한 성과평가시 타직종과 별도로 분리하여 평가가능

○ 전년도 중에 승진한 경우 등
 - 전년도 중에 호봉제 적용대상에서 연봉제 적용대상으로 승진한 경우
   • 지급기준일 현재 승진한 계급을 기준으로 성과연봉을 지급한다(다만, 지급기준일 현재 2개월이 경과되지 아니하는 자는 성과상여금 지급 대상임).
 - 전년도 중에 연봉제 적용대상 직위간에 승진한 경우(예 : 4급 → 3급 승진)
   • 지급기준일 현재 승진한 계급을 기준으로 성과연봉을 지급한다(다만, 지급기준일 현재 2개월이 경과되지 아니하는 자는 승진전 계급을 기준으로 성과연봉을 지급함).
     * 무보직 5급 및 무보직 연구·지도관의 과장 직위로의 전보의 경우에도 위의 승진시 성과연봉 지급기준을 준용하여 지급함

* 전년도중에 타직종 공무원이 퇴직 후 현 직종으로 채용된 경우 및 계급·상당계급·연봉등급 또는 채용등급을 달리하여 채용되는 경우에도 위의 승진시 성과연봉 지급기준을 준용하여 성과연봉을 지급한다(다만, 상위계급에서 하위계급으로 재채용되는 경우에는 지방자치단체의 장 또는 지방의회의 의장이 성과연봉 지급기준을 달리 결정할 수 있음). 이 경우 "승진"은 "채용"으로 본다.

○ 전년도 중에 강임된 경우
 - 지급기준일 현재 강임된 계급을 기준으로 성과연봉을 지급함을 원칙으로 하되, 지방자치단체의 장 또는 지방의회의 의장이 필요하다고 판단하는 경우 성과연봉 지급기준을 달리 결정할 수 있다. 다만, 성과급적 연봉제 적용대상이 아닌 계급으로 강임 또는 임용된 경우에는 강임전 계급을 기준으로 성과연봉을 지급한다.

3. 지급기준

□ 성과연봉의 지급기준(영 제38조제2항 및 별표14)

평가등급	S등급	A등급	B등급	C등급	표준평균지급률
인원비율(%)	20%	30%	40%	10%	5% (=20%×8%+30%×6% +40%×4%+10%×0%)
지급률(%)	8%	6%	4%	0%	

○ 다만, 과장급이 아닌 4급(상당) 이하 및 특정직 공무원에 대해서는 직종 및 업무 특성을 감안하여 필요한 경우 아래 기준에 따라 예산의 범위에서 평가 등급수, 인원비율, 금액 또는 지급률을 달리 정할 수 있다.

※ 과장급이 아닌 4급(상당) 이하 및 특정직 공무원의 성과연봉 운영방법(지급기준) 결정시에는 제6장 '지방공무원 성과상여금업무 처리기준 Ⅵ. 행정사항 1. 성과급 운영위원회' 규정의 직원 의견수렴절차 준수

※ 5급 과장급은 성과연봉 자율적 운영기준 적용이 가능한 대상임

 1) 평가등급과 지급률의 결정(과장급이 아닌 4급(상당) 이하 및 특정직 공무원만 해당됨)
  - 지방자치단체의 장과 지방의회의 의장은 업무특성 등을 고려하여 필요한 경우 아래 기준에 따라 예산의 범위에서 평가등급수, 인원비율, 금액 또는 지급률을 달리 정할 수 있다.

<평가등급별 인원비율 등을 달리 정할 수 있는 기준>

· 평가등급은 3개 등급 이상이어야 하고,
· 최상위등급 지급률은 최하위등급 지급률의 2배 이상(단, 최하위등급 지급률이 0%인 경우에는 최상위등급 지급률이 차하위등급 지급률의 2배 이상이어야 함)이어야 하고,
· 평가등급간 지급률 격차를 가급적 균등하게 하며,
· 평가등급별 인원비율은 15% 포인트 범위에서 조정해야 함

2) 지급기준액의 조정(과장급이 아닌 4급(상당) 이하 및 특정직 공무원만 해당됨)
   - 각 개인에게 지급되는 성과연봉의 평균이 표준적인 지급인원비율 및 지급률에 따른 금액(표준평균지급률 5% 적용) 이하가 되도록 지급기준액을 아래와 같은 방법으로 조정한다.
     · 조정지급기준액 : 지급기준액 × 5%(표준평균지급률) / 평균지급률
     * 조정지급기준액 계산시 소수점 이하는 절사한 후 백원 단위를 절상한다.
     * 평균지급률(%) = ∑[평가등급별 인원비율(%)×지급률(%)] / 100

○ 성과연봉 자율적 운영기준이 적용되지 않는 공무원에 대하여는 징계 또는 실 근무 2개월 미만을 사유로 최하위등급(C등급)에 10%를 초과하여 인원을 배정할 필요가 있는 경우에 한하여, B등급과 C등급 인원비율을 필요 최소한으로 조정할 수 있다(영 별표14 비고 제3호).
   - 등급별 인원조정에도 불구하고 지급기준액은 조정하지 아니한다(차년도 정기조정에 따른 성과가산액 누적 시에도 조정하지 아니함).

예시

○ "ㄱ" 기관의 평가등급과 지급률이 아래와 같이 결정된 경우

평가등급 (인원비율)	S등급 (25%)	A등급 (30%)	B등급 (40%)	C등급 (5%)
지급률(%) ('기준액' 기준)	8%	6%	4%	0%

① 위의 평가등급과 지급률에 의한 평균지급률 계산
 ⇒ S등급(0.25×8) + A등급(0.3×6) + B등급(0.4×4) = 5.4%

② 지급기준액 조정지수 계산
 ⇒ 조정지수 = 표준평균지급률(5%) / 평균지급률(5.4%) = 0.925925…

③ 조정지급기준액 계산
 ⇒ 조정지급기준액 = 지급기준액 × 조정지수   * 백원단위 절상

구 분	지급기준액	조정지수	조정지급기준액	조정지급기준액 (백원단위 절상)
5급	97,177,000	0.925925…	89,978,703	89,979,000

> **예시**

○ "ㄱ" 기관의 평가등급과 지급률이 아래와 같이 결정된 경우

평가등급 (인원비율)	S등급 (35%)	A등급 (40%)	B등급 (25%)
지급률(%) ('기준액' 기준)	8%	6%	4%

① 위의 평가등급과 지급률에 의한 평균지급률 계산
  ⇒ S등급(0.35×8) + A등급(0.4×6) + B등급(0.25×4) = 6.2%
② 지급기준액 조정지수 계산
  ⇒ 조정지수 = 표준평균지급률(5%) / 평균지급률(6.2%) = 0.806451...
③ 조정지급기준액 계산
  ⇒ 조정지급기준액 = 지급기준액 × 조정지수   * 백원단위 절상

구 분	지급기준액	조정지수	조정지급기준액	조정지급기준액 (백원단위 절상)
5급	97,177,000	0.806451...	78,368,548	78,369,000

☐ 성과연봉 지급기준액

○ 2023년도 업무성과의 평가결과에 따라 2024년도에 지급하는 성과연봉의 산출 기준액은 다음과 같다.
 - 다만, 직위별로 통합하여 성과연봉 등급을 부여한 경우에는 성과연봉 지급 기준액 조정방법을 적용하여 산출된 금액을 성과연봉 지급기준액으로 한다.

< 1~5급(상당) 공무원 및 경찰 5급(상당) 이상 >

(단위 : 천원)

1급(상당)	2급(상당)	3급(상당)	4급(상당)	5급(상당)
153,339	138,307	125,153	115,223	97,177

* 과장급 직위가 없는 복수직 4급(상당) 공무원에 대해서는 110,413천원 적용

< 전문경력관 가군 및 연구관·지도관 >

(단위 : 천원)

전문경력관 가군	연구관	지도관
110,948	106,123	102,421

< 개방형직위에 임용되는 임기제공무원 및 별정직공무원 >

(단위 : 천원)

1호	2호	3호	4호	5호	6호
153,339	138,307	125,153	115,223	97,177	83,554

* 개방형직위에 임용되는 임기제공무원의 경우 인센티브와 성과관리를 강화하기 위하여 지급기준액을 30% 범위내에서 가산할 수 있다. 이 경우 C등급에 해당하는 자에 대하여는 연봉액에서 성과연봉 기준액의 4%에 해당하는 금액을 삭감하여 지급할 수 있다.

< 예 시 >

구 분	S등급	A등급	B등급	C등급
인원비율(%)	20	30	40	10
지 급 률(%)	8	6	4	-4

< 개방형직위가 아닌 직위에 임용되는 임기제공무원 및 별정직 공무원 >

(단위 : 천원)

5급(상당)	6급(상당)	7급(상당)	8급(상당)	9급(상당)
97,177	83,554	71,038	59,013	50,178

< 전문임기제 공무원 >

(단위 : 천원)

가급(1급상당)	가급(2급상당)	가급(3급상당)	가급(4급상당)	나급(5급상당)
153,339	138,307	125,153	115,223	97,177

□ 지급액의 결정

○ 개인별 성과연봉 지급액은 계급별 성과연봉 기준액에 개인별 평가등급에 해당하는 지급률을 곱한 금액으로 한다.
- 다만, 개인별 평가등급 인원이 조정될 경우에는 평가등급에 해당하는 지급률에 조정지급기준액을 곱한 금액으로 한다.
- 성과연봉 지급액 = 계급(등급)별 성과연봉 지급기준액 × 평가등급별 지급률
* 지급액은 백원단위에서 절상하여 천원단위로 함(단, 백원단위가 '0'일 때에는 절사)

<예시> 2024년 일반직·별정직공무원 성과연봉 지급액

(단위 : 천원)

구 분	S등급	A등급	B등급	C등급
1급(상당)	12,268	9,201	6,134	0
2급(상당)	11,065	8,299	5,533	0
3급(상당)	10,013	7,510	5,007	0
4급(상당)	9,218	6,914	4,609	0
복수직 4급	8,833	6,625	4,417	0
5급(상당)	7,775	5,831	3,887	0

□ 평가등급별 인원 결정

○ 평가등급별 인원 = 대상계급의 현원 × 평가등급별 인원비율
- 소수점 이하는 현원 범위내에서 소수점이하 수치가 높은 순서로 인원을 우선 배분하고, 소수점 이하 수치가 동일한 경우에는 상위 평가등급의 인원으로 배정한다.
- 다만, 평가대상 현원이 1인인 경우에는 A, B, C등급 중 하나의 등급(단, 탁월한 업무실적이 있어 해당 성과연봉 등급으로는 업무성과에 대한 보상이 적절하지 않은 경우에는 예외적으로 성과급심사위원회 심사를 거쳐 S등급을 부여할 수 있다), 평가대상 현원이 2인과 3인 경우에는 S, A, B, C등급 중 각각 하나의 등급, 평가대상 현원이 4인인 경우의 등급별 인원은 S등급 1, A등급 1, B등급 2로 부여할 수 있다.
* 「Ⅴ. 성과연봉 운영기준 – 1. 지급대상」 중 지급대상인원에서 제외된 자(승진 후 2개월 미달자)는 위 대상계급의 현원에 포함하지 아니한다.

< 예시 : 현원이 16명인 경우 평가등급별 인원 >

대상인원	S등급(20%)	A등급(30%)	B등급(40%)	C등급(10%)
16인	3인(3.2)	5인(4.8)	6인(6.4)	2인(1.6)

□ 성과연봉 지급기준액의 조정

○ 직위별로 통합하여 성과연봉 등급을 부여하는 경우에는 각 계급별로 부여된 성과급 예산범위내에서 다음의 예시와 같은 방법으로 성과연봉 지급기준액을 조정한 후에 성과연봉을 지급하여야 한다.
   * 직위별 통합 기준(예) : 2급 국장과 3급 국장, 3급 과장과 4급 과장

예시

○ 3급과장급과 4급과장급을 통합하여 평가하는 경우, 성과연봉 지급기준액 조정 방법은?

《방법 1 : 3급과 4급 과장급의 성과연봉 지급기준액을 통합하는 방법》

* 직위별 통합대상인원이 21명(3급 과장 6명, 4급 과장 15명)인 경우를 가정

① 3급과 4급의 성과연봉 지급기준액을 인원수를 곱하여 각각의 지급소요액을 산출함
   - 3급 성과연봉 지급기준액 125,153천원 × 6명(3급과장 인원수) = 750,918천원(3급 총소요액)
   - 4급 성과연봉 지급기준액 115,223천원 ×15명(4급과장 인원수) = 1,728,345천원(4급 총소요액)

② 3급 및 4급 과장의 성과연봉 지급 총소요액을 합산한 후 이를 총인원수로 나누어 통합된 성과연봉 지급기준액을 산출함

   (750,918천원 + 1,728,345천원) ÷ (3급 6명 + 4급 15명) = 118,061천원(통합된 성과연봉 지급기준액)

③ 통합된 성과연봉 지급기준액으로 3급 및 4급 과장급의 성과연봉 지급
   - 3급 S등급 성과연봉액 = 118,061천원 × 8% = 9,445천원   * 백원단위 절상
   - 4급 S등급 성과연봉액 = 118,061천원 × 8% = 9,445천원   * 백원단위 절상

> **예시**

《방법 2 : 3급과 4급의 조정지수를 산출하여 적용하는 방법》

* 직위별 통합대상인원이 21명(3급 과장 6명, 4급 과장 15명)인 경우를 가정

① 3급 과장과 4급 과장을 통합한 인원을 기준으로 평가등급을 결정

평가등급 (인원비율)	S등급 (20%)	A등급 (30%)	B등급 (40%)	C등급 (10%)	계
대상인원	4명	6명	9명	2명	21명
지급률	8%	6%	4%	0	

② 총인원의 평균지급률에 따른 총표준지급률을 산출

⇒ 총인원 × 평균지급률(5%) = 21명 × 5% = 105%

③ ①의 평가등급과 지급률을 기준으로 21명의 총 지급률을 산출

⇒ S등급(4명×8%) + A등급(6명×6%) + B등급(9명×4%) + C등급(2명×0) = 104%

④ 지급기준액 조정률 산정

⇒ 조정률 = 총표준지급률(105%) / 총 지급률(104%) = 1.009615…

⑤ 2024년도 직급별 성과연봉 지급기준액에 위 ④에서 산정된 조정지수를 곱한 후 성과연봉 지급기준액을 결정하고 성과연봉을 지급 * 백원단위 절상

구 분	성과연봉 지급기준액	조정률	조정 성과연봉 지급기준액 (백원단위 절상)	등급별 지급액			
				S등급 (8%)	A등급 (6%)	B등급 (4%)	C등급 (0%)
3급 과장	125,153천원	1.009615…	126,357천원	10,109천원	7,582천원	5,055천원	0
4급 과장	115,223천원	1.009615…	116,331천원	9,307천원	6,980천원	4,654천원	0

* 다만, 총 소요예산이 편성된 예산을 초과하는 경우에는 소속기관의 장은 적절한 방법에 따라 개인별 지급액을 조정한다.

(예시) 개인별 실제지급액 = 개인별 조정지급기준액 × 개인별 지급률 × $\dfrac{편성예산}{소요예산}$

4. 개인별 지급순위 결정방법

가. 평가기준

○ 평가기준일 : 매년 12월 31일

○ 평가기준 및 결정
  - 「지방공무원 임용령」제31조의2(근무성적 평정) 등의 규정에 의한 근무성적 평정결과(성과목표 달성도 등의 평정점)를 기준으로 해당 지방자치단체의 장 또는 지방의회의 의장이 최종 결정한다.
  * 성과목표 달성도 등의 평정점 외에 별도의 성과평가 기준 및 방법을 적용받거나 불가피하게 성과계약에 의한 평가등급이 없는 공무원의 경우에는 성과목표 달성도 등의 평정점에 의한 방식을 준용하여 순위를 결정하거나 해당 지방자치단체의 장과 지방의회의 의장이 별도의 객관적이고 공정한 평가기준을 마련하여 순위를 결정한다.
  * <u>다면평가 결과, 정책고객평가 등 활용 가능</u>

○ 성과연봉 결정의 절차

| 성과평가에 따른 최종 평가등급 결정 | ⇒ | 성과평가 결과 등 기관 실정에 맞는 평가요소를 반영하여 서열화 | ⇒ | **성과급 심사위원회** 평가단위별 평가등급 인원 배분 조정 및 성과연봉의 지급등급 조정결정 등 |

○ 평가기준 결정의 특례
  - 지방자치단체의 장과 지방의회의 의장은 성과목표 달성도 등의 평정점 외에 별도의 성과평가 기준 및 방법을 운영하고자 하는 경우에는 위의 평가기준 등을 달리 정할 수 있다.
  - **지방자치단체의 장과 지방의회의 의장은 소속공무원이 거짓이나 그 밖의 부정한 방법으로 초과근무수당을 수령한 경우 위반자와 초과근무승인권자의 명단을 별도로 관리하여 성과연봉 등급결정시 반영하여야 한다.**

나. 지급순위명부의 작성

○ 성과목표 달성도 등의 평정점에 의한 개인별 종합평가결과에 따라 성과연봉 지급단위별로 계급별 성과연봉 지급순위명부 <별지 2>를 작성하되, 평가자가 1인인 경우 등 기관사정에 따라 작성하지 않을 수 있다.

5. 평가등급 결정 및 이의신청, 성과연봉의 지급

가. 평가등급 결정 기본 모델

1) 위의 <4. 개인별 지급순위 결정방법>에 의하여 최종 결정된 지급순위에 따라 평가등급을 결정한다.

2) 위 평가등급을 기준으로 평가자가 피평가자를 서열화

3) 성과계약등평가 등에 의한 평가등급과 순위를 성과급 심사위원회에 제출

   ○ 성과급 심사위원회 구성 및 운영은 본 지침 제6장 '성과상여금 업무 처리기준'을 준용하여 해당기관장이 정한다.

4) 성과급 심사위원회 : 성과연봉 지급 등급 결정

   ○ 기관의 계급별·직위별 현원 등을 고려하여 성과연봉 지급등급(S, A, B, C)에 해당하는 대상 인원수를 결정한다.

   ○ 성과평가 등급과 순위를 바탕으로 대상자의 성과연봉 등급을 결정하되, 성과연봉 등급 결정시 동일한 평가자가 제출한 순위를 변경할 수 없다.

   ○ **성과급심사위원회는 성과연봉 최상위등급(S등급)을 부여할 직원에 대하여 업무실적, 결정근거 등을 포함한 심사 의결서를 작성하고 이를 의결하여야 한다.**
   ※ 제6장 지방공무원성과상여금업무 처리기준 <별지 제1호의2 서식> 참고

나. 평가등급 결정의 특례

   ○ 부단체장의 평가등급 결정
   - 부단체장은 해당 지방자치단체의 장이 평가등급을 결정한다.

   ○ 지방자치단체의 장과 지방의회의 의장은 필요한 경우 소속 자치단체 소속 공무원 중 국가직 고위공무원과 지방공무원 실·국장급(3급 이상)을 통합하여 평가할 수 있다. 다만, 지급단위 등 지급관련 사항은 각각의 법령에 따른다.

   ○ 인사교류 계획에 의한 상호교류 근무자의 평가등급 결정
   - 인사교류 계획에 의한 상호교류 대상직위에 임용되어 근무하는 공무원에 대하여는 원소속 지방자치단체의 장과 지방의회의 의장이 본래의 지급단위와 분리하여 별도로 평가등급을 결정할 수 있다.
   (이 경우 평가등급 결정시 해당인원을 현원에서 제외함)

○ 성과급적연봉제 적용대상자중 지급기준일 현재 승진 후 2개월이 초과하지 아니하는 경우에는 승진전 계급을 기준으로 평가하여 승진전 계급의 순위 명부에 등재하며, 승진전 계급의 '지급기준액'을 기준으로 성과연봉을 지급한다.

○ 전년도중 5급(상당)으로 승진된 자로서 지급기준일 현재 승진 후 2월이 경과 하지 아니하는 경우에는 승진전 계급에서의 '근무실적 평정점' 또는 '성과 목표 달성도 등의 평정점' 등을 기준으로 평가하여 승진전 계급의 순위명부에 등재하며, 승진전 계급의 '지급기준액'을 기준으로 성과상여금을 지급한다.

○ 평가대상기간 중 퇴직한 공무원으로서 평가대상기간 내에 신규 채용된 자에 대한 성과연봉 지급등급 결정

- 실 근무기간 산정 : 신규 채용된 연도를 기준으로 퇴직기관에서의 재직기간과 신규채용기관에서의 재직기간을 합산하여 실 근무기간을 산정

※ 합산한 실 근무기간이 2개월 미만인 경우, 현원에 포함하되 최하위등급 배치 후 성과연봉 미지급

- 평가방법 : 원칙적으로 신규 채용된 기관의 평가기준에 따라 평가하되, 퇴직 기관에서의 업무실적을 활용하여 평가대상기간 동안의 전체 실적을 대상으로 평가 등급을 결정함
- 기타 : 평가 기관에서는 신규채용자에게 다음과 같은 내용을 고지하여야 함

> 신규채용자가 고의로 재채용 사실을 퇴직기관에 고지하지 않아 퇴직기관과 재채용 기관에서 성과급을 중복 지급받는 등 거짓이나 그 밖의 부정한 방법으로 성과급을 수령하는 경우, 「지방공무원법」 제45조제3항 및 「지방공무원 수당 등에 관한 규정」 제6조의2제7항에 준하여 환수하거나 불이익을 줄 수 있음

○ 직무파견 공무원에 대한 평가등급 결정

<파견받은 기관에서 지급하는 경우>
- 원 소속기관에서는 해당인원을 현원에서 제외하고, 파견받은 기관에서는 직무 파견 공무원만을 따로 분리하여 지급등급을 결정할 수 있다.

<원 소속기관에서 지급하는 경우>
- 직무파견 공무원에 대하여는 원소속기관의 장이 필요하다고 인정하는 경우 본래의 지급단위와 분리하여 별도로 평가등급을 결정할 수 있다(이 경우 평가등급 결정시 해당인원을 현원에서 제외함).
- 파견받은 기관에서는 직무파견 공무원을 소속기관·직종·직급 등 구분 없이 전체를 하나의 지급단위로 하여 성과평가를 실시하여 성과연봉 지급등급을 1차로 결정하고 원소속기관에 통보한다.

- 원소속기관에서는 직무파견 공무원을 원소속기관 근무자와 동일한 지급단위에 포함하거나 별도의 지급단위로 분리하여 평가를 실시하고 지급등급을 결정함에 있어서 파견받은 기관에서 평가결과 상위 20%(S등급)에 포함된 자에 대하여는 파견받은 기관의 의견을 최대한 반영할 수 있도록 노력하여야 한다.
- 원소속기관에서는 근무성적평정을 할 수 없는 기관 등으로부터도 업무협조를 통해 가급적 지급등급 결정 결과를 제출받을 수 있도록 노력하되,
  - 파견기간이 짧거나 파견기관의 규모·성격 등으로 파견받은 기관에서 별도의 성과평가가 어려워 지급등급을 결정할 수 없는 경우에는 원소속기관의 평가 결과에 따라 지급등급을 결정할 수 있다.

<직무파견자 성과연봉 지급 절차>

피파견기관장	피파견기관장	원소속기관장	원소속기관장	원소속기관장
① 성과평가 실시 및 지급 등급 결정	② 결과 원소속 기관장에게 통보	③ 직무파견자 지급 단위 결정	④ 성과평가 실시 및 지급 등급 결정	⑤ 지급

○ **교육훈련파견 공무원에 대한 성과연봉 지급등급 결정**(영 제38조제3항)
- 원소속기관에서는 평가대상기간 중 10개월 이상의 교육훈련파견으로 인하여 성과계약등평가 등을 실시하지 않는 공무원에 대해 여타 실근무 2개월 미만 자와 동일하게 현원에 포함하고 최하위등급에 배치 후 성과연봉을 지급하지 않는다(성과연봉 지급제외 일반기준 적용).
- 다만, 원소속기관의 장이 필요하다고 인정하는 경우에는 해당인원을 본래의 지급단위에 포함하되, 교육훈련기관의 성적 및 원 소속기관의 장이 정하는 별도 기준에 따른 평가를 통해 <A>등급 이하의 등급을 부여하고, 성과연봉을 지급할 수 있다.
  ※ 교육훈련파견자 중 정년 잔여기간 1년 이내인 자로서 퇴직 후의 사회적응능력 배양을 위한 연수목적의 파견자는 별도 평가를 통한 성과연봉 지급대상이 아니며, 성과연봉 지급제외 일반원칙 적용
  - 이 경우, <A>등급 대상자는 국내 교육훈련파견 공무원의 경우 교육훈련기관 성적이 상위 20%이내인자, 국외 교육훈련파견 공무원의 경우 원소속기관의 개인별 훈련성과 평가에서 '탁월' 평가등급을 받은 자 등

객관적인 기준에 따라 원소속기관의 장이 훈련성적이 우수하다고 인정하는 자를 선정하여야 한다.

<우수사례 예시>

○ (국내교육훈련) 교육훈련기관 성적이 상위 20% 이내인 공무원 중 해당 교육훈련기관장 등으로부터 수상경력이 있는 등 특히 우수하다고 인정받은 자

○ (국외교육훈련) 원소속기관의 개인별 훈련성과 평가에서 '탁월' 평가등급을 받은 공무원 중 공인된 국제학회·학술대회에서 발표·기고 또는 관련 저서를 발간하였거나, 각 국가의 대학원 과정 관련 분야별 상위 10위권 이내인 학교에서 평균 A- 이상 또는 이에 상당하는 성적을 받은 자 등

- 별도 기준에 따른 평가 결과, A등급 사유에 부합하지 않는 경우에는 A등급보다 낮은 등급(B등급~최하위등급)을 부여하되, 교육훈련 성적이 수료점수에 미치지 못한 경우나 훈련목적을 현저히 벗어나 원소속기관으로 복귀명령을 받은 경우, 이와 유사한 수준의 기관별 관리기준에 부합하지 않는 경우에는 반드시 최하위등급에 배치하고 성과연봉을 지급하지 아니하여야 한다.

○ **병역휴직자(하사 이상)에 대한 성과연봉 지급등급 결정**
  - 입대 첫 해 : 지급기준일(12월 31일) 현재 원소속기관에서 평과결과에 따른 지급등급에 따라 성과연봉 지급(이 경우 국방부에서 성과상여금 지급불가), 단 원소속기관에서 실제로 근무한 기간이 2개월 미만인 경우에는 현원에는 포함하되, 지급제외(이 경우 국방부에서 성과상여금 지급가능)
    ※ 국방부는 병역휴직 중인 공무원이 원소속기관의 성과연봉 지급 또는 지급제외 대상 여부를 확인하여 성과상여금이 중복지급되지 않도록 함
  - 두 번째해부터 : 원소속기관에서 성과연봉 지급제외, 국방부에서 성과상여금 지급
  - 전역하는 해 : 지급기준일(12월 31일) 현재 원소속기관에서 평가결과에 따른 지급등급에 따라 성과연봉 지급, 단 원소속기관에서 실제로 근무한 기간이 2개월 미만인 경우에는 현원에는 포함하되 지급제외(이 경우 국방부에서 성과상여금 지급)

다. 이의신청

1) 평가등급결과 통보와 이의제기

○ 성과급심사위원회는 성과연봉 평가등급 결정결과를 소속기관(부서)의 장에게 통보하여야 하며, 소속기관(부서)의 장은 즉시 소속 공무원에게 해당 평가등급을 알려주고, 최하위등급으로 평가된 자에게는 그 사유를 설명하여야 한다.

○ 본인의 평가등급에 대하여 이의가 있는 공무원은 소속기관(부서)의 장이나 인사담당관에게 별지 3 "이의신청서"를 작성하여 이의를 제기할 수 있다. 소속기관(부서)의 장이나 인사담당관은 이의가 타당하다고 판단하는 경우에는 해당 성과급심사위원회에 재심사를 요구할 수 있다.

○ 그 밖에 구체적인 이의제기 방법과 절차, 이의제기 처리결과 통보 등에 관한 사항은 지방자치단체의 장과 지방의회의 의장이 정하되, 성과연봉 지급 전에 이의신청 기간을 7일 이상 두어야 한다.

2) 성과급심사위원회의 재심사

○ 성과급심사위원회는 소속기관(부서)의 장이나 인사담당관으로부터 재심사 요구가 있는 경우에는 재심사 요구사유 등을 심사하여 지급순위와 평가등급을 재조정할 수 있다.

※ 성과급 재심사 의결서는 제6장 지방공무원성과상여금업무 처리기준 별표2의2 활용 가능

○ 이 경우, 과장급이 아닌 4급(상당) 이하 공무원 및 특정직공무원에 대해서는 이의를 제기하지 않은 사람의 평가등급은 가급적 변경하지 않고 이의를 제기한 사람의 지급순위와 평가등급을 조정한다(임기제공무원 포함). 다만, 이의신청 수용에 따른 등급별 인원비율 조정은 자율운영기준 범위 내에서 정하며, 조정된 인원비율에 따라 지급기준을 조정하여 적용하되, 평가등급을 재조정하여 소요예산이 부족하게 되는 경우에는 예산범위에서 성과연봉이 지급될 수 있도록 지급기준액을 재조정하여야 한다.

라. 성과연봉의 지급

○ 위의 <평가등급 결정>에 의해 결정된 평가등급에 따라 성과연봉을 지급한다.

○ 성과연봉은 영 제40조에 따라 연봉월액으로 지급하되, 연도 중 승진한 후 봉급이 지급되지 않는 휴직 등으로 인하여 성과급적 연봉제 적용 전에 성과연봉 등급이 부여된 경우 일시금으로 지급

○ 연도 중 퇴직하는 연봉제 적용대상 공무원(고정급적 연봉제 적용대상 공무원은 제외한다)의 경우에는 퇴직한 날이 속하는 달(퇴직한 달의 보수지급이 이미 완료된

경우에는 퇴직한 날이 속하는 다음 달)부터 퇴직한 날이 속하는 연도말까지 성과연봉을 일시금으로 지급하고, 퇴직자가 30일 이내에 공무원으로 재채용(신규채용 포함)되는 경우에는 성과연봉을 일시금으로 지급하지 않고 퇴직전 받던 성과연봉을 계속해서 지급하며, 이 경우 다음연도에 일부 누적

- 다만, 임기제공무원에서 임기제공무원으로 재채용(신규채용 포함)되는 경우에는 누적하지 않음
  * 금고이상의 형을 받거나 탄핵·파면 또는 해임에 의하여 퇴직하는 경우는 제외
  * 성과연봉을 일시금으로 지급받은 경우, 공무원으로 재채용시 당해연도에는 성과연봉을 지급할 수 없으며, 다음연도에 성과연봉의 일부를 누적하지 않음.

○ 연도 중 퇴직하는 연봉제 적용대상 공무원(고정급적 연봉제 적용대상 공무원은 제외한다)에게 퇴직연도의 근무실적에 대한 평가에 따라 성과연봉을 지급하는 경우에는, 퇴직한 다음 연도에 퇴직기관에서 일시금으로 지급한다. 이 경우 성과연봉 지급액은 근무기간에 비례하여 산정하되, 퇴직한 날이 속하는 달은 재직일수를 기준으로 일할 산정한다.

- 다만, 퇴직연도에 공무원으로 재채용되는 경우에는 퇴직기관에서 성과연봉을 지급하지 않는다(재채용된 기관에서 성과연봉 평가 및 지급).

마. 성과연봉의 지급제외

○ 지급기준일 현재 실제로 근무한 기간이 2개월 미만인 자는 최하위 등급에 배치하고 성과연봉을 지급하지 아니한다. '실제로 근무한 기간'이란 성과연봉 지급대상기간(1.1.~12.31.) 중 휴가, 휴직, 직위해제, 대기발령(근무지 지정명령을 받은 자 제외), 신규임용, 교육훈련파견 등으로 실제로 직무에 종사하지 아니한 기간을 제외한 실근무기간을 말한다.

- 다만, 신규임용자 중 채용 시 공무원 경력이 있는 경우, 채용연도의 실 근무기간을 합산하여 산정

※ 교육훈련파견자에 대한 성과연봉 지급등급 특례 및 병역휴직자에 대한 성과연봉 지급등급 특례는 p.222~223 참고

* 다만, 공무상질병(부상)휴직, 출산휴가(유산·사산 휴가 포함) 및 육아휴직(규정 제14조제3의2호에 해당하는 휴직기간으로 한정한다)·고용휴직·유학휴직·병역휴직, 공무상병가, 교육훈련파견으로 실제로 근무한 기간이 2개월 미만이 되어 해당연도 성과연봉이 지급되지 않은 경우에는 다음연도 연봉의 정기조정시 해당계급에 지급된 성과연봉의 일정부분을 반영하여 조정(Ⅶ 연봉의 조정-3. 2024년 연봉의 정기조정 p.239 참고)

※ 육아·고용·유학·병역휴직의 경우에는 해당 휴직으로 2015년도에 실근무기간이 2개월 미만이 되어 2016년에 성과연봉을 지급받지 못한 경우부터 적용한다.

※ '출산·유산·사산휴가'의 경우에는 해당 휴가 및 공무상질병(부상)·육아·고용·유학·병역휴직, 공무상병가, 교육훈련파견으로 2022년도에 실근무기간이 2개월 미만이 되어 2023년도에 성과연봉을 지급받지 못한 경우부터 적용한다.

○ 지방자치단체의 장과 지방의회의 의장은 평가대상기간 중 「지방공무원법」 제70조 등에 따른 징계처분을 받은 공무원에 대해서는 성과연봉을 지급하지 아니한다(영 제38조제4항).

　※ 해당인원은 성과연봉 지급대상 현원에 포함

　- 다만, 업무관련성 및 사회적 비난가능성이 없는 사유로 인해 견책처분을 받은 공무원으로서, 견책처분에도 불구하고 성과연봉을 반드시 지급하여야 할 특별한 공적이 있는 경우에 한하여 지방자치단체의 장과 지방의회의 의장은 성과급심사위원회의 의결을 거쳐 예외적으로 지급여부를 결정할 수 있다.

　* 단, 이 경우에도 징계사유가 「지방공무원 징계규칙」 제5조제2항 각 호의 어느 하나에 해당하는 경우에는 성과연봉을 지급할 수 없음.

○ 전년도 1회 이상 성과상여금을 지급받고 해당연도 성과연봉을 지급받게 될 경우 성과상여금을 지급받은 기간만큼 성과연봉에서 감하여 지급한다.

　(예시) '23년 상반기(6개월)에 대한 성과상여금을 지급받은 경우 '24년에 지급하는 성과연봉의 6/12을 감액

6. 기타 행정사항

가. 평가등급 결정절차(2024년도 적용의 경우, 성과계약 등의 평가 대상자 예시)

| 성과계약 등의 평가에 의한 평가 완료 산정(2023.12.31. 기준) |

| 개인별 성과목표 달성도 등의 평정점 취합, 성과 평가등급 결정 |

| 개인별 평가등급 결정 통보 |

| 개인별 성과연봉의 결정·통보
(별지 제1호 서식에 의한 개인별 연봉명세서 작성·통보) |

※ 지급되지 않은 월의 성과연봉은 소급하여 정산 지급

나. 성과연봉의 연봉 합산방법

○ 성과연봉 연봉합산 기준일 : 매년 1월 1일

○ 성과연봉의 연봉합산방법

- 전년도 업무성과의 평가결과에 따라 지급되는 해당연도 성과연봉은 당해 연도 연봉액에 합산하는 누적방식을 적용한다.

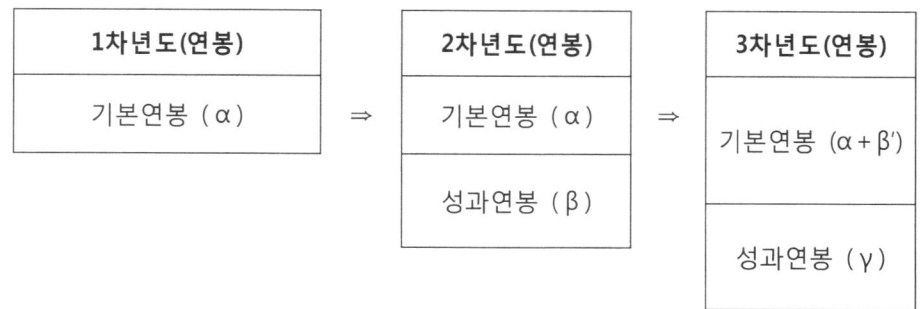

※ β' : 2차년도 성과연봉(β) 중 행정안전부장관이 정하는 금액

- 해당연도 기본연봉과 성과연봉을 합산한 총연봉액이 연봉상한액을 초과하더라도 해당 연도에는 성과연봉을 전액지급할 수 있으나, 해당연도 성과연봉 중 행정안전부장관이 정하는 금액을 다음연도 기본연봉에 산입하는 때에는 해당 연도의 연봉상한액을 초과하지 아니하는 금액만 산입한다.

Ⅵ. 연봉의 지급

1. 연봉의 지급기준(영 제40조)

○ 연봉(기본연봉 + 성과연봉)은 기관별 보수지급일에 연봉월액으로 지급한다.
   ※ 연봉에 포함되지 않는 연봉외 급여는 보수 관련 법령 등에 의하여 별도 지급함
   - 다만, 연도 중 퇴직하는 연봉제 적용대상 공무원(고정급적 연봉제 적용대상 공무원은 제외한다)의 경우에는 퇴직한 날이 속하는 달(퇴직한 달의 보수지급이 이미 완료된 경우에는 퇴직한 날이 속하는 다음 달)부터 퇴직한 날이 속하는 연도말까지 성과연봉을 일시금으로 지급한다.
     * 금고이상의 형을 받거나 탄핵·파면 또는 해임에 의하여 퇴직하는 경우는 제외
     * 성과연봉을 일시금으로 지급받은 경우, 공무원으로 재채용시 당해연도에는 성과연봉을 지급할 수 없으며, 다음연도에 성과연봉의 일부를 누적하지 않음.
   - 다만, 퇴직자가 30일 이내에 공무원으로 재채용(신규채용 포함)되는 경우에는 성과연봉을 일시금으로 지급하지 않고 퇴직전 받던 성과연봉을 계속해서 지급하며, 이 경우 다음연도에 일부 누적하되, 임기제공무원에서 임기제공무원으로 재채용(신규채용 포함)되는 경우에는 누적하지 않는다.
   - 연도 중 퇴직하는 연봉제 적용대상 공무원(고정급적 연봉제 적용대상 공무원은 제외한다)에게 퇴직연도의 근무실적에 대한 평가에 따라 성과연봉을 지급하는 경우에는, 퇴직한 다음 연도에 퇴직기관에서 일시금으로 지급한다. 이 경우 성과연봉 지급액은 근무기간에 비례하여 산정하되, 퇴직한 날이 속하는 달은 재직일수를 기준으로 일할 산정한다.
   - 다만, 퇴직연도에 공무원으로 재채용되는 경우에는 퇴직기관에서 성과연봉을 지급하지 않는다(재채용된 기관에서 성과연봉 평가 및 지급).

○ 월급여 지급명세서(연봉월액, 연봉외급여, 기여금, 의료보험료, 소득세 내역 등 포함)는 종전과 같이 매월 통보한다.

> **예시**
> ○ 고정급적 연봉제 적용대상자인 서울특별시 정무부시장의 2024년 1월분 연봉지급액은?
> ☞ 서울특별시 정무부시장 연봉액 : 141,143천원
> ☞ 연봉월액 : 11,761,910원
>   → 연봉액 141,143천원 ÷ 12개월

2. 연봉월액 등의 계산

가. 기본원칙(영 제41조)

○ 발령일을 기준으로 연봉월액의 일할계산
- 법령에 특별한 규정이 있는 경우를 제외하고는 신규채용·승진·전직·전보·감봉 기타 어떠한 경우의 임용에 있어서도 발령일을 기준으로 연봉월액을 일할계산하여 지급한다.
  * 「연봉의 일할계산」이라 함은 연봉월액을 그 달의 일수로 나누어 계산하는 것을 말하며, 최종 기본연봉액 및 성과연봉액 책정시에는 백원단위에서 절상하여 천원단위로 한다(단, 백원단위가 0인 경우는 절사함).

○ 법령의 규정에 의하여 감액된 연봉을 지급받는 자에 대하여 다시 연봉을 감액하고자 하는 경우(동시에 2가지 이상의 사유로 연봉을 감액하고자 하는 경우를 포함함)
- 중복되는 감액기간에 대하여 이미 감액된 연봉액을 기준으로 계산한다.

나. 전직·전보

○ 연봉제 적용대상공무원의 전직·전보
- 연봉제 적용대상공무원이 승진·강임없이 직렬을 달리하는 전직이나 단순히 전보된 경우 연봉액의 변동은 없다.
  * 따라서 연봉의 지급기간중에 전직·전보의 사유로 소속기관의 변동이 있는 경우에는 보수지급일 현재의 기관에서 별도 일할계산 없이 연봉월액 전액을 지급하고, 보수지급기관이 동일한 전직·전보의 경우에도 종전과 동일하게 지급

○ 보수지급일이 다른 기관간의 전직·전보
- 보수지급일이 빠른 전(前)소속기관에서 해당 연봉월액을 이미 지급받은 후 전직·전보된 경우 : 별도 정산하지 아니한다.
- 보수지급일이 늦은 기관에서 빠른 기관으로 전직·전보된 경우
  • 전보 이전의 기관에서는 보수지급일이 도래하지 아니하였고, 전보된 기관에서는 보수지급이 이미 완료된 상태인 경우에는 전보이후 기관에서 해당 월의 연봉월액 전액을 지급한다.

다. 겸 임(영 제20조제3항 및 제31조)

○ 겸임되는 경우의 본직의 보수
- 본직의 보수는 본직기관에서 지급한다.
  * 겸임 : 연봉제 적용대상 공무원이 본직외의 다른 직에 겸임되거나 「공공기관의 운영에 관한 법률」 제4조에 따른 공공기관, 「지방공기업법」에 따른 지방직영기업, 지방공사 및 지방공단 등의 임직원이 공무원으로 겸임되는 경우 등

○ 겸임수당의 지급
- 전항의 경우 겸임된 자에게는 겸임된 업무의 특수성 및 본직기관의 보수수준 등을 감안하여 겸임기관에서 겸임수당을 지급할 수 있다.
- 겸임수당의 지급범위, 지급액, 지급방법 등에 관하여는 겸임기관의 장이 정한다.
* 겸임수당은 연봉액 산정에 포함되는 항목이 아니므로 연봉액과 관계없이 지급함.

라. 파 견(영 제20조제2항)

○ 파견기간중의 연봉 지급
- 법령의 규정에 의하여 파견된 공무원에 대하여는 다른 법령에 특별한 규정이 있는 경우를 제외하고는 원소속기관에서 파견기간 중의 연봉을 지급한다.

3. 연봉의 감액 지급

가. 휴 직(영 제46조)

○ 연봉을 지급하는 휴직(전액 또는 일부)
- 공무상 질병 또는 부상으로 인한 휴직 : 연봉월액의 전액 지급
* "공무상 질병 또는 부상으로 인한 휴직기간"이라 함은 「공무원 재해보상법」에 따른 공무상 질병 또는 부상으로 인한 휴직기간 3년 이내(필요시 2년 연장 가능)을 말함
- 2년 이상 근속한 공무원이 「병역법」 또는 기타 법률의 규정에 의한 의무를 수행하기 위해 휴직(그 달 1일자 휴직은 제외) : 휴직한 날이 속하는 달의 연봉월액 전액 지급(영 제43조)
* "2년 이상 근속"이라 함은 공무원 신분이 끊임없이 연결되어 계속되면서 실제로 근무한 기간이 2년 이상 되는 것을 말함. 따라서 영 제14조(승급기간의 특례)에 해당되는 경우는 포함되나, 강등(직무에 종사하지 못하는 3개월에 한함), 정직·직위해제, 휴직 등으로 실제 근무하지 않은 기간은 제외됨.
- 신체정신상의 장애로 인한 장기요양을 위한 휴직 : 1년 이하는 기본연봉 월액의 60퍼센트, 1~2년 이하는 기본연봉 월액의 40퍼센트 지급
* 기본연봉 월액은 기본연봉을 12로 나눈 금액을 말함.
* 성과연봉(월액)은 감액 없이 매월 지급함.
* 질병휴직기간 연장에 따른 연봉 지급비율 개정사항은 2014.2.7.부터 적용
- 외국유학 또는 1년 이상의 국외연수를 위한 휴직 : 기본연봉 월액의 40퍼센트 지급
* 기본연봉 월액은 기본연봉을 12로 나눈 금액을 말함.
* 성과연봉(월액)은 감액 없이 매월 지급함.
* 교육공무원을 제외한 공무원에 대한 지급기간은 재직기간 중 2년을 초과할 수 없음 (유학휴직시 연봉 인정기간 단축(3 → 2년) 관련 개정사항은 2014.2.7.부터 휴직을 사용하는 경우부터 적용)

○ 연봉을 지급하지 않는 휴직
  - 공무원이 재직 중 법령에 의하여 휴직한 경우 위 항목 이외의 사유로 인한 휴직 시에는 연봉(성과연봉은 제외한다)을 지급하지 않는다.
    * 성과연봉(월액)은 감액 없이 매월 지급하되, 고용휴직으로 인해 성과연봉 등급이 중복 부여될 경우, 지급기준일(전년도 12.31.) 기준 실제 근무 기관에서만 지급(다만, 복직에 따라 원소속기관의 기본연봉에 산입하는 때에는 원소속기관에서 부여된 등급 반영)

○ 목적 외 휴직 사용시 연봉 환수
  - 각급 행정기관의 장은 소속 공무원이 휴직 목적과 달리 거짓이나 그 밖의 부정한 방법으로 연봉을 지급받은 경우에는 해당하는 금액을 징수하여야 한다.
  - 환수 금액 : 거짓이나 그 밖의 부정한 방법으로 수령한 연봉에 상당하는 금액
  - 환수 및 가산 징수절차
    • 각급 행정기관의 장은 소속공무원이 거짓이나 그 밖의 부정한 방법으로 연봉을 부정 수령한 사실을 적발한 경우에는 지체없이 환수금액을 확정하여 부정수령자에게 고지하고, 환수 및 가산징수 조치를 취하여야 한다.
    • 각급 행정기관의 장은 연봉을 부정 수령한 공무원이 납부기한내에 가산징수 금액을 납입하지 않을 경우에는 「지방재정법」 제87조에 따라 강제징수 등의 필요한 조치를 취하여야 한다.

나. 직위해제(영 제47조)

○ 공무원이 재직 중 법령에 의하여 직위해제된 경우 : 직무수행 능력이 부족하거나 근무성적이 극히 나쁜 경우는 연봉월액의 70퍼센트, 그 외에는 연봉월액의 40퍼센트를 지급
  - 단, 직무수행 능력이 부족하거나 근무성적이 극히 나쁜 경우 외의 사유로 직위해제된 자가 직위해제일로부터 3개월이 지나도 직위를 부여받지 못한 때에는 그 3개월이 지난 이후의 기간 중에는 연봉월액의 20퍼센트를 지급한다.
    ※ 「지방공무원 보수규정」(대통령령 제29480호) 부칙 제3조(직위해제기간 중의 봉급 및 연봉감액에 관한 적용례)에 따라 제28조제2호 및 제47조제2호의 개정규정은 이 영 시행 이후 「지방공무원법」 제65조의3제1항제2호부터 제4호까지의 대상이 되는 행위를 한 사람부터 적용한다.

다. 징계처분(영 제25조)

○ 공무원이 재직 중 법령에 의하여 강등처분된 경우 : 강등되어 직무에 종사하지 못하는 3개월 동안 연봉월액의 전액을 감한다.

○ 공무원이 재직중 법령에 의하여 정직처분된 경우 : 연봉월액의 전액을 감한다.

* 단, 「지방공무원법」(법률 제13634호) 제71조, 부칙 제1조 및 제4조에 따라 '16.6.30. 이후 발생한 사유로 강등 또는 정직처분을 받는 경우에 적용('16.6.30 전에 발생한 사유로 징계처분을 받은 경우에는 종전 규정 적용)하고, 징계효력이 「지방공무원법」과 달리 규정된 법의 적용을 받는 공무원의 경우 해당 법 규정에 따라 보수를 감하되, 연봉제 적용 대상자의 강등, 정직처분시 감액방법은 「지방공무원 보수규정」(대통령령 제26887호) 제44조에 따른다.

○ 공무원이 재직 중 법령에 의하여 감봉처분된 경우 : 연봉월액의 1/3을 감한다.
  * 2023년 1월 1일 이후 감봉처분을 받은 경우부터 적용

라. 복 직

○ 복직일을 기준으로 연봉월액을 일할계산하여 지급
  * 복직 : 휴직·직위해제·강등(직무에 종사하지 못하는 3개월에 한함)·정직 중에 있는 공무원을 직위에 복귀시키는 것을 말함.

마. 결 근(영 제45조제1항)

○ 공무원의 연가일수(「지방공무원 복무규정」 제7조의10에 따라 이월·저축한 연가일수 포함)를 초과하는 결근일수에 해당하는 연봉 일액(성과연봉은 제외한다) 미지급
  * 성과연봉(일액)은 감액 없이 지급함.

○ 시간선택제근무를 하는 공무원 등의 경우
  - 결근시간 매 1시간에 대하여 아래의 산식에 의해 산정된 시간당 연봉액(성과연봉은 제외한다) 미지급

< 시간선택제근무를 하는 공무원 등의 시간당 연봉액 >

$$= \text{시간선택제근무를 하는 공무원 등의 연봉월액} \times \frac{40\text{시간}}{\text{시간선택제근무를 하는 공무원 등의 주당 근무시간}} \div 176\text{시간}$$

* "결근일수"(시간선택제근무를 하는 공무원 등의 경우 결근시간수)라 함은 해당 공무원의 결근일수가 「지방공무원 복무규정」에서 정한 해당 공무원의 연가일수(시간선택제근무를 하는 공무원 등의 경우 연가시간수) 및 「지방공무원 복무규정」 제7조의10에 따라 이월·저축한 연가일수를 초과한 경우 그 초과한 결근일수를 말함. 이 경우 결근일과 결근일 사이에 있는 토요일과 공휴일은 결근일수로 보지 아니한다.

바. **무급휴가**(영 제45조제2항)

○ 무급휴가 일수만큼 연봉월액(성과연봉은 제외한다.)에서 일액을 감함.
  * 성과연봉(일액)은 감액 없이 지급함.

사. **무보직 공무원에 대한 연봉 지급**(영 제47조의2)

○ 4급(상당) 이상 성과급적 연봉제 적용대상 공무원이 보직 없이 근무하는 기간 중에는 연봉월액(성과연봉을 제외한 금액)의 78%의 9%(연구관·지도관은 7.8%)에 해당하는 금액(관리업무수당 상당액)을 연봉월액에서 감하여 지급한다.
  ※ 5급 과장급 공무원의 경우 연봉 조정(194p 참고)

- 다만, 지방자치단체의 장 또는 지방의회의 의장으로부터 특정한 업무를 부여받은 사람은 무보직 공무원 연봉 감액대상에서 제외한다.

○ 영 제25조, 제46조 및 제47조에 따른 감액과 무보직 공무원에 대한 감액이 중복되는 경우에는 감액 금액이 더 큰 기준을 적용하여 연봉을 감액한다.

> **예시**
>
> ○ 2024.8.10. 일반직 3급공무원이 2024.8.10. ~ 2024.12.25. 대기명령을 받았다가 2024.12.26. 복직된 경우, 연봉월액 산정방법은?('24년 기본연봉 72,000천원, 성과연봉 5,007천원 가정)
> ☞ 3급 연봉액 : 77,007천원(성과연봉 5,007천원 포함)
> ☞ 연봉월액 : 6,417,250원(일원단위 절사) * 성과연봉 제외시 월액 6,000,000원
> ☞ 대기명령기간 동안에는 연봉월액(성과연봉은 제외)의 78%의 9%(관리업무수당 상당액)을 감하여 지급함 * 정액급식비는 연봉외급여에서 제외함
> ☞ 8월분 연봉월액 : 6,118,330원(대기명령일을 기준으로 일할계산한 후 합산 지급)
>   - 연봉월액 6,417,250원/31일 × 9일(8.1~8.9) = 1,863,070원 * 일원단위 절사
>   - [연봉월액 6,417,250원 - (6,000,000원×78%×9%)] / 31일× 22일(8.10~8.31) = 4,255,260원
> ☞ 9월분·10월분·11월분 연봉월액 : 5,996,050원
>   → 연봉월액 6,417,250원 - (6,000,000원 × 78% × 9%)
> ☞ 12월분 연봉월액 : 6,077,560원(복직명령일을 기준으로 일할계산한 후 합산 지급)
>   - 연봉월액 5,996,050원/31일 × 25일(12.1~12.25) = 4,835,520원 * 일원단위 절사
>   - 연봉월액 6,417,250원/31일 × 6일(12.26~12.31) = 1,242,040원 * 일원단위 절사

아. 권한대행기간 중의 연봉감액(영 제48조의2)

○ 「지방자치법」 제124조제1항 제2호 또는 제3호의 규정에 의하여 부단체장이 해당 지방자치단체의 장의 권한을 대행할 경우, 권한대행 기간 중에는 감액하여 지급한다.

○ 공소제기된 후 구금상태에 있는 경우
  - 권한대행기간 3월까지 : 연봉월액 40% 지급
  - 권한대행기간 3월 경과 후의 기간 : 연봉월액의 20% 지급
    ※ 「지방공무원 보수규정」(대통령령 제29480호) 부칙 제4조(권한대행기간 중의 연봉감액에 관한 적용례)에 따라 제48조의2 제1항의 개정규정은 이 영 시행 이후 발생한 사유로 「지방자치법」 제124조제1항제2호에 따라 부단체장이 지방자치단체의 장의 권한을 대행하는 경우부터 적용한다.
    * 「지방자치법」 제124조제1항제2호의 규정에 의하여 연봉월액을 감액 지급받은 지방자치단체의 장이 법원의 판결에 의하여 무죄로 확정된 경우에는 원래의 연봉을 기준으로 계산한 연봉과 그 권한대행 기간 중에 지급한 연봉과의 차액을 소급하여 지급

○ 의료법에 의한 의료기관에 60일 이상 계속하여 입원한 경우에는 연봉월액의 60%를 지급한다.
  ※ 「지방공무원 보수규정」(대통령령 제29480호) 부칙 제4조(권한대행기간 중의 연봉감액에 관한 적용례)에 따라 제48조의2 제3항의 개정규정은 이 영 시행 이후 발생한 사유로 「지방자치법」 제124조제1항제3호에 따라 부단체장이 지방자치단체의 장의 권한을 대행하는 경우부터 적용한다.

4. 면직 등 신분상실시 연봉의 지급

가. 면직·파면·해임

○ 면직·파면·해임시에는 그 발령일을 기준으로 일할계산하여 연봉 지급
  - 연봉제 적용대상자의 연봉은 법령에 특별한 규정이 있는 경우를 제외하고는 신규채용·승진·전직·전보·감봉 기타 어떠한 임용에 있어서도 그 발령일을 기준으로 일할계산하도록 규정하고 있음(영 제41조).
    * 다만, 5년 이상 근속자가 월 중 15일 이상 근무한 후 면직되는 경우에는 예외로 함 ('다'항 참조)

> ○ 2001. 1. 1. 신규임용된 3급 공무원이 불법행위로 인하여 징계의결이 요구됨에 따라 <u>2024. 2. 1. 직위해제된 후 동년 3. 17. 해임처분된 경우 해임월인 3월분의 연봉월액 지급방법은?</u>
> ☞ 3급 연봉액 : 72,000천원(가정) * 연봉월액 : 6,000,000원
> ☞ 해임일 현재 실제 근속기간 : '24년 3월로서 5년 이상 근속자이나 면직사유가
>   해임인 경우 일할계산(영 제43조)
> ☞ 직위해제기간 연봉지급률 : 연봉월액의 40퍼센트 지급(직위해제후 3월 이내)
> ☞ 3월분 연봉월액 : 1,238,700원 * 일원단위 절사
>   → 연봉월액 (6,000,000원 × 40퍼센트)/31일 × 16일(3.1 ~ 3.16)

나. 면직 또는 징계처분 등의 취소·무효(영 제48조)

○ 공무원에게 행한 징계처분·면직처분 또는 직위해제처분(징계의결 요구에 따른 직위해제처분 제외)이 무효 또는 취소*된 경우(징계처분 변경된 경우 포함)

  * 직위해제처분의 경우 「지방공무원 임용령」 제31조의6제2항제2호 각 목의 기간에 해당하는 경우 포함

  - 복귀일 또는 발령일에 지급정지된 연봉전액 또는 연봉차액을 소급하여 지급한다.

  - 이 경우 재징계절차에 의하여 징계처분한 경우에는 재징계처분에 따라 연봉을 지급하되, 재징계처분전의 징계처분기간에 대하여는 연봉전액 또는 연봉차액을 소급하여 지급한다.

○ 연봉제 시행전의 처분이 무효 또는 취소된 경우

  - 종전 연봉제 시행전의 규정에 따라 계산된 금액을 소급하여 지급한다.

○ 공무원에게 행한 면직처분·파면처분 또는 해임처분으로 성과평가를 받지 않아 성과연봉을 지급받지 못한 공무원의 당초 처분이 무효 또는 취소된 경우

  - 당초 면직·파면·해임처분이 있었던 연도의 성과연봉 지급단위의 계급별 성과연봉 지급기준액의 5.0%(성과연봉 지급등급·인원비율·지급액을 조정한 경우 지급기준액 조정 및 평균지급률 적용, 처분이 있었던 연도가 '15년 이전일 경우 4.1% 적용)를 소급하여 지급한다.

○ 파면·해임처분이 아닌 징계처분 또는 직위해제처분(징계의결요구에 따른 직위해제처분 제외)을 사유로 계급별 성과연봉 지급기준액의 5.0%* 미만(성과연봉 미지급 포함)을 받은 공무원에 대해 당초 처분이 무효 또는 취소**된 경우

* 성과연봉 지급등급·인원비율·지급액을 조정한 경우에는 '조정된 지급기준액 × 평균 지급률'(처분이 있었던 연도가 '15년 이전일 경우 4.1%)
** 직위해제처분의 경우「지방공무원 임용령」제31조의6제2항제2호 각 목의 기간에 해당하는 경우 포함
  - 당초 징계처분 등이 있었던 연도의 성과연봉 지급단위의 계급별 성과연봉 지급기준액의 5.0%(성과연봉 지급등급·인원비율·지급액을 조정한 경우 지급기준액 조정 및 평균지급률 적용, 처분이 있었던 연도가 '15년 이전일 경우 4.1% 적용)와 당초 지급액 간의 차액을 소급하여 지급할 수 있다.
  ※ 당초 징계처분 등과 별개로 평가가 이루어진 경우 해당 등급액과 당초 지급액간의 차액을 소급하여 지급

<경과조치>

파면·해임 외의 징계처분 또는 직위해제처분(징계의결요구에 따른 직위해제처분 제외)을 사유로 성과연봉을 계급별 지급기준액의 5.0%* 미만(성과연봉 미지급 포함)으로 받은 사람에 대하여 당초 지급액과의 차액을 소급지급하는 내용의 상기 개정사항은 징계처분 등이 2020년 1월 1일 이후 무효·취소**된 경우부터 적용한다.

* 성과연봉 지급등급·인원비율·지급액을 조정한 경우에는 '조정된 지급기준액 × 평균 지급률'(처분이 있었던 연도가 '15년 이전일 경우 4.1%)
** 직위해제처분의 경우「지방공무원 임용령」제31조의6제2항제2호 각 목의 기간에 해당하는 경우 포함

  - 다만, 당초 징계처분이 변경된 경우 당초 처분이 있었던 연도에 적용되는 성과연봉 지급기준에 따른다.
○ 소급지급되는 성과연봉은 당초 징계처분 등이 있었던 연도에 한하며 당초 처분이 있었던 연도의 실근무기간이 2개월 미만인 경우에는 지급하지 아니한다.
○「지방공무원 임용령」제31조의6제2항제2호 가목 1)의 '인사위원회가 징계하지 아니하기로 의결한 경우'에는 '불문경고'를 포함한다.

다. 5년 이상 근속한 공무원의 월 중 면직 등(영 제43조)

○ 5년 이상 근속한 공무원이 월 중에 15일 이상 근무한 후 면직된 경우 : 그 달의 연봉월액 전액지급
  - 다만, 금고 이상의 형을 받거나 탄핵·파면 또는 해임에 의하여 면직되는 경우를 제외한다.

* "5년 이상 근속"이라 함은 공무원신분(임용관계)이 끊임없이 연결되어 계속되면서 실제로 근무한 기간이 5년 이상 되는 것을 말함. 따라서 강등(직무에 종사하지 못하는 3개월에 한함)·정직·직위해제 등으로 실제 근무하지 않은 기간은 제외하나, 영 제14조(승급기간의 특례)에 해당되는 경우에는 포함.

○ <u>2년 이상 근속한 공무원이 「병역법」 또는 기타 법률의 규정에 의한 의무를 수행하기 위해 휴직(그 달1일자 휴직은 제외) : 휴직한 날이 속하는 달의 연봉월액 전액 지급(영 제43조)</u>

○ 공무원이 재직 중 공무로 사망하거나 공무상 질병 또는 부상으로 재직 중 사망하여 면직(그 달 1일자 면직은 제외) 또는 제적된 경우에는 그 달의 연봉월액 전액 지급

○ 위의 규정에 의하여 연봉월액의 전액을 지급받은 공무원이 그 면직된 달에 다시 연봉제 적용대상자로 재임용된 경우
 - 그 달분의 연봉월액은 지급하지 아니한다.
   * 다만, 새로 임용된 계급의 연봉월액이 면직 당시의 연봉월액보다 많은 경우에는 그 차액을 일할계산하여 지급한다.

○ 영 제23조제1항의 규정에 의하여 봉급을 지급받은 호봉제 적용대상 공무원이 그 면직된 달에 다시 연봉제 적용대상공무원으로 신규임용된 경우
 - 그 달의 연봉월액(성과연봉을 제외한 금액을 말한다) 중 78퍼센트에 해당하는 월봉급액은 지급하지 않는다.
 - 다만, 새로 임용된 계급의 연봉월액 중 월봉급액이 면직 당시의 월봉급액보다 많은 경우에는 그 차액을 일할계산하여 지급한다.
   * 그 반대 임용(연봉제 → 호봉제 적용대상 공무원)의 경우에도 또한 같음.

Ⅶ. 연봉의 조정(영 제39조)

1. 정기조정

○ 연봉의 정기조정 기준일 : 매년 1월 1일을 기준

○ 정기조정 방법 : 전년도 기본연봉액 + 정책조정액 + 성과연봉액
  - 전년도 기본연봉액에 매년 행정안전부장관이 통보하는 해당연도 정책조정액과 전년도 업무성과의 평가결과에 따라 지급되는 해당연도 성과연봉액을 각각 합산하여 매년 2월 급여지급일까지 조정한다.

○ 연봉 정기조정내역의 통보
  - 매년 연봉의 정기조정시에는 <별지 제1호 서식> 개인별 연봉명세서 양식에 의하여 해당연도 연봉조정내역을 보수지급일에 개인별로 통보한다.
    * 개인의 비밀보장을 위해 봉인봉투를 사용하거나 전자우편 등을 활용함.

○ 정기조정을 한 개인별 연봉액이 계급별 연봉상한액을 초과하는 경우
  - 정기조정 결과 책정된 해당연도 개인별 연봉액(기본연봉+성과연봉)이 계급별 연봉 상한액을 초과하더라도 해당연도에는 성과연봉액을 전액 지급할 수 있으나, 다음연도 기본연봉에 산입하는 때에는 해당연도의 연봉상한액을 초과하지 아니하는 금액만 산입한다.
    * 정기조정기준일 현재 직위해제·휴직·징계처분자 등의 경우에도 연봉의 정기조정대상에 포함됨. 다만 봉급 또는 기본연봉이 지급되지 않는 휴직자는 제외

2. 수시조정

○ 연도 중 공무원 처우개선계획에 의한 공무원 보수 정책조정이 있는 경우 공무원 보수관련 규정 및 지침에서 정한 바에 의하여 조정한다.

○ 보수가 지급되지 않는 휴직자가 복직하는 경우에는 복직일에 휴직기간중 발생하는 정기조정분을 반영하여 연봉액을 조정한다. 다만, 연봉액을 상향조정할 필요가 있는 경우에는 지방자치단체의 장과 지방의회의 의장은 해당 인사위원회의 심의·의결을 거친 후 연봉액을 달리 정할 수 있다.
  * **인사위원회 의결을 거치는 경우 별표 1 임기제공무원 신규채용시 연봉책정을 위한 평가표 및 별지 제4호 서식 연봉심의 요청서를 반드시 첨부하여야 한다.**

○ 임기제공무원의 경우
  - 채용계약기간의 연장 등 특별한 사유가 있는 경우 조정할 수 있다.
    * 세부조정방법은 이 장의 "임기제공무원 연봉책정방법" 참조

○ 연봉 수시조정내역의 통보
  - 연봉이 조정되는 공무원에게는 <별지 제1호 서식> 개인별 연봉명세서 양식에 의하여 해당연도 연봉내역을 수시조정 해당월 보수지급일에 개인별로 통보한다.
  * 개인의 비밀보장을 위해 봉인봉투를 사용하거나 전자우편 등을 활용
○ 수시조정을 한 개인별 연봉액이 연봉상한액을 초과하는 경우
  - 수시조정 결과 책정된 해당연도 개인별 연봉액(기본연봉+성과연봉)이 계급별 연봉상한액을 초과하더라도 해당연도에는 초과된 금액까지 전액 지급할 수 있으나, 다음연도에 기본연봉에 산입하는 때에는 해당연도의 연봉상한액을 초과하지 아니하는 금액만 산입한다.

3. 2024년 연봉의 정기조정

□ 2024년도 연봉 = ① 2024년 기본연봉 + ② 2024년 성과연봉

① **2024년 기본연봉액**

= ① 2023년 기본연봉액 + ② 2023년 성과연봉 중 행정안전부장관이 정하는 금액 또는 승급가산액 + ③ 2024년 처우개선분

① 2023년 기본연봉액 : 2023년도 기책정된 기본연봉액

* 4급(상당) 이상 공무원은 2023년도 기책정된 기본연봉액 우선 조정(p.247 참고)

② 2023년 성과연봉 중 행정안전부장관이 정하는 금액 또는 승급가산액

> ○ 2023년에 소속되었던 성과연봉 지급단위의 직위·계급을 기준으로 다음의 '가산기준액'에 '가산율'을 곱한 금액을(성과가산액) 적용(가산) 함.
> ○ 단, 과장급 직위가 없는 복수직 4급(상당) 및 5급(상당)·무보직 연구관·무보직 지도관·전문경력관 가군은 성과가산액과 기본가급의 합산액으로 적용(가산) 함 (임기제는 기본가급 대상 제외)
>
> <기본가급>   (단위 : 천원)
>
> | 과장급 직위가 없는 복수직 4급(상당) | 5급(상당), 무보직 연구관, 무보직 지도관, 전문경력관 가군 |
> |---|---|
> | 250 | 510 |
>
> ○ 가산한 금액이 2023년도 계급별 연봉 한계액을 초과하는 경우에는 초과하지 않는 범위 내에서만 가산 함.

<가산율> (단위 : 천원)

등급	S등급	A등급	B등급	C등급
가산율	7%	5%	3%	0

※ 위의 표 중 '등급'은 2022년 업무성과의 평가결과에 따른 2023년도 성과연봉 등급을 말함.

<가산기준액> (단위 : 천원)

일반직 별정직	1급(상당)	2급(상당)	3급(상당)	4급(상당)	5급(상당)
	53,814	50,898	47,263	42,169	22,503

※ 과장급 직위가 없는 복수직 4급(상당) 공무원에 대해서는 36,072천원 적용

연구관		지도관		전문경력관 가군
과장급 이상 직위	무보직	과장급 이상 직위	무보직	
54,703	38,396	49,224	33,305	24,321

개방형직위 임기제 및 별표 13 제5호 나목에 따른 별정직공무원	1호	2호	3호	4호	5호	6호
	53,814	50,898	47,263	42,169	34,942	32,143

※ 임기제는 기본가급 적용 제외

개방형직위가 아닌 임기제 및 별표 13 제5호 가목에 따른 별정직공무원	5급(상당)	6급(상당)	7급(상당)	8급(상당)	9급(상당)
	47,679	39,397	34,391	30,251	25,367

※ 임기제는 기본가급 적용 제외

전문임기제	가급 (1급상당)	가급 (2급상당)	가급 (3급상당)	가급 (4급상당)	나급 (5급상당)
	53,814	50,898	47,263	42,169	34,942

※ 임기제는 기본가급 적용 제외

※ 공무상질병(부상)휴직, 출산휴가(유산·사산휴가 포함) 및 육아휴직(규정 제14조 제3의2호에 해당하는 휴직기간으로 한정한다)·고용휴직·유학휴직·병역휴직, 공무상병가, 교육훈련파견으로 2022년도에 실근무기간이 2개월 미만이 되어 2023년 성과연봉 등급 최하위순위에 배치되고 성과연봉이 지급되지 않은 자에 대해서는 2023년도 소속되었던 성과연봉 지급단위의 계급별 가산기준액의 4.1%(성과연봉 지급등급·인원비율·지급액을 조정한 경우 가산기준액 조정 및 평균가산율 적용)와 기본가급(적용대상일 경우에만 해당)의 합산액으로 가산

※ '출산·유산·사산휴가'의 경우에는 해당 휴가 및 공무상질병(부상)·육아·고용·유학·병역휴직, 공무상병가, 교육훈련파견으로 2022년도에 실근무기간이 2개월 미만이 되어 2023년도에 성과연봉을 지급받지 못한 경우부터 적용한다.

- 단, 상기 사유가 아닌 기타 휴직·직위해제·대기발령·휴가·신규임용으로 2022년도에 실제로 근무한 기간이 2개월 미만인자로서 2023년 성과연봉 등급 최하위순위에 배치되고 성과연봉이 지급되지 않은 자에 대해서는 성과가산액과 기본가급을 모두 적용하지 않음

※ 교육훈련파견자 성과연봉 지급시 원소속기관의 장이 필요하다고 인정하여 교육훈련기관의 성적 및 원소속기관의 장이 정하는 별도 기준에 따른 평가를 통해 <A>등급 이하의 등급을 부여하고 성과연봉을 지급한 경우에는 해당 등급의 가산액을 가산하고, 최하위 등급을 적용하고 성과연봉이 지급되지 않은 경우는 가산 제외

※ 가산금액은 백원단위에서 절상(단, 백원단위가 '0'일 때에는 절사)

※ 평가대상기간 중 「지방공무원법」 제70조 등에 따른 징계처분을 받아 성과연봉이 지급되지 않은 공무원에게는 성과가산액 및 기본가급을 모두 적용하지 않음.

※ 공무원에게 행한 면직·파면·해임 처분 또는 직위해제처분(징계의결요구에 따른 직위해제처분 제외)이 무효·취소*된 경우에는 복귀일 또는 발령일에 그 기간 중 연봉 정기조정분을 반영한 연봉액으로 조정하되, 그 기간 중 연봉 정기조정분이란 당초 처분 이후 복귀일 또는 발령일에 해당하는 연도까지 매년 연봉 정기조정(1월 1일)시 반영하지 못한 행정안전부장관이 정하는 금액과 처우개선분을 말하며, 행정안전부장관이 정하는 금액은 해당계급 가산기준액의 4.1%**를 적용(기본가급 대상일 경우 기본가급도 적용).

- 파면·해임이 아닌 징계처분 또는 직위해제처분(징계의결요구에 따른 직위해제처분 제외)이 무효·취소*되어 해당 처분이 있던 연도를 대상으로 계급별 성과연봉 지급기준액의 5.0%***와의 차액이 소급 지급된 경우, 차액을 지급한 다음 연도의 연봉 정기조정시에는 행정안전부장관이 정하는 금액과 해당연도의 처우개선분을 반영하되, 이 경우 행정안전부장관이 정하는 금액은 해당계급 가산기준액의 4.1%**와 당초 산정된 성과가산액과의 차액 적용(기본가급 대상일 경우 기본가급도 적용).

* 직위해제처분의 경우 「지방공무원 임용령」 제31조의6제2항제2호 각 목의 기간에 해당하는 경우 포함
** 성과연봉 지급등급·인원비율·지급액을 조정한 경우 '조정된 가산기준액 × 평균가산율'
*** 성과연봉 지급등급·인원비율·지급액을 조정한 경우에는 '조정된 지급기준액 × 평균지급률'(처분이 있었던 연도가 '15년 이전일 경우 4.1%)

< 경과 조치 >

상기 개정사항은 면직·징계·직위해제 처분(징계의결요구에 따른 직위해제처분 제외)이 2020년 1월 1일 이후 무효 또는 취소*된 경우부터 적용한다.

* 직위해제처분의 경우 「지방공무원 임용령」 제31조의6제2항제2호 각 목의 기간에 해당하는 경우 포함

※ 위 가산율 및 가산기준액에도 불구하고 과장급이 아닌 4급 이하 및 특정직공무원 중 직종 및 업무특성을 감안하여 성과연봉 지급등급·인원비율·지급액을 조정하여 성과연봉을 지급한 경우, 전년도 성과연봉 중 행정안전부장관이 정하는 금액(성과가산액) 산정시에는 성과연봉 지급방식과 동일하게 가산 등급, 가산율 및 가산기준액을 조정하여 가산한다.
(V. 성과연봉 운영기준 중 3. 지급기준 및 아래 예시 참고)

<조정방법 예시 : 5급>

- '23년 성과연봉 지급 등급 및 지급률

지급등급	S	A	B
인원비율	30%	40%	30%
지급률	9%	6%	3%

- '24년 가산인원비율 및 가산율 : 전년도('23년) 성과연봉 지급등급·인원비율·지급률을 '24년 성과가산액 산출시 가산인원비율 및 가산율로 그대로 적용

등급	S	A	B	평균가산율
인원비율	30%	40%	30%	6%
가산율	9%	6%	3%	(=30%×9%+40%×6%+30%×3%)

- 조정가산기준액 : 15,377천원(=가산기준액 22,503천원×표준평균가산율 4.1% / 평균가산율 6%, 백원단위 절상)

- '23년 성과연봉 중 행정안전부장관이 정하는 금액('24년 성과가산액 등)

등급	S	A	B
인원비율	30%	40%	30%
가산율	9%	6%	3%
조정가산기준액		15,377,000원	
성과가산액(A)	1,384,000원	923,000원	462,000원
기본가급(B)	510,000원	510,000원	510,000원
합계(A+B)	1,894,000원	1,433,000원	972,000원

- 승급가산액
  • 대상 : 호봉제에서 연봉제 적용 공무원으로 승진하여 연봉제로 전환 이후 성과연봉 등급이 없어 2년차에 성과가산액이 없는 공무원(일반직, 연구·지도관, 전문경력관 가군, 특정직 등) 또는 5급(상당) 이상 연봉제 적용 공무원으로 신규채용된 이후 2년차에 성과연봉 등급이 없어 성과가산액이 없는 공무원 중 <u>2024</u>년도에 정기승급이 예정되어 있었던 공무원(임기제 제외)
    ※ 연봉제 전환시 최고호봉도달자는 승급가산액 적용 대상 아니며, 「지방공무원보수규정」 제13조에 따라 승급제한에 해당되는 대상자(징계처분, 직위해제 또는 휴직 중인 사람)는 승급제한기간을 제외하여 승급가산액 산출기준 적용
    ※ 승급가산액은 승진으로 인한 연봉제 전환(또는 연봉제 적용대상 공무원으로 신규채용) 2년차에 1회에 한하여 적용
    ※ 승급가산액은 전년도 성과연봉 등급이 없어 행정안전부장관이 정하는 금액(성과가산액 등)이 발생하지 않은 연도에 한시적으로 적용되는 금액이며, 성과가산액이 산출될 경우 승급가산액은 적용 불가
    ※ 단, 5급 신규채용자 중 수습행정관 실무수습 및 시보임용(「공무원임용령」 제24조 및 「국가공무원 임용시험 및 실무수습업무처리 지침」에 따른 수습행정관 실무수습을 말함)으로 '23년 성과연봉 등급이 없는 경우 '24년 연봉정기조정시 승급가산액 적용
  • 호봉제에서 연봉제 적용대상 공무원으로 승진하여 연봉제로 전환된 이후 2년차에 성과가산액이 없는 경우 산출방법
    ⅰ) <u>2023</u>년도에 호봉제 근무를 가정하여 <u>2023</u>년도 정기승급 예상호봉과 <u>2022.12.31.</u> 기준의 호봉과의 호봉승급 봉급차액(<u>2023</u>년도 봉급표상의 봉급액 기준)을 산정
      * 2.1 승급예정자는 호봉승급 봉급차액의 1/12, ~(중략)~, 12.1 승급예정자는 호봉승급 봉급차액의 11/12 적용
    ⅱ) <u>2023</u>년도에 호봉제 근무를 가정하여 <u>2024</u>년도 정기승급 예상호봉과 <u>2023</u>년도 정기승급 예상호봉과의 호봉승급 봉급차액(<u>2023</u>년도 봉급표상의 봉급액 기준)을 산정
      * 2.1 승급예정자는 호봉승급 봉급차액의 11/12, ~(중략)~, 12.1 승급예정자는 호봉승급 봉급차액의 1/12 적용(1.1 승급예정자는 1호봉 승급액 적용)
    ⅲ) ⅰ)+ⅱ)의 호봉승급 봉급차액에 연동비율을 곱하여 산출한 금액을 가산함

* 호봉승급액 연동비율 계산시 정근수당의 지급비율은 개별 공무원의 근무연수에 따라 차등 적용함
* 근무연수는 <u>2023.12.31.</u> 기준으로 산정한 실제 근무연수에 2년을 가산함 (2023.12.31. 기준으로 근무년수 5년 이하이면서 6호봉 이하인 대상자는 근무년수 가산기준 조정 적용(p.186 참고))

◇ **5급 과장급(과장 직위 이상 일반직·별정직 등) 이상 기준** : 근무년수 10년 이상 기준 연동비율, 1,528%[기본급 1,200% 및 연동수당액 328%(정근수당 100%+관리업무수당 108%+명절휴가비 120%)]

근무년수	3년 미만	4년 미만	5년 미만	6년 미만	7년 미만	8년 미만	9년 미만	10년 미만
연동비율	1,448%	1,458%	1,468%	1,478%	1,488%	1,498%	1,508%	1,518%

◇ **과장급 직위 이상 연구관·지도관 기준** : 근무년수 10년 이상 기준 연동비율, 1,513.6%[기본급 1,200% 및 연동수당액 313.6%(정근수당 100%+관리업무수당 93.6%+ 명절휴가비 120%)]

근무년수	3년 미만	4년 미만	5년 미만	6년 미만	7년 미만	8년 미만	9년 미만	10년 미만
연동비율	1433.6%	1443.6%	1453.6%	1463.6%	1473.6%	1483.6%	1493.6%	1503.6%

◇ **과장급이 아닌 5급(상당), 무보직 연구관·지도관, 전문경력관 가군 기준** : 근무년수 10년 이상 기준 연동비율, 1,420%[기본급 1,200% 및 연동수당액 220%(정근수당 100%+명절휴가비 120%)]

근무년수	3년 미만	4년 미만	5년 미만	6년 미만	7년 미만	8년 미만	9년 미만	10년 미만
연동비율	1,340%	1,350%	1,360%	1,370%	1,380%	1,390%	1,400%	1,410%

- 5급(상당) 이상 연봉제 적용대상 공무원으로 '23년 신규채용된 이후 2년차에 성과가산액이 없는 경우 산출방법

    ⅰ) 호봉제 근무를 가정하여 신규채용 후 최초 정기승급 예상호봉과 신규채용에 따른 연봉 책정시 호봉과의 호봉승급 봉급차액

      * 최초 정기승급월이 '24년 1월까지인 경우 = 1 - (신규채용에 따른 연봉 책정시 최초 정기승급 예정월을 기준으로 적용된 호봉승급액 반영비율)

      * 최초 정기승급월이 '24년 2월~12월인 경우 = 1 - (신규채용에 따른 연봉 책정시 최초 정기승급 예정월을 기준으로 적용된 호봉승급액 반영비율) - ('24년 기준 승급월 전월까지 개월 수 / 12)

예시

○ '23년 3월 신규채용, 최초승급월이 '23년 12월인 공무원의 승급가산액 ⅰ) 반영비율은?
  ☞ 9/12 = 1 - 3/12(신규채용에 따른 연봉 책정시 최초 정기승급 예정월을 기준으로 적용된 호봉승급액 반영비율)
○ '23년 7월 신규채용, 최초승급월이 '24년 1월인 공무원의 승급가산액 ⅰ) 반영비율은?
  ☞ 6/12 = 1 - 6/12(신규채용에 따른 연봉 책정시 최초 정기승급 예정월을 기준으로 적용된 호봉승급액 반영비율)
○ '23년 3월 신규채용, 최초승급월이 '24년 2월인 공무원의 승급가산액 ⅰ) 반영비율은?
  ☞ 10/12 = 1 - 1/12(신규채용에 따른 연봉 책정시 최초 정기승급 예정월을 기준으로 적용된 호봉승급액 반영비율) - 1/12('23년 기준 승급월 전월까지 개월 수 / 12)
○ '23년 7월 신규채용, 최초승급월이 '24년 4월인 공무원의 승급가산액 ⅰ) 반영비율은?
  ☞ 6/12 = 1 - 3/12(신규채용에 따른 연봉 책정시 최초 정기승급 예정월을 기준으로 적용된 호봉승급액 반영비율) - 3/12('23년 기준 승급월 전월까지 개월 수 / 12)

    ⅱ) 호봉제 근무를 가정하여 신규채용 후 두 번째 정기승급(2024년에 두 번째 정기승급이 예정된 경우에 한함) 예상호봉과 최초 정기승급 예상호봉의 호봉승급 봉급차액

      * (두 번째 승급월 이후<승급월 포함> '24년 12월까지 잔여개월 수) / 12

예시

○ '23년 1월 신규채용, 최초 승급월 '23년 3월, 두 번째 승급월이 '24년 3월인 공무원의 승급가산액 ⅱ) 반영비율은?   ☞ 10/12
○ '23년 7월 신규채용, 최초 승급월이 '23년 12월, 두 번째 승급월이 '24년 12월인 공무원의 승급가산액 ⅱ) 반영비율은?   ☞ 1/12
○ '23년 7월 신규채용, 최초 승급월이 '24년 6월, 두 번째 승급월이 '25년 6월인 공무원의 승급가산액 ⅱ) 반영비율은?   ☞ '24년도에 두 번째 승급월이 없으므로 ⅱ) 반영금액 없음
○ '23년 11월 신규채용, 최초 승급월이 '23년 12월, 두 번째 승급월이 '24년 12월인 공무원의 승급가산액 ⅱ) 반영비율은?   ☞ 1/12

iii) 봉급표 적용기준 및 ⅰ)+ⅱ)의 호봉승급 봉급차액에 연동비율을 곱하여 산출한 금액을 가산하는 방법 등은 호봉제에서 연봉제 적용 공무원으로 승진하여 연봉제로 전환된 이후 2년차에 성과가산액이 없는 경우와 동일

- 5급 신규채용자 수습행정관 실무수습 및 시보임용 근무로 <u>2023</u>년 성과연봉 등급이 없는 경우로서 신규채용 후 3년차인 <u>2024</u>년에 성과가산액이 없는 경우 승급가산액 적용

  ⅰ) <u>2023</u>년도에 호봉제 근무를 가정하여 <u>2023</u>년도 정기승급 적용호봉과 <u>2022.12.31.</u> 기준의 호봉과의 호봉승급 봉급차액(<u>2023</u>년도 봉급표상의 봉급액 기준)을 산정
   * 2.1 승급예정자는 호봉승급 봉급차액의 1/12, ~(중략)~, 12.1 승급예정자는 호봉승급 봉급차액의 11/12 적용

  ⅱ) <u>2023</u>년도에 호봉제 근무를 가정하여 <u>2024</u>년도 정기승급 예상호봉과 <u>2023</u>년도 정기승급 적용호봉과의 호봉승급 봉급차액(<u>2023</u>년도 봉급표상의 봉급액 기준)을 산정
   * 2.1 승급예정자는 호봉승급 봉급차액의 11/12, ~(중략)~, 12.1 승급예정자는 호봉승급 봉급차액의 1/12 적용(1.1 승급예정자는 1호봉 승급액 적용)

  ⅲ) ⅰ)+ⅱ)의 호봉승급 봉급차액에 연동비율을 곱하여 산출한 금액을 가산함
   * 호봉승급액 연동비율 계산시 정근수당의 지급비율은 개별 공무원의 근무연수에 따라 차등 적용함
   * 근무연수는 <u>2023.12.31.</u> 기준으로 산정한 실제 근무연수에 2년을 가산함 (<u>2023</u>.12.31. 기준으로 근무년수 5년 이하이면서 6호봉 이하인 대상자는 근무년수 가산기준 조정 적용)

③ <u>2024</u>년 처우개선분 : <u>2024</u>년도 호봉제 공무원에게 적용된 기본급 평균 인상분(<u>2.5</u>%)과 이에 따른 연간 연동수당 인상액을 합친 것과 동일한 보수인상 효과 반영

○ 처우개선분 : (① + ②) × <u>2.5%</u>

② **2024년 성과연봉**

○ 평가등급별로 차등지급(이 장의 「Ⅴ. 성과연봉 운영기준」 참조)
 ※ 기본연봉액에 성과연봉을 합산한 총연봉액이 연봉상한액을 초과하더라도 해당연도에는 성과연봉을 전액 지급할 수 있음.

< **[2024년 연봉 정기조정] 4급(상당) 이상 공무원 등에 대한 '23년 기본연봉 조정 방안** >

구 분	내 용
① '24.1.1 정기조정 관련	■ 2024년 연봉 = 2024년 기본연봉 + 2024년 성과연봉 - 2024년 기본연봉 = ① 2023년 기본연봉액 + ② 2023년 성과연봉 중 행정안전부 장관이 정하는 금액 + ③ 2024년 처우개선분(2.5%) ① 2023년 기본연봉액 : 2023년도 기 책정된 기본연봉액을 재조정한 연봉액('23년 4급 이상 공무원 처우개선분 반납에 따른 미반영분*을 추가 반영) ※ '23.1.1. 연봉 정기조정 당시 4급(상당) 이상 공무원으로서 '23년 처우개선분을 적용받지 못한 공무원이 기본연봉 재조정 대상임 - 2023년 재조정 기본연봉액 = 2023년 기책정 기본연봉액 + 2023년 기책정 기본연봉액 × 1.7%* * '23년 처우개선분 반납에 따른 미반영분 ※ ①+② 금액이 '2023년도 계급별 연봉 한계액'을 초과하는 경우에는 초과하지 않는 범위 내에서만 가산
② '23년 신규 채용자	■ 2023년도에 4급 상당 이상 공무원으로 신규채용된 자는 기책정된 2023년 기본연봉을 상기와 동일한 방식으로 조정
③ '23년 연도중 4급(상당) 으로 승진자	■ 2023년 연도중 4급(상당) 이상 공무원으로 승진한 자로서 승진가급 미반영분이 있는 경우 아래 ①, ② 구분에 따라 2023년도 처우개선 미반영분을 가산하여 기본연봉 조정 ① 2023.1.1. 정기조정 당시 4급(상당) 이상 공무원으로서 연도 중 상위직급으로 승진한 경우 - 승진 후 기 책정된 2023년 기본연봉을 상기 ①의 방식에 따라 적용·조정 ② 2023년 연도 중 4급(상당)으로 승진한 경우 - 2023.1.1. 정기조정 당시에는 4급(상당)이 아니므로 처우개선분이 정상반영되어 ①의 기본연봉 조정대상에서 제외되므로, 기 책정된 2023년 기본연봉에 아래의 해당 승진가급 등 미반영분*만 추가 가산하여 기본연봉 조정 * 2023년 승진가급(5급 → 4급) 등 미반영분 : 147,350원 = 137,000원(=8,152,000원-8,015,000원) + 10,357원(=137,000원 × 84% × 9%) = 147,350원 *일원단위 절사 ※ 승진가급 등 미반영분을 합산한 금액이 '2023년도 계급별 연봉한계액'을 초과하는 경우에는 초과하지 않은 범위 내에서만 가산
④ '23년 강임(강등)자	■ 강임(강등)된 계급에서의 연봉상한액이 강임(강등)되기 전의 연봉액보다 적어, 연봉상한액('22년 「지방공무원 보수규정」 별표 13)을 지급받은 경우, 2023년 「지방공무원 보수규정」 별표 13의 연봉상한액을 적용하여 조정

자치경찰공무원 연봉 보전 특례('24.01.05.)

○ **근 거** : 「제주특별자치도 설치 및 국제자유도시 조성을 위한 특별법 시행령」 제15조, 「지방공무원 보수규정」 제39조 및 「공무원보수규정」(대통령령 제34099호, 2024.1.5.) 부칙 제4조

○ **적용대상** : 2023년 1월 2일 전에 연봉제로 전환된 자치경정 이상 자치경찰공무원(「공무원보수규정」 제34099호 부칙 제4조제2호 및 제3호 포함)

※ 2023년 1월 2일 이후 자치경정으로 승진 또는 신규채용된 공무원은 연봉 보전 특례 대상 제외

○ **주요내용** : 연봉제 전환 계급을 기준으로 공안업무 종사 재직자와의 연봉차액 보전

※ 본 특례에 따른 연봉 추가 조정은 단 1회에 한하여 적용(추후 중복가산 불가)

○ **연봉 조정방안**

■ 2024년 연봉 = 2024년 기본연봉 + 2024년 성과연봉

▶ 2024년 기본연봉 = ① 2023년 기본연봉액 + ② 2023년 성과연봉 중 행정안전부장관이 정하는 금액 또는 승급가산액 + ③ 행정안전부장관이 별도로 정하는 연봉차액 보전 금액 + ④ 2024년 처우개선분(2.5%)

① 2023년 기본연봉액 : 2023년 4급(상당) 이상 공무원에 해당하여 '23년에 처우개선분 반납이 적용된 공무원은 247p 참조

② 2023년 성과연봉 중 행정안전부장관이 정하는 금액 : 239p 참조

③ 행정안전부장관이 별도로 정하는 연봉차액 보전 금액 : 연봉제 전환 당시 계급*을 기준으로, ㉠~㉣에 해당하는 금액

　* (주의!) 현재 계급을 의미하는 것이 아니라, 최초 연봉제 전환 당시 계급을 의미(예 : 2017년 이후 자치경정 승진자는 현재 계급과 무관하게 자치경정에 해당하는 금액 적용)

　㉠ 자치경정 계급에서 연봉제로 전환된 자 중 2024년 1월 1일 현재 계급이 자치경정인 자 : '66,600원×1,420%'에 해당하는 금액

　㉡ 자치경정 계급에서 연봉제로 전환된 자 중 2024년 1월 1일 현재 계급이 자치총경 이상인 자 : '66,600원×1,528%'에 해당하는 금액   * 일원단위 절사

　　※ 다만, 2024년1월1일자로 자치총경으로 승진하는 자는 66,600원 × 1,420% 적용

　㉢ 자치총경 계급에서 연봉제로 전환된 자 중 2024년 1월 1일 현재 계급이 자치총경 이상인 자 : '204,600원×1,528%'에 해당하는 금액   * 일원단위 절사

　㉣ 자치경무관 계급에서 연봉제로 전환된 자 중 2024년 1월1일 현재 계급이 자치경무관 이상인 자 : '353,200원×1,528%'에 해당하는 금액   * 일원단위 절사

④ 2024년 처우개선분 : (①+②+③) × 2.5%

예시

○ 2023년 기본연봉액이 68,000천원(가정)이고, 2023년 성과연봉액 등급('22년 업무실적을 대상으로 평가)이 S등급이며, 2024년 업무성과 평가등급('23년 업무실적을 대상으로 평가)이 B인 3급 공무원의 2024년 연봉액은?

☞ 2024년 연봉액 : 2024년 기본연봉 + 2024년 성과연봉

☞ 2024년 기본연봉 = 2023년 기본연봉 조정액 + 2023년 성과연봉 중 행정안전부장관이 정하는 금액 + 2024년 처우개선분

☞ 2024년도 기본연봉액 : 74,277천원(①+②+③)   * 74,276,620원을 최종 백원단위에서 절상

  ① 2023년 기본연봉 조정액 : 69,156,000원 ('23.1.1.당시 3급으로서 '23년 처우개선 미반영분 회복)

   → 2023년 기책정 기본연봉 68,000,000원 × 1.017 = 69,156,000원

  ② 2023년 성과연봉 중 행정안전부장관이 정하는 금액 : 3,309,000원 * 백원단위에서 절상

   → 47,263천원(3급 가산기준액) × 7%(S등급) = 3,308,410원

  ③ 2024년 처우개선분 : 1,811,620원   * 일원단위 절사

   → 72,465,000(①+②) × 2.5% = 1,811,625원

☞ 2024년도 성과연봉 : 5,007천원(3급 성과연봉기준액 125,153천원 × 4%) * 백원단위에서 절상

☞ 2024년도 연봉액 : 79,284천원(기본연봉액 74,277천원 + 성과연봉액 5,007천원)

☞ 2024년도 연봉월액 : 6,607,000원(연봉액 79,284천원 ÷ 12개월)   * 일원단위 절사

☞ 연봉외 급여인 직급보조비, 정액급식비, 가족수당, 연가보상비, 특수근무수당, 특수지근무수당 등은 별도 지급

> **예시**

○ 2023년 기본연봉액이 62,000천원이고, 2023년 성과연봉액이 A등급(표준기준 적용)이며, 2024년 업무성과 평가등급이 S인(표준기준 적용) 5급 공무원의 2024년 연봉액은?

☞ 2024년 연봉액 : 2024년 기본연봉액 + 2024년 성과연봉액

☞ 2024년 기본연봉액 = 2023년 기본연봉액 + 2023년 성과연봉 중 행정안전부장관이 정하는 금액 + 2024년 처우개선분(2.5%)

☞ 2024년도 기본연봉액 : 65,227천원(①+②+③) * 65,226,900원을 최종 백원단위에서 절상

① 2023년 기본연봉액 : 62,000,000원

② 2023년 성과연봉 중 행정안전부장관이 정하는 금액 : 1,636,000원 * 백원단위에서 절상

→ 22,503천원(5급 가산기준액) × 5%(A등급) + 510천원(기본가급) = 1,635,150원

※ 2023년 성과연봉 지급시 등급별 인원비율 및 지급률을 조정한 경우(자율기준 운영), 가산기준액 및 가산율 조정 필요

③ 2024년 처우개선분 : 1,590,900원 * 일원단위 절사

→ 63,636,000(①+②) × 2.5% = 1,590,900원

☞ 2024년도 성과연봉액 : 7,775천원(5급 성과연봉 기준액 97,177천원 × 8%)

☞ 2024년도 연봉액 : 73,002천원(기본연봉액 65,227천원 + 성과연봉액 7,775천원)

☞ 2024년도 연봉월액 : 6,083,500원(연봉액 73,002천원 ÷ 12개월)

☞ 연봉외급여인 직급보조비, 정액급식비, 가족수당, 연가보상비, 특수근무수당, 특수지근무수당 등은 별도 지급

> **예시**

○ 과장 직위 보건연구관의 2023년 기본연봉액이 75,000천원(가정), 2023년 성과연봉액이 A등급(표준기준 적용)이며, 2024년 업무성과 평가등급이 B등급(표준기준 적용)인 연구직 공무원의 2024년 연봉액은?

☞ 2024년 연봉액 : 2024년 기본연봉액 + 2024년 성과연봉액

☞ 2024년 기본연봉액 = 2023년 기본연봉액 + 2023년 성과연봉 중 행정안전부장관이 정하는 금액 + 2024년 처우개선분

☞ 2024년도 기본연봉액 : 80,987천원(①+②+③)   * 80,986,270원을 최종 백원단위에서 절상

   ① 2023년 기본연봉 조정액 : 76,275,000원 ('23.1.1.당시 4급상당으로서 '23년 처우개선 미반영분 회복)

      → 2023년 기책정 기본연봉 75,000,000원 × 1.017 = 76,275,000원

   ② 2023년 성과연봉 중 행정안전부장관이 정하는 금액 : 2,736,000원   * 백원단위에서 절상

      → 54,703천원(과장 직위 연구관 가산기준액) × 5%(A등급) = 2,735,150원

   ③ 2024년 처우개선분 : 1,975,270원   * 일원단위 절사

      → 79,011,000(①+②) × 2.5% = 1,975,275원

☞ 2024년도 성과연봉액 : 4,245천원(106,123천원 × 4%)   * 백원단위에서 절상

☞ 2024년도 연봉액 : 85,232천원(기본연봉액 80,987천원 + 성과연봉액 4,245천원)

☞ 2024년도 연봉월액 : 7,102,660원(연봉액 85,232천원 ÷ 12개월)   * 일원단위 절사

☞ 연봉외 급여인 직급보조비, 정액급식비, 가족수당, 연가보상비, 특수근무수당, 특수지근무수당 등은 별도 지급

○ 2022년 12월 1일 5급 승진임용으로 2023년 1월 1일자로 연봉제로 전환한 과장급 아닌 5급 공무원(2022.12.31. 현재 5급 15호봉, 근무년수 14년, 차기승급일이 2023.11.1자로 16호봉 예정, 2024.11.1자로 17호봉 예정)의 2024년 연봉액은?

(2023년 기본연봉액이 57,273천원이고, 2024년 성과연봉 지급등급이 B등급(표준기준 적용)인 경우)

☞ 2024년 연봉액 : 2024년 기본연봉액 + 2024년 성과연봉액

☞ 2024년 기본연봉액 산정기준 = 2023년 기본연봉액 + 승급가산액 + 2024년 처우개선분

☞ 2024년도 기본연봉액 : 59,989천원(①+②+③) * 59,988,710원을 최종 백원단위에서 절상

① 2023년 기본연봉액 : 57,273,000원

② 승급가산액 : 1,252,580원 * 일원단위 절사

  * 1) 74,250원[2023년도 봉급표 기준, 16호봉('23년 정기승급 예상) 봉급액과 15호봉(2022.12.31. 기준) 봉급액과의 차액 × 10/12 ('24.1.1 ~ 10.31)] * 일원단위 절사

  * 2) 13,960원[2023년도 봉급표 기준, 17호봉('24년 정기승급 예상) 봉급액과 16호봉('23년 정기승급 예상) 봉급액과의 차액 × 2/12 ('24.11.1 ~ 12.31) * 일원단위 절사

    → 88,210원[1)+2)의 호봉승급 봉급차액] × 1,420%[5급으로서 2023.12.31. 현재 근무년수 10년 이상인 경우의 승급액 연동분] = 1,252,582원

③ 2024년 처우개선분 : 1,463,130원 * 일원단위 절사

  → 58,525,580원(①+②) × 2.5% = 1,463,139원

☞ 2024년도 성과연봉액 : 3,887천원(97,177천원 × 4%) * 백원단위에서 절상

☞ 2024년도 연봉액 : 63,876천원(기본연봉액 59,989천원 + 성과연봉액 3,887천원)

☞ 2024년도 연봉월액 : 5,323,000원(연봉액 63,876천원 ÷ 12개월) * 일원단위 절사

☞ 연봉외급여인 직급보조비, 정액급식비, 가족수당, 연가보상비, 특수근무수당, 특수지근무수당 등은 별도 지급

○ 2022.1.1. ~ 2022.12.31.까지 육아휴직(규정 제14조 제3의2호에 해당되는 휴직기간) 후 2023.1.1 복직한 5급 과장급 공무원의 2023년 연봉이 50,000천원(2023년 기본연봉 50,000천원, 2023년 업무성과 평가등급 최하위배치 미지급)이고, 2023년 업무성과평과결과 2024년 성과연봉 지급등급이 S등급인 경우 2024년 연봉액은?

☞ 2024년 연봉액 : 2024년 기본연봉액 + 2024년 성과연봉액

☞ 2024년 기본연봉액 산정기준 : 2023년 기본연봉액 + 2023년 성과연봉 중 행정안전부장관이 정하는 금액 + 2024년 처우개선분

* 공무상질병(부상)휴직·육아휴직(규정 제14조 제3의2호에 해당하는 휴직기간으로 한정한다)·고용휴직·유학휴직·병역휴직, 공무상병가, 교육훈련파견으로 2022년도에 실근무기간이 2개월 미만이 되어 2023년 성과연봉 등급 최하위순위에 배치되고 성과연봉이 지급되지 않은 자에 대해서는 2023년도 소속되었던 성과연봉 지급단위의 계급별 가산기준액의 4.1%(성과연봉 지급등급·인원비율·지급액을 조정한 경우 가산기준액 조정 및 평균가산율 적용)와 기본가급(적용대상일 경우에만 해당)의 합산액으로 가산

☞ 2024년도 기본연봉액 : 52,719천원(①+②+③) * 52,718,820원을 최종 백원단위에서 절상

① 2023년 기본연봉액 : 50,000,000원

② 2023년 성과연봉 중 행정안전부장관이 정하는 금액 : 1,433,000원 * 백원단위에서 절상

→ 22,503천원(5급 가산기준액) × 4.1% + 510천원 = 1,432,623원

③ 2024년 처우개선분 : 1,285,820원 * 일원단위 절사

→ 51,433,000원(①+②) × 2.5% = 1,285,825원

☞ 2024년도 성과연봉액(5급 S등급) : 7,775천원

☞ 2024년도 연봉액 : 60,494천원(기본연봉액 52,719천원 + 성과연봉액 7,775천원)

☞ 2024년도 연봉월액 : 5,041,160원(연봉액 60,494천원 ÷ 12개월)

☞ 연봉외급여인 직급보조비, 정액급식비, 가족수당, 연가보상비, 특수근무수당, 특수지근무수당 등은 별도 지급

Ⅷ. 명예퇴직수당 등의 산정기준

○ 성과급적 연봉제 적용대상 공무원의 「지방공무원 명예퇴직수당 등 지급규정」에 따른 명예퇴직수당 또는 「지방공무원 수당 등에 관한 규정」에 따른 자진퇴직수당의 산정기준이 되는 월봉급액은 연봉월액(성과연봉을 제외한 금액을 말한다)의 78퍼센트[「지방공무원 수당 등에 관한 규정」 별표 12에 따른 관리업무수당 지급대상에 해당하지 아니하는 5급(상당)공무원은 84퍼센트]의 68.54퍼센트[「지방공무원 수당 등에 관한 규정」 별표 12에 따른 관리업무수당 지급대상에 해당하지 아니하는 5급(상당)공무원은 67.5퍼센트]를 기준으로 산정

[별표 1]

임기제공무원 신규채용 시 연봉책정을 위한 평가방법[예시]

1. **평가사항**
   1.1 해당직위의 비중, 대내외적 영향력, 직무의 곤란도·책임도
   1.2 채용대상자의 직무능력 수준(전문성, 정보화능력, 탁월한 실적유무)
   1.3 민간의 유사능력·유사기술 보유자와의 보수비교
   1.4 공직내 동일 등급수준에서의 유사 직종 및 타 직종간 보수비교
   1.5 기존 및 이전 전직자의 보수수준
   1.6 채용대상자의 채용직전 최근 3년 간 연봉액
   1.7 해당분야 인력확보의 곤란정도(인력의 희소성, 대체성의 정도)

   <평가 참고자료>
   - 해당직위의 기능 및 업무내용, 조직내외 비중, 직무의 곤란도, 책임도를 분석·정리한 자료
   - 채용대상자의 학위, 자격증, 경력증명서, 실적증빙서류
   - 공직내 또는 민간의 유사능력·유사기술 보유자와 보수비교표
   - 동일 등급수준에서의 기관내외 유사직종 및 타 직종간 보수비교표
   - 기존 및 이전 전직자의 보수수준 조사표
   - 채용대상자의 최근 3년 간 보수내역을 증명할 수 있는 서류(소득세법시행규칙에 의한 근로소득원천징수영수증 또는 사업소득원천징수영수증 등)
   - 해당분야 인력확보 곤란정도에 대한 조사표

2. **평가방법**
   2.1 연봉수준 책정을 위해 수집·작성한 평가참고자료와 채용대상자의 자기소개서, 추천서 및 면접심사(직무수행계획 발표, 특정주제에 대한 의견발표, 집단토론 등 다양한 방법활용)등을 통해 객관적인 평가를 실시함.
   2.2 지방자치단체의 장과 지방의회의 의장은 필요시 관련분야의 전문지식이나 경험이 풍부한 자(공무원 또는 민간인)로 평가위원회를 구성·운영함.
   * 임용대상자 선발을 위한 위원회를 구성·운영하는 경우에는 별도의 위원회를 구성하지 아니하고 동 위원회를 활용할 수 있음.

3. **평가시기**
   3.1 연봉수준 책정을 위해 별도의 평가를 실시하기 보다는 채용대상자 선발심사시 이러한 평가를 실시하고 그 결과를 채용예정자 결정 및 연봉수준 결정자료로 동시에 활용토록 함.

4. 평가표 작성 예시

   4.1 각 평가요소별 배점 : 10점 만점

   4.2 각 평가등급별 배점 비율 및 기준

      하 : 10%, 중 : 25%, 중상 : 50%, 상 : 75%, 최상 : 100%

<평가등급별 기준>

평가등급(배점비율)	기 준
하 (10%)	매우 낮은 수준
중 (25%)	다소 낮은 수준
중상 (50%)	보통 수준
상 (75%)	다소 높은 수준
최상 (100%)	매우 높은 수준

   4.3 각 평가요소별 평가점수의 합계를 백분율로 표시

평가요소		배점	평가 등급					평가점수
			하 (10%)	중 (25%)	중상 (50%)	상 (75%)	최상 (100%)	
A.직무비중	A.1 직무의 양	5				○		3.75
	A.2 직무의 곤란도(난이도)	5				○		3.75
	A.3 책임도	5				○		3.75
	A.4 대내외적 영향력(중요성)	5					○	5.0
B.직무능력	B.1 전문성	5					○	5.0
	B.2 문제해결능력	5				○		3.75
	B.3 리더십	5				○		3.75
	B.4 협상능력	5				○		3.75
	B.5 정보화능력	5			○			2.5
	B.6 외국어 능력	5			○			2.5
C.기타 인력수급 환경 등	C.1 인력확보의 곤란 정도	10					○	10.0
	C.2 공직내외 유사 직급·직종· 능력 보유자 간의 보수 등에 비추어 연봉을 상향조정하여야 한다고 판단되는 정도	10				○		7.5
	C.3 채용 전 보수수준 등에 비추어 연봉을 상향조정하여야 한다고 판단되는 정도	50					○	50.0
평가점수 합계		120						105점 (87.5%)

* 평가요소는 및 평가등급은 각 기관별로 연봉등급에 따라 적절히 가감할 수 있음

A. 직무비중

　A.1,2,3,4 : 담당하게 될 업무의 양, 난이도, 책임의 정도, 대내외적 영향력의 정도

B. 직무능력

 B.1 전문성
- 관련분야에 대한 높은 수준의 이론적·실무적·법규적 지식 등을 소유하고, 전문적인 지식체계를 활용하는 능력
- 새로운 지식 및 정보의 수집·분석능력
- 복잡한 상황에서 핵심적인 이슈와 필요사항 등을 개념화하고 종합분석하여 행동방안들을 제시하고, 실행가능한 최적의 대안을 판단해내는 능력

 B.2 문제해결능력
- 문제에 대한 사전예측과 예방조치 능력
- 전문 지식을 활용하여 문제를 합리적으로 분석하고, 체계화된 과정으로 해결방안을 도출하여 조직목표를 달성하는 능력
- 조직내외 환경의 요구를 인식하고 새로운 방식으로 현상을 파악하며, 고객지향적·상황대응적인 해결방안을 마련하는 능력

 B.3 리더십
- 조직내외 환경변화를 정확하게 파악하여 폭넓은 비전을 제시하고, 적절한 변화전략을 설계하며, 조직변화를 창출하는 능력
- 독창적이고 창의적인 전략을 개발하고 수립하는 능력
- 환경·과업·구성원들의 다양성을 수렴하여 유연하고 전향적인 자세를 견지함으로써 업무성과를 유지하는 능력

 B.4 협상능력
- 이해관계자의 참여·토론 분위기를 조성하고 조직내외에 네트워크를 구축하여 주변 및 대국민 공감대를 형성할 수 있는 능력
- 글·말 등 효과적인 커뮤니케이션 방법을 활용하여 자신의 의사를 명료하고 효과적으로 설명하는 능력
- 협상 상대자의 적대감을 다룰줄 알고, 협상 당사자 모두가 만족하는 긍정적인 해결책(Win-Win Solution)을 제시하고 설득하는 능력

 B.5 정보화 능력
- 컴퓨터를 이용한 정보관리 능력과 인터넷 등 응용프로그램을 활용하는 능력

 B.6 외국어 능력
- 필요시 업무수행을 위하여 외국인사 등과 접촉하고, 관련 외국 문헌·자료 등을 탐색·정리·분석하고 활용할 수 있는 능력

<평 가 기 준>

등급(점수)	평 가 척 도
하 (1.0)	·초보적인 질문과 문장들을 부분적으로 이해하고 표현할 수 있는 수준
중 (2.5)	·단순 명료한 외국 언론의 기사 등 일상적 상황의 기본적인 주제에 대하여 이해하고 표현할 수 있는 수준
중상 (5.0)	·다양한 상황의 복잡한 주제에 대하여 제한된 범위에서 이해하고 표현할 수 있는 수준
상 (7.5)	·국제회의·세미나에서의 토론, 자유연설 및 서면을 통한 정책설명 등이 가능한 수준
최상 (10.0)	·교양있는 원어민(Native Speaker)에 버금가는 정도로 의사소통이 가능하고 복잡미묘한 문제에 대하여 외국정부와 협상할 수 있는 수준

C. 기타 인력수급 환경 등

  C.1 인력확보의 곤란정도
    - 해당 인력양성에 시간과 경비가 많이 소요되고, 전문성이 높으며, 해당인력이 희소하고 사회적 수요도가 높아 인력확보에 곤란이 따르는 정도

  C.2 「지방공무원 보수규정」 제8조에 의해 산정한 호봉에 따라 산출한 기준연봉액을 공직내외 유사 직급·직종·능력보유자의 보수수준과 비교한 결과 상향조정하여야 한다고 판단되는 정도

  C.3 「지방공무원 보수규정」 제8조에 의해 산정한 호봉에 따라 산출한 기준연봉액을 대상자의 채용 전 보수수준과 비교한 결과 상향조정하여야 한다고 판단되는 정도

    < 보수수준 격차율에 따라 등급부여>
    · 하   :   0% 이상 ~ 20% 미만
    · 중   : 20% 이상 ~ 40% 미만
    · 중상 : 40% 이상 ~ 60% 미만
    · 상   : 60% 이상 ~ 80% 미만
    · 최상 : 80% 이상 ~ 100% 이상

5. 평가점수에 따른 연봉조정율 결정

  5.1 평가기준에 의한 각 평가요소별 득점합계의 백분율에 따라 아래의 조정율을 연봉책정의 일반원칙에 의해 산출된 기준연봉액에 적용하여 연봉을 책정한다.

평가점수 합계의 백분율	50% 이하	51~60%	61~80%	81~90%	91~100%
조정율	기준연봉액의 100%	기준연봉액의 105%	기준연봉액의 110%	기준연봉액의 120%	기준연봉액의 130%

* 개방형 직위에 임용되는 임기제공무원의 경우에는 선발과정에서 실시하는 직무수행요건 심사점수(능력요건 및 특별요건 심사결과)를 활용한다.

[별지 제1호 서식]

2024년도 연봉명세서

① **2024**년 연봉액 (②+⑦)			⑧ 연봉월액 (연봉액/12월)	
② **2024**년 기본연봉	소계 (③+④+⑤+⑥)			
	③ **2023**년 기본연봉			
	④ **2023**년 성과연봉 중 가산액			
	⑤ **2024**년 처우개선분			
	⑥ 기타(승진가급 등)			
⑦ **2024**년 성과연봉				

현직급 임용일		연봉책정일	

※ 작성요령

○ 연봉액 : 2024년도 기본연봉(②)과 2024년도 성과연봉(⑦)을 합산한 금액

③ 2023년 기본연봉 : 2023.12.31 현재를 기준으로 산정한 기본연봉액

④ 2023년 성과연봉 중 가산액

  - 2023년도 성과연봉 중 행정안전부장관이 정하는 금액

  - 단, 2023년도 기본연봉과 2023년도 성과연봉 중 행정안전부장관이 정하는 금액을 합산한 금액이 2023년도 연봉상한액을 초과하는 경우에는 그 초과하는 금액을 제외한 금액

⑤ 2024년도 연봉제 처우개선분

⑦ 2024년 성과연봉 : 2024년도 성과연봉으로 2024년도 계급별 성과연봉 지급기준액 × 평가등급별 지급률에 의해 산출된 금액

③ 연봉월액 : 2024년도 연봉액(①)을 12월로 나누어 매월 지급하는 금액

[별지 제2호 서식]

성과연봉 지급순위명부

○ 기관(또는 실·국·소속기관)명 :　　　　　　　　○ 계급 :

순위	소 속	직급	성 명	성과목표 달성도 등의 평정점	다면평가	기 타	조 정 순 위

* 위 평가요소는 각 기관에 따라 달리 정할 수 있으며, 각 평가요소의 결과를 그대로 또는 적절한 방법으로 전환하여 기재함.

[별지 제3호 서식]

이의신청서

소 속		직 급 (직위)		성 명	
성과연봉 지급등급					
이의신청 사유 (구체적으로 기재하고 관련 증빙서류 첨부)					
기타 참고사항					

「지방공무원보수규정」 및 「지방공무원보수업무 등 처리지침」에 의하여 위와 같이 이의신청을 합니다.

년   월   일

이의신청인   직급   성명   (서명)

성과급심사위원회 귀중

[별지 제4호 서식]

연봉심의 요청서[예시]

1. 인적사항 및 담당업무

성 명	성별	생년월일	병역 / 복무기간	채용등급	채용(예정)일
○○○	남	1967.12.23	육군(병장) / 3년	일반임기제 4호	2024.3.30

기 관	부서/직위	담당업무 내용
○○○부	홍보협력과/과장	· · ·

2. 학력[1] 및 경력

기 간	학교명	전공학과	학 위	학위 취득일
1988.3.~1992.2.	○○○대학교	신문방송학과	학사	1992.2
1992.3.~1994.2.	○○○대학교	정치학과	석사	1994.2
1994.3.~1995.2.	○○○대학교	행정학과	박사	1995.2

기 간	직장명	직 급	담당업무(주요실적)
1996.3.~1998.2.	(주)○○○기업	사원	기관 홍보
1999.6.~2001.2.	(주)○○○광고	대리	홍보물 제작 (○○신문 주관, '99년 광고대상 수상)
2001.3.~2003.2.	(주)○○○기업	과장	인터넷 홍보콘텐츠 개발
2003.5.~2006.5.	○○○시청	일반임기제 5호	홍보 및 대외협력
2006.6.~2010.1.	(주)○○○기업	부장	홍보사업부 총괄

3. 기준연봉

기준연봉액	호 봉[2]	호봉산정 내역				
		구 분	근 무 기 간	상당계급	환산율	인정기간
○○○천원	4급 6호	군경력	'84.11.11.~'87.5.11.10.	3-0-0	-	100%	3-0-0
		공무원경력	'03.5.2.~'06.5.30.	3-0-28	5급	100%	3-0-28

4. 채용전 보수수준

2021년	2022년	2023년
000원	000원	000원

5. 심의사유[3] 및 심의요청 금액

심 의 사 유
· 우리 지방자치단체 또는 지방의회는 ------- 사유로 홍보업무가 매우 중요하고, 해당분야 경력을 갖춘 전문인력이 절실한 실정임. · 심의대상자는 홍보분야에 오랜 근무경험을 가지고 있고, 1999년도 광고대상(○○신문사 주최)을 수상하는 등 우수한 인력임. · 심의대상자의 전문성, 채용전 보수수준(최근 3년간 평균 000천원) 등을 고려할 때 자율책정 범위내의 금액으로는 채용 곤란

심의요청 금액	산출 근거(기준)
000천원 (기준연봉의 000%)	

구 비 서 류

① 학위취득증명서(석사학위 이상만 해당)
② 채용전 경력에 대한 경력증명서(실적증명서)
③ 최근 3년간 보수 수령내역(「소득세법시행규칙」에 의한 근로소득원천징수영수증 또는 사업소득원천징수영수증 등)
④ 「지방공무원 연봉업무 처리기준」 [별표 1] "일반임기제공무원 신규채용시 연봉책정을 위한 평가방법(예시)" 등에 의한 평가결과
⑤ 기타 연봉책정관련 참고자료(필요할 경우에만 제출)

※ 작성방법
 1) 학력은 대학교 이상만 기재
 2) 해당직위에 경력직으로 임용되었을 경우의 호봉
 3) 연봉 자율책정범위내에서는 우수 전문인력의 확보가 곤란하다고 판단하는 사유(인력의 희소성, 전문성, 민간에서의 보수수준, 동종 유사능력 보유자와의 대내·외적 보수수준 비교결과 등)
  * 본 심의요청서는 예시로서 연봉심의 특성에 따라 지방자치단체의 장 또는 지방의회의 의장이 서식을 달리 정할 수 있음.

5
지방공무원수당 등의 업무 처리기준

Ⅰ. 총 칙
Ⅱ. 상여수당
Ⅲ. 가계보전수당
Ⅳ. 특수지근무수당
Ⅴ. 특수근무수당
Ⅵ. 초과근무수당 등
Ⅶ. 실비보상 등
Ⅷ. 수당등의 지급방법
Ⅸ. 근무연수의 계산통보
Ⅹ. 공공기관 등 파견보조비 지급 기준

CONTENTS 차 례

Ⅰ. 총 칙

1. 목 적 ·· 274
2. 근 거 ·· 274
3. 적용범위 ·· 274
4. 영 개정협의 요구시기 및 방법 ·· 274
5. 수당등 신설·인상 요구기준 ··· 275
   가. 수당등 신설 요구기준 / 275   나. 수당등 인상 요구기준 / 275

Ⅱ. 상여수당

1. 대우공무원수당 ··· 276
   가. 지급대상 / 276   나. 지급액 / 276
   다. 감액 지급 / 278
2. 정근수당 ·· 279
   가. 지급대상 / 279   나. 지급시기 / 279
   다. 지급요건 / 279   라. 지급액 / 280
   마. 근무연수 계산 / 280 바. 지급방법 / 284
3. 정근수당 가산금 ··· 288
   가. 지급대상 / 288   나. 지급액 / 288
   다. 근무연수 계산 / 288 라. 감액 지급 / 288

Ⅲ. 가계보전수당

1. 가족수당(§10) ·· 290
   가. 지급대상 / 290   나. 부양가족 요건(기본요건) / 290
   다. 지급액 / 291   라. 부양가족의 구체적 사례 / 293

제5장 지방공무원수당 등의 업무 처리기준

　　　마. 지급방법 / 294　　　바. 수당지급 및 소멸시기 / 298
　　　사. 감액 지급 / 298　　　아. 국외파견공무원의 경우 / 299
　　　자. 부양가족 신고 / 300　　차. 변　상 / 302

2. 국외파견공무원 자녀학비보조수당 ································· 302
3. 육아휴직수당 ·· 302
　　　가. 지급대상 / 302　　　나. 지급액 / 303
　　　다. 지급기간 / 306　　　라. 지급방법 / 308
　　　마. 30일 미만 육아휴직 합산 시 수당지급 방법 / 310
　　　바. 징　수 / 310

Ⅳ. 특수지근무수당

1. 지급대상 ··· 315
2. 지급액 ··· 315
3. 지급대상지역 및 기관과 그 등급별 구분 ······················· 315
　　　가. 교통이 불편하고 문화·교육시설이 거의 없는 지역과 그 등급별 구분 / 315
　　　나. 근무환경이 특수한 기관과 그 등급별 구분 / 315
4. 실태조사 ··· 315

Ⅴ. 특수근무수당

1. 위험근무수당(§13) ·· 316
　　　가. 지급대상 / 316　　　나. 지급구분 / 316
　　　다. 지급기준 / 316　　　라. 기타사항 / 316

CONTENTS 차례

2. 특수업무수당 ··· 317
   가. 지급대상 / 317　　　　　나. 지급액 / 317
   다. 수당별 업무처리 방법 / 318

3. 업무대행수당 ··· 331
   가. 지급대상 / 331　　　　　나. 지급액 및 지급방법 / 332

Ⅵ. 초과근무수당 등

1. 시간외근무수당 ··· 333
   가. 지급대상 / 333　　　　　나. 시간외근무명령 / 333
   다. 시간외근무시간 산정 / 335
   라. 지 급 액 / 338

2. 야간근무수당 ··· 339
   가. 지급대상 / 339　　　　　나. 야간근무시간의 산정방법 / 339
   다. 지 급 액 / 340

3. 휴일근무수당 ··· 340
   가. 지급대상 / 340　　　　　나. 근무일의 산정방법 / 340
   다. 지 급 액 / 340

4. 관리업무수당 ··· 341
   가. 지급대상 / 341　　　　　나. 지급액 / 341
   다. 지급의 제한 / 342　　　　라. 초과근무수당과의 관계 / 342

5. 자진퇴직수당 ··· 342
   가. 지급대상 / 342　　　　　나. 지급액 / 342

6. 초과근무수당 예산편성 및 집행 ·· 343
   가. 예산편성 기준 / 343　　　나. 초과근무수당 집행 / 343

제5장 지방공무원수당 등의 업무 처리기준

7. 초과근무수당 지급방법 ·· 343
    가. 초과근무수당 지급단가 / 343   나. 지급시기 / 343
    다. 지급제외 대상자 / 343

8. 초과근무의 명령 및 승인 등 절차 ·· 344
    가. 초과근무의 명령권자 / 344   나. 초과근무의 명령 / 344
    다. 초과근무 내역 보고 / 345   라. 초과근무의 확인 / 345
    마. 교대근무의 경우 / 345   바. 비상근무의 경우 / 345
    사. 초과근무내역의 통보 / 346   아. 전산시스템을 이용할 경우 / 346

9. 초과근무수당 관리강화 대책 ··· 347
    가. 초과근무수당 지급실태의 정기적 점검 강화 / 347
    나. 초과근무수당 부정수령자에 대한 불이익 처분 조치 / 347
    다. 초과근무수당 부정수령액 환수 및 가산징수 방법 / 348
    라. 부정수령시 초과근무 승인권자에 대한 불이익 조치 / 349

Ⅶ. 실비보상 등

1. 정액급식비 ·· 350
    가. 지급대상 / 350   나. 지급액 / 350
    다. 지급시기 / 350

2. 명절휴가비 ·· 350
    가. 지급대상 / 350   나. 지급기준일 및 지급액 / 350
    다. 지급시기 / 350   라. 지급방법 / 351

3. 연가보상비 ·· 352
    가. 지급대상 / 352   나. 지급근거 / 353
    다. 지급액 / 354   라. 지급방법 / 354
    마. 지급기관 및 지급시기 / 358
    바. 행정사항 / 358

4. 직급보조비 ··· 363

    가. 지급대상 / 363   나. 지급액 / 363
    다. 지급시기 / 365   라. 지급방법 / 365

5. 가계지원비 및 교통보조비 기본급 통합에 따른 보전·감액 조정 ···· 365

    가. 가계지원비 통합에 따른 교원/연구·지도직 관리업무수당 감액 조정 / 365
    나. 교통보조비 통합에 따른 교원 등 일부 직종 특수업무수당 조정 / 365
    다. 교통보조비 통합에 따른 일부 공무원 직급보조비 감액조정 / 366

Ⅷ. 수당등의 지급방법

1. 소속기관 변동시 수당등 지급 ··· 367
2. 신분변동 등에 따른 수당등의 지급방법 ···························· 367

    가. 직위해제 / 367   나. 징계처분 / 368
    다. 직위해제 중인 자가 징계처분을 받은 경우 수당의 감액 / 371
    라. 휴　직 / 371   마. 파　견 / 373
    바. 출　장 / 374   사. 결　근 / 374
    아. 권한대행 / 374

3. 수당의 병급 문제 ··· 375

    가. 병급이 불가능한 경우 / 375   나. 병급이 가능한 경우 / 375

4. 기타사항 ·· 376

    가. 휴가 및 공무상 질병 또는 부상으로 인한 휴직기간 중의 수당 등 지급 / 376
    나. 임기제공무원의 특수근무수당 지급 / 377
    다. 연봉제 공무원에게 지급하지 아니하는 수당 등 / 377
    라. 정년·명예·조기·자진 퇴직 및 공무상 사망시 수당 등의 지급방법 / 377
    마. 면직 또는 징계처분 등이 무효 또는 취소된 경우 / 378

제5장 지방공무원수당 등의 업무 처리기준

바. 시간선택제임기제공무원의 수당 등 지급 / 380
사. 시간선택제근무를 하는 공무원 등의 수당 등 지급 / 383
아. 한시임기제공무원의 수당 등 지급 / 389
자. 직종 변경('13.12.12.)에 따른 수당 등 지급 특례
   (영 제 24919호 부칙 제2조 및 제3조) / 391

Ⅸ. 근무연수의 계산통보 _392

Ⅹ. 공공기관 등 파견보조비 지급 기준 _392

○ 별표 및 별지 목록

[별표 1] 초과근무수당 지급대상 구분표 ·································· 394
[별표 2] 초과근무수당 지급단가 ·· 395
[별표 3] 대우공무원수당 조견표 ·· 397
<별지 제1호 서식> 부양가족 신고서 ·· 399
<별지 제2호 서식> 초과근무명령서 ·· 400
<별지 제2-1호 서식> 초과근무내역서 ······································· 401
<별지 제3호 서식> 초과근무명령대장 ······································· 402
<별지 제4호 서식> ( )월 중 ○○과 개인별 초과근무내역 통보 ·· 403
<별지 제5호 서식> 초과근무확인대장 ······································· 404
<별지 제6호 서식> 초과근무수당 운영실태 자체점검 결과 ······ 405
<별지 제7호 서식> 공무원재해보상 장해진단서 ···················· 406
<별지 제8호 서식> 자녀학비보조수당 신고서 ························ 407
<별지 제9호 서식> 기술정보수당 가산금 신고서 ·················· 408

지방공무원 수당체계

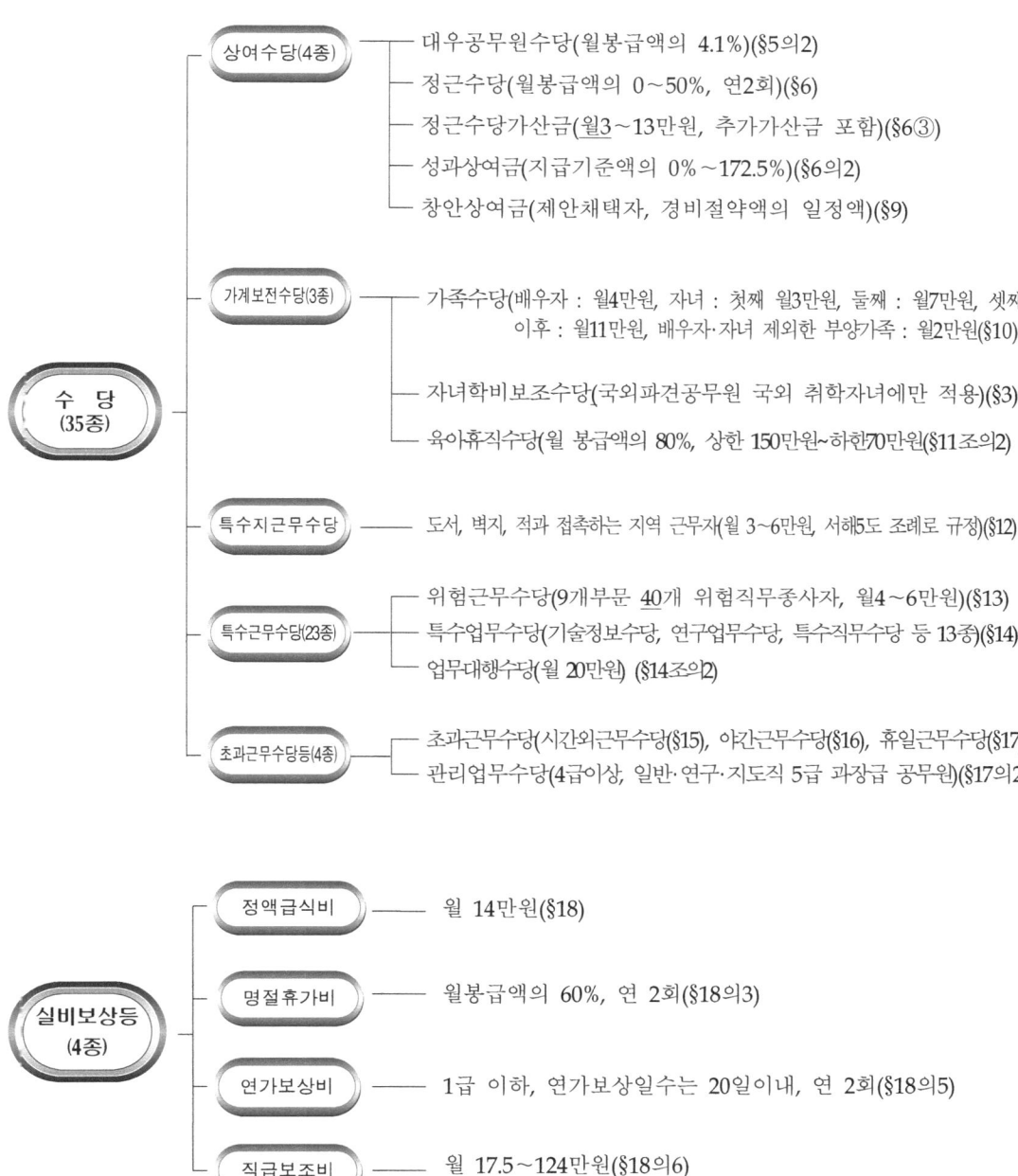

제5장 지방공무원수당 등의 업무 처리기준

Ⅰ. 총 칙

1. 목 적

이 장은 「지방공무원법」 제45조·제46조 및 「지방공무원 보수규정」 제30조에 따라 지방공무원에게 지급하는 수당과 실비보상 등의 지급기준·절차·방법 등에 관하여 정한 「지방공무원 수당 등에 관한 규정」의 시행에 필요한 사항과 동 규정에서 위임한 사항을 구체적으로 정함으로써 업무의 정확성과 통일성을 기하는 데 있다.

2. 근 거

「지방공무원법」, 「지방공무원 수당 등에 관한 규정」(대통령령 제34102호, 2024. 1. 5.)
  * 이하 이 장에서 「지방공무원 수당 등에 관한 규정」은 '영'이라 한다.

3. 적용범위

이 장은 「지방공무원법」 제2조의 규정에 의한 지방공무원(이하 "공무원"이라 함) 중 지방자치단체 소속공무원에게 적용된다.
- 일반직공무원
- 특정직공무원
- 정무직공무원(지방의회의원 제외)
- 별정직공무원
- 임기제공무원

4. 영 개정협의 요구시기 및 방법

가. 지방자치단체의 장과 지방의회의 의장은 영에서 정한 수당등의 지급액·지급범위·지급방법 등에 관하여 개정이 필요한 사항은 해당연도 4월 30일까지 행정안전부장관에게 그 개정을 요구하여야 한다(시·군·구는 시·도 경유).

나. 영 개정 요구시에는 개정안, 개정요구사유, 소요예산 등 필요한 자료를 첨부하여 제출하여야 한다.

5. 수당등 신설·인상 요구기준

> **< 기본방향 >**
>
> 1. 「지방공무원법」(제44조제2항)상 "공무원보수 균형유지 원칙"을 우선 고려하고,
>   - 공무원 처우개선은 기본급과 공통수당 인상을 통하여 직종간 균형 유지
> 2. 특수직종에 대한 수당 등의 신설은 원칙적으로 억제하며,
> 3. 개별 수당등의 지급액 인상은 다른 유사수당과의 형평성, 장기간 동결 여부 및 인상의 필요성 등을 감안함.

가. 수당등 신설 요구기준

1) 행정환경의 변화로 수당 등의 신설이 필요한 경우 그 필요성과 타당성
2) 다른 직종 또는 다른 분야에 종사하는 공무원과의 형평성과 파급효과 등
   가) 고유한 업무로서 직무의 성질, 내용, 근무여건 등을 볼 때 특별한 부가급여의 필요성이 있는지 여부
   나) 공무원 봉급표상의 우대정도, 특정업무비 또는 특수업무수행활동비 등을 부가적으로 지급받고 있는지 여부 등을 종합적으로 고려
      * 과거 통·폐합된 수당 등을 다시 신설하는 것은 특별한 사정변경이 없는 한 인정하지 않음

나. 수당등 인상 요구기준

1) 해당분야 행정수요의 급증 또는 장기간 동결 여부 등을 고려
    * 특정 직종에 대하여 매년 연속적으로 수당 등의 지급액을 인상하는 것은 가급적 억제
2) 유사분야에서 종사하는 공무원에게 지급하는 수당등과 비교하여 형평성에 어긋나거나, 예산소요가 과다할 경우의 인상요구는 불인정
    * 동종·유사 수당 등에 대하여는 가급적 동일한 지급액으로 조정
3) 인상 요구비율은 해당연도 전체 공무원의 처우개선수준, 타 직종 수당 등과의 격차 등을 종합적으로 고려

Ⅱ. 상여수당

1. 대우공무원수당(영 제5조의2)

가. 지급대상

「지방공무원 임용령」 제31조에 따라 대우공무원으로 선발된 자

나. 지 급 액

해당 공무원 월봉급액(기본급)의 4.1% [「지방공무원 보수규정」 별표 13의 성과급적 연봉제 적용대상 공무원의 경우에는 연봉월액 × 78%(기본연봉에 관리업무수당에 해당하는 금액이 포함되지 않는 공무원<'제5장-Ⅵ-4-가' 참조>은 84%) × 4.1%]

1) 위 연봉액은 기본연봉을 말하고, 성과연봉은 포함하지 않음.

2) 다만, 대우공무원수당과 월봉급액을 합산한 금액이 상위직급으로 승진시의 월봉급액을 초과할 경우에는 해당 직급 월봉급액과 상위직급 월봉급액의 차액을 지급하되, 「지방공무원 보수규정」 별표 9 비고 1(승진 후 해당 호봉이 없는 경우에는 승진 후 계급의 최고호봉으로 함)에 해당되어 수당 지급액이 직전호봉보다 낮아지게 되는 경우에는 직전호봉 수당액을 지급한다.

3) 6급인 대우공무원 중 필수 실무요원으로 지정된 자에 대하여는 월 10만원의 가산금을 지급한다.

4) 성과급적연봉제 적용대상공무원이 강임되는 경우에는 강임된 계급에서의 대우공무원수당은 지급하지 아니한다.

5) 대우공무원이 강등된 경우에는 강등된 일자에 상위 계급 대우공무원 자격을 당연히 상실하므로 대우공무원수당을 지급하지 아니한다.

6) 2024년도 대우공무원수당 조견표(별표 3) 참조

── < 참고사항 > ──

【지방공무원 인사제도 운영지침(행정안전부 예규)】

제54조(대우공무원 재직요건) 임용령 제31조제1항에 따라 대우공무원으로 선발되기 위해서는 해당 계급에서 아래 각 호의 기간 동안 재직하여야 한다.

1. 2급부터 5급까지 : 7년 이상
2. 6급부터 9급까지 : 5년 이상
3. 연구사 및 지도사 : 10년 이상

제57조(선발절차) ① 임용권자(임용권을 위임받은 자 포함)가 매월말 5일전까지 대우공무원 발령일을 기준으로 대우공무원 선발요건을 충족하는 대상자를 결정하며, 대우공무원 선발시 인사위원회 심의·의결 절차는 생략한다.

② 매월 1일에 대우공무원 일괄 선발하고, 인사기록카드에 기재한다.

③ 바로 상위 계급(직급명칭) 다음에 "대우"를 붙이며, 4급 이상의 직명이 없는 5급의 경우에는 급수 다음에 "대우"를 붙인다.

제58조(대우공무원 수당) ① 대우공무원으로 선발된 경우에는 지방공무원 수당규정 제5조의2의 규정에 따라 대우공무원수당을 지급할 수 있다.

② 대우공무원의 선발 또는 수당지급에 중대한 착오가 발생하였거나 징계 등 승진임용 제한사유에 해당되어 대우공무원으로 선발되지 못한 공무원의 해당 징계처분이 소청심사위원회 또는 법원에서 무효나 취소의 결정 또는 판결을 한 경우에는 당초 대우공무원 선발일자로 정정 발령하고, 대우공무원수당을 소급 지급할 수 있다.

③ 강임된 공무원의 경우, 지방공무원 보수규정 제5조(강임시 등의 봉급보전)의 규정에 의하여 승진예정 직급의 월봉급액과 차액이 발생되지 않으므로 지방공무원수당규정 제5조의2(대우공무원수당) 제1항 단서의 규정에 따라 대우공무원수당을 지급할 여지가 없다. 다만, 강임 후 재직기간이 경과되어 봉급인상 등으로 강임된 계급에서의 호봉을 기준으로 산정한 월봉급액과 대우공무원수당액을 합한 금액이 실제 지급되는 월봉급액을 초과하는 경우에는 그 차액을 지급한다.

제59조(대우공무원 자격상실) ① 대우공무원이 승진임용된 경우 승진임용일에 대우공무원 자격은 자동 상실된다.

② 대우공무원이 강임·강등된 경우, 강임 전 계급에서의 상위계급의 대우공무원 자격은 별도의 조치없이 당연 상실된다.

③ 강임된 공무원은 강임된 계급의 근무기간에 관계없이 "기타 선발요건"에 해당되는 경우에는 강임일자로 강임 전 계급의 대우공무원으로 선발이 가능하다.

④ 강등된 공무원은 강등된 계급에서 승진임용제한기간 경과 후 도래한 정기 대우공무원 선발일자에 강등 전 계급의 대우공무원으로 선발이 가능하다.

다. 감액 지급

정직·감봉·직위해제 및 휴직으로 봉급이 감액 지급되는 공무원에게는 영 별표 4의 지급구분에 따라 처분기간중 대우공무원수당(가산금을 포함한다)을 감액하여 지급한다.

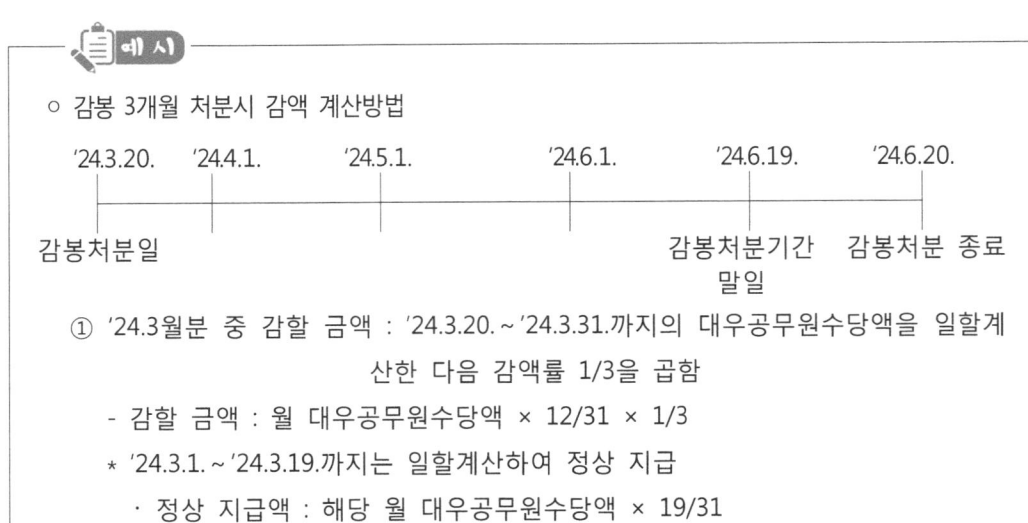

○ 감봉 3개월 처분시 감액 계산방법

'24.3.20. 감봉처분일 — '24.4.1. — '24.5.1. — '24.6.1. — '24.6.19. 감봉처분기간 말일 — '24.6.20. 감봉처분 종료

① '24.3월분 중 감할 금액 : '24.3.20. ~ '24.3.31.까지의 대우공무원수당액을 일할계산한 다음 감액률 1/3을 곱함
  - 감할 금액 : 월 대우공무원수당액 × 12/31 × 1/3
  * '24.3.1. ~ '24.3.19.까지는 일할계산하여 정상 지급
    · 정상 지급액 : 해당 월 대우공무원수당액 × 19/31
② '24.4월분 중 감할 금액 : 해당 월 대우공무원수당액 × 1/3
③ '24.5월분 중 감할 금액 : 해당 월 대우공무원수당액 × 1/3
④ '24.6월분 중 감할 금액 : '24.6.1. ~ '24.6.19.까지는 일할계산한 다음 감액률 1/3을 곱함
  - 감할 금액 : 해당 월 대우공무원수당액 ×19/30 × 1/3
  * '24.6.20. ~ '24.6.30.까지는 일할계산하여 정상 지급
    · 정상 지급액 : 해당 월 대우공무원수당액 × 11/30

2. 정근수당(영 제6조 및 별표 2)

가. 지급대상

모든 공무원

※ 연봉제 적용대상 공무원은 제외하되, 1월 1일을 제외한 연도 중 연봉제 적용대상 공무원으로 승진하는 등의 사유로 호봉제 보수체계를 적용받는 경우 지급대상에 포함

나. 지급시기 : 매년 1월과 7월의 보수지급일

다. 지급요건

1) 1월에 지급되는 정근수당

1월 1일 현재 공무원의 신분을 보유하고 봉급이 지급되는 자 중 지급대상기간인 전년도 7월 1일부터 12월 31일까지의 기간 중 1개월 이상 봉급이 지급된 공무원(봉급의 일부가 지급된 공무원 포함)

가) "1개월"은 역(曆)에 의한 방법으로 계산하되, 기간을 합산하는 경우 30일을 1개월로 계산

나) "봉급의 일부가 지급된 공무원"이란 휴직(질병·외국유학), 직위해제, 결근 등으로 공무원의 신분은 계속 유지되는 상태에서 봉급지급일수는 계속되나 봉급이 감액되어 지급된 공무원을 말한다.

2) 7월에 지급되는 정근수당

7월 1일 현재 공무원의 신분을 보유하고 봉급이 지급되는 자 중 지급대상기간인 해당연도 1월 1일부터 6월 30일까지의 기간 중 1개월 이상 봉급이 지급된 공무원(봉급의 일부가 지급된 공무원 포함)

> **예시**
>
> ○ '24.3.12.부터 '24.7.9.까지 가사휴직중인 공무원이 '24.7.10.자로 복직했을 때 '24.7월에 지급되는 정근수당이 지급가능한지 여부
>
> - 7월에 지급되는 정근수당은 7월 1일 현재 공무원의 신분을 보유하고 봉급이 지급되는 공무원 중 지급대상기간인 해당 연도 1월 1일부터 6월 30일까지의 기간 중 1개월 이상 봉급이 지급된 공무원이어야 하나, 가사휴직의 경우 신분은 보유하나 7월 1일 현재 봉급이 미지급되므로 정근수당은 지급하지 않음

라. 지급액 : 근무연수에 따라 월봉급액의 0%에서 50%까지 차등 지급(영 별표 2)

근 무 연 수	월봉급액의 해당 지급률	근 무 연 수	월봉급액의 해당 지급률
1년 미만	미지급	7년 미만	30%
2년 미만	5%	8년 미만	35%
3년 미만	10%	9년 미만	40%
4년 미만	15%	10년 미만	45%
5년 미만	20%	10년 이상	50%
6년 미만	25%		

* 위 표에서 '월봉급액'이란 해당 공무원의 1월 1일 및 7월 1일 현재 봉급표상의 월봉급액을 말함
  - 예컨대, 7.11.자로 7급에서 6급으로 승진한 경우 7월의 정근수당은 7월 1일 당시의 직급·호봉(7급에서의 해당 호봉)에 상응하는 월봉급액을 기준으로 지급한다.
  - 7.1.자로 6급에서 7급으로 강임된 경우 7월에 지급되는 정근수당은 강임된 직급·호봉의 봉급표상 월봉급액을 기준으로 지급하여야 한다.
  - 7.1.자로 호봉이 승급된 자의 경우 7월에 지급되는 정근수당은 승급된 호봉의 봉급표상 월봉급액을 기준으로 지급한다.

마. 근무연수 계산

1) 기준일 : 매달 1일

2) 교육공무원

「공무원보수규정」 별표 22 교육공무원등의 경력환산율표에 따라 계산한다.

3) 기타 공무원

「지방공무원법」 제2조와 「국가공무원법」 제2조에 규정된 공무원(법령에 의한 봉급을 받지 아니하거나 비상근으로 근무한 공무원경력은 영 제6조제4항에 따른다)으로 근무한 기간을 합산하여 계산한다.

가) 「지방공무원법」 제25조의3, 「국가공무원법」 제26조의2 등에 따라 통상적인 근무시간보다 짧게 근무하는 공무원으로 근무한 경력(시간제계약직공무원·시간선택제임기제공무원·비전임계약직공무원으로 근무한 경력 등 포함) 또는 지방의회의원으로 근무한 경력

나) 차관급상당 이상에 대하여는 신규임용 등의 사유로 실제 근무연수가 10년 미만이더라도 10년 이상 근무한 공무원으로 보아 월봉급액의 50%에 해당하는 정근수당을 지급한다.

- 군복무경력('04.10.31. ~ '07.2.4.), 임용전교육('12.8.18. ~ 11.10.), A동사무소('13.3.5. ~ 5.4.), B청('18.5.20. ~ '23.12.31. 단, 질병휴직 3월 6일) 근무경력자의 '24.1.1.현재 근무연수 : 7년 9월 11일
  - 군 복무기간 : 2년 3월 5일
  - 임용전 교육기간 : 제외(「국가공무원법」과 「지방공무원법」상의 공무원으로 근무한 기간이 아님)
  - A동사무소(지방기관) : 2월
  - B청(국가기관) : 5년 4월 6일(질병휴직기간 3월 6일 제외)

4) 근무연수에 산입하지 않는 기간

○ 「지방공무원 보수규정」 제13조제1항제1호·제2호, 제14조 단서 및 「공무원보수규정」 제14조제1항제1호·제2호, 제15조 단서에 따라 승급이 제한되는 다음의 기간
가) 징계처분·직위해제기간 및 휴직기간(공무상 질병 또는 부상으로 인한 휴직은 제외)
나) 징계처분의 집행이 끝난 날부터 강등·정직은 18개월, 감봉은 12개월, 견책은 6개월의 기간(「지방공무원법」 제69조의2제1항 각 호의 어느 하나의 사유로 인한 징계처분과 소극행정, 음주운전(음주측정에 응하지 않은 경우를 포함), 성폭력·성희롱 및 성매매로 인한 징계처분의 경우에는 각각 6개월을 가산)
다) 「지방공무원 임용령」 제38조의17제1항 및 「공무원임용령」 제57조의5제1항의 복직명령에 따라 복직된 경우의 휴직기간
  * 강등의 경우에는 직무에 종사하지 못하는 3개월이 끝난 날이 징계처분의 집행이 끝난 날임.

5) 근무연수에 산입하는 기간

가) 「지방공무원 보수규정」 제14조 및 「공무원보수규정」 제15조 각 호에 따라 승급기간에 산입되는 기간
  * 예컨대, 징계처분 종료 후 근무연수에 산입하지 않는 기간(견책 : 6개월, 감봉 : 12개월, 강등·정직 : 18개월)은 일정기간(견책 : 3년, 감봉 : 5년, 정직 : 7년, 강등 : 9년)이 경과하면 근무연수에 산입(이 경우에도 강등에 따라 직무에 종사하지 못하는 3개월, 정직기간, 감봉기간 등 징계처분기간은 계속 산입하지 아니한다)하며, 국제기구·외국기관·국내외 대학·국내외 연구기관·재외국민연구기관·다른 자치단체·국가기관·민간기업 그 밖의 기관에서 근무하기 위한 휴직, 외국유학 휴직 및 육아휴직(휴직 기간 중 최초 1년 이내의 기간, 다만, 셋째이후 자녀에 대한 휴직에 대해서는 전 기간)등은 복직하면 그 휴직기간을 근무연수에 산입함.

> **예시**
>
> ○ 2022.6.1.부터 2024.5.31.까지 첫째자녀에 대해 육아휴직을 한 공무원이 2024.6.1.자로 복직시 2024년 7월에 지급해야 할 정근수당액
>   - 육아휴직의 경우 최초 1년 이내의 기간은 복직하면 그 휴직기간을 근무연수에 산입하므로 2022.6.1.부터 2023.5.31.까지(1년)는 근무연수에 산입되나 그 이후의 연장기간('23.6.1. ~ '24.5.31.) 1년은 근무연수에 산입되지 않으며, 또한 근무연수 미산입기간은 실제 근무하지 않은 기간이므로 영에 따라 지급대상 기간 중 실제 근무한 기간인 2023년 6월분에 대하여만 정근수당 1/6 지급

> **예시**
>
> ○ 2022.6.1.부터 2024.5.31.까지 셋째자녀에 대해 육아휴직을 한 공무원이 2024.6.1.자로 복직시 2024년 7월에 지급해야 할 정근수당액
>   - 첫째, 둘째 자녀에 대한 육아휴직은 최초 1년 이내의 기간만 그 휴직기간을 근무연수에 산입하나, 셋째이후 자녀에 대해서는 육아휴직 전 기간(3년 이내)을 근무연수에 산입하므로, '24.1 ~ 5월까지의 육아휴직기간은 실제 근무한 기간에 포함됨. 따라서, 2024년 7월에 지급하는 정근수당은 전액 지급
> ○ 9급 국가직공무원으로 근무하다 2024.6.15.자로 퇴직하고, 동일자로 지방직공무원으로 신규임용된 경우 지급해야 할 2024년 7월 정근수당액
>   - 「지방공무원법」 제2조와 「국가공무원법」 제2조에 규정된 공무원으로 근무한 기간은 근무연수에 합산하여 산입하고, '24년 7월 1일 현재 공무원 신분을 보유하고 봉급이 지급되며 지급대상기간 중 지급제외 사유가 없는 경우 정근수당 전액 지급

나) 군복무기간
  * 공무원 임용 전이나 임용 후를 불문하고 현역군인 또는 전투경찰순경이나 교정시설의 경비교도 등 군복무기간(구체적 인정복무기간은 「지방공무원보수업무 등 처리지침」 제1장 지방공무원봉급업무처리기준 참조)
  * '82.9.10. ~ '85.12.31. 방위소집 입영자로 「지방공무원 봉급업무 처리기준」 별표1의 방위소집 복무인정기간 변경에 따라 호봉 재획정이 있는 공무원에 대해서는 동일한 기준을 적용하여 근무연수를 계산·반영한다(변경된 근무연수 반영 기준일 : '19.2.1.).

다) 「지방공무원법」 제25조의3에 따라 통상적인 근무시간보다 짧게 근무하는 공무원의 근무기간
 (1) 근무시간에 비례하지 않고 전일제공무원과 동일하게 1년 단위로 근무연수에 산입
 (2) '13.12.31. 이전의 「지방공무원법」 제25조의3에 따라 통상적인 근무시간보다 짧게 근무하는 공무원의 근무기간은 전일근무시간을 기준으로 근무시간에 비례하여 근무연수에 산입하되, 통상적인 근무시간보다 짧게 근무하는 총 근무기간 중 최초 1년 이하의 기간은 근무연수에 전부 산입

- ○ 전일제 공무원으로 '11.3.1. ~ '11.12.31.(10개월) 근무하고, 주당 20시간 근무하는 시간제근무공무원으로 '12.1.1. ~ '13.12.31.(2년) 근무하고, 주당 20시간 근무하는 시간선택제전환공무원으로 '14.1.1 ~ '20.6.30.(6년 6개월) 근무할 경우 '20.7.1. 현재 근무연수 : 8년 10개월
  - '14.1.1.전의 근무기간 : 근무연수에 2년 4개월 산입
    * 전일제 근무경력은 근무연수에 전부 산입(10개월)
    * 시간제 근무경력은 최초 1년('12.1.1. ~ '12.12.31.)은 근무연수에 전부 산입하지만(1년), 그 이후의 근무기간('13.1.1. ~ '13.12.31.)는 근무시간에 비례하여 근무연수에 산입(6개월=1년×20/40)
  - '14.1.1. 이후의 근무기간 : 근무연수에 6년 6개월 산입
    * 시간선택제 근무경력은 근무시간에 비례하지 않고, 전일제와 동일하게 근무연수에 산입(6년 6개월)

6) 영 부칙('86.1.25, 대통령령 제11850호) 제2항(재직중인 공무원의 근무연수에 관한 경과조치)**에 따른 근무연수 계산방법**

가) '86.1.1.이후의 신규채용자

(1) 현행과 같음.

───────── < 참 고 사 항 > ─────────

- ○ 「지방공무원 보수규정」상 호봉산정에 반영되는 유사경력은 정근수당 지급을 위한 근무연수 계산에서 제외
- ○ '86.1.1.현재 재직중인 공무원이 퇴직 후 30일 이내에 공무원으로 재임용되는 경우 '85.12.31.이전에 이미 「지방공무원 보수규정」상 호봉에 반영된 유사경력은 현행 규정에 불구하고 근무연수에 합산

(2) 교육공무원은 「공무원보수규정」 별표 22 교육공무원등의 경력환산율표에 따라 계산한다.

나) '85.12.31.이전부터 계속 재직중인 자

(1) '85.12.31.까지 근무연수를 「당시 호봉 - 1」로 계산한 후 '86.1.1.이후의 공무원 경력을 합산한 기간

───────── < 참 고 사 항 > ─────────

- ○ '85.12.31.이전의 호봉산정에 반영된 유사경력은 근무연수에 포함

* 현행 근무연수 계산방법('86.1.1.이후의 신규채용 공무원에게 적용)에 따라 근무연수를 계산하는 것이 해당 공무원에게 더 유리한 경우에는 현행 방법에 의한다.

(2) 교육공무원은 '가) '86.1.1. 이후의 신규채용자'와 동일하게 계산한다.

바. 지급방법

1) 지급원칙

   가) 지급대상 기간 중 징계처분을 받은 공무원에게는 정근수당을 지급하지 아니한다.
   나) 신규 임용된 공무원과 직위해제 또는 휴직처분을 받은 공무원의 경우에는 해당 지급대상 기간 중 공무원으로 실제 근무한 기간(직위해제 처분기간은 실제 근무하지 않은 기간으로 보고,「지방공무원 보수규정」제14조제1호·제3호·제3호의2·제3호의3에 따른 휴직기간과 공무상 질병 또는 부상에 의한 휴직기간 및 「교육공무원법」 제12조제1항제5호에 따라 채용된 사람의 사립학교 근무기간은 실제 근무한 기간으로 본다)에 따라 아래의 산식과 같이 계산하여 지급한다.

   - 지급금액 = 영 제6조제1항의 정근수당액 × $\dfrac{\text{실제 근무한 기간(개월)}}{6(\text{개월})}$

2) 처분기간의 적용

   가) 전년도 7월 1일부터 12월 31일까지의 처분기간 : 1월에 지급하는 정근수당에 반영
   나) 해당연도 1월 1일부터 6월 30일까지의 처분기간 : 7월에 지급하는 정근수당에 반영
     * 실제 근무기간이 15일 이상인 경우는 1개월로 계산하고, 15일 미만인 경우에는 계산하지 않음.
     * 처분기간이 양 기간에 걸쳐 있지만 처분월수보다 적은 월수분의 정근수당이 감액되는 경우 처분월수만큼 감액하며 처분일이 속하는 지급대상기간의 정근수당을 감액함.

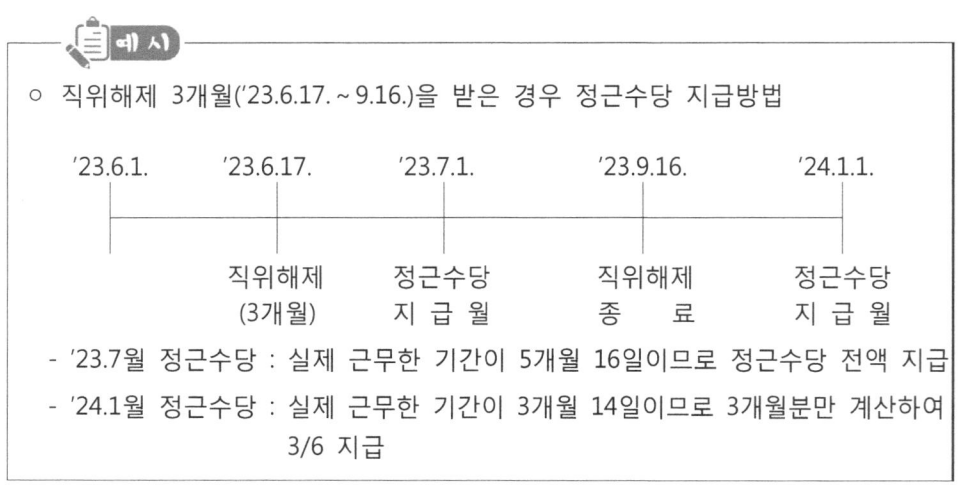

> **예시**
>
> ○ 직위해제 1개월('23.6.16. ~ '23.7.15.)을 받은 경우 정근수당 지급방법

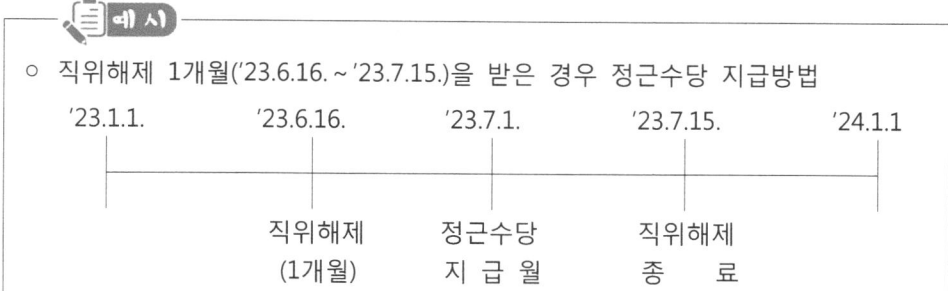

- 직위해제 처분 1개월에도 불구하고 실제 근무한 기간이 각각 15일 이상으로 사실상 감액되는 부분이 없게 되므로, 처분기간이 걸쳐있어 처분 받은 개월수(1개월)보다 적은 개월 수분(0개월)의 정근수당이 감액되는 경우에는 처분 개월수(1개월)만큼 감액
- 처분 받은 날('23.6.16.)이 속하는 지급대상기간의 정근수당('23.7월)을 감액지급 (5/6만 지급)

3) 처분기간에 따른 감액방법

가) 징계처분

정근수당 지급대상 기간 중에 징계처분을 받은 경우에는 정근수당을 지급하지 아니한다.

　＊ 징계처분기간이 지급대상기간을 걸쳐 있는 경우의 정근수당 지급방법
　　- 징계처분을 받은 날이 속하는 지급대상기간에 한하여 정근수당을 지급하지 아니하고, 그 다음의 지급대상기간에서는 별도의 감액을 하지 아니한다.

나) 직위해제처분

직위해제처분 기간은 실제 근무하지 아니한 기간으로 보고, 실제 근무한 기간에 대하여만 지급한다.

> **예시**
>
> ○ 직위해제처분 시 정근수당 지급방법

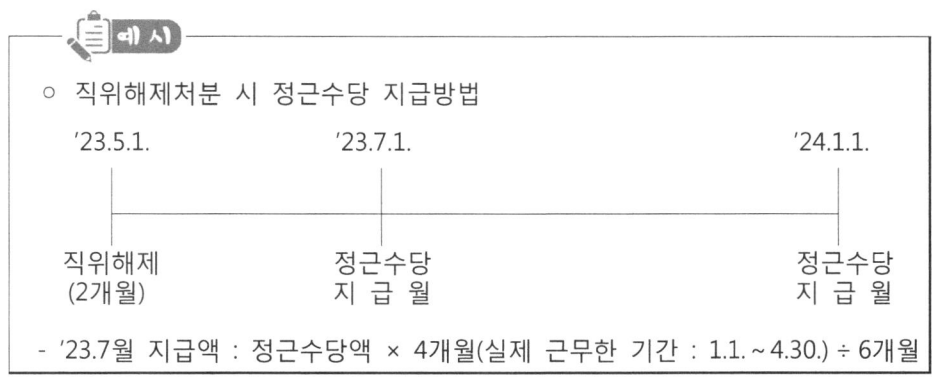

- '23.7월 지급액 : 정근수당액 × 4개월(실제 근무한 기간 : 1.1. ~ 4.30.) ÷ 6개월

다) 신규채용

신규채용자의 경우 지급대상기간 중 공무원으로 실제 근무한 기간에 대하여만 지급한다.

> **예시**
>
> ○ '24.5.1. 신규채용자(군 복무경력 24개월이 있는 경우)에 대한 '24.7월 정근수당 지급방법
>   - '24.7월 지급액 : 정근수당액 × 2월(실제 근무한 기간 : '24.5.1.~6.30.) ÷ 6월
>   ※ 근무연수 1년 미만인 신규채용자에게는 정근수당을 지급할 수 없으나, 군복무기간은 정근수당 산정을 위한 근무연수에 산입하므로 동 수당 지급 가능
> ○ '24.6.7. 신규채용자의 '24.7월 정근수당 지급방법
>   - 지급대상기간 중 1개월 이상 봉급이 지급되지 아니한 자로 지급요건에 부적합 하므로 동 수당을 지급하지 않음

* 전년도 12월 1일(해당연도 6월 1일) 신규채용자는 해당연도 1월(7월)에 영 제6조제1항에 의한 정근수당액의 1/6을 지급하나, 전년도 12월 2일(해당연도 6월 2일) 이후에 신규채용된 자의 경우에는 해당연도 1월(7월) 정근수당의 지급요건에 해당되지 않으므로 정근수당을 지급하지 아니한다.

라) 휴직처분

(1) 「지방공무원 보수규정」 제14조제1호(군복무, 법정의무수행)·제3호(고용, 유학)·제3호의2(육아)·제3호의3(노조전임)에 따른 휴직과 공무상 질병 또는 부상에 의한 휴직기간은 실제 근무한 기간으로 간주되므로 정근수당 전액을 지급한다.

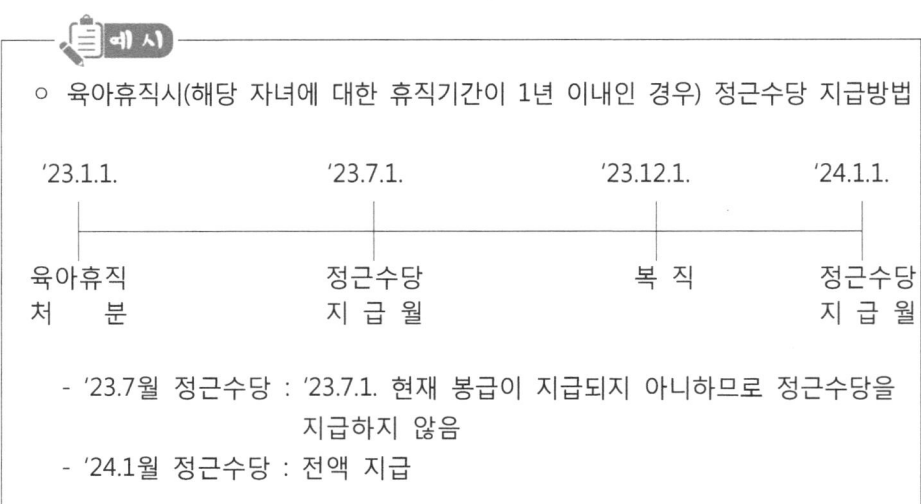

(2) 「지방공무원 보수규정」 제14조제1호(군복무, 법정의무수행)·제3호(고용, 유학)·제3호의2(육아)·제3호의3(노조전임)에 따른 휴직과 공무상 질병 또는 부상에 따른 휴직 이외의 휴직처분기간은 실제 근무하지 아니한 기간에 해당되므로 매월 1/6씩 감액하여 지급한다.

> **예시**
>
> ○ 2022.5.1.부터 2024.4.30.까지 유학휴직하고 2024.5.1. 복직한 경우 2023.7월의 정근수당 지급방법
>   - '23.7월 지급액 : 전액 지급
>
>   * 「지방공무원 보수규정」 제14조제3호에 따른 유학휴직 기간은 실제 근무한 기간으로 간주

> **예시**
>
> ○ 질병휴직시 정근수당 지급방법
>
> | '23.5.1. | '23.7.1. | '23.12.1. | '24.1.1. |
> |---|---|---|---|
> | 질병휴직 | 정근수당 지급월 | 복 직 | 정근수당 지급월 |
>
>   - '23.7월 정근수당 : 질병휴직 기간은 실제 미 근무한 기간이므로 지급대상 기간 중 실제 근무한 기간(1~4월)에 대하여 4/6를 지급
>   - '24.1월 정근수당 : 지급대상 기간 중 실제 근무한 기간인 1개월(12월)에 대하여 1/6을 지급
>
> ○ 가사휴직 시 정근수당 지급방법
>
> | '23.2.1. | '23.7.1. | '24.1.1. | '24.2.1. | '24.7.1. |
> |---|---|---|---|---|
> | 가사휴직 처 분 | 정근수당 지 급 월 | 정근수당 지 급 월 | 복 직 | 정근수당 지 급 월 |
>
>   - '23.7월 정근수당 : '23.7.1. 현재 봉급이 지급되지 않으므로 정근수당을 지급하지 않음
>   - '24.1월 정근수당 : 지급하지 않음('24.1.1. 현재 봉급이 지급되지 않으며, 지급대상기간('24.7.1.~12.31.) 전 기간 실제 미근무)
>   - '23.7월 지급액 : 정근수당액 × 5월(실제 근무한 기간 : '23.3.2.1.~'23.6.30.) ÷ 6월

3. 정근수당 가산금(영 제6조제3항 및 별표 2)

가. 지급대상 : 영 제6조제1항에 해당하는 공무원 [차관급상당 이상의 월봉급액을 지급받는 공무원은 제외]

나. 지 급 액 : 근무연수에 따라 월정액을 지급한다(영 별표 2)

근 무 연 수	월 지 급 액 전 공무원	비 고
20년 이상	100,000원	(추가 가산금) · 근무연수가 20년 이상 25년 미만인 자에게는 월 10,000원을, 25년 이상인 자에게는 월 30,000원을 가산하여 지급한다.
15년 이상 ~ 20년 미만	80,000원	
10년 이상 ~ 15년 미만	60,000원	
5년 이상 ~ 10년 미만	50,000원	
<u>5년 미만</u>	<u>30,000원</u>	

다. 근무연수 계산 : 정근수당의 근무연수 계산방법과 동일

> ○ '24.2.2일에 근무연수가 5년에 도달하는 공무원에게 '24.2월부터 정근수당 가산금 50,000원을 지급할 수 있는지 여부
>
> - 정근수당 가산금 지급을 위한 근무연수는 2007년까지는 1월 1일, 4월 1일, 7월 1일, 10월 1일을 기준으로 계산하였으므로 4월부터 지급 가능하였으나, 영 제7조제4항의 개정(2008.1.9)으로 근무연수가 매달 1일에 계산되므로 '24.3월부터 정근수당 가산금 50,000원을 지급할 수 있음

* 초임호봉 획정 시 정근수당 가산금을 지급받을 수 있는 근무연수에 해당하는 경우에는 초임호봉을 획정한 달을 기준으로 일할 계산하여 지급한다.

라. 감액 지급

1) 강등(직무에 종사하지 못하는 3개월에 한함)·정직·감봉·직위해제 및 휴직으로 봉급이 감액 지급되는 공무원에게는 영 별표 4의 지급구분에 따라 처분기간 중 정근수당 가산금(추가 가산금을 포함한다)을 감액하여 지급한다.

○ 직위해제 처분(직무수행능력부족 사유) 시 감액 계산방법

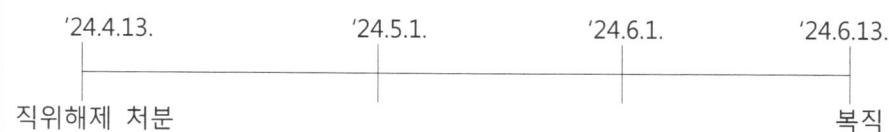

○ 직위해제(직위해제처분일부터 3개월 이내까지)는 봉급의 8할 지급
○ 월중 직위해제 또는 복직시는 수당액을 일할계산(「지방공무원 보수규정」 제21조제1항)

① '24.4월분 중 감할 금액 : '24.4.13.부터 '24.4.30.까지의 정근수당 가산금을 일할계산한 후 감액률(0.2)을 곱함

(정근수당 가산금 × 18/30 × 0.2)

  * '24.4.1.부터 '24.4.12.까지의 정근수당 가산금은 일할계산하여 정상 지급
    (정근수당 가산금 × 12/30)

② '24.5월분 중 감할 금액 : 정근수당 가산금 × 0.2

③ '24.6월분 중 감할 금액 : '24.6.1.부터 '24.6.12.까지의 수당액을 일할계산한 후 감액률(0.2)을 곱함(정근수당 가산금 × 12/30 × 0.2)

  * '24.6.13.부터 '24.6.30.까지의 정근수당 가산금은 일할계산하여 정상 지급
    (정근수당 가산금 × 18/30)

2) 월중 면직(의원면직·직권면직·당연퇴직·파면·해임 등)의 경우 면직일의 전일까지의 일수에 대하여 그 달의 정근수당 가산금(추가 가산금 포함)을 일할계산하여 지급한다.

○ '24.1.25. 보수지급일에 보수를 지급받고 '24.1.27.자로 면직된 자의 경우
  - '24.1.1.부터 '24.1.26.까지의 정근수당 가산금을 지급받을 수 있음
    * '24.1.25. 보수지급일에 이미 1월분의 정근수당 가산금 전액을 지급받았다면 1.27.부터 1.31.까지 5일분의 정근수당 가산금(추가 가산금 포함)을 반납하여야 함
    · 반납액 : 정근수당 가산금 × 5/31

Ⅲ. 가계보전수당

1. 가족수당(영 제10조)

가. 지급대상

부양가족이 있는 모든 공무원

나. 부양가족 요건(기본요건)

1) 부양의무를 가진 공무원과 주민등록표상 세대를 같이 하여야 한다.
2) 해당 공무원의 주소 또는 거소에서 실제로 생계를 같이 하여야 한다.
3) 영 제10조제2항제1호부터 제4호까지 해당자(부양가족의 범위)이어야 한다.
   * 다만, 취학·요양 또는 주거의 형편이나 공무원의 근무형편에 따라 ① 해당 공무원과 별거하고 있는 배우자·자녀, ② 배우자와 주소·생계를 같이 하는 직계존속은 부양가족에 포함함.

< 부양가족의 범위 >

1. 배우자

2. 본인 및 배우자의 만 60세(여자인 경우는 만 55세)이상의 직계존속(계부 및 계모를 포함한다. 이하 이 호에서 같다)과 만 60세 미만의 직계존속 중 장애가 있는 사람
   * 여기서 직계존속은 조부모(외조부모 포함) 및 부모(양부모 포함)를 말한다.

3. 본인 및 배우자의 만 19세 미만의 직계비속(재외공무원인 경우는 자녀에 한정한다)과 만 19세 이상의 직계비속 중 장애가 있는 사람
   * 여기서 직계비속은 자(子) 및 손(孫, 외손 포함)을 말한다.

4. 본인 및 배우자의 형제자매 중 장애가 있는 사람과 본인 및 배우자의 부모가 사망하거나 장애가 있는 사람인 경우 본인 및 배우자의 만 19세 미만의 형제자매
   * 본인 및 배우자의 형제자매 중 장애가 있는 사람은 만 19세 이상인 경우에도 부양가족에 포함됨.
   * "장애가 있는 사람"이란 영 제10조제3항 각 호의 어느 하나에 해당하는 사람을 말한다.
   ※ 3호 및 4호의 직계비속 및 형제자매의 연령기준은 2018.1.1.부터 만 19세 미만 적용

- 부양가족으로 어머니를 모시고 2005. 4월부터 2023. 4월까지 같은 세대원으로 살면서 가족수당을 수령해오던 공무원이 지방에서 서울로 전출을 가게 되어 주소를 이전한 경우 어머니에 대한 가족수당을 수령가능한지 여부
  - 가족수당의 기본요건은 부양의무가 있는 공무원과 주민등록표상 동일세대를 구성하고 해당 공무원의 주소 또는 거소에서 실제로 생계를 같이 하여야 함. 위 사례의 경우 주민등록표상 세대를 같이하지 않고 실제로 생계를 같이 하지 않는 경우이므로 가족수당의 지급대상이 아님.
  - 또한, 주소를 이전하지 않았더라도 부모님은 지방에, 본인은 서울에서 근무하는 것이 명확하고 해당기관에서 해당 공무원의 주소 또는 거소에서 실제로 생계를 같이 하지 않는다고 판단되면 지급이 불가능함.
  - 다만, 2003년도 개정된 영 제10조제2항 단서에 따라 "취학이나 요양, 주거형편, 공무원의 근무형편에 따라 해당 공무원과 별거하고 배우자와 주소·생계를 같이 하는 직계존속은 부양가족에 포함"되므로 위 사례의 경우 배우자가 어머니와 주소 및 생계를 같이 한다면 가족수당의 지급이 가능함
- 공무원이 부모님과 세대를 별도로 구성하여 주민등록표상 분리되어 있으나 사실상 생계를 같이하는 경우 부모님에 대한 가족수당의 지급가능 여부
  - 부모에 대한 가족수당은 주민등록표상 동일세대 요건과 실제 생계요건을 모두 충족시킬 것을 요하므로, 사례의 경우 동일세대 요건에 맞지 않기 때문에 지급대상이 아님

다. 지급액

1) 배우자 : 월 40,000원
2) 배우자 및 자녀를 제외한 부양가족(직계존속·비속 등) : 1명당 월 20,000원
3) 자녀
   가) 첫째 자녀 : 월 30,000원
   나) 둘째 자녀 : 월 70,000원
   다) 셋째 이후 자녀 : 월 110,000원
   라) "셋째 이후 자녀"란 해당 공무원의 자녀 중 셋째 이후 자녀로서 가족수당 대상자(만 19세 미만)에 해당된 자녀이며, 가족관계증명서 등을 통해 셋째 이후 자녀임을 확인해야 함.

┌─── < 셋째 이후 자녀 수당 지급 예시 > ───┐
· 첫째 또는 둘째 자녀가 만 19세 이상이 된 경우 : 지급함.
· 첫째 또는 둘째 자녀가 사망한 경우 : 지급함.
· 이혼한 배우자와 자녀를 나눠서 양육하게 되어 실제로 양육하는 자녀가 세 명 미만으로 줄어든 경우 : 지급하지 않음.
· 재혼한 배우자의 자녀를 포함하여 실제로 양육하는 자녀가 세 명 이상이 된 경우 : 지급함.
· '장애가 있는 사람'에 속하는 셋째 이후 자녀가 만 19세 이상이 된 경우 : 지급함.
└─────────────────────────────┘

마) 가족수당 지급을 위한 부양가족의 수는 배우자를 포함하여 4명 이내이나, 영 제10조제1항에 따라 자녀의 경우에는 부양가족의 수가 4명을 초과하더라도 가족수당을 지급

바) 2005년도 당시 영 제10조제1항의 개정에 따라 2005.1.1. 이후 출생한 자녀에 한해 부양가족의 수가 4명을 초과하더라도 가족수당을 지급해 왔으나, 2007년도부터 자녀의 출생시기 제한을 폐지함으로써 2004.12.31. 이전에 출생한 미성년 자녀와 성년인 자녀 중 장애가 있는 사람에게도 부양가족수 제한을 적용하지 않음.

사) 영 부칙에 따라 2018.1.1.이후부터 가족수당 지급대상 직계비속 및 형제자매 연령을 만 19세 미만으로 함.

예시

○ 공무원이 4명(배우자, 만 55세 이상 모, 자녀 2명)의 가족수당 16만원을 수령해 오던 중 '24.1월 셋째 자녀가 출생하여 부양가족 수가 4명을 초과하였을 경우 가족수당 지급 여부
  - 2007년 영 개정으로 미성년 자녀의 경우에는 출생 시기에 관계없이 부양가족 수 4명의 제한을 받지 않으므로, 셋째 자녀에 대한 가족수당 월 110,000원 추가 지급

○ 위 예시에서 공무원의 아버지가 '24.3월에 만 60세 이상이 된 경우 추가로 가족수당 지급 여부
  - 아버지를 새로 부양가족으로 포함하더라도 자녀를 제외하고 부양가족 수가 4명 이하(부, 모, 배우자 3명)이므로, 아버지를 포함하여 부양가족 6명 모두에게 가족수당을 지급(2023.1월부터 첫째 자녀에 대하여는 월 30,000원, 둘째 자녀에 대하여는 월 70,000원, 셋째 이후 자녀에 대하여는 월 110,000원을 지급)

- 공무원의 가족이 부(만 60세이상), 모(만 55세이상), 배우자, 자녀1(만 22세), 자녀2(만 21세), 자녀3(만 17세)으로 구성되어 있을 경우 부양가족수당 지급방법
  - 부, 모에 대한 가족수당 40,000원(20,000원×2명), 배우자에 대한 수당 40,000원, 자녀3에 대한 수당 110,000원 등 총 190,000원 지급
    * 만일 자녀3이 만 19세를 넘어 가족수당 지급요건에 해당되지 않을 경우에는 가족수당을 지급하지 않음
- 장애인 자녀에 대한 부양가족수 제한 적용 여부
  - 2007년 영 개정으로 자녀에 한해 부양가족수가 4명을 초과하더라도 가족수당을 지급할 수 있도록 하였으므로, 만 19세 미만 뿐 아니라 만 19세 이상인 장애인 자녀의 경우에도 영 제10조제3항 각 호의 어느 하나에 해당하는 경우에는 부양가족수 4명 제한과 관계없이 가족수당을 지급함

라. 부양가족의 구체적 사례

1) 배우자

가) 혼인관계가 성립된 경우로서 사실혼은 제외한다.
나) 배우자의 국적과 관계없이 지급한다.
  * 가족관계증명서 및 혼인관계증명서로 확인

2) 직계존속

가) 형제·자매가 함께 공무원인 경우 그 부모에 대하여는 기본요건을 충족하는 1명의 공무원에게만 지급한다.
나) 입양으로 양가(養家)에 입적(入籍)된 공무원의 친생부모는 기본요건 충족시 지급대상에 포함한다.
다) 계부, 계모 및 (외)조부모에 대하여도 기본요건을 충족하는 경우 지급대상에 포함한다.

3) 직계비속

가) 자녀 및 손자녀(외손 포함)로서 입양된 경우도 지급대상에 포함한다.
나) 부부공무원이 이혼한 경우 그 자녀에 대하여는 가족관계증명서, 주민등록표등본 등을 확인하여 실질적인 양육자에 해당하는 공무원에게 지급한다.
다) 공무원이 이혼한 경우 그 자녀에 대하여는 가족관계증명서, 주민등록표등본 등을 확인하여 실질적인 양육자에 해당하는 경우 지급한다.
라) 자녀가 국적이 상실되거나 외국국적을 취득한 경우에도 지급대상에 포함한다(가족관계증명서로 자녀관계 확인).
마) 공무원이 재혼 등으로 배우자의 친생자녀를 부양할 경우 생계를 같이하는 가족에 해당되므로 지급대상에 포함한다.

4) 형제·자매

입양에 의한 형제·자매 관계도 지급대상에 포함한다.

마. 지급방법

1) 취학·요양 또는 주거의 형편이나 공무원의 근무형편에 따라 해당 공무원과 별거하고 있는 경우
   가) 가족수당 지급대상 인정범위
     (1) 배우자
     (2) 직계비속 중 자녀(손자녀 및 외손자녀는 제외한다)
     (3) 직계존속(배우자와 주소 및 생계를 같이하는 사람에 한함)
   나) 별거하는 가족의 가족관계증명서와 배우자의 주민등록표등본을 제출받아 확인하여야 한다.

2) 주민등록표상 동일 세대내의 부양가족에 대하여 부양하는 공무원(국가공무원 및 인건비가 국고 또는 지방비에서 지급되거나 보조되는 기관에서 근무하는 경우 등 포함)이 2명 이상인 경우
   가) 직계존·비속이 공무원인 경우 존속에게는 그의 배우자 및 그의 존속과 공무원이 아닌 비속에 대한, 공무원인 비속에게는 그의 배우자 및 그의 비속에 대한 가족수당을 지급한다.
     * 다만, 종전 지침에 따라 공무원인 비속의 배우자를 제외한 그의 자(손)에 대해 존속에게 가족수당을 지급하고 있는 경우에는 종전대로 지급할 수 있다.

─── < 존·비속이 공무원인 경우 1 > ───

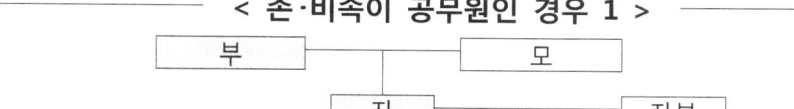

○ 조 건
  - 부(父)와 자(子)는 공무원
  - 가족 모두 주민등록표상 동일세대를 구성하면서 그 주소에서 같이 거주
  - 손 1은 19세 초과, 손 2·손 3은 19세 미만
○ 가족수당 지급방법
  - 비속인 자(子)에게는 배우자(자부), 손 2에 대한 가족수당, 손 3에 대한 가족수당을 지급한다.
  - 존속인 부(父)에게는 그의 배우자(모)만 가족수당을 지급한다.

─── < 존·비속이 공무원인 경우 2 > ───

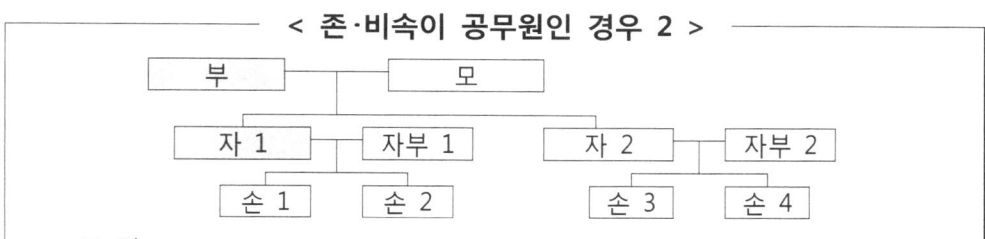

○ 조 건
  - 부(父)와 자(子) 1은 공무원, 자(子) 2는 장애인
  - 가족 모두 주민등록표상 동일세대를 구성하면서 그 주소에서 같이 거주
  - 손자들은 모두 19세 미만
○ 가족수당 지급방법
  - 비속인 자(子) 1에게는 배우자(자부 1), 손 1, 손 2에 대해 가족수당을 지급한다.
  - 존속인 부(父)에게는 배우자(모) 외에 3명(자 2, 손 3, 손 4)의 가족수당을 추가로 지급한다.

나) 형제·자매가 공무원인 경우 연장자에게 직계존속에 대한 가족수당을 지급하며, 연하자인 공무원은 본인의 배우자 및 직계비속에 대한 가족수당을 지급받을 수 있다.

* 다만, 형제·자매 등 당사자들이 합의한 경우에는 직계존속에 대한 가족수당 지급대상을 변경할 수 있음. 당사자들의 합의로 직계존속에 대한 가족수당 지급대상이 변경된 경우 가족수당을 지급받을 공무원은 별지 제1호 서식의 부양가족신고서(별첨)에 가족수당 수령에 대한 상대방의 동의서를 첨부하여 자신의 소속기관 장에게 제출하여야 함

* 동의서는 특정서식이 없으며, 연장자가 연하자의 가족수당 수령에 대한 동의 의사를 자필로 명확하게 작성하고 서명 또는 날인하는 것으로 갈음함

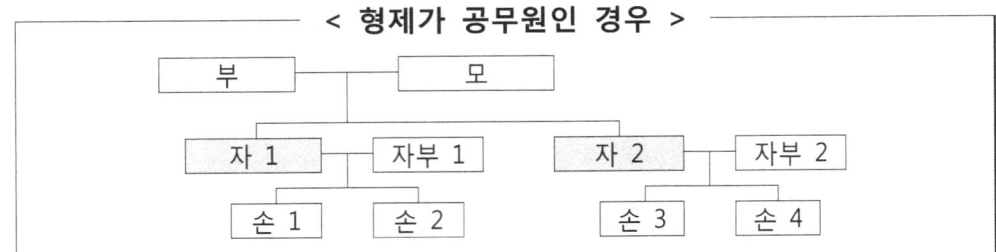

- 조 건
  - 장남인 자 1과 차남인 자 2는 공무원
  - 가족 모두 주민등록표상 동일세대를 구성하면서 그 주소에서 같이 거주
  - 손자들은 모두 19세 미만
- 가족수당 지급방법
  - 연장자인 자 1에게는 부·모·배우자(자부 1)·손 1 및 손 2가 부양가족에 해당하고, 가족수당 지급을 위한 부양가족의 수는 자녀(손 1·손 2)를 제외하고 3명으로 4명 이하에 해당되므로 자 1에게는 5명 모두에 대해 가족수당을 지급한다.
  - 연하자인 자 2에게는 배우자(자부 2)·손 3 및 손 4가 부양가족에 해당되므로 이들에 대한 가족수당을 지급한다.

3) 부부가 공무원인 경우

가) 부부가 공무원(「국가공무원법」 및 그 밖의 법률에 따른 공무원 포함)인 때에는 부부공무원 중 1명에게만 가족수당(4명이내)을 지급하되, 자녀에 대하여는 부양가족의 수가 4명을 초과하더라도 지급이 가능하다. 따라서 부부공무원의 경우 당사자들이 합의하여 부(夫)와 부(婦) 중 누가 가족수당을 받을 것인지 여부를 결정하여 부양가족신고서에 상대방의 동의서를 첨부하여 신청하여야 한다.

나) 가족수당을 지급 받을 공무원은 별지 제1호 서식의 부양가족신고서(별첨)에 가족수당 수령에 대한 상대방의 동의의사를 명시한 동의서를 첨부하여 자신의 소속기관장에게 제출하여야 한다. 다만, 당사자들의 합의가 이루어지지 않아 상대방의 동의서가 첨부되지 않고 각자가 각각 신청한 경우에는 연장자를 지급대상자로 한다. 따라서 연장자의 소속기관장은 상대방의 소속기관장에게 문서로 통보하여야 한다.

* 동의서는 특정서식이 없으며, 상대방이 가족수당 수령에 대한 동의의사를 자필로 명확하게 작성하고 서명 또는 날인하는 것으로 갈음한다.

> ○ 배우자와 자녀의 가족수당을 지급받아 오던 부부공무원의 남편이 육아 휴직을 신청할 경우 남편에게 가족수당을 지급할 수 있는지 여부와 지급이 안된다면 배우자에게 지급할 수 있는지 여부
>   - 육아휴직 중에는 육아휴직수당만을 지급받으므로 가족수당은 지급되지 않으며, 배우자가 새로이 가족수당을 지급받기 위해서는 부양가족신고서에 가족수당 수령에 대한 상대방의 동의서를 첨부하여 자신의 소속기관장에게 제출하여야 하며, 소속기관장은 가족수당 수령대상자 변경을 신청한 날이 속하는 달의 다음 달부터 신청자에게 가족수당을 지급하고, 동 사실을 상대방의 소속기관장에게 문서로 통보하여야 함

4) 부부 중 1명이 공무원이고 공무원이 아닌 배우자가 인건비가 국고 또는 지방비에서 지급되거나 보조되는 기관에서 근무하는 경우

○ 부부 중 1명은 공무원이고 공무원이 아닌 배우자가 「국가재정법」, 「지방재정법」, 「지방자치단체 기금관리기본법」 등에 따른 회계 또는 기금에서 인건비가 지급되거나 보조되는 다음 각 호의 어느 하나에 해당하는 기관에 근무하면서, 해당 기관에서 가족수당을 지급받고 있는 경우에 해당 공무원에게는 가족수당을 지급하지 않는다.

1. 국가기관 및 지방자치단체
2. 「사립학교법」 제2조에 따른 사립학교
3. 「별정우체국법」 제2조에 따른 별정우체국
4. 「공공기관의 운영에 관한 법률」 제4조에 따른 공공기관
5. 「지방공기업법」 제49조에 따른 지방공사 및 제76조에 따른 지방공단
6. 「고등교육법」 제2조 각 호의 학교 중 국가가 국립대학 법인으로 설립하는 국립학교

> ○ 사립학교 교직원인 남편이 가족수당을 지급받고 있는 경우 배우자인 공무원에게 가족수당을 지급할 수 있는지 여부
>   - 남편이 「지방교육재정교부금법」에 따른 회계에서 인건비가 보조되는 사립학교의 교원이면서 해당 기관에서 가족수당을 지급받고 있으므로 공무원인 배우자에게는 가족수당을 지급할 수 없음.
> ○ 공무원의 배우자가 「국가재정법」에 따른 회계에서 인건비를 지원받는 「공공기관의 운영에 관한 법률」 제4조상의 공공기관에서 근무하면서, 가족수당을 지급받고 있는 경우 배우자인 공무원에게 가족수당을 지급할 수 있는지 여부
>   - 배우자가 「국가재정법」에 따른 회계에서 인건비를 지원받는 기관에서 근무하면서 가족수당을 지급받고 있으므로 공무원인 배우자에게는 가족수당을 지급할 수 없음

5) 부부공무원이 원하는 경우에는 당사자들의 신청에 따라 가족수당 수령대상자를 상호 변경(夫↔婦)할 수 있다. 이 경우 변경신청 등은 3)의 방법에 의하되,
  - 새로이 가족수당을 지급 받고자 하는 공무원의 소속기관장은 가족수당 수령대상자 변경을 신청한 날이 속하는 달의 다음 달부터 신청자에게 가족수당을 지급하고, 동 사실을 상대방의 소속기관장에게 문서로 통보하여야 한다(이 경우 종전 지급자의 소속기관장은 가족수당의 지급을 정지한다).

바. 수당지급 및 소멸시기

1) 지급시기의 기준
  - 가) 출 생 : 가족관계증명서 등 공부상에 등재된 생년월일
    * 입양의 효력발생시기 : 가정법원의 인용심판 확정일
  - 나) 결 혼 : 혼인관계증명서 등 공부상에 등재된 혼인신고일
  - 다) 신규채용 등 : 임용(발령)일(임용장에 기재된 날짜)
  - 라) 기 타 : 지급사유 발생일

2) 소멸시기의 기준
  - 가) 사 망 : 사망일
  - 나) 퇴직 등 : 임용(발령)일(임용장에 기재된 날짜)
  - 다) 기 타 : 지급사유 소멸일
    * 이혼의 효력발생시기 : 재판상 이혼은 확정판결일, 협의이혼은 이혼 신고일

3) 지급 및 소멸시기 종류별 수당의 지급방법
  - 가) 출생·사망, 결혼·이혼, 자녀의 연령초과 등 부양가족의 변동만 있는 경우의 가족수당은 지급사유가 발생 또는 소멸한 날이 속하는 달분을 전액 지급한다.
  - 나) 인사 상 임용행위(신규채용, 퇴직, 면직 등)로 인한 공무원 본인의 신분 변동인 경우의 가족수당은 임용(발령)일을 기준으로 그 월액을 일할 계산하여 지급한다.

사. 감액 지급

1) 강등(직무에 종사하지 못하는 3개월에 한함)·정직·감봉·직위해제 및 휴직으로 봉급이 감액 지급되는 자에게는 영 별표 4의 지급 구분에 따라 처분기간 중 가족수당(가산금 포함)을 감액하여 지급한다.
2) 권한대행으로 봉급이 감액 지급되는 경우
  - 가) 「지방공무원 보수규정」 제48조의2에 따라 구금 등 형사사건 및 질병에 의해 부단체장이 해당 지방자치단체의 장의 권한을 대행하는 경우 영 별표4의 구분에 따라 권한대행기간 중 가족수당을 감액 지급한다.

나) 구금 등 형사사건
- 연봉월액 40% 지급 : 가족수당 50% 지급
- 연봉월액 20% 지급(권한대행 3월 경과 후) : 가족수당 30% 지급
다) 질병
- 연봉월액 60% 지급: 가족수당 70% 지급

아. 국외파견공무원의 경우

※ 영 제3조제1항의 규정에 해당되는 국외파견공무원은 「공무원수당 등에 관한 규정」 제10조의 재외공무원에게 지급하는 가족수당 규정을 준용함

1) 부양가족의 범위

배우자 및 만 19세 미만의 자녀(만 19세 이상의 자녀로서 장애가 있는 사람을 포함한다)

* 「지방공무원 교육훈련법」에 의한 해외훈련 파견자는 재외공무원이 아니므로 해외 동반하는 부양가족은 국내기준을 적용한다.

2) 지급액

가) 배우자 : 재외근무수당 월액의 1/4상당 금액
나) 자 녀 : 1명당 월 60달러(2012년 1월 1일 이후 출생한 셋째 이후 자녀부터는 월 80달러를 가산하여 지급한다.)

3) 수당지급 및 소멸시기

가) 지급시기
 (1) 배우자 : 배우자가 주재국에 도착한 날, 그 밖에 그 지급사유가 발생한 날이 속하는 달의 다음 달부터 지급한다.
 (2) 자 녀 : 재외공무원이 주재국으로 출발한 날, 자녀가 출생한 날, 그 밖에 그 지급 사유가 발생한 날이 속하는 달의 다음 달부터 지급한다.
나) 소멸시기
 퇴직, 본국으로의 전보, 자녀의 연령초과 그 밖의 사유로 그 지급요건이 상실된 때에는 그 사유가 발생한 날이 속하는 달까지 지급한다.
다) 배우자를 주재국에 동반하지 않거나 배우자가 일시 귀국한 경우 수당 지급방법
 (1) "동반"이라 함은 재외공무원이 주재국에서 배우자와 같은 주소 또는 거소에서 거주하는 것을 의미하므로 재외공무원이 배우자를 동반하지 않은 경우에는 국내공무원에 준하여 배우자에 대한 가족수당을 지급한다.
 (2) 다만, 배우자가 전쟁 또는 내전 등 불가피한 상황으로 제3국에 체류하는 경우에는 재외공무원 배우자에 해당하는 가족수당을 지급할 수 있다.

(3) 또한, 배우자가 주재국에 거주하다가 연 90일 범위에서 아래와 같은 사유로 일시 귀국한 경우는 동반으로 간주하되, 연 90일을 초과하는 날부터는 국내공무원에 준하여 배우자에 대한 가족수당을 지급한다.
 (가) 배우자 본인의 신병치료 및 출산
 (나) 배우자 본인 및 그 배우자(재외공무원)의 직계존속의 간병
 (다) 자녀의 학업지원
 (라) 그 밖에 이에 준하는 불가피한 사유로 일시 귀국한 경우
(4) 일시 귀국의 목적이 취업 또는 영리행위를 위한 경우이거나, 국내에서 취업 또는 영리행위를 하고 있는 배우자가 일시 주재국에서 체류하고 있는 경우에는 그 기간에 관계없이 국내공무원에 준하여 배우자분의 가족수당을 지급한다.
 * 영 제3조의 규정을 적용받는 국외파견공무원이 있는 기관의 장은 소속 해당공무원 배우자의 출입국 상황을 수시로 파악하여 가족수당이 적정하게 지급되도록 조치하여야 한다.

4) 그 밖의 경우는 국내공무원에 준하여 지급한다.
 * 배우자가 해외에서 취업 또는 영리행위를 하는 경우 등

자. 부양가족 신고

1) 부양가족이 있는 공무원은 주민등록표등본 등 필요한 서류를 첨부하여 부양가족신고서(별지 제1호 서식)를 소속기관장에게 제출하여야 한다.
 * 국외파견 등의 사유로 국내에 거주하지 아니하는 공무원은 그의 가족이 대리 신고할 수 있다.
 * 가족수당은 그 지급사유가 발생한 날이 속하는 달부터 지급하므로 공무원 본인이 부양가족신고를 하지 않아 가족수당을 지급받지 못한 경우에도 그후 부양가족을 신고하면 지급사유가 발생한 날이 속하는 달까지 소급지급이 가능하나, 민법 제163조제1호에 따라 신고한 날로부터 3년까지 소급하여 지급받을 수 있다(대법원 판례 65다2506, '66.9.20. 참조).
2) 부양가족 중 공무원 또는 「국가재정법」, 「지방재정법」 및 「지방자치단체 기금관리기본법」 등에 따른 회계 또는 기금에서 인건비가 지급되거나 보조되는 기관에서 근무하는 배우자가 있는 공무원은 부양가족신고서의 직업란에 이를 기재하고, 특기사항란에 해당 가족의 소속기관, 연락처 및 해당기관에서 가족수당 지급여부 등을 기재하여야 한다.
3) 소속기관의 장은 부양가족신고서 접수 시 기재내용을 성실히 확인하여 부정한 지급사례(특히, 부부공무원이나 동일한 부양가족에 대하여 공무원이 2명 이상인 경우 이중지급 사례)가 발생하지 않도록 유의해야 한다.
 * 부양가족신고서에 기재된 배우자 직장정보가 불명확한 경우, 행정정보공동이용(정보조회시스템)을 통해 배우자 등 직장정보를 확인하여 공무원 또는 「국가재정법」, 「지방재정법」 및 「지방자치단체 기금관리기본법」 등에 따른 회계 또는 기금에서 인건비가 지급되거나 보조되는 기관에서 근무하는지 여부를 확인하여야 함.

4) 부양가족에 변동이 생긴 때에는 지체 없이 부양가족신고서에 변동사항을 기재하여 신고하여야 한다.
5) 주민등록시스템과 급여시스템 연계를 통한 부양가족 변동사항 확인

   보수지급 기관에서는 가족수당을 지급받는 소속 공무원의 부양가족 변동사항을 주기적으로 보수지급전에 주민등록정보를 활용하여 확인할 수 있으며,「지방공무원 수당 등에 관한 규정」제3조 및 제10조에 따른 자녀학비보조수당 및 가족수당 사무를 수행하기 위하여 불가피한 경우에는「개인정보 보호법 시행령」제19조제1호 또는 제4호에 따른 주민등록번호 또는 외국인등록번호가 포함된 자료를 처리할 수 있다.

   * 급여시스템에서 주기적으로 주민등록시스템과 연계된 부양가족 변동사항을 확인한 후 소속 공무원에 대한 가족수당을 지급하여야 하며, 매월 급여 지급시 가족수당 이중수급 검증기능을 활용하여 이중수급자 여부를 확인하여야 함.

6) '장애가 있는 사람'이란 다음 가)의 어느 하나에 해당하는 사람을 말한다. 부양가족 중 장애가 있는 사람의 증명은 해당 개별 법령에서 정한 서식 또는 장애인등록증 사본 등 해당 사실을 입증할 수 있는 자료에 의하되, 이를 부양가족신고서에 첨부하여야 한다.

   가) 장애가 있는 사람의 인정범위
   (1)「장애인복지법 시행령」제2조에 따른 장애인
   (2)「국가유공자 등 예우 및 지원에 관한 법률 시행령」제14조에 따른 상이등급 제1급부터 제7급까지
   (3)「산업재해보상보험법 시행령」제53조에 따른 장해등급 제1급부터 제6급까지
   (4)「공무원 재해보상법 시행령」제40조(별지 제7호 서식) 또는「사립학교교직원 연금법 시행령」제41조에 따른 장해등급 제1급부터 제6급까지
   (5)「군인재해보상법 시행령」제31조에 따른 상이등급 제1급부터 제6급까지
   (6) 그 밖에 위의 장애에 준하는 사람으로서 행정안전부장관이 정하는 사람
   * 행정안전부장관이 정하는 사람에 대하여는 현재 따로 정하고 있지 않음.

   나) 2006.12.31. 이전에「공무원연금법 시행령」이 아닌 타법에 의한 장해진단서나 장애인증으로 가족수당을 지급받은 경우
   (1) 가)에 의한 (1) 내지 (6)에 해당하는 사실을 입증한 때에는 동 수당을 최초 지급받던 때로 소급하여 인정하나,
   (2) 2007.1.1. 이후에는 가)에 의한 방법이 아닌 방법에 의하여서는 동 수당의 지급이 불가능하다.

차. 변 상

1) 지방자치단체의 장과 지방의회의 의장은 연 2회 반기별로 해당기관(소속기관, 한시조직 등 포함)의 가족수당 지급 운영실태를 자체점검하고 그 결과를 다음해 1월말까지 행정안전부장관에게 제출(시·군·구는 시·도 경유)하여야 한다.
2) 지방자치단체의 장과 지방의회의 의장은 소속 공무원이 가족수당을 과다 지급받은 경우 금전의 급부를 목적으로 하는 지방자치단체의 권리가 시효로 인하여 소멸하지 않은 범위에서 과다 지급받은 금액을 전액 변상하도록 조치하여야 한다.
  * 소멸시효에 관하여는 「지방재정법」 제82조(5년) 참조
3) 소속공무원이 거짓으로 가족수당을 지급받은 경우 지방자치단체의 장과 지방의회의 의장은 그 지급받은 수당액에 해당하는 금액을 전액 변상토록 하고, 1년의 범위에서 해당 공무원에 대한 가족수당의 지급을 정지한다.
  * 부부공무원에게는 1명에게만 가족수당이 지급된다는 사실을 알면서도 2명이 모두 지급받은 경우 등 영 및 지침에서 정하고 있는 방법 외에 거짓으로 가족수당을 지급받은 공무원에 대해서는 부정지급 받은 가족수당 전액을 변상하게 하고, 소속기관장이 고의 또는 중과실의 정도를 판단하여 1년 범위에서 지급정지 및 징계관련 법령에 따라 징계조치를 하여야 함.

2. 국외파견공무원 자녀학비보조수당(영 제3조에 따른 국외파견공무원만 적용됨)

  * 「공무원수당 등에 관한 규정」 및 「공무원보수 등의 업무지침」 준용

3. 육아휴직수당(영 제11조의2)

가. 지급대상

○ 「지방공무원법」 제63조제2항제4호 사유 [만 8세 이하(취학 중인 경우에는 초등학교 2학년 이하를 말한다)의 자녀를 양육하기 위하여 필요하거나, 여성공무원이 임신 또는 출산하게 된 때] 로 30일 이상* 휴직(이하 "육아휴직"이라 한다)한 남·여 공무원
  * '21.1.1.부터는 동일한 자녀에 대해 육아휴직을 분할하여 사용한 경우 휴직기간을 합산하여 30일 이상이면 합산된 휴직기간 중 30일 미만의 휴직기간도 지급대상에 포함

나. 지급액

1) 총지급액

가) 육아휴직 시작일로부터 12개월(시작일로부터 최대 1년)까지 : 육아휴직 시작일 현재 육아휴직 공무원 호봉기준 월봉급액[성과급적 연봉제 적용 대상 공무원은 성과연봉을 제외한 연봉월액의 78%(성과급적 연봉제 대상자 중 기본 연봉에 관리업무수당에 해당하는 금액이 포함되지 않은 공무원 <'제5장-Ⅵ-4-가' 참조>은 84%)]의 80퍼센트에 해당하는 금액. 다만 월봉급액의 80퍼센트에 해당하는 금액이 150만원을 초과하는 경우에는 150만원을, 70만원 미만일 경우에는 70만원을 지급한다.

* '육아휴직 시작일로부터 12개월까지'란 최초 육아휴직한 날로부터 기산한 육아휴직기간 12개월을 말함

나) 같은 자녀에 대하여 부모가 순차적으로 육아휴직을 하여 두 번째 육아휴직을 한 사람이 공무원인 경우 최초 <u>6개월</u>의 육아휴직수당은 육아휴직 개시일 현재 육아휴직공무원 호봉 기준 월봉급액[성과급적 연봉제 적용대상 공무원은 성과연봉을 제외한 연봉월액의 78%(성과급적 연봉제 대상자 중 기본연봉에 관리업무수당에 해당하는 금액이 포함되지 않은 공무원<'제5장-Ⅵ-4-가' 참조>은 84%) 상당금액]에 해당하는 금액. 다만, <u>이 경우 그 상한액은 1개월째는 200만원, 2개월째는 250만원, 3개월째는 300만원, 4개월째는 350만원, 5개월째는 400만원, 6개월째는 450만원으로 한다.</u>

다) 부모가 같은 날에 육아휴직을 한 경우에는, 나)의 수당은 부부공무원 중 신청한 1인에게만 지급한다. 따라서 부부 공무원의 경우 누가 수당을 받을 것인지를 결정하여 상대방의 동의서를 첨부하여 신청하여야 한다.

* 나)의 수당을 수령하고자 하는 자는 배우자가 같은 자녀에 대해 육아휴직을 한 사실을 증빙하여야 하므로, 배우자가 공무원인 경우 인사발령(휴직)통지서 등 공문, 근로자인 경우 사업장에서 발행한 육아휴직 확인서 또는 관할 고용지원센터에서 발급한 육아휴직을 입증하는 서류 등을 소속기관장에게 제출하여 신청(육아휴직 기간 및 대상자녀가 기재된 것이어야 함)

>
>
> ○ 2023.10.1.에 출생한 첫째 자녀에 대해 엄마가 2024.1.1.부터 1년간 육아휴직을 하고, 공무원인 아빠가 2024.2.1. 부터 9개월 간 육아휴직을 한 경우 수당지급 방법
>   - 엄마 : 육아휴직 1년 간 월 봉급액의 80%(150만원 상한, 70만원 하한)
>   - 아빠 : 육아휴직 첫 6개월 간 월 봉급액의 100%(1개월 200만원·2개월 250만원·3개월 300만원·4개월 350만원·5개월 400만원·6개월 450만원 상한, 70만원 하한), 7~9개월 간 월 봉급액의 80%(150만원 상한, 70만원 하한)지급

라) 「한부모가족지원법」에 따른 모 또는 부에 해당하는 공무원이 육아휴직을 하는 경우

○ 육아휴직 시작일부터 3개월까지 : 육아휴직 시작일을 기준으로 한 월봉급액[성과급적 연봉제 적용대상 공무원은 성과연봉을 제외한 연봉월액의 78%(성과급적 연봉제 대상자 중 기본연봉에 관리업무수당에 해당하는 금액이 포함되지 않은 공무원<'제5장-Ⅵ-4-가' 참조>은 84%) 상당금액]에 해당하는 금액. 다만, 월봉급액이 250만원을 초과하는 경우에는 250만원을 지급한다.

○ 육아휴직 4개월째부터 12개월까지 : 육아휴직 시작일을 기준으로 한 월봉급액[성과급적 연봉제 적용대상 공무원은 성과연봉을 제외한 연봉월액의 78%(성과급적 연봉제 대상자 중 기본연봉에 관리업무수당에 해당하는 금액이 포함되지 않은 공무원<'제5장-Ⅵ-4-가' 참조>은 84%) 상당금액]의 80퍼센트에 해당하는 금액. 다만, 월봉급액의 80퍼센트에 해당하는 금액이 150만원을 초과하는 경우에는 150만원을, 70만원 미만일 경우에는 70만원을 지급한다.

2) 육아휴직기간 중 지급액

가) 1)총지급액의 가), 나), 라)에서 정한 지급액(이하 '총지급액'이라 한다)에서 85퍼센트에 해당하는 금액을 지급하되, 남은 금액이 1)총지급액 가), 라)에서 정한 최소 지급액(이하 '최소지급액' 이라한다) 미만일 경우에는 최소지급액을 지급한다. 다만, 둘째 이후 자녀에 대하여 육아휴직을 한 경우에는 총지급액을 매월 지급한다.

나) 총지급액이 최소지급액 미만에 해당하는 경우에는 최소지급액을 지급한다.

3) 육아휴직 복직 후 지급액

가) 총지급액의 15퍼센트에 해당하는 금액(총 지급액에서 15퍼센트를 뺀 금액이 최소지급액 미만이어서 육아휴직기간 중 최소지급액을 지급받은 경우에는 총 지급액에서 최소지급액을 빼고 남은 금액)은 휴직종료 후 복직하여 6개월 이상 계속해서 근무한 경우 7개월째 보수지급일에 합산하여 일시불로 지급한다.

   * 복직 후 6개월 경과 이전에 퇴직하는 경우 육아휴직수당 15퍼센트는 지급하지 않음.
   * 다만, 육아휴직 종료 후 복직하여 6개월 이상 계속해서 근무하기 전에 「지방공무원법」 제61조제2호, 「지방별정직공무원 인사규정」 제12조에 따라 당연히 퇴직하거나 당연히 면직되는 임기제공무원 또는 별정직 공무원과 「지방공무원법」 제62조제1항제1호에 따라 직권으로 면직된 공무원(육아휴직 종료일에 당연히 퇴직 또는 면직되거나 직권으로 면직되는 경우를 포함)에게는 퇴직일에 합산하여 일시불로 지급

나) 총 지급액이 최소지급액 미만에 해당되어 육아휴직기간 중 최소지급액을 지급한 경우에는 이를 적용하지 아니한다.

> **예시**
>
> ○ 2023.10.1.부터 첫째 자녀에 대해 1년간 육아휴직을 신청한 일반행정직 9급 3호봉 공무원의 육아휴직수당
>   - '23.10.1.~'24.9.30.(12개월간) : 월 1,238,620원 (①-②)
>   - '25년 4월 보수지급일 : 2,622,960원 (②×12개월)
>   * 복직 후 6개월간 계속해서 근무하는 경우 7개월째 보수지급일에 지급
>   ① 1,457,200원 : '23년 일반행정직 9급 3호봉 기본급(1,821,500원) × 80퍼센트
>   ② 218,580원 : ① × 15퍼센트

4) 육아기 근로시간 단축수당

가) 육아휴직 대상자가 육아휴직을 대신하여 「지방공무원 임용령」 제38조의15제2항에 따른 시간선택제전환공무원으로 지정된 경우, 다음의 계산식에 따라 산정한 금액(이하 "육아기 근로시간 단축수당"이라 한다)을 지급한다. 이 때, 성과급적 연봉제 적용대상 공무원의 월봉급액 산정시 성과연봉을 제외한 연봉월액의 78%(성과급적 연봉제 적용 대상 공무원 중 기본연봉에 관리업무수당에 해당하는 금액이 포함되지 않은 공무원 84%)를 기준으로 한다.

<매주 최초 5시간 단축분>		
시간선택제전환공무원 지정일 기준 월봉급액에 해당하는 금액 (200만원을 상한액으로 하고, 50만원을 하한액으로 한다)	×	$\dfrac{5}{\text{공무원의 주당 근무시간}}$

<나머지 근로시간 단축분>		
시간선택제전환공무원 지정일 기준 월봉급액의 80퍼센트에 해당하는 금액 (150만원을 상한액으로 하고, 50만원을 하한액으로 한다)	×	$\dfrac{\text{공무원의 주당 근무시간} - \text{시간선택제전환공무원 근무시간} - 5}{\text{공무원의 주당 근무시간}}$

예시

○ 2024.1.1. ~ 2024.3.31.까지 3개월간 육아휴직한 일반행정직 6급 3호봉 공무원이 2024.4.1. 복직하면서 육아를 목적으로 주당 20시간 시간선택제전환공무원 지정(3개월)을 한 경우 육아기근로시간 단축수당
  - 3개월 간 812,500원(①+②) 육아기근로시간 단축수당 지급

    (매주 최초 5시간 단축분) '24년 일반행정직 6급 3호봉 기본급(2,453,200원)이 상한액인 200만원을 초과하므로 200만원 적용 × 5/40 = ① 250,000원

    (나머지 근무시간 단축분) '24년 일반행정직 6급 3호봉 기본급(2,453,200원)의 80%(1,962,560원)가 상한액인 150만원을 초과하므로 150만원 적용 × 40-20-5/40 = ② 562,500원

나) '육아기 근로시간 단축수당'을 지급받고자 하는 공무원은 시간선택제 전환공무원 지정을 위한 신청시, 신청서 신청 사유란에 육아를 목적으로 함을 기재하고, 가족관계증명서 등 필요한 서류를 소속기관장에게 제출해야한다.

다. 지급기간 : 휴직일 또는 시간선택제전환공무원 지정일로부터 최초 1년 이내
(다만, 육아휴직수당 및 육아기 근로시간 단축수당의 지급기간을 합산하여 최대 1년을 초과할 수 없다)

1) '휴직일로부터 최초 1년 이내'란 최초 휴직한 날로부터 휴직기간을 기준으로 1년 이내를 말함. 따라서, 동일자녀에 대하여 육아휴직(1년 미만)후 복직하였다가 다시 육아휴직(잔여기간)한 경우 및 육아휴직 후 휴직기간을 연장하는 경우에도 최초 휴직일로부터 기산하여 휴직기간의 1년 범위에서 육아휴직수당을 지급한다.

2) 2007.12.31.까지는 자녀의 출생 후부터 육아휴직수당을 지급하고, 임신 중 육아휴직자에 대하여는 동 수당을 지급하지 않았으나, 영 제11조의2제1항의 개정(2008.1.11.)으로 2008.1.1.이후부터는 임신기간 중에도 육아휴직수당을 지급한다.
3) '시간선택제전환공무원 지정일로부터 최초 1년 이내'란 최초 지정일로부터 시간선택제전환공무원으로 근무한 날을 기준으로 1년 이내*를 말함. 따라서, 동일 자녀에 대하여 시간선택제전환공무원으로 근무(1년 미만)후 전일제공무원으로 근무하였다가 다시 시간선택제전환공무원으로 근무(잔여기간)한 경우 및 시간선택제전환공무원으로 근무(1년)후 그 근무기간을 연장하는 경우에도 최초 지정일로부터 기산하여 근무기간의 1년 범위에서 육아기 근로시간 단축수당을 지급한다.

> **예시**
>
> ○ 같은 자녀에 대해 '24.4.1.부터 '23.8.31.까지 5개월간 육아휴직하고 '23.9.1. 복직한 후 5개월간 근무 후 다시 '24.2.1.부터 '24.12.31.까지 11개월간 육아휴직을 할 경우 육아휴직수당 지급기간(전체 육아휴직기간은 1년 4개월)
>   - 지급기간은 최초 휴직한 날('23.4.1.)로부터 휴직기간을 기준으로 1년 이내이므로, '23.4.1. ~ 8.31.까지의 5개월과 ''24.2.1. ~ 8.31.까지 7개월을 합산한 1년에 대하여 지급
>
> ○ 같은 자녀에 대해 '23.4.1.부터 '23.8.31.까지 5개월간 육아휴직하고 '24.2.1.부터 '24.12.31.까지 육아를 목적으로 시간선택제전환공무원으로 근무할 경우 수당 지급기간(육아휴직기간과 육아휴직을 대신하여 시간선택제전환공무원으로 근무한 기간을 합산한 기간은 1년 4개월)
>   - 육아휴직수당 지급기간은 최초 휴직한 날('23.4.1.)로부터 휴직기간을 기준으로 1년 이내이므로, '23.4.1. ~ 8.31.까지의 5개월에 대하여 지급
>   - 육아기 근로시간 단축수당 지급 기간은 1년 이내이나, 육아휴직수당 지급기간과 합산하여 최대 1년까지 지급 가능하므로, 육아휴직수당 지급기간 5개월을 제외한 7개월에 대하여 지급
>
> ○ 육아휴직수당을 지급받지 아니한 공무원이 '14.9.1.부터 '15.12.31.까지 육아휴직을 대신하여 시간선택제전환공무원으로 근무할 경우 수당 지급기간(육아휴직을 대신하여 시간선택제전환공무원으로 근무한 기간은 1년 4개월)
>   - '15.1.1. ~ 12.31.까지의 12개월에 대하여 지급
>   - 육아를 목적으로 시간선택제전환공무원으로 근무하여 추가수당을 받을 수 있는 기간은 1년 이내이나, 제도 도입('15.1.1.) 이후부터 1년을 인정하므로 12개월 지급 가능

* 단, 제도 도입('15.1.1.) 이전에 육아휴직을 대신하여 시간선택제공무원으로 근무한 기간은 포함하지 아니하며, 이후의 기간부터 기산한다.

라. 지급방법

1) 지급시기 : 보수지급일
2) 지급액은 휴직발령일 또는 시간선택제전환공무원 지정일을 기준으로 일할 계산하여 지급한다.
3) '19.1.1. 이전에 육아휴직을 일부 사용한 자에 대한 육아휴직수당 지급방법 : '19.1.1. 기준으로 잔여기간이 있는 경우, 그 잔여기간에 대해서는 월봉급액의 50%(최대 120만원, 최소 70만원) 지급(다만, '19.1.1을 기준으로 육아휴직기간이 최초 육아휴직일로부터 3개월이 경과하지 않은 경우, 3개월이 도달하는 시점까지 월봉급액의 80%(최대 150만원, 최소 70만원) 지급)
4) 같은 자녀에 대하여 부모가 모두 육아휴직을 한 경우로서 두 번째 육아휴직을 한 공무원의 2019년 1월 1일 전의 기간에 대한 육아휴직 수당은 영 제11조의2제2항의 개정규정에도 불구하고 종전의 규정을 따름. 다만, 2019년 1월 1일 기준으로 최초 3개월 중 잔여기간이 있는 경우, 그 잔여기간에 대해서는 상한액 250만원을 적용
5) '22.1.1. 이전에 육아휴직을 일부 사용한 자에 대한 육아휴직수당 지급방법 : '22.1.1. 전의 기간에 대한 육아휴직수당은 영 제11조의2의 개정규정에도 불구하고 종전의 규정을 따름. 다만, '22.1.1.을 기준으로 잔여기간이 있는 경우, 그 잔여기간에 대해서는 '22.1.1. 개정된 규정을 적용
6) 육아기 근로시간 단축수당을 포함한 보수액이 해당 공무원이 전일제로 근무할 때에 받을 보수액을 초과하는 경우에는 그 차액을 빼고 지급한다.
7) '24.1.1. 이전에 같은 자녀에 대하여 부모 중 두 번째 육아휴직을 사용한 자에 대한 지급방법
: '24.1.1. 전의 기간에 대한 육아휴직수당은 영(대통령령 제34102호) 제11조의3제2항의 개정규정에도 불구하고 종전의 규정을 따름. 다만, '24.1.1. 전에 육아휴직을 하여 '24.1.1. 당시 육아휴직 기간이 3개월을 넘지 않는 경우에는 육아휴직 시작일부터 3개월째까지는 종전의 규정에 따르며, 육아휴직 기간이 3개월을 넘는 경우에는 '24.1.1. 이후부터는 개정된 규정을 적용
8) '24.1.1. 이전에 둘째 이후 자녀에 대하여 육아휴직을 사용한 자에 대한 지급방법
: '24.1.1. 전의 기간에 대한 육아휴직수당은 영(대통령령 제34102호) 제11조의3제3항의 개정규정에도 불구하고 종전의 규정을 따름
9) 직권면직 등에 따른 육아휴직수당 지급에 관한 제11조의2제4항의 개정규정은 이 영(대통령령 제34102호) 시행 이후 공무원이 「지방공무원법」제62조제1항제1호에 따라 직권으로 면직되는 경우부터 적용한다.

예시

○ 공무원이 '18.7.1.~'18.7.31.까지 같은 자녀에 대하여 부모 중 두 번째 육아휴직을 사용(월봉급액의 100%, 최대 200만원 지급)하고 복직 후, '19.2.1.~4.30.까지 추가로 사용하는 경우 : 2.1.~3.31.까지 두 달분에 대해 추가로 월봉급액의 100%(최대 250만원) 지급

○ 공무원이 '18.7.1.~9.30.까지 같은 자녀에 대하여 부모 중 두 번째 육아휴직을 사용(7.1.~9.30. 3개월에 대해 월봉급액의 100%, 최대 200만원 지급)하고 '20.2.1.~4.30.까지 추가로 사용하는 경우 : 최초 육아휴직일을 기준으로 휴직기간이 3개월 경과하였으므로 월봉급액의 50%(최대 120만원) 지급('18.7.1.~9.30.의 육아휴직에 대해 수당 소급 지급 불가)

○ 공무원이 '18.11.1.~'19.4.30.까지 같은 자녀에 대하여 부모 중 두 번째 육아휴직을 사용(11.1.~12.31.까지 2개월에 대해 월봉급액의 100%, 최대 200만원 지급)한 경우 : 최초 육아휴직일을 기준으로 휴직기간 3개월까지 지급하므로 '19.1.1.~1.31.까지 1개월에 대해 월봉급액의 100%, 최대 250만원을 지급하고, 2.1.~4.30.의 기간에는 월봉급액의 50% 지급('18.11.1.~12.31.의 육아휴직에 대해 수당 소급 지급 불가)

○ '21.4.1. 출생한 첫째 자녀에 대해 '21.6.1.~'22.3.1.까지 육아휴직한 경우
  - '21.12.31.까지는 종전규정에 따라 '21.6.1.~'21.8.31.은 월 봉급액의 80%(최대 150만원), '21.9.1.~'21.12.31.은 월 봉급액의 50%(최대 120만원) 지급
  - '22.1.1.~'22.3.1.은 개정된 규정에 따라 월봉급액의 80%(최대150만원) 지급
  ※ 이때, 월 봉급액은 육아휴직 시작일('21.6.1.) 당시 월 봉급액임을 유의할 것

○ '21.4.1. 출생한 첫째 자녀에 대해 부부 공무원인 부인이 육아휴직 중이며, 두 번째로 배우자인 공무원이 '21.6.1.부터 같은 자녀에 대해 '21.6.1.~'22.3.1.까지 육아휴직한 경우 두 번째 휴직자의 수당 지급 방법
  - '21.12.31.까지는 종전규정에 따라 '21.6.1.~'21.8.31.은 월 봉급액의 100%(최대 250만원), '21.9.1.~'21.12.31.은 월 봉급액의 50%(최대120만원) 지급
  - '22.1.1.~'22.3.1.은 개정된 규정에 따라 월 봉급액의 80%(최대150만원) 지급
  ※ 이때, 월봉급액은 육아휴직 시작일('21.6.1.) 당시 월봉급액임을 유의할 것

○ 첫째 자녀에 대해 배우자가 먼저 육아휴직을 한 후 같은 자녀를 대상으로 공무원이 '23.9.1.~'24.2.29.까지 두 번째로 육아휴직한 경우, 두 번째 휴직자의 수당 지급 방법
  - '23.9.1.~'23.11.30.까지는 종전 규정에 따라 250만원 상한으로 월봉급액의 100% 지급
  - '23.12.1.~'23.12.31.까지는 종전 규정에 따라 150만원 상한으로 월봉급액의 80% 지급
  - '24.1.1.~'24.2.29.까지는 개정 규정에 따라 5개월째는 400만원, 6개월째는 450만원 상한으로 월봉급액의 100% 지급

○ 첫째 자녀에 대해 배우자가 먼저 육아휴직을 한 후 같은 자녀를 대상으로 공무원이 '23.11.1.~'24.4.30.까지 두 번째로 육아휴직한 경우, 두 번째 휴직자의 수당 지급 방법
  - '23.11.1.~'24.1.31.까지는 종전 규정에 따라 250만원 상한으로 월봉급액의 100% 지급
  - '24.2.1.~'24.4.30.까지는 개정 규정에 따라 4개월째는 350만원, 5개월째는 400만원, 6개월째는 450만원 상한으로 월봉급액의 100% 지급

마. 30일 미만 육아휴직 합산 시 수당지급 방법

1) 지급대상 : 동일한 자녀에 대해 육아휴직을 분할하여 사용한 경우 분할 사용 기간을 합산하여 30일 이상이면 합산한 휴직기간 중 30일 미만의 휴직기간도 지급대상에 포함한다.
   - '21. 1. 1. 현재 육아휴직수당 지급 대상자부터 적용하되, 육아휴직 기간 종료일로부터 3년이 경과한 휴직기간은 합산대상 휴직기간에 포함되지 않는다.

2) 지급액 : 분할 사용한 각 육아휴직 시작일 현재 지급 기준으로 일할 계산하여 지급액을 산정한다.

3) 지급시기 : 분할 사용한 기간을 합산하여 30일 이상 되는 시점의 다음달 급여 지급일에 육아휴직 복직 후 지급액을 제외한 미지급분을 일시급으로 지급한다.
   ※ 육아휴직 복직후 지급액 15%는 분할 사용한 기간을 합산하여 30일 이상 되는 시점이 포함된 육아휴직기간 종료 후 복직하여 6개월 이상 계속하여 근무한 경우 7개월째 보수 지급일에 합산하여 일시불로 지급한다.

바. 징 수

○ 지방자치단체의 장과 지방의회의 의장은 소속 공무원이 거짓이나 그 밖의 부정한 방법으로 육아휴직수당 또는 육아기 근로시간 단축수당을 지급받은 경우에는 그 지급받은 수당에 해당하는 금액을 징수하여야 한다.

○ 2023.2.1.부터 출산 전 육아휴직을 하던 중, 2023. 2. 22.에 첫째 자녀를 출산하게 되어 육아휴직 복직 처리하고 출산휴가 90일을 사용 한 후 2023. 5. 24.부터 2024. 1. 31.까지 첫째 자녀에 대한 육아휴직을 한 경우
  - 2023. 2. 1. ~ 2. 21.(21일)에 대해서도 2023. 5. 24부터 사용한 육아휴직기간과 합산하여 30일 이상의 휴직에 해당하므로 수당 지급
○ 첫째 자녀에 대해 2021. 1. 20. ~ 2021. 12. 31.(총 11개월 12일)까지 육아휴직을 사용한 후 복직하였고, 이후 2023. 3. 14. ~ 2023. 3. 31(18일)은 첫째 자녀에 대한 육아휴직을 쓰고, 연속하여 둘째 자녀에 대한 육아휴직을 2023. 4. 1. ~ 2023. 12. 31.까지 한 경우
  - 2023. 3. 14. ~ 2023. 3. 31.(18일)은 2021년 첫째 자녀에 대한 육아휴직기간과 합산하여 30일 이상이 되므로 수당 지급
○ 첫째 자녀에 대해 2017. 1. 20. ~ 2017. 12. 31.(총 11개월 12일) 육아휴직을 사용한 후 복직하였고, 이후 2023. 3. 14. ~ 2023. 3. 31(18일)은 첫째 자녀에 대한 육아휴직을 쓰고, 연속하여 둘째 자녀에 대한 육아휴직을 2023. 4. 1. ~ 2023. 12. 31.까지 한 경우
  - 2023. 3. 14. ~ 2023. 3. 31.(18일)과 합산하고자 하는 대상기간이 2017년 육아휴직종료일 이후 3년을 초과하였으므로 해당하므로 12일분에 대해서는 수당 지급 불가
○ 2020. 3. 1.부터 출산 전 육아휴직을 하던 중, 2020. 3. 22.에 첫째 자녀를 출산하게 되어 육아휴직 복직 처리하고 출산휴가 90일을 사용 한 후 2020. 6. 24.부터 2021. 1. 31.까지 첫째 자녀에 대한 육아휴직을 한 경우
  - 2021. 1. 1. 현재 육아휴직수당 지급 대상자이므로 2020. 3. 1. ~ 3. 21.(21일)에 대해서 수당 지급 가능
○ 첫째자녀에 대해 2019. 1. 1.부터 2019. 1. 20. 까지 20일간 육아휴직 후 복직하여 근무하던 중 동일자녀에 대해 2020.1. 1.부터 2021. 1. 31.까지 다시 육아휴직을 한 경우 2019. 1. 1.부터 2019. 1. 20. 기간에 대해 합산하여 육아휴직수당을 받을 수 있는지?
  - 육아휴직수당은 최초 육아휴직 시작일로부터 1년까지만 지급되므로 해당 자녀에 대해 육아휴직수당이 지급되는 기간은 2020. 12. 10. 까지임. 따라서 2021. 1. 1. 현재 육아휴직수당 지급 대상자가 아니므로 2019. 1. 1.부터 2019. 1. 20.까지 휴직한 부분은 지급 불가
○ 공무원이 2023.12.1.부터 출산 전 육아휴직을 하던 중, 2023. 12. 22.에 첫째 자녀를 출산하게 되어 육아휴직 복직 처리하고 출산휴가 90일을 사용 한 후 2024. 3. 23.부터 2024. 5. 31.까지 첫째 자녀에 대한 육아휴직을 한 경우 육아휴직 지급액
  - ① 합산기간(2023.12.1.~2023.12.21.) + ② 합산기간(2024.3.23.~2024.5.31.)에 대하여 각각 육아휴직 시작일 기준 호봉 및 육아휴직수당 지급 기준을 적용하여 일할계산하여 지급액을 산정하되,
  - ①기간에 대하여는 '24.3.31.에 합산하여 30일에 도달하므로, '24년 4월 급여지급일에 ①기간 미지급분(복직 후 지급액 15%제외)을 일시급으로 지급
    * '24년 4월 급여지급일에 해당 공무원이 받는 수당 : ①기간 미지급분(복직 후 지급액 15%제외) + ②기간 해당월 육아휴직 수당
  - ①기간에 적립된 복직 후 지급액 15%는 ②기간 육아휴직 종료(2024.5.31.) 후 복직하여 6개월 이상 근무한 경우 7개월 째 보수지급일에 일시급으로 지급
    * '24년 12월 급여 지급일에 해당 공무원이 받는 수당 : ①기간 복직 후 지급액 15%+ ②기간 복직 후 지급액 15%

> **예시**

○ 육아휴직수당의 지급시점이 휴직 월부터인지 아니면 출산 월부터인지 여부와 첫째아이 1년, 둘째아이 1년씩 육아휴직수당을 지급할 수 있는지 여부
  - 육아휴직수당 지급기간은 휴직일로부터 최초 1년 이내임. 즉, 임신 중 육아휴직자의 경우 최초 휴직일로부터 육아휴직수당을 1년간 지급. 또한 첫째, 둘째 제한 없이 각각의 자녀에 대하여 육아휴직을 한 경우 각각의 휴직기간의 최초 1년 이내의 범위에서 육아휴직수당을 지급

○ 일반직 9급 3호봉 공무원이 '21.1.1.~6.30.까지 6개월간 육아휴직을 사용하고, 복직 후 6개월간('21.7.1.~12.31.) 계속 근무하다가 다시 '22.1.1.~6.30.까지 6개월간 육아휴직을 사용하는 경우, 육아휴직수당 지급방법(해당 공무원은 '21.11.1.자로 일반직 8급 2호봉으로 승진임용)
  - '21.1.1.~3.31.(3개월간) : 월 1,169,870원(①-②)
  - '21.4.1.~6.30.(3개월간) : 월 731,170원(③-④)
    ① 1,376,320원 : '21년도 일반직 9급 3호봉 기본급(1,720,400원)의 80퍼센트 해당금액
    ② 206,448원 : ①(1,376,320원) × 15퍼센트
    ③ 860,200원 : '21년도 일반직 9급 3호봉 기본급(1,720,400원)의 50퍼센트 해당금액
    ④ 129,030원 : ③(860,200원) × 15퍼센트
    ⑤ '21.1.1.~3.31. 까지 ①-②에 해당하는 금액, '21.4.1.~6.30. 까지 ③-④에 해당하는 금액 지급
  - '22.1월 보수지급일 : 1,006,430원(②206,448원 × 3개월 + ④129,030원 × 3개월)
    * 복직 후 6개월간 계속 근무하였으므로 7개월째 보수지급일이 휴직기간 중이라도 지급
  - '22.1.1.~6.30.(6개월간) : 1,226,650원(③)
    ① 1,443,120원 : '22년도 일반직 8급 2호봉 기본급(1,803,900원)의 80퍼센트 해당금액
    ② 216,468원 : ①(1,443,120원) × 15퍼센트
    ③ 1,226,650원 : ① - ②에 해당하는 금액이 70만원 이상이므로, 육아휴직기간 중에는 월 1,226,650원 지급
  - '23.1월 보수지급일 : 1,298,800원(②216,468원 × 6개월)
    * 복직 후 6개월간 계속 근무시 7개월째 보수지급일에 일시불로 지급
    ※ '22.1.1. 영 개정으로 육아휴직 4개월 이후에 대한 육아휴직수당 지급액이 월봉급액의 80%(상한액 150만원, 하한액 70만원)로 인상

○ 부부공무원이 동일자녀에 대해 각각 육아휴직을 한 경우 지급방법
  - 동일자녀에 대하여 부부공무원이 각각 육아휴직을 사용하는 경우에는 각각 육아휴직수당을 지급함

○ '22.1.5.부터 '22.12.31.까지 1년간 육아휴직을 한 경우 '22.1월의 육아휴직수당 지급액
  - '22.1.1.~'22.1.4. : 정상적인 보수지급
  - '22.1.5.~'22.1.31. : 육아휴직수당(총 지급액의 15퍼센트를 뺀 금액) × [27(휴직일) / 31]

- ○ 육아휴직수당은 자녀 1명만 가능한지 아니면 각각의 자녀에 대하여 지급이 가능한지 여부, 예를 들어 첫째자녀 육아휴직수당을 1년간 지급받고 있던 사람이 둘째를 출산하게 되어 둘째자녀의 육아를 위해 휴직을 했다면 다시 1년 동안 육아휴직수당의 지급이 가능한지 여부
  - 육아휴직수당의 지급기간은 자녀 1명당 휴직일로부터 최초 1년 이내를 말하므로 둘째자녀 출산 후 다시 휴직할 경우 동 수당은 지급이 가능하나, 둘째에 대한 수당을 지급받기 위해서는 별도의 절차를 거쳐 첫째자녀 휴직을 종료(복직)한 후 둘째자녀에 대한 육아휴직을 반드시 다시 신청해야 함
- ○ '23.1.1. ~ '23.12.31.까지 1년간 육아휴직을 신청한 일반행정직 7급 10호봉 공무원의 육아휴직수당 지급방법
  - '23.1.1. ~ '23.12.31.(12개월간) : 월 1,275,000원(②-③) 지급
    ① 2,293,920원 : '23년도 일반행정직 7급 10호봉 기본급(2,867,400원) × 80퍼센트
    ② 1,500,000원 : 육아휴직수당 상한액이 150만원이고, 기본급의 80퍼센트에 해당하는 금액(①2,293,920원)이 150만원을 초과하므로, 150만원만 지급
    ③ 225,000원 : ②(1,500,000원) × 15퍼센트
  - '24. 7월 보수지급일 : 월 2,700,000원(③ 225,000원 × 12개월)
    * '24.1.1.복직하여 6개월간 계속해서 근무시 지급
- ○ 연구사 8호봉 공무원이 '24.1.1. ~ '24.6.30.까지 6개월의 육아휴직을 사용하고 복직 후 2개월을 근무한 후 '24.8.31.에 의원면직한 경우의 육아휴직수당 지급방법
  - 육아휴직수당의 15퍼센트에 해당하는 금액은 복직 후 6개월간 계속해서 근무하는 경우 지급하므로, 복직 후 2개월간 근무하고 의원면직한 경우는 미지급
- ○ 일반직 9급 4호봉 공무원이 육아휴직을 사용하지 않고 육아휴직 대신 '24.1.1. ~ 6.30.까지 6개월간 주 20시간 근무하는 시간선택제전환공무원으로 지정시 육아기 근로시간 단축수당 지급방법   ※ 봉급은 근무시간에 비례하여 별도 지급
  - '24.1.1. ~ 6.30.(6개월간) : 월 807,700원(①+②) 지급
  ① (매주 최초 5시간 단축분) 시간선택제전환공무원 지정시 9급 4호봉 기본급 (1,961,600)(하한 50만원 ~ 상한 200만원) × 5시간/40시간 = 245,200원
  ② (나머지 근무시간 단축분) 시간선택제전환공무원 지정시 9급 4호봉 기본급(1,961,600)의 80%(1,569,280원)(하한 50만원 ~ 상한150만원) × [(40시간-20시간-5시간)/40시간]* = 562,500원
    * [(공무원 주당 근무시간 (40시간) - 시간선택제전환 주당 근무시간 (20시간) - 5시간 / 공무원 주당 근무시간 (40시간)

o 첫째 자녀에 대하여 '24.1.1.~'24.12.31.까지 1년간 육아휴직을 신청한 일반행정직 6급 2호봉 공무원의 육아휴직수당 지급방법
  - '24.1.1.~'24.12.31.(12개월간) : 월 1,275,000원(②-③) 지급
    ① 1,876,560원 : '24년도 일반행정직 6급 2호봉 기본급(2,345,700원) × 80퍼센트
    ② 1,500,000원 : 육아휴직수당 상한액이 150만원이고, 기본급의 80퍼센트 해당 금액(① 1,876,560원)이 150만원을 초과하므로, 150만원만 지급
    ③ 225,000원 : ②(1,500,000원) × 15퍼센트
  - '25. 7월 보수지급일 : 월 2,700,000원(③225,000원 × 12개월)
    * '25.1.1.복직하여 6개월간 계속해서 근무시 지급
o 둘째 자녀에 대하여 '24.1.1.~'24.12.31.까지 1년간 육아휴직을 신청한 일반행정직 6급 2호봉 공무원의 육아휴직수당 지급방법
  - '24.1.1. 이후 둘째 이후 자녀에 대한 육아휴직의 경우에는 휴직 중 15% 공제 없이 육아휴직수당 전액을 지급하며, '24년도 일반행정직 6급 2호봉 기본급(2,345,700원)의 80퍼센트 해당 금액(1,876,560원)이 상한액인 150만원을 초과하므로, 매월 150만원 지급

Ⅳ. 특수지근무수당(영 제12조)

1. 지급대상

교통이 불편하고 문화·교육시설이 거의 없는 지역이나 근무환경이 특수한 기관에 근무하는 공무원(임기제공무원은 제외한다)

* 특수지근무수당은 공무원이 지급대상지역에 소재한 기관이나 지급대상기관에 근무명령을 받고 상시 근무한 기간에 대하여만 일할계산하여 지급한다.

2. 지급액

특지 : 월 6만원 / 갑지 : 월 5만원 / 을지 : 월 4만원 / 병지 : 월 3만원

「서해 5도 지원 특별법」 제2조제1호에 따른 서해 5도 근무 공무원에 대해서는 20만원의 범위에서 해당 지방자치단체의 조례로 정하는 금액 지급

3. 지급대상지역 및 기관과 그 등급별 구분

가. 교통이 불편하고 문화·교육시설이 거의 없는 지역과 그 등급별 구분

1) **지방자치단체 공무원** : 영 별표 10에 따라 시·도별 조례로 제정

※ 시·도 조례 제정 이전까지는 행정안전부령(「지방공무원 특수지근무수당 지급대상지역 및 기관과 그 등급별 구분에 관한 규칙」 별표 1)에 따라 지급

※ 영 시행 당시(2009.4.1.) 종전의 별표 10 제3호에 따라 특수지근무수당 지급대상지역으로 정하여진 지역은 별표 10 제3호의 개정규정에도 불구하고 2009년 6월 30일까지는 이 영에 따른 특수지근무수당 지급대상지역으로 보되, 개정된 기준에 따라 시·도별 조례로 정한 뒤 행정안전부로 반드시 통보

2) **교육자치단체 공무원** : 「공무원 수당 등에 관한 규정」 별표 7의2에 따라 시·도별 조례로 제정

나. 근무환경이 특수한 기관과 그 등급별 구분

당해 기관의 특수성 및 다른 기관과의 형평을 고려하여 시·도별 조례로 제정

4. 실태조사

특수지근무수당 제도의 합리적인 운영을 위하여 특수지근무수당 지급대상지역에 관한 실태조사를 시·도지사 또는 교육감이 필요하다고 인정하는 때는 영 별표 10(특수지근무수당지급대상지역등급구분기준표)에 따라 실시

※ 특수지근무수당지급대상지역 및 기관과 그 등급별 구분을 시·도 조례로 정한 경우에는 행정안전부로 반드시 통보

Ⅴ. 특수근무수당

1. 위험근무수당(영 제13조)

가. 지급대상 : 위험한 직무에 종사하는 공무원

* 위험근무수당은 공무원이 영 별표 8의 9개 부문의 업무에 상시 종사함으로 인하여 수반되는 위험성을 고려하여 지급하는 수당이므로 해당 공무원이 실제 위험한 직무에 종사한 기간에 대하여 일할 계산하여 지급한다.

나. 지급구분

영 별표 8의 '위험근무수당등급별구분표', 영 별표 7의 '위험근무수당지급구분표'(갑종 6만원, 을종 5만원, 병종 4만원)에 따라 지급한다.

○ 보일러 비 가동기간 중에 보일러 관리직원에 대해 위험근무수당을 지급할 수 있는지 여부
 - 보일러 관리직원에 대한 병종 위험근무수당은 실제 보일러를 가동하는 기간에 대하여 일할 계산하여 지급해야 함.

다. 지급기준

위험근무수당 지급대상자가 있는 기관에서는 대상자들이 수행하는 업무에 대하여 1) 직무의 위험성, 2) 상시 종사 여부, 3) 직접 종사 여부를 판단하여 수당을 지급하여야 함

1) "직무의 위험성"은 영 별표 8의 각 부문과 등급에서 정한 내용에 따름
2) "상시 종사"란 공무원이 위험한 직무를 일정기간 또는 계속 수행하는 것을 의미. 따라서, 일시적·간헐적으로 위험한 직무에 종사하는 경우는 지급대상에 포함될 수 없음.
3) "직접 종사"란 해당 기관 혹은 부서 내에서도 업무 분장 상에 있는 위험한 작업 환경과 장소에 직접 노출되어 위험한 업무를 직접 수행하는 것을 의미

라. 기타사항

영 별표 8의 4. 농수산업 연구부문 병종 다.의 농촌진흥기관에 「농업인등의 농외소득 활동 지원에 관한 법률」 제7조에 따른 농산물가공기술활용센터를 포함한다.

2. 특수업무수당(영 제14조)

가. 지급대상 : 특수한 업무에 종사하는 공무원

1) 공무원으로서 특수한 업무에 종사하는 사람에게는 예산의 범위에서 특수업무수당을 지급하되, 직무의 곤란성 및 난이도 등이 높은 경우에는 특수업무수당 가산금을 지급할 수 있다. 이 경우 특수업무수당 및 특수업무수당 가산금은 영 별표 9의 지급구분에 따라 지급대상 업무에 상시로 직접 종사한 기간에 대하여 일할 계산하여 지급한다.

나. 지급액 : 영 별표 9에서 특수업무수당별로 규정한 금액

1) 영 제19조제3항에 따라 특수업무수당은 병급 할 수 없는 것이 원칙임.
2) 일부 병급이 허용된 수당 외의 두 가지 이상의 수당에 대하여 지급요건을 충족하는 공무원에게는 해당 공무원이 원하는 바에 따라 한 가지 수당만을 지급하여야 하고, 이 경우 새로이 선택한 수당을 소급하여 지급하지 아니한다.

※ 교통보조비 기본급 통합에 따른 교원 등 일부 직종 특수업무수당 조정

가) 교통보조비는 현행 계급별 지급액 자체를 정액으로 기본급에 산입하였으나, 교통보조비가 직위별로 지급되는 교원/연구·지도직과 같은 일부 직종의 경우, 일반직과 같은 방식인 계급별 정액 산입이 불가능함.

* 교통보조비 기본급 산입액(월) 1~3급 20만원, 4~5급 14만원, 6~7급 13만원, 8~9급 12만원

<계급 체계(1~9)가 적용되지 않는 일부 직종의 교통보조비 지급 내역>

구 분	대상자	지급액
대학교원	전문대학 총장·대학원장·학장·처장 등	20만원
	그 외 교원	14만원
연구·지도직	고위공무원단 직위에 임용된 연구관·지도관	20만원
	평연구관·지도관	14만원
	연구사·지도사	13만원

나) 일부 교원/연구·지도직의 경우, 직위 또는 계급별 교통보조비 최저금액을 기본급에 산입하고, 그 차액은 특수업무수당으로 보전하여 균형유지

[계급 체계가 적용되지 않는 일부 직종 보전방안]

구분	보전대상	보전방안	보전금액
대학교원	특3호봉과 대학원장, 대학교의 학장·처장·기획연구실장·교양과정부장	교원보전수당 신설	60천원
연구직	3급 상당 직위에 임용된 연구관	연구업무수당 가산금 신설	60천원
지도직	3급 상당 직위에 임용된 지도관	기술정보수당 가산금 신설	60천원

다. 수당별 업무처리 방법

1) 기술정보수당

가) 관련규정 : 영 제14조와 영 별표 9의 제1호

나) 지급대상

(1) 「지방공무원 임용령」 별표 1의 기술직군의 각 직렬의 공무원 및 행정직군 전산직렬 공무원(5급 이상의 경우 6급 재직 시 전산직렬 포함)

　* 4급 이상의 경우 해당업무를 직접 담당하는 공무원

(2) 「지방공무원 임용령」 별표 1의 관리운영직군의 사무운영직렬을 제외한 각 직렬의 공무원 및 사무운영직렬 중 전산운영직류 공무원(5급 이상의 경우 6급 재직 시 전산직렬 포함)으로서 해당 기술정보분야에 직접 종사하는 공무원

(3) 「지방 연구직 및 지도직공무원의 임용 등에 관한 규정」 별표 1 제2호의 지도직 공무원

(4) 「전기안전관리법」에 따라 전기안전관리 담당자 및 보조원으로 선임된 사람

(5) 「위험물안전관리법」에 따라 위험물안전관리자로 선임된 사람 및 「도시가스사업법」에 따라 안전관리자로 선임된 사람

(6) 전산업무(구멍뚫기(천공)·검공 및 자료의 입력·출력업무 제외)를 직접 담당하는 공무원

　<직제상 전산업무 전담기관(과·담당관 포함)>

　• 프로그램·시스템 분석·전산기기 조작업무 담당자 및 전산업무의 기획·통제·조정·운영 등 전산업무 담당자

　　* 전산업무중 구멍뚫기(천공)·검공 및 자료 입·출력업무를 수행하는 공무원은 제외
　　* 전산직과 복수직렬의 공무원은 포괄적으로 인정하되, 서무·경리 등 일반행정 업무 전담자는 제외

　<직제상 전산업무 전담기관(과·담당관 포함)이 아닌 기관>

　• 별도 설치된 전산실에서 프로그램·시스템 분석 또는 전산기기 조작을 전담하거나 전산화 기획·시스템 분석 등 일련의 전산업무만을 계속해서 수행하는 공무원

　　* 가급적 지급대상 인원증가는 불허하고, 일반 행정업무를 겸하는 공무원은 제외
　　* 과(담당관 포함)업무의 일부가 전산업무인 기관의 관리자(과장·담당관·계장 등)는 제외

다) 가산금

(1) 기술정보수당 가산금은 기술정보수당 지급대상자로서 지급대상란 가목부터 바목까지의 해당자 중 「국가기술자격법」에 따른 기술·기능분야 자격증 중 기술사·기능장·기사·산업기사 자격증 소지자(기능사 자격증 및 서비스분야 자격증을 제외한다) 및 「지방공무원 임용령」 별표 1 기술직군 운전직렬 공무원에게 지급

  * 해당 공무원은 관련 자격증 사본을 첨부하여 별지 제9호 서식(기술정보수당 가산금 신고서)에 따라 기술정보수당 가산금 지급을 소속기관장에게 신청하여야 한다.

(2) 기술정보수당 가산금 지급시기
- 해당 공무원이 「국가기술자격법」에 따른 자격 취득 사실을 신고한 경우 자격증 또는 자격을 인정하는 발급기관의 증명서 등으로 자격 취득 사실이 확인된 경우에 자격을 취득한 날을 기준으로 일할 계산하여 지급
  * 소멸시효에 대해서는 대법원판례(65다2506, '66.9.20) 참조
  * 취득한 자격증 수에 관계없이 최상위등급의 자격증 1개에 대하여만 가산금을 지급

2) 의료업무등의수당

가) 관련규정 : 영 별표 9의 제2호

나) 지급대상 및 지급금액

(1) 의무·약무·간호직·보건진료 전담공무원(4급 이상의 경우 의무·약무·간호 업무를 직접 담당하는 공무원)으로서 「의료법」 제2조제2항 및 「약사법」 제2조제2호에서 규정한 해당 업무에 직접 종사하는 공무원과 지방자치단체가 운영하는 병원선에 승선·근무하는 공무원

  (가) 의무직렬 공무원, 보건진료소에서 근무하는 보건진료 전담공무원 및 병원선 승선근무자 : 행정안전부장관의 승인을 받아 해당 지방자치단체의 조례로 정하는 금액

  (나) 약무직렬 공무원 : 월 70,000원

  (다) 보건진료소 외의 기관에 근무하는 간호직렬 및 보건진료직렬 공무원 : 월 50,000원

(2) 「의료기사 등에 관한 법률」 제3조에 따른 의료기사업무에 직접 종사하는 일반직공무원 : 월 50,000원

   * 「의료기사 등에 관한 법률」 제3조에 따른 업무에 직접 종사하는「지방공무원 임용령」 별표 1의 기술직군 공무원 중 보건직렬 및 의료기술직렬 공무원으로서 임상병리사·방사선사·물리치료사·작업치료사·치과기공사 및 치과위생사 자격증 소지자

(3) 「감염병의 예방 및 관리에 관한 법률」 제2조제2호에 따른 제1급 감염병 발생 시 해당 감염병 대응 업무에 직접 종사하는 공무원으로서 다음의 어느 하나에 해당하는 공무원(다만, 보건진료소에 근무하는 보건진료 전담공무원은 제외) : 지급상한액 월 100,000원

  (가) 다음의 어느 하나에 해당하는 면허 또는 자격이 있는 공무원
   - 「의료법」 제2조에 따른 의료인 또는 같은 법 제80조에 따른 간호조무사
   - 「약사법」 제3조에 따른 약사 또는 같은 법 제4조에 따른 한약사
   - 「의료기사 등에 관한 법률」 제2조에 따른 의료기사
   - 「응급의료에 관한 법률」 제36조에 따른 응급구조사

  (나) 보건연구직렬 공무원

   * 구체적인 지급대상, 지급금액 및 그 밖에 지급에 필요한 사항은 지방자치단체의 장이 정함

(4) 「가축전염병 예방법」 제7조에 따른 가축방역 및 같은 법 제30조에 따른 동물·축산물의 검역업무,「축산물 위생관리법」에 따른 가축 또는 축산물의 검사업무, 그 밖에 다른 법령에 따른 수의사의 업무 중 해당 지방자치단체 조례로 정하는 업무에 직접 종사하는 공무원[「지방공무원 임용령」 별표 1의 수의직렬공무원(4급 이상의 경우 수의업무를 직접 담당하는 공무원) 및 「지방 연구직 및 지도직공무원의 임용 등에 관한 규정」 별표 1의 수의연구직렬 공무원(4급 상당 이상의 직위에 보직된 경우 수의업무를 직접 담당하는 공무원) 중 수의사 면허소지자로 한정] : 월 350,000원 (광역시·도의 관할 구역 안에 두는 시·군의 공무원의 경우 월 350,000원 초과 월 600,000원 이하의 범위에서 해당 시·군의 조례로 달리 정할 수 있음)

(5) 「의료법」 제80조의2에 따른 업무에 직접 종사하는 간호조무직 공무원 : 5급 이상 월 50,000원, 6급·7급 월 30,000원, 8급 이하 월 20,000원

3) 연구업무수당

  가) 관련규정 : 영 별표 9의 제3호
  나) 지급대상
   (1) 연구직공무원(월 80,000원)

(2) 각급 교육훈련기관에서 강의를 담당하는 공무원
　(가) 「지방공무원 교육훈련법 시행령」 제23조에 따른 교수요원의 자격을 갖춘 공무원 중 교육훈련기관의 장이 교수요원으로 임명을 한 공무원으로서 연간 20시간 이상의 '강의'를 담당하는 공무원
　(나) 지방자치단체가 별도로 설치 운영하는 교육훈련기관의 경우는 지방자치단체의 장 또는 지방의회의 의장이 판단하여 지방공무원교육원의 교수임무와 유사한 임무를 수행한다고 인정되는 강의담당자에게는 해당 수당을 지급할 수 있음.
　(다) '강의'의 범위
　　'강의'라 함은 "강의실에서의 강의, 실기지도, 토의 주재"등 특정한 교과목을 지도하기 위해 교재연구가 필요한 경우를 말한다. 사실상 강의라 볼 수 없는 "산업시찰 안내, 반복적 생활지도, 전시장 안내, 교육준비를 위한 행정지원 및 강의 보조" 등은 강의의 범위에 포함되지 아니한다.

4) 장려수당

가) 관련규정 : 영 별표 9의 제8호
나) 지급대상
　(1) 지하철 현업관서 근무자
　　지하철 현업관서에 근무하는 공무원 중 검수·구내보선·철도토목·철도건축·전기통신·신호·보안·역무창고 및 열차승무업무에 종사하는 사람
　(2) 지방행정 통신시설 종사자
　　지방행정 통신시설의 설치·보수·유지업무에 종사하는 공무원(교환업무에 종사하는 공무원은 제외한다)
　(3) 상하수도업무 종사자
　　조례에 따라 설치된 상하수도업무 관장기관에 근무하는 공무원 중 상하수도의 시설관리·급수·정수·배수·준설 및 지원업무에 종사하는 사람
　　＊ '수질검사업무에 직접 종사하는 공무원'과 '수도법 제24조에 따른 정수시설운영관리사 자격증 소지자 중 정수장에 직접 근무하는 사람'에 대하여는 가산금을 지급하되, 두 요건에 모두 해당되는 공무원에게 병급은 불가하며 더욱 유리한 한 종류의 가산금을 적용한다.
　(4) 위생·하수·쓰레기처리장 근무자
　　위생처리장·하수처리장·쓰레기처리장·동물원 등 분뇨·하수·폐수 또는 쓰레기처리업무를 전담하는 기관 또는 시설에 근무하는 사람(처리현장에서 직접 종사하는 공무원)

* 「지방공무원수당 등에 관한 규정」 제14조 및 별표9의 제8호 라목에 의한 장려수당은 쓰레기처리장의 쓰레기처리업무를 전담하는 기관 또는 시설에 근무하는 사람 중 해당 업무를 전담하여 처리하는 부서에서 근무하는 공무원으로 한정하여 지급하여야 할 것이므로, 쓰레기처리장에서 근무할지라도 쓰레기처리업무를 전담하고 있지 아니한 부서에서 근무하는 공무원까지 해당 수당을 지급할 수 없음(법제처 법령 해석).

(5) 시체화장업무 종사자
 화장장·화장장관리사무소 등 시체화장업무를 전담하는 기관 또는 시설에 근무하는 사람
(6) 묘지·납골당 근무자
 공원묘지·납골당 등 묘지나 납골당의 관리·유지를 전담하는 기관 또는 시설에 근무하는 사람
(7) 특장 관용차량 정비 수행자
 특장 관용차량 정비를 수행하는 기관 또는 시설에 근무하는 공무원 중 정비업무에 직접 종사하는 사람
(8) 도축장 근무자
 「축산물 위생관리법」에 따라 가축을 도살·도축하는 기관 또는 시설에서 검사업무에 직접 종사하는 사람

5) 개방형직위등 보전 및 전문직위수당

가) 개방형직위등 보전수당
 (1) 관련규정 : 영 별표 9의 제9호. 가목 1), 2), 3)
 (2) 지급대상
  (가) 「지방공무원법」 제29조의4에 따라 공모과정을 거쳐 개방형 직위에 임용되어 근무하는 경력직공무원
  (나) 「지방공무원법」 제29조의5에 따라 공모직위(소속 지방자치단체를 달리하거나 같은 지방자치단체 내 집행기관과 의회 간 소속을 달리하여 임용되는 경우로 한정)에 임용되어 근무하는 경력직공무원
  (다) 「지방공무원법」 제30조의2에 따라 인사교류 직위에 교류임용되어 근무하는 경력직공무원(「국가공무원법」 제32조의2에 따라 국가와 지방자치단체 간에 임용되는 경우를 포함)
 (3) 지급기간 : 해당 직위에 실제로 근무하는 기간
 (4) 지 급 액 : 1급 40만원, 2급 30만원, 3급 20만원, 4급 10만원, 5급 이하 5만원
  (가) 지방자치단체의 장 또는 지방의회의 의장을 달리하여 임용(국가와 지방자치단체 간에 임용되는 경우를 포함)되거나 국가와 지방자치단체 간, 지방자치단체 상호 간, 지방자치단체 집행기관과 의회 상호 간 및 지방자치단체와 교육·연구기관 또는 공공기관 간에 교류임용 되는 공무원에 대하여는 월 50만원을 가산하여 지급함

(나) 개방형 직위와 공모직위에 대한 보전수당과 가산금 지급은 「지방자치단체의 개방형직위 및 공모직위의 운영 등에 관한 규정」에서 정한 절차와 방법에 따라 임용된 경력직공무원에게만 지급하여야 함. 다만, 타 시·도 개방·공모직위에 임용되었던 경력직공무원이 임용기간 만료 등으로 원소속기관에 복귀하는 경우, 복귀 직위가 개방형 또는 공모직위라고 하더라도 해당 수당을 지급할 수 없음.

(다) 위의 대상자가 전문직위수당 또는 영 별표 14의 비고 제2호에 해당하는 경우에도 개방형직위등 보전수당만을 지급함.

나) 전문직위수당

(1) 관련규정 : 영 별표 9의 제9호. 나목
(2) 지급대상 : 전문관으로 선발되어 해당 전문직위에서 전문업무를 담당하는 공무원
(3) 근무기간 및 지급액

(가) 근무기간 : 전문관으로 선발되어 해당 전문직위에서 전문업무를 담당한 기간(승진으로 인해 해당 전문직위에서 직급만 변경되어 계속 근무하는 경우 포함)으로 계산하되, 해당 전문직위에 근무하지 않게 되어 전문관의 지위를 상실하는 경우 근무기간은 종료하는 것으로 본다.

(나) 지급상한액

근무기간	월 지급 상한액	
	4급 이상	5급 이하
1년 미만	100,000원	70,000원
1년 이상 ~ 2년 미만	120,000원	90,000원
2년 이상 ~ 3년 미만	180,000원	150,000원
3년 이상 ~ 4년 미만	300,000원	250,000원
4년 이상	450,000원	400,000원

(다) 지급방법 : 해당 직위의 임용여건 및 난이도 등을 고려하여 구체적인 지급범위 및 지급액은 지급상한액 범위에서 해당 지방자치단체의 장 또는 지방의회의 의장이 정한다.

* 근무기간은 전문관으로 선발되어 해당 전문직위에서 근무한 날부터 계산한다. 다만, 다음 각 호의 어느 하나에 해당하는 경력은 위 근무기간에 합산한다.
 (i) 동일 전문직위군의 해당 전문직위 외의 전문직위에서 전문관으로 근무한 경력
 (ii) 해당 전문직위에서 전문관으로 근무한 경력(같은 직급 및 바로 아래 직급의 경력에 한함)

6) 특수직무수당

가) 관련규정 : 영 별표 9의 제11호

나) 지급대상

(1) 각종 행정기관에 설치된 민원실 근무자(아래 가, 나, 다 요건 모두 충족 시 지급)

　(가) 별도로 설치된(상설) 민원실에서 민원창구를 담당하거나 또는 고용·복지플러스센터 근무자중 지방자치단체의 장 또는 지방의회의 의장이 지정한 업무분야 또는 직위에서 근무하고 있는 공무원

　(나) 민원업무 전담직원으로서 상시근무 필요

　(다) 법령상의 인·허가, 면허·등록 등 민원관계 서류의 직접 처리업무

　(라) 수당지급대상자 지정 : 지방자치단체의 장과 지방의회의 의장은 직제의 개정 등으로 업무내용에 변경이 있는 경우에는 수당 지급대상자를 새로이 지정

　(마) 제도의 운영, 법령의 해석 등에 관한 질의·진정·건의 등 부가적 업무처리는 고유 업무로서 민원업무수당을 지급하기 위한 민원업무에 해당되지 않음.

(2) 사서직 공무원(4급 이상의 경우 사서업무를 직접 담당하는 공무원)

(3) 읍·면·동(보건지소·진료소 및 농업기술센터 지소·상담소)근무자

　읍·면·동(보건지소·보건진료소 및 농업기술센터 지소·상담소를 포함)에 근무하는 6급 이하 일반직, 6급상당 이하 별정직 공무원(월 80,000원)

(4) 지방자치단체 의회(교육위원회 포함) 사무기구에 근무하는 공무원

(5) 사회복지업무에 상시적으로 직접 종사하는 공무원

　(가) 시·도, 시·군·구, 읍·면·동의 근무자로「사회복지사업법」제2조 제1호의 사회복지업무를 상시적으로 직접 담당하는 공무원

　(나) 가산금 지급

　　• 지급대상자중「사회복지사업법」제11조제1항의 사회복지사 자격증 소지자(월 30,000원)

　　•「지방공무원 임용령」제27조제1항에 따른 전보제한을 받는 사회복지업무 담당 공무원(사회복지직렬 공무원 제외)중 해당 직위에서의 근무기간이 2년 이상인 공무원(월 30,000원)

　(다) 일반 행정업무를 주된 업무로 하는 공무원, 서무·예산·경리 업무담당자, 사회복지업무를 직접 담당하지 않는 관리자 등은 지급제외

* **「사회복지사업법」 제2조제1호의 법률**
  국민기초생활 보장법, 아동복지법, 노인복지법, 장애인복지법, 한부모가족지원법, 영유아보육법, 성매매방지 및 피해자보호 등에 관한 법률, 정신건강증진 및 정신질환자 복지서비스 지원에 관한 법률, 성폭력방지 및 피해자보호 등에 관한 법률, 입양특례법, 일제하 일본군위안부 피해자에 대한 생활안정지원 및 기념사업 등에 관한 법률, 사회복지공동모금회법, 장애인·노인·임산부 등의 편의증진 보장에 관한 법률, 가정폭력방지 및 피해자보호 등에 관한 법률, 농어촌주민의 보건복지증진을 위한 특별법, 식품등 기부 활성화에 관한 법률, 의료급여법, 기초연금법, 긴급복지지원법, 다문화가족지원법, 장애인연금법, 장애인활동 지원에 관한 법률, 노숙인 등의 복지 및 자립지원에 관한 법률, 보호관찰 등에 관한 법률, 장애아동 복지지원법, 발달장애인 권리보장 및 지원에 관한 법률, 청소년복지 지원법

〈예시〉

○ 사회복지수당 가산금(2년 이상 근무) 지급
- A과에서 사회복지업무를 직접 담당하며 계속해서 2년 이상 근무한 공무원
- 동일부서내 다른 복지업무를 계속해서 직접 담당한 경우(아동복지 6월+장애인복지 1년6월 등)
- B과에서 사회복지 업무를 직접 담당하며 2년 이상 근무한 공무원이 승진 등으로 C동사무소에 전보후 바로 사회복지업무를 직접 담당하는 경우

○ 사회복지수당 가산금(2년 이상 근무) 미지급
- D과에서 장애인복지1년+서무(일반행정)업무 6월+노인복지(6월)업무를 담당한 경우
- E과에서 장애인복지업무를 1년하고 G과로 이동하여 노인복지 1년을 담당한 경우

(6) 「지방공무원법」 제25조의3에 따라 통상적인 근무시간보다 짧게 근무하는 공무원

  (가) 「지방공무원 임용령」 제3조의2 제2호, 제3조의5 또는 제38조의15에 따른 시간선택제공무원(「지방별정직공무원 인사규정」 제11조에 따른 시간선택제전환공무원 포함)

  (나) 지급액

  * 지급액은 시간선택제공무원의 근무시간에 비례하지 않음
  - 근무기간이 5년 이하인 경우 : 동일 호봉 전일제공무원 봉급월액의 5%
  - 근무기간이 5년 초과인 경우 : 동일 호봉 전일제공무원 봉급월액의 8%
  - 근무기간은 시간선택제공무원으로 임용되거나 전환된 이후 근무한 기간으로 계산하되, 강등·정직처분, 직위해제처분 및 휴직(공무상 질병 또는 부상으로 인한 휴직은 제외)으로 근무하지 아니한 기간은 제외한다. 다만, 육아휴직 기간 중 최초 1년 이내의 기간(셋째 이후 자녀에 대한 휴직에 대해서는 전 기간)은 근무한 기간으로 계산한다.

- 타 국가기관이나 지방자치단체에서 시간선택제공무원으로 임용되거나 전환되어 근무한 기간도 근무기간에 합산한다.
- 연봉제 적용대상자의 봉급월액 산정시 성과급적 연봉제 적용대상 공무원은 시간제가 아닌 통상적인 공무원으로 근무할 경우에 받게 될 성과연봉을 제외한 연봉월액의 78퍼센트(기본연봉에 관리업무수당에 해당하는 금액이 포함되지 않는 공무원은 84%)를 기준으로 한다.

(7) 수산생물질병 방역 및 수산생물의 검역업무에 종사하는 공무원
  * 「지방공무원 임용령」 별표 1의 해양수산직렬 공무원(4급 이상 일반직 공무원의 경우 해당 업무를 직접 담당하는 공무원) 중 수산질병관리사 또는 수의사 자격을 공무원

(8) 「유아교육법」에 따른 공립 유치원, 「초·중등교육법」에 따른 각급 공립학교에 근무하는에 근무하는 6급(상당) 이하 일반직 공무원

(9) 중요직무급
 (가) 관련규정 : 영 별표 9 제11호 차목
 (나) 지급대상 : 직무의 중요도·난이도·협업의 정도 등이 높은 4급(상당) 이하 일반직 및 별정직 공무원(정원의 <u>21%</u> 범위 내)
 (다) 중요직무급 운영절차
  ① 「중요직무급 운영계획」 수립
   ㉮ 지방자치단체의 장과 지방의회의 의장은 매년 직무, 인건비 예산 등을 종합적으로 고려하여 「중요직무급 운영계획」을 수립하여야 함
   ㉯ 「중요직무급 운영계획」은 내부 운영위원회를 구성하여 심의한 후, 지방자치단체의 장과 지방의회의 의장이 최종 결정
  ② 중요직무 선정
   지방자치단체의 장과 지방의회의 의장은 내부 운영위원회의 심의를 거쳐 결정한 중요직무 선정기준에 따라서 중요직무를 정기적으로 선정함
  ③ 중요직무급 지급
   지방자치단체의 장과 지방의회의 의장은 중요직무를 수행하는 자에게 일정 기간 동안 월지급 상한액의 범위 내에서 중요직무급을 지급함
  ④ 중요직무 변경
   지방자치단체의 장과 지방의회의 의장은 대내외 여건 변화 등에 따라 직무 중요도가 변동하는 경우 등 필요시 지급기간 중에도 중요직무를 변경할 수 있음

(라) 「중요직무급 운영계획」 수립시 필수 포함내용
  ① 중요직무 선정기준
    ㉮ 지방자치단체의 장과 지방의회의 의장은 중요도·난이도·협업의 정도가 높은 직무를 객관적이고 합리적으로 선정하기 위한 선정기준을 마련하여야 함
    ㉯ 중요직무 선정기준 마련시 해당 지방자치단체의 중점 추진과제, 대내외 협업업무 및 재난 대응 등 격무·기피 직무 등을 종합적으로 고려하여 포함할 수 있음
  ② 지급인원 및 직급별 배분기준
    ㉮ 지방자치단체의 장과 지방의회의 의장은 중요직무, 지급액, 예산 등을 고려하여 4급(상당) 이하 일반직 및 별정직 공무원 정원의 <u>21%</u> 범위 내에서 총 지급인원을 결정함
    ㉯ 총 지급인원의 범위 내에서 직급별 배분은 지방자치단체의 장과 지방의회의 의장이 자율적으로 결정하되, 직급별 배분기준을 운영계획에 적시(특정 직급에 편중되지 않도록 기준을 정하되, 직무의 중요도·난이도·협업의 정도가 높은 실무직 공무원을 우대하는 경우는 예외로 한다.)
  ③ 직급별 지급액 및 총 소요예산
    ㉮ 지방자치단체의 장과 지방의회의 의장은 직무의 중요도·난이도·협업의 정도, 지급인원, 직급별 배분, 예산 등을 종합적으로 고려하여 지급상한액의 범위 내에서 지급액을 결정함
    ㉯ 지방자치단체의 장과 지방의회의 의장은 필요시 동일 직급 내에서도 직무가치를 세분화하여 반영할 수 있도록 동일직급에 대해서도 지급액을 차등할 수 있음

< 월지급 상한액 >

지급대상	월 지급 상한액
4급(상당) 공무원	200,000원
5급(상당) 공무원	150,000원
6급(상당) 이하 공무원	100,000원

  ④ 지급기간
    ㉮ 지방자치단체의 장과 지방의회의 의장은 중요직무 선정기준에 따라 중요직무를 주기적(최소 분기~최대 1년)으로 사전 선정하고, 해당 중요직무를 수행하는 자에게 중요직무급을 지급하는 기간을 설정해야 함
      * (예시) 반기별로 중요직무를 선정, 상·하반기별 중요직무를 수행하는 자에게 6개월간 중요직무급 지급

㈏ 다만, 지방자치단체의 장과 지방의회의 의장은 대내외 여건변화 등에 따라 직무의 중요도가 변동하는 경우 등 필요시 지급기간 중 중요직무 변경도 가능
  ⑤ 운영위원회 구성 및 운영절차
     ㈎ 지방자치단체의 장과 지방의회의 의장은 중요직무급 운영계획, 중요직무 선정 등 필요사항 전반을 심의할 수 있는 내부 운영위원회를 구성하여야 함
     ㈏ 운영계획에는 운영위원회의 구성 및 운영절차 등에 대해 적시
  ⑥ 기타 운영에 필요한 사항
     중요직무 변경시 운영절차, 나눠먹기 운영방지 방안 등 중요직무급 운영시 필요한 사항을 정함
(마) 운영시 유의사항
  ① 중요직무급 운영관련 서면 기록·관리
     지방자치단체의 장과 지방의회의 의장은 중요직무급 운영계획, 운영위원회 회의록, 중요직무 선정사유 및 절차 등 중요직무급의 운영과 관련하여 객관적으로 증빙할 수 있는 근거자료 등을 서면으로 기록·관리하여야 함
  ② 나눠먹기식 운영 방지
     지방자치단체의 장과 지방의회의 의장은 중요직무급이 나눠먹기식으로 운영되지 않도록 하여야 함은 물론 자체 운영계획 마련시에도 방지방안을 마련하여 운영하여야 함

─────── < 중요직무급의 부적정한 운영 사례 > ───────
• 중요직무급을 직무의 중요도·난이도·협업의 정도 등과 관계없이 실·국·과별 또는 개인별로 순차 지급하는 행위(1분기 A과, 2분기 B과, 3분기 C과, 4분기 D과)
• 중요직무급을 직무의 중요도·난이도·협업의 정도 등과 관계없이 성과상여금과 연계하여 성과등급이 낮은 실·국·과 또는 개인에게 보상차원으로 지급하는 행위
• 담합, 몰아주기 등을 통해 중요직무급을 수령하는 행위 등

(바) 자율적 수당 운영 특례
  ① 지방자치단체의 장 또는 지방의회의 의장은 중요직무급 지급대상 정원의 21% 중 7% 포인트(총 지급대상 가능 인원의 1/3에 해당하는 인원)에 해당하는 인원에 대해서는 수당을 지급하지 않고 예산을 절감할 수 있음
     ※ 예산 절감 여부에 대해서는 중요직무급 운영위원회 심의를 거쳐 결정하되, 결정 내용을 중요직무급 운영계획에 반영하여야 함(회계연도별로 구분하여 운영하며, 동일한 회계연도 내에서는 결정내용을 동일하게 적용해야 하고, 월별 별도 운영 불가)

② "①"에 따라 의도적으로 절감된 예산의 범위 내에서 다음의 기준을 준수하여 자율적으로 특수업무수당을 신설하여 운영할 수 있음
  ㉮ 신설되는 수당은 특수업무수당 지급 취지에 맞게 격무·기피 업무 등 직무여건을 고려하여야 하며, 사실상 소속 공무원 모두를 지급대상으로 하는 수당은 신설할 수 없음
    ※ 신설 수당의 지급대상은 특정 직급에 편중되지 않도록 하되, 격무·기피 업무를 담당하는 실무직 공무원을 우대하는 경우에는 예외로 함
  ㉯ 신설 수당의 수는 의도적으로 절감된 예산 범위에서 자율적으로 결정하되 특정업무와 관련하여 신설된 수당의 1인당 월 지급액은 5만원을 초과할 수 없음
  ㉰ 병급 여부 등 지급방법에 대한 세부내용은 자율적으로 결정함
③ 중요직무급의 의도적 절감 재원을 활용한 수당 신설 사항을 결정하기 위해 다음과 같이 보수조정심의위원회를 운영함
  ㉮ 위원위 위원은 직종·직급·성별·연령 등을 고려하여 대표성이 있는 10인 이내의 소속공무원으로 구성(위원장은 지방자치단체의 장 또는 지방의회의 의장이 정하되, 위원회 위원 수에 포함함)
  ㉯ 위원회는 소속 공무원의 의견을 수렴하여 수당 신설 내용을 구체적으로 심의·결정
  ㉰ 위원회 결정 내용은 결정이 있는 회계연도에 한하여 적용됨
  ㉱ 중요직무급 운영시 유의사항((9) 중요직무급 (마))이 동일하게 적용됨

<u>(10) 재난* 전담부서 근무자 중 「재난 및 안전관리 기본법」 제3조제3호 및 제4호에 따른 재난관리 및 안전관리 업무에 상시적으로 직접 종사하는 공무원(월 80,000원 이하)</u>

  * "재난"이란 「재난 및 안전관리 기본법」 제3조제1호에 따른 자연재난 및 사회재난을 의미함.

7) 우수대민공무원수당

가) 관련규정 : 영 별표 9의 제12호
나) 지급대상 : 경제 활력 제고 및 국민편익 증진 등의 분야에서 우수한 성과를 창출한 공무원(「국민체감 우수사례 발굴 시스템」 구축 가이드라인에 따라 선정된 공무원에 한함)
다) 지급액 : 월 20만원
라) 지급기간 : 해당 공무원으로 선정된 날이 속하는 달의 다음 달부터 2년간 지급한다.
  (1) 강등·정직처분이나 직위해제처분으로 근무하지 아니한 달은 수당을 지급하지 아니한다. 다만, 월중에 처분을 받거나 복직한 경우에는 실제로 근무한 일수에 따라 일할 계산하여 지급한다. 이때, 처분기간을 포함하여 2년간 지급한다.

(2) 휴직(공무상 질병 또는 부상으로 인한 휴직은 제외한다)으로 근무하지 아니한 달은 수당을 지급하지 아니한다. 다만, 월중에 휴직처분을 받거나 복직한 경우에는 실제로 근무한 일수에 따라 일할 계산하여 지급한다. 이때, 처분기간을 제외하고 2년간 지급한다.

< 참고사항 >

[「우수 정책사례 발굴 및 우수대민공무원 인센티브 부여」를 위한 가이드라인](일부 발췌)

1 목 적
- 국민·기업을 위해 규제를 풀고 지원하여 실제 일자리 창출 및 투자 등의 성과로 이어지는 데에는 공무원의 적극적인 자세가 필요
- ⇨ 우수사례를 상시 발굴하는 시스템 구축을 통해 지속적·선순환적 국민체감 사례 전파 및 확산

2 사례 발굴기준
- 선정주체 : 주요직무가 경제활력제고 및 국민편익증진과 직접 연관되는 중앙부처 및 지자체(광역·기초)
- 선정분야 : (ⅰ) 경제활력제고 분야, (ⅱ) 국민편익증진 분야

경제 활력 제고 분야	기업활동지원 및 규제개혁업무, 개인창업 및 자영업자·소상공인·일자리 지원 업무, 건축·환경 등 경제활동 지원 관련 각종 인·허가업무 등
국민편익 증진 분야	식품·보건·위생 등 국민안전, 복지·주거·청소년 지원 업무 등

  ※ 공통기준 : 위 분야 관련 다양한 이해관계가 대립된 과제, 적극적으로 새롭게 개척한 과제, 고질적 미제 과제, 집단민원 등 어려운 과제를 해결한 사례 등
- 선정대상 : 국민과 밀접한 특별지방행정기관 소속자 위주로 발굴하되,
  - 본부 정책부서에서도 경제활력·국민편익과 직접 관련이 있고, 현장 애로를 수렴하여 실질적으로 해결한 성과*가 있는 경우에 한하여 허용
    * 법령·제도·정책 등을 개선하여 수혜를 받은 국민이 있는 경우 등
- 선정직급 : 중앙 복수직 서기관 이하, 지방 계장급* 이하 등 실무자 위주
  - 보조자·관리자가 아닌 실질적으로 성과를 창출한 공무원 선정
    * 광역지자체 : 5급 이하, 기초지자체 : 6급 이하
- 선정인원 : 반기별로 기관별 정원에 따라 선정 상한 선정
  - 나눠먹기식 선발이 아닌 소수정예만 엄선하도록 별도의 하한 미지정

반기별 기관별 선정자 수 (정원 기준)	
• 정원 1,000명 미만 : 1명 이하	• 3,000명 이상 ~ 5,000명 미만 : 3명 이하
• 1,000명 이상 ~ 3,000명 미만 : 2명 이하	• 5,000명 이상 : 4명 이하

3 절 차

기관별 우수사례 발굴지침 수립 ⇨ 자체 발굴 및 사례 접수 ⇨ 심사 및 선정 ⇨ 인센티브 지급 ⇨ 결과 제출

① 지침 수립 : 중앙부처·지자체의 우수사례(Best Practice)를 참고하여 기관별 자체적인 우수사례 상시발굴 지침(예규 또는 규칙) 수립
   ※ 기관별 특성을 반영하여 선발기준 및 인센티브 방안 등 수립
② 발굴·사례 접수 : 기관 자체발굴과 국민(단체포함)·기업 추천 병행
③ 심사·선정 : 반기별로 분야별 외부 전문가가 참여하는 심사위원회 구성(3명이상)·심사
   ⇒ 우수사례 및 사례별 담당 공무원* 선정
   ※ 각 사례별 기여도가 가장 높은 담당 공무원 1인 선정 원칙 (실무자 위주)
④ 인센티브 지급 : 선정된 담당 공무원에게 기관장표창, 포상금 등 지급
⑤ 결과 제출 : 선정된 사례·인센티브 결과를 인사처(중앙)·행안부(지자체)로 제출

◇ 선발계획 및 과정·결과 등을 내부 게시판 등을 통해 공개함으로써, 절차의 공정성·투명성 및 소속 공무원들의 예측가능성·수용성 제고

8) 비상근무수당

가) 관련규정 : 영 별표 9의 제13호

나) 지급대상
① 「재난 및 안전관리 기본법」 제3조제1호에 따른 재난의 발생으로 비상근무 명령을 받고 근무하는 공무원으로서 아래의 어느 하나에 해당하는 공무원
   • 재난 발생 현장에서 근무하는 공무원
   • 「재난 및 안전관리 기본법」 제16조에 따른 지역재난안전대책본부, 같은 법 제18조제1항제2호에 따른 재난안전상황실 및 재난 대응을 위하여 지방자치단체의 장이 한시적으로 설치하는 기구에서 근무하는 공무원
② 재난 발생 현장에서 근무하는 공무원에 대해서는 4시간 이상 근무한 경우 1일로 인정하고, 이외 경우는 8시간 이상 근무한 경우 1일로 인정

다) 지급액 : 1일 8,000원(월 120,000원 이하)
   * 지급액은 시간선택제공무원의 근무시간에 비례하지 않음

3. 업무대행수당(영 제14조의2)

가. 지급대상

○ 「지방공무원 임용령」 제38조의16 및 「공무원재해보상법시행령」 제58조에 따라 병가, 출산휴가, 유산휴가, 사산휴가, 육아휴직 또는 공무상 질병휴직 중인 공무원의 업무 또는 「지방공무원 임용령」 제38조의15 및 「지방별정직공무원 인사규정」 제11조에 따른 시간선택제전환공무원의 근무시간외 업무를 대행하는 공무원

* 「지방공무원 임용령」 제38조의16제2항에 따른 병가, 유산휴가 및 사산휴가의 경우에는 30일 이상 병가 또는 휴가를 사용하는 공무원, 공무상 질병휴직의 경우에는 6개월 미만의 휴직을 사용하는 공무원으로 한정
※ 업무대행공무원의 지정범위, 지정 및 해제 명령 방법 등은 「지방공무원 인사제도 운영 지침」(행정안전부 예규) 참고

나. 지급액 및 지급방법 : 월 20만원

1) 동일한 업무를 대행하는 공무원이 여러명인 경우 다음의 식에 따라 지급

$$월\ 지급금액 = 월\ 20만원 \times (1\ /\ 업무대행\ 지정인원수)$$

2) 「지방공무원 임용령」 제38조의15 및 「지방별정직공무원 인사규정」 제11조에 따른 시간선택제전환공무원의 근무시간외 업무를 대행하는 공무원은 다음의 식에 따라 지급

$$월\ 지급금액 = 월\ 20만원 \times \frac{업무대행자의\ 실제\ 주당\ 근무시간}{40시간} \times \frac{1}{업무대행\ 지정인원수}$$

※ 업무대행자의 실제 주당근무시간 : (40시간 - 시간선택제전환공무원의 근무시간)을 의미

○ 20시간 근무하는 시간선택제전환공무원의 업무를 대행하는 공무원에 대한 수당 지급액
  - 1인이 대행하는 경우 :
    20만원 × 20시간/40시간 = 10만원
  - 2인이 대행하는 경우 :
    20만원 × 20시간/40시간 × 1/2 = 1인당 5만원씩 지급

Ⅵ. 초과근무수당 등

1. 시간외근무수당(영 제15조)

가. 지급대상

영 제15조제4항의 근무명령(이하 '시간외근무명령'이라 함)에 따라 근무시간 외에 근무한 공무원

* 근무시간 외의 근무 : 「지방공무원 복무규정」에서 정한 공무원의 근무시간 외의 시간에 근무한 경우를 말함.
* [별표 1] 초과근무수당 지급대상 구분표

나. 시간외근무명령(영 제15조제4항)

1) 시간외근무수당이 지급되는 근무명령 시간

가) 시간외근무명령은 1일 4시간, 월 57시간을 초과할 수 없다. 다만, 월 단위 시간외근무명령 상한시간 충족 여부는 시간외근무명령권자(이하 '명령권자'라 함)의 '시간외근무명령에 따라 공무원이 실제 근무한 시간'(이하 '시간외근무시간'이라 함)을 합산하여 산정한다.

* (예시) 총 4시간 시간외근무명령을 발령한 경우라도 공무원의 실제 시간외근무시간이 2시간인 경우에는 해당 2시간을 유효한 시간외근무명령 발령시간으로 산정. 따라서 1일 4시간씩 20일 동안 시간외근무명령이 발령되었더라도 실제 시간외근무시간이 월 40시간이라면 해당 공무원에 대한 잔여 시간외근무명령 발령시간은 17시간임.

> **예시**
> ○ 총 4시간 시간외근무명령을 한 경우라도 공무원의 실제 시간외근무시간이 2시간인 경우
>   ☞ 해당 2시간을 유효한 시간외근무명령시간으로 인정
> ○ 휴일 및 토요일에 총 4시간 시간외근무명령을 사전승인 받은 공무원이 출근후 퇴근할 때까지 6시간을 근무한 경우
>   ☞ 「지방공무원 수당 등에 관한 규정」 제15조제4항에 따라 4시간만 유효한 시간외근무명령시간으로 인정

나) 각 기관별 시간외근무수당 담당부서의 장은 시간외근무명령 발령 상한시간을 초과한 시간외근무명령이 발생하지 않도록 명령권자에게 소속직원에 대하여 발령할 수 있는 시간외근무명령 발령가능 잔여시간을 사전에 고지하는 등 필요한 조치를 하여야 한다.

2) 상한시간 적용 예외(영 제15조제4항제1호, 제2호 및 제3호 관련)

가) '현업공무원 등'에 대하여 시간외근무명령을 하는 경우(영 제15조제4항제1호)와 재난·재해 등의 발생으로 인하여 지방자치단체의 장 또는 지방의회의 의장이 시간외근무명령을 하는 경우(영 제15조제4항제2호)에는 상한시간 제한 없이 시간외근무명령을 발령할 수 있다.

나) 기타 불가피한 사유(영 제15조제4항제3호)로 행정안전부장관이 정하는 기준에 따른 시간외근무명령. 다만, 이 경우는 아래의 요건을 모두 충족하는 경우에 한하여 발령한다.

(1) 발령사유 : 법령상 의무가 부여된 불가피한 업무수행 등 이에 준하는 사유가 있는 경우, 사전에 예측하기 어려운 긴급한 현안업무가 발생하는 경우* 등

* 매년 특정시기에 주기적으로 업무량이 증가하는 예산편성, 의회 대응 등 예측이 가능한 업무는 제외

> 【예시】
>
> ① 「산림보호법」제32조, 동법 시행령 제23조의 산불재난국가위기경보 발령에 따른 비상근무
> ② 재해·재난예방과 대응을 위해 소집된 지역재난안전대책본부 및 지역긴급구조 통제단의 비상근무
> ③ 지방자치단체장 및 지방의회의장, 부단체장의 공식적인 회의나 행사를 상시 직접 수행하는 공무원(수행비서 및 운전원에 한함)의 시간외근무
> ④ 「아동복지법」제22조제4항에 따른 아동학대전담공무원이 동법 제22조제3항의 업무수행을 위해 불가피한 경우의 시간외근무
>
>> <참고> 「아동복지법」제22조 제3항
>> 1. 아동학대 신고접수, 현장조사 및 응급보호
>> 2. 피해아동, 피해아동의 가족 및 아동학대행위자에 대한 상담·조사
>> 3. 그 밖에 대통령령으로 정하는 아동학대 관련 업무

(2) 발령범위

(가) 대상자 : 해당업무를 직접 수행하는 공무원 중에서 필요 최소한의 범위에서 대상자를 지정

(나) 인정기간 : 시간외근무명령 발령 상한시간 적용 예외기간을 구체적으로 명시

(다) 시간외근무명령 발령 상한시간 예외인정 범위 : 1일 8시간 범위 내 시간외근무명령 발령가능하며, 이 경우 이를 포함한 월간 시간외근무명령은 100시간을 초과할 수 없음

(라) 발령절차 : 발령사유, 발령범위 등에 대하여 사전에 지방자치단체의 장 또는 지방의회의 의장의 결재를 득한 후, 명령권자는 이에 근거하여 시간외근무명령을 발령해야 함.
   * 보조기관 또는 보좌기관 등이 위임전결하게 할 수 없음

  (3) 휴식권 보장
  일 8시간을 넘는 시간외근무는 가급적 대체휴무 부여

다. **시간외근무시간 산정**(영 제15조제5항)

 1) **일반대상자**(시간외근무수당만 해당)
  가) 지급대상
   - 현업공무원 등(「지방공무원 복무규정」 제5조에 따른 공무원) 이외에 일반적인 출·퇴근시간 내 근무를 원칙으로 하는 공무원(「지방공무원 복무규정」 제2조의 근무시간이 적용되는 공무원)
  나) 시간외근무시간 산정방법
   - 시간외근무명령에 따라 1일 1시간 이상 시간외근무를 한 경우 평일은 1시간을 공제한 후 분단위까지 합산하고, 휴일 및 토요일은 공제 없이 분단위까지 합산하여 월간으로 계산한다. 다만, 월간 계산 시 분단위 이하는 제외한다.
   (1) 평일 정규 근무시간 이후 시간외근무
    - 시간외근무명령에 따라 1시간 이상 시간외근무를 한 경우 1시간을 공제한 후 매분 단위까지 합산한다.
     * 월간 시간외근무시간 계산시 분단위 이하는 계산하지 아니함.
   (2) 조기출근으로 인한 정규 출근시간 이전의 시간외근무
    - 시간외근무명령에 따라 1시간 이상 조기 출근하여 실제 본연의 업무에 대한 시간외근무에 한하여 당일 정규 퇴근시간 이후의 시간외근무시간과 합산하여 1시간을 공제한 후 매분 단위까지 산정한다.
   (3) 지각·외출 및 반일연가·공가 사용자의 시간외근무
    - 근무당일 지각이나 외출 또는 반일연가·공가를 사용한 공무원이 시간외근무명령을 받고 초과근무를 한 경우에는 시간외근무를 인정하며, 그 계산방법은 평일 정규 근무시간 이후 시간외근무 계산과 동일하다.
     * 1일(8시간) 연가·공가를 사용한 자는 제외함.

(4) 휴일 및 토요일 근무
- 시간외근무명령에 따라 1일 1시간 이상 근무한 공무원에 한하여 <u>4시간</u> (다만, 영 제15조제4항제3호 및 동 지침 「Ⅵ-1-나-2)-나)」에 따른 시간외근무명령은 8시간) 이내에서 매분 단위까지 합산한다.

> * **휴일의 범위 : 「관공서의 공휴일에 관한 규정」 제2조의 공휴일, 제3조 대체 공휴일, 「지방공휴일에 관한 규정」 제2조의 지방공휴일**
>
> [일요일, 국경일중 3·1절, 광복절 및 개천절, 한글날, 1월1일, 설날 전날, 설날, 설날 다음날(음력 12월 말일, 1월 1일, 2일/ 다른 공휴일과 겹칠 경우 공휴일 다음 첫 번째 비공휴일을 공휴일로 함), 석가탄신일(음력 4월 8일), 어린이날(5월 5일/ 토요일이나 다른 공휴일과 겹칠 경우 공휴일 다음 첫 번째 비공휴일을 공휴일로 함), 현충일(6월 6일), 추석 전날, 추석, 추석 다음날(음력 8월 14일, 15일, 16일/ 다른 공휴일과 겹칠 경우 공휴일 다음 첫 번째 비공휴일을 공휴일로 함), 기독탄신일(12월 25일), 「공직선거법」 제34조에 따른 임기만료에 의한 선거의 선거일, 기타 정부에서 수시 지정하는 날, 지방공휴일]

○ 1일 단위 계산
 - 평일의 정규 근무시간 이전·이후 시간외 근무
  (예) 정규 근무시간보다 1시간 10분 일찍(07시 50분) 출근하고 정규 근무시간보다 2시간 40분 늦게(20시 40분) 퇴근한 경우
   · (1시간 10분 + 2시간 40분) - 1시간 = 2시간 50분
 - 평일의 정규 근무시간 이후 시간외 근무
  (예) 1일 정규 퇴근시간 이후 시간외근무시간이 3시간 50분인 경우
   · 3시간 50분 - 1시간 = 2시간 50분

○ 휴일 및 토요일 근무
 (예) 휴일 및 토요일에 근무명령에 따라 출근하여 6시간 30분을 근무한 경우
  · 1시간 이상 근무시 최대 4시간까지 인정되므로 4시간 인정
○ 월단위 계산
 - 매 일단위 시간외근무시간을 분단위까지 합산하여 산정하되, 1시간 미만은 절사
 (예) 시간외근무시간이 1개월간 각각 2시간 45분, 2시간 30분, 1시간 38분인 경우
  · (1시간 45분 + 1시간 30분 + 38분) = 3시간 53분 ⇒ 3시간
  * 시간외근무시간에서 각각 기본 1시간을 공제한 후 합산

(5) 재해·재난 등 발생에 따른 비상근무자(영 제15조제4항제2호)의 시간외근무시간
 (가) 「재난 및 안전관리기본법」 제3조제1호에 따른 재난이나 「자연재해대책법」 제2조제1호에 따른 재해 등의 발생으로 인한 지방자치단체의 장 또는 지방의회의 의장의 시간외근무명령에 따라 비상근무를 하는 공무원은 시간외근무명령 발령 상한시간 적용을 제외한다.
 (나) 이 경우 '현업공무원 등'에 적용되는 산정방식을 준용하여 실제 근무한 시간만큼 시간외근무를 인정한다.
 (다) 각종 재해·재난 발생으로 비상근무시 시간외근무시간의 산출은 원칙적으로 현업대상자의 시간외근무시간의 산출방식에 따라 계산한다.
  * 1일 1시간 이상 근무한 경우 실제근무시간을 시간외근무시간으로 인정
 (라) 구제역, 고병원성 AI 등 전염병 재난 예방을 위하여 재난 발생에 준하여 방역초소 등 현장에서 예방소독을 위하여 비상근무 명령을 받고 근무하는 경우에는 재해·재난 발생 비상근무시 시간외근무시간의 산출 방법 준용

(6) 시간외근무 중 개인용무시간 제외
  개인용무시간을 제외하고 1일 1시간 이상 실제 본연의 업무에 대한 시간외근무를 한 경우에 한하여 시간외근무를 인정하며, 시간외근무시간 산정시에는 개인용무시간을 제외한다. 다만, 정규근무시간외 개인용무 사용은 1일 정규근무시간 전·후 각 1회로 제한한다(단, 토요일 및 휴일의 경우 개인용무 사용은 1일 1회로 제한한다).

2) 현업공무원 등(시간외근무수당, 야간근무수당, 휴일근무수당 모두 해당)
 가) 지급대상 : 「지방공무원 복무규정」 제5조에 따른 현업기관근무자 또는 교대근무자 등 업무성격상 초과근무가 제도화되어 있는 공무원
 나) 시간외근무시간 산정방법
 (1) 1일 1시간 이상 시간외근무를 한 경우 '실제 총 근무시간에서 「지방공무원 복무규정」상 정규 근무시간, 식사시간, 수면시간, 휴식시간을 각각 공제하는 방식'에 따라 월간으로 계산하되, 분 단위 이하는 제외한다. 다만, 각 기관이 운영하는 식사시간, 수면시간, 휴식시간이 업무상 지휘·감독의 범위에 있다고 지방자치단체의 장 또는 지방의회의 의장이 인정하는 경우 해당 시간은 근무시간으로 보아 공제하지 아니한다.
  * 현업공무원의 시간외근무시간 = 실제 총 근무시간(월간) - {「지방공무원 복무규정」상 정규 근무시간(월간) + 휴일근무수당이 지급된 시간(월간) + 식사시간(월간) + 수면시간(월간) + 휴식시간(월간)}
 (2) 실제 총 근무시간은 각 기관의 업무형태에 따라 해당 공무원이 1개월간 출근하여 실제 근무한 총 시간을 의미하며 <u>육아시간 2시간 또는 모성보호시간 2시간을 포함한다.</u>

(3) 지방공무원 복무규정상 정규근무시간은 「지방공무원 복무규정」 제2조 및 제3조에 따라 산정하되, 「관공서의 공휴일에 관한 규정」 제2조에 따른 공휴일·제3조 대체공휴일과 「지방공휴일에 관한 규정」 제2조에 따른 지방공휴일과 「지방공무원 복무규정」 제6조에 따른 휴가기간(특별휴가 중 육아시간 및 모성보호시간은 제외) 및 「지방공무원 임용령」 제27조의2 제1항제4호에 따른 교육기간을 제외한다.

* 본인의 근무일인 휴일 및 토요일에 휴가를 사용한 경우 해당 휴가일수마다 8시간(반가 등 일부시간에 대해 휴가를 사용한 경우 해당 시간)을 월 단위 복무규정상 정규근무시간에서 감한 후 시간외근무시간을 계산한다. 동 규정은 휴일이 「지방공무원 임용령」 제27조의2제1항제4호에 따른 교육기간에 해당된 경우 적용하지 아니한다.

라. 지급액

1) 시간외근무수당 지급액

가) 시간외근무수당은 매 시간에 대하여 「봉급기준액×1/209×150%」을 지급한다.

나) 공무원 종류별 봉급기준액

(1) 「지방공무원 보수규정」 별표 13 제5호를 제외한 모든공무원 : 해당 공무원에게 적용되는 기준호봉 봉급액 × 55%

(2) 「지방공무원 보수규정」 별표 13 제5호에 해당하는 공무원 : 해당 공무원 상당하는 경력직 또는 별정직 공무원의 상당계급 기준호봉(영 별표 11 참조) 봉급액 × 55%

2) 일반대상자에 대한 시간외근무수당 정액분 추가지급(영 제15조제6항)

가) 지급대상 : 일반대상자 중 정규 근무일을 기준으로 월간 출근(또는 출장) 근무일수가 15일 이상인 공무원

나) 지급방법 : 별도의 시간외근무명령이나 승인없이 월 10시간분의 시간외근무수당을 정액(10시간 × 봉급기준액×1/209×150%)으로 지급하고, 출근 근무일수가 15일 미만인 경우 15일에 미달하는 매 1일마다 15분의 1에 해당하는 금액을 감액하여 지급한다.

(1) 출근(또는 출장) 근무일수를 계산함에 있어 강등(직무에 종사하지 못하는 3개월에 한함)·정직·직위해제·휴직·연가·병가·공가·특별휴가·대체휴무·당직휴무·방학·결근 등의 사유가 있어 근무하지 아니한 경우 출근 근무일수에 포함하지 아니하며, 반일연가·외출 등의 경우 사용한 시간을 제외하고 당일에 「지방공무원 복무규정」상 1일 근무시간을 모두 근무하는 경우에는 출근 근무일수로 인정한다.

(2) 일반대상자의 경우 육아시간 2시간 또는 모성보호시간 2시간을 사용하더라도 나머지 시간을 모두 근무하였다면 정액지급분 지급에 영향을 미치지 아니한다.

(3) 방학은 월간 출근(또는 출장) 근무일수에서 제외되나, 방학기간 중 학교장의 근무명령에 따라 특별히 출근하여 「지방공무원 복무규정」에서 정한 근무시간 이상 근무하는 경우 정규 근무일로 간주하여 월간 출근(또는 출장) 근무일수에 포함하여 정액 지급분을 지급한다.

(4) 월 중 승진한 공무원의 정액 지급분은 발령일을 기준으로 승진 후 출근 근무일수를 계산하여 지급하고 승진 후 출근 근무일수가 15일 미만 시 나머지 기간은 승진 전 출근 근무일수로 계산한다.

> **예시**
>
> ○ 1일 8시간(정규근무시간 9시~18시) 근무하는 공무원이 오전 10시부터 12시까지 외출을 사용한 후 복귀하여 18시에 퇴근한 경우 시간외근무수당 정액분 산정시 출근 근무일수에 포함되는지 여부
>   - 「지방공무원 복무규정」상 1일 근무시간(8시간)을 모두 근무하지 않았으므로 시간외근무수당 정액분 산정시 출근 근무일수에 미포함
>   - 단, 시간외근무명령에 따라 20시까지 시간외근무한 경우 1일 근무시간(8시간)을 모두 근무하였으므로 시간외근무수당 정액분 산정시 출근 근무일수에 포함
> ○ '24.12.19.에 방학을 한 학교의 교원(교장은 제외)에 대하여 '24.12월 분의 시간외 근무수당 정액지급 분을 지급할 수 있는지 여부
>   - '24.12월 정규 근무일을 기준으로 실제 출근근무일수가 12일이므로 월 15일 미만인 경우에 해당함. 따라서 10시간 분의 금액에서 3/15 만큼 감액하여 지급
> ○ 일반직 5급 공무원이 월 13일을 출근한 경우 시간외근무수당 정액분 지급액
>   ☞ 15일 근무시 정액분 : 150,590원
>   ☞ 감액해야 할 정액분(2일분) : 20,070원(150,590원×2/15) *원단위 이하 절사
>   ⇒ 출근일수에 따른 정액분 : 150,590원 - 20,070원 = 130,520원

2. 야간근무수당(영 제16조)

가. 지급대상

○ 「지방공무원 복무규정」 제5조에 따라 야간에 한하여 근무하는 공무원과 주·야간 교대근무자로서 야간근무를 하는 공무원(현업대상자만 해당)
  * 야간의 범위 : 22:00 ~ 익일 06:00

나. 야간근무시간의 산정방법

○ 야간근무수당 예산이 계상된 공무원으로서 야간(22:00~06:00)을 근무시간으로 근무하는 사람에 한하여 실제 야간근무시간을 산정하여 지급한다.
  * (주의) 교대근무 형태로서 야간에 근무하는 것이 아니라 단순히 야간에 근무한 경우에는 야간근무시간이 아니라 시간외근무시간으로 계산

다. 지 급 액

○ 야간근무는 1일 8시간 기준(22:00∼06:00)으로 하되, 매 시간에 대하여 「봉급 기준액 × 1/209 × 0.5」로 시간당 단가를 계산하여 지급하며, 야간근무수당이 지급된 근무시간은 현업대상자의 시간외근무시간 산정시 실제 총 근무시간에서 빼지 않는다.

3. 휴일근무수당(영 제17조)

가. 지급대상

○ 「지방공무원 복무규정」 제5조에 따라 휴일 및 토요일에 근무(휴일 및 토요일 근무 후 평일에 대체 휴무하는 경우는 제외한다)하는 공무원(현업대상자만 해당)
  * 휴일의 범위 : 「관공서의 공휴일에 관한 규정」 제2조의 공휴일, 제3조 대체 공휴일, 「지방공휴일에 관한 규정」 제2조의 지방공휴일
    [일요일, 국경일중 3·1절, 광복절 및 개천절, 한글날, 1월 1일, 설날 전날, 설날, 설날 다음날(음력 12월 말일, 1월 1일, 2일/ 다른 공휴일과 겹칠 경우 공휴일 다음 첫 번째 비공휴일을 공휴일로 함), 석가탄신일(음력 4월 8일), 어린이날(5월 5일/ 토요일이나 다른 공휴일과 겹칠 경우 공휴일 다음 첫 번째 비공휴일을 공휴일로 함), 현충일(6월 6일), 추석 전날, 추석, 추석 다음날(음력 8월 14일, 15일, 16일/ 다른 공휴일과 겹칠 경우 공휴일 다음 첫 번째 비공휴일을 공휴일로 함), 기독탄신일(12월 25일), 「공직선거법」 제34조에 따른 임기만료에 의한 선거의 선거일 기타 정부에서 수시 지정하는 날, 지방공휴일]

나. 근무일의 산정방법

○ 휴일근무수당 예산이 계상된 자로서 9시부터 18시까지 전체시간에 대하여 정상 근무한 경우를 1일로 하여 산정하되, 휴일 9시부터 18시 중 일부 시간만 근무하거나 그 외 시간에 근무한 경우 영 제15조에 따른 시간외근무시간으로 계산한다.
  * 동일 근무시간에 대하여 시간외근무수당과 병급 지급 불가

다. 지 급 액

○ 휴일 및 토요일 근무 1일에 대하여 「봉급 기준액×1/26×1.5」

4. 관리업무수당(영 제17조의2)

가. **지급대상** : 영 별표 12에 해당하는 공무원

* 성과급적 연봉제 적용 대상 공무원 중 4급 또는 4급(상당) 이상 및 5급 과장급 이상은 관리업무수당이 연봉액 최초 책정시 연봉액에 포함되어 지급하므로 별도로 관리업무수당을 지급하지 아니함.

관리업무수당지급대상표(별표 12)

구분	지급대상
일반직공무원 별정직공무원	• 4급 또는 4급 상당 공무원 이상(지방전문경력관은 제외한다) • 5급 일반직공무원 중 실장(과장급)·과장·담당관·사업소장·출장소장 또는 읍·면·동장 직위에 해당하는 공무원
연구직공무원	• 「지방 연구직 및 지도직공무원의 임용 등에 관한 규정」 별표 2 제1호 및 제2호에 해당하는 공무원
지도직공무원	• 「지방 연구직 및 지도직공무원의 임용 등에 관한 규정」 별표 2의2 제1호 및 제2호에 해당하는 공무원
교육공무원	가. 공립의 전문대학 및 대학의 총장과 부총장, 대학원장, 대학교의 학장·처장·기획연구실장·교양과정부장 나. 대학 또는 대학교의 과장 및 그 부속시설 또는 병원의 과장 이상의 직위에 보직된 공무원 다. 교육장 및 시·도교육청 직속기관의 장 라. 4급 상당 이상의 직위에 보직된 장학관·교육연구관

※ 5급 일반직·연구직·지도직공무원 중 실장(과장급)·과장·담당관·사업소장·출장소장 또는 읍·면·동장 직위에 해당하는 공무원
  - 「지방자치단체의 행정기구와 정원기준 등에 관한 규정」, 「지방자치단체별 행정기구에 관한 조례·규칙」 등 직제관련 규정에 명시된 경우 관리업무수당 지급(예 : 재무과장, ○○○사업본부센터장, ○○○사업단장, 지방공립대학 서무과장 등)
  - 의회사무처 전문위원, 비서실장 등은 관리업무수당 지급 제외

> * 연봉제 적용대상자중 별정직공무원 5급(상당), 시간선택제임기제공무원, 일반임기제공무원 5호 이하(과장급 5호 제외)는 관리업무수당의 지급대상이 아님.
>   · 5급 과장급 임기제 공무원은 관리업무수당 지급 대상에 포함.

나. **지 급 액** : 월 봉급액의 9%(연구직공무원 및 지도직공무원,「지방공무원 보수 규정」제4조제11항제1호에 해당하는 봉급을 받는 공립대학의 교원을 제외한 교육공무원은 7.8%)

※ 가계지원비 기본급 통합에 따른 교원/연구·지도직 관리업무수당 감액 조정
  · 단일호봉제를 적용하는 교원 및 연구·지도직 중 관리업무수당이 지급되고 있는 일부 보직자의 경우, 가계지원비가 적정치 보다 높게 산입됨에 따라 관리업무수당 지급률을 하향조정(기본급의 9%→7.8%)하여 균형 유지

[기존 가계지원비를 지급받던 교원 및 연구·지도직 중 관리업무수당 지급대상자]

구 분	대 상 자 현 황
대학교원	① 「지방공무원 보수규정」 제4조제11항제2호에 해당하는 봉급을 받는 총장, 부총장, 대학원장, 학장·처장·기획(연구)실장, 교양과정부장 ② 대학(교)의 과장 및 그 부속시설의 장의 직위에 보직된 공무원
연구·지도직	- 5급상당 이상 직위의 연구·지도직(「지방 연구직 및 지도직공무원의 임용 등에 관한 규정」 별표 2 제1호 및 제2호에 해당하는 공무원, 「지방 연구직 및 지도직공무원의 임용 등에 관한 규정」 별표 2의2 제1호 및 제2호에 해당하는 공무원)

다. 지급의 제한

○ 강등(직무에 종사하지 못하는 3개월에 한함)·정직·직위해제 또는 휴직(공무상 질병휴직 또는 부상 제외) 중에 있는 자, 직제와 정원의 개편·폐지 또는 예산의 감소 등에 따라 직위가 없어지거나 정원이 초과되는 등의 사유로 보직을 받지 못한 공무원(이하 이 장에서 '대기명령을 받은 자'라 한다)에게는 지급하지 아니한다(소속기관장으로부터 특정한 업무를 부여받은 공무원은 제외한다).

라. 초과근무수당과의 관계

○ 관리업무수당을 지급받는 자에게는 시간외근무수당·야간근무수당 및 휴일근무수당을 지급할 수 없다.

5. 자진퇴직수당(영 제17조의3)

가. 지급대상 : 「지방공무원법」 제46조의2에 따라 수당을 지급받을 수 있는 별정직 공무원

나. 지급액 : 퇴직 당시 월봉급액의 6월분에 상당하는 금액으로 하며, 다만, 정년 또는 근무상한연령까지의 잔여기간이 6월 미만인 경우에는 그 잔여기간에 상당하는 금액

6. 초과근무수당 예산편성 및 집행

가. 예산편성 기준

○ 현업대상자가 소속되어 있는 지방자치단체의 장과 지방의회의 의장은 행정안전부에서 매년 발표하는 「예산편성 운영기준 및 기금운영계획 수립기준」에 따라 적정하게 초과근무수당 예산을 편성하여야 한다.

나. 초과근무수당 집행

○ 각 행정기관의 장은 현업대상자의 실제 초과근무시간에 대해 적정하게 초과근무수당을 집행하여야 한다.

7. 초과근무수당 지급방법

가. 초과근무수당 지급단가 : [별표 2]

나. 지급시기

○ 초과근무를 한 다음달의 보수지급일 또는 지방자치단체의 장과 지방의회의 의장이 정한 날(12월분은 12월 31일까지 지급)

다. 지급제외 대상자

1) 초과근무에 대하여 다른 방법으로 금전적 보상을 하는 경우
   (예) 시험감독 근무자, 공직선거 투·개표종사, 국경일 행사 등의 지원
2) 재외공무원 및 영 제3조의 적용을 받는 국외파견 공무원
3) 당직명령에 의한 당직근무자(재택당직자 포함)
   ※ 당직근무시간 외의 초과근무시간에 대하여는 초과근무수당 지급 가능
4) 재택근무일에는 시간외근무수당 실적 지급분을 지급할 수 없다(정액지급분은 지급가능).
5) 「지방공무원 임용령」 제27조의2제1항제4호 및 제6호의 규정에 의한 장기(1개월 이상) 파견공무원
   * 업무 수행을 위해 「지방공무원 임용령」 제27조의2제1항제6호에 따라 장기 파견된 공무원 중 「지방공무원 수당 등에 관한 규정」 제3조의 적용을 받지 않는 경우에는 초과근무수당 지급 가능
6) 자연보호, 농촌 일손돕기 등 자원봉사 성격의 행사 참가 및 민방위 비상소집 훈련 등에 따른 초과근무자(행사를 주관하는 담당자는 지급대상에 포함)
   ※ 지역 축제 등 행사의 지원 초과근무자는 인정 가능(단, 다른 방법으로 금전적 보상이 없는 경우에 한함)

7) 「지방공무원 복무규정」 제2조의2에 따른 제1호~제3호 비상근무자
   가) 을지연습 기간 중에는 을지연습에 따른 비상근무자(전투훈련에 직접 참여하는 군인은 제외)에게는 초과근무수당을 지급할 수 없으나, 비상근무자가 아닌 공무원이 본연의 업무수행을 위하여 초과 근무한 시간에 대하여는 초과근무수당을 지급할 수 있음.
8) 초과근무수당 지급방법을 위반하여 적발된 자
9) 「지방공무원 복무규정」 제4조에 따른 대체휴무를 사용한 경우

8. 초과근무의 명령 및 승인 등 절차

가. 초과근무의 명령권자
1) 시·도 : 집행기관의 4급 과장급 또는 5급 과장급 이상 또는 지방의회의 사무처장 이상
2) 시·군·구 : 집행기관의 5급 과장급 이상 또는 지방의회의 사무국장이나 사무과장 이상
   * 단, 토요일 및 공휴일 등의 경우 근무혁신을 위해 국장급 이상으로 초과근무 명령권자를 지정하여 운영할 수 있다.

나. 초과근무의 명령
1) 초과근무수당은 개인별·초과근무일별 사전 초과근무명령에 따라 근무한 경우에 지급함을 원칙으로 한다. 다만, 재난 발생 등 불가피한 사정이 있는 경우 예외적으로 자치단체의 실정에 따라 8. 초과근무의 명령 및 승인 등 절차를 이행하여 실·과별 또는 실·국별로 초과근무명령을 받을 수 있다.
2) 초과근무의 명령은 공무원 개인별 구체적인 처리업무내용 및 지침을 명시한 초과근무명령서(별지 제2호 서식)에 의한다.
3) 소속공무원의 전부 또는 일부가 일정기간동안 지속적으로 초과근무를 하게 될 때에는 예외적으로 기간·부서 및 담당자를 정하여 일괄적으로 초과근무를 명할 수 있으며, 이 경우 예산관련 주관부서의 협조를 거쳐 명령권자의 결재를 받아야 한다.
4) 사전 초과근무명령 없이 초과근무를 한 경우 및 명령에서 정한 시간보다 초과하여 근무한 경우 초과근무자는 근무종결 후 퇴청시에 당직근무자의 확인을 받아 초과근무 다음날까지 명령권자의 사후결재를 받아야 한다.

다. 초과근무 내역 보고

○ 전일 초과근무한 내역을 개인별로 기재하여 초과근무 명령권자에게 보고함을 원칙으로 한다(별지 제2-1호 서식). 다만, 자치단체의 실정에 따라 실·과별 또는 실·국별로 보고할 수 있다.
  * 단, 지방자치단체의 장 또는 지방의회의 의장이 초과근무 운영에 지장이 없다고 판단되는 경우에는 생략가능

라. 초과근무의 확인

1) 복무관련 주관부서는 초과근무명령대장(별지 제3호 서식)을 비치하고 초과근무 현황을 관리하여야 하며, 정규 근무시간 이후에는 매일의 초과근무 명령 현황을 마감하여야 한다.

2) 초과근무명령을 받은 공무원은 초과근무개시 전까지(사후결재의 경우에는 초과근무 다음날까지) 복무관련 주관부서에 비치된 초과근무명령대장에 명령받은 내역을 기재하여야 하며, 초과근무명령대장에 기재되지 않은 초과근무에 대하여는 수당을 지급할 수 없다.

3) 위 "나"항의 일괄적인 명령에 의한 초과근무의 경우에도 초과근무명령 사항을 해당 근무일의 초과근무명령대장에 기재하여야 한다.

4) 초과근무를 한 공무원은 근무종료 후(조기출근시에는 출근시) 출입구나 당직실에 비치된 초과근무확인대장(별지 제5호 서식)에 자필 기재·서명하고, 당직근무자는 초과근무 확인대장에 본인여부를 확인·서명후, 확인대장을 마감하여 당직담당부서에 인계하여야 한다.
  * 재택당직 등으로 초과근무확인이 불가능한 경우에는 복무관련 주관부서에서 현황을 마감하여야 함

마. 교대근무의 경우

○ 위 '가', '나', '다', '라'의 초과근무명령 및 승인절차에도 불구하고 지방자치단체의 장 또는 지방의회의 의장이 인정하는 경우 기관의 업무형태에 따라 별도로 정해진 초과근무명령 및 승인방법에 따를 수 있다.

바. 비상근무의 경우

1) 초과근무명령

가) 각종 재해·재난의 발생에 따른 비상근무시 초과근무는 공무원 개인별 구체적인 처리업무내용 및 지침을 명시한 초과근무명령서[별지 제2호서식]에 의하되,

나) 소속공무원의 전부 또는 일부가 일정기간 지속적으로 초과근무를 하게 될 때에는 예외적으로 기간·부서 및 담당자를 정하여 일괄적으로 초과 근무를 명할 수 있으며,

　　다) 이 경우 지방자치단체의 장 또는 지방의회의 의장이 비상근무를 명령한 근거를 첨부하여 예산관련 주관 부서의 협조를 거쳐 명령권자의 결재를 받아야 한다.

2) 대장 관리

　- 위 '가', '나', '다', '라'항의 초과근무명령 및 승인절차에도 불구하고 지방자치단체의 장 또는 지방의회의 의장이 각종 재해·재난이 발생하여 비상근무를 명령한 경우 복무주관부서에서는 비상근무 발령대장 및 비상근무에 따른 초과근무대장을 비치하여 관리하여야 하며, 일반적인 시간외근무 관리대장과 구별하여 관리하여야 한다.

사. 초과근무내역의 통보

1) 초과근무명령권자는 초과근무수당의 지급근거 자료로서 과단위로 매월(1개월 단위) 개인별 초과근무내역을 작성하여 초과근무명령서와 함께 다음달 5일(12월은 31일 이전)까지 보수지급기관에 통보하여야 한다(별지 제4호 서식).
2) 월중 소속기관(부서)을 달리하는 인사발령이 있을 경우 전 소속기관(부서)은 발령받은 기관에 복무상황 통보시 전 소속기관(부서)에서 지급하지 아니한 초과근무내역을 함께 통보하여야 한다.

아. 전산시스템을 이용할 경우

1) 개인별 자기입력장치(마그네틱 카드, 지문인식기) 등 전산시스템을 활용하여 초과근무를 관리하는 기관의 경우에도 초과근무명령권자의 사전명령 또는 사후승인을 받고, 익일 초과근무 내역 보고(생략가능)를 한 경우에 한하여 초과근무시간을 인정받을 수 있다.
2) 따라서, 사전 초과근무명령 신청·근무명령 또는 초과근무후 다음날 초과근무명령권자의 승인, 익일 초과근무 내역보고, 승인분에 대한 개인별 실적누계 및 초과근무내역의 통보 등의 절차를 전산시스템에 반영하여야 한다.
3) 위 사항을 전산시스템에 반영하기 곤란한 기관의 경우에는 위 "8. 가. 나. 다. 라. 마. 바. 사"에 의한 절차를 따라야 한다.

9. 초과근무수당 관리강화 대책

가. 초과근무수당 지급실태의 정기적 점검 강화

1) 지방자치단체의 장과 지방의회의 의장은 불필요한 근무명령, 초과근무 대리확인, 사적용도로 사용한 시간의 산입, 시간외근무 실적과 관계없이 일괄 정액지급 등으로 인한 초과근무수당의 부정한 운영이 없도록 초과근무수당의 지급실태를 정기적으로 점검하고 소속공무원에 대한 교육을 <u>분기별로 1회 이상</u> 실시하여야 한다. 이때 지방자치단체의 장과 지방의회의 의장은 부서장에게 소속 공무원의 초과근무 현황을 철저히 관리하고 부정하게 초과근무수당이 지급되지 않도록 점검하는 등의 내용을 반드시 교육하여야 한다.

2) 초과근무수당의 적정한 운영을 위해 지방자치단체의 장과 지방의회의 의장은 자체 복무점검 및 감찰활동 강화, 안내방송 실시, <u>모바일 공무원증을 활용한 QR코드 인식 방식 도입, 지문인식기 등</u> 인증장비의 당직실 설치, 부서별 초과근무실적시간의 자체 공개 등 기관의 실정에 맞는 다양한 대책을 강구하여야 한다.

3) 각 기관의 급여부서의 장은 매월 해당기관의 초과근무 집행실적을 인사·감사·조직부서에 통보하여야 하며, 인사부서의 장은 분기별로 해당 기관의 초과근무실태를 조사·분석하여 지방자치단체의 장 또는 지방의회의 의장에게 보고하여야 한다.

   가) 감사·조직부서의 장은 기관 평균 시간외근무실적을 초과하여 과도하게 시간외근무가 발생하는 부서 및 직원에 대해서는 적절한 조치를 강구하여야 한다.

   나) 지방자치단체의 장과 지방의회의 의장은 초과근무가 과다하게 발생하는 부서 및 개인에 대하여는 합리적인 정원배분·사무분장 조정, 초과근무 실태점검 등 적절한 대책을 강구하여 초과근무의 지나친 편중이 발생하지 않도록 하여야 한다.

4) 지방자치단체의 장과 지방의회의 의장은 연 2회 반기별로(또는 수시로) 해당 기관(소속기관 등 포함)의 초과근무수당 운영 실태를 자체점검하고, 그 결과를 연 1회 행정안전부장관에게 제출하여야 한다(별지 제6호 서식).

   가) 전년도 7월 1일부터 현년도 6월 30일까지 자체 점검한 결과를 7월 25일까지 행정안전부장관에게 제출하여야 한다(시·군·구는 시·도 경유).

   나) 다만, 기관 사정으로 전체 소속기관에 대한 점검이 곤란할 경우에는 일부 기관 또는 부서 등을 표본으로 선정하여 점검할 수 있다.

5) 지방자치단체의 장과 지방의회의 의장은 행정안전부장관의 초과근무수당 운영 실태조사 및 제도개선 시 필요한 자료제출 요구에 적극 협조하여야 한다.

나. 초과근무수당 부정수령자에 대한 불이익 처분 조치

1) 지방자치단체의 장과 지방의회의 의장은 소속 공무원이 거짓이나 그 밖의 부정한 방법으로 초과근무수당을 부정하게 수령한 사례를 적발한 경우에는 부정수령액 전액을 환수 조치하고, 시간외근무수당을 시간외근무 실적과 관계없이 균등 배분하는 행위 또는 시간외근무수당을 허위로 지급 청구하는 등(초과근무수당 수령 여부와 무관하게 초과근무수당을 허위로 청구하는 경우 포함) 고의적으로 지침을 위반한 행위는 적발 횟수에 따라 1년의 범위에서 초과근무명령을 금지하고 초과근무수당(정액분 포함)을 지급 정지하여야 한다.

2) 고의적인 위반자에 대한 초과근무 명령의 금지기간은 아래와 같다.
   - 1회 적발시 : 적발시점 이후 <u>6개월간</u> 초과근무명령 금지
   - 2회 적발시 : 적발시점 이후 <u>12개월간</u> 초과근무명령 금지

   * '적발'이란 행위기준이 아니라 적발시점 기준임. 예를 들어 과거 5회에 걸쳐 부정수령 행위를 한 공무원이 기관 감사에서 최초 적발된 경우 1회의 적발에 해당됨.

   ※ 지방공무원보수업무 등 처리지침(행정안전부 예규 제276호, 2024. 1. 19.) 시행 전에 고의적 위반 행위가 적발된 경우에는 3회 적발되어 12개월간 초과근무명령이 금지될 때까지는 종전의 규정에 따른다. 이 경우 이 예규 시행 전에 적발된 횟수와 이 영 시행 이후에 적발된 횟수를 합산한다.

3) 초과근무명령을 금지하는 기간에는 해당 공무원에 대하여 초과근무수당을 지급할 수 없다.

4) 소속 지방자치단체에서는 위반자에 대하여 명단을 별도로 관리하여 승진, 성과상여금 지급시 등에 활용하여야 한다.

5) 2회 이상 적발된 경우에는 관할 인사위원회에 징계의결 요구 등의 조치를 하여야 하며, 위반사실이 극히 불량하여「지방공무원법」제69조의 징계사유에 해당된다고 인정하는 때에는 적발횟수와 관계없이 징계의결의 요구 등의 조치를 할 수 있다.

6) <u>지방자치단체의 장 또는 지방의회의 의장은 초과근무수당 부정수령자가 부정수령 적발에 따른 금지기간이 종료된 후 초과근무를 할 경우 일정 기간을 정하여 기본 인증 외 추가 인증 방법을 적용하는 등 2차 인증을 실시할 수 있다.</u>

다. 초과근무수당 부정 수령액 환수 및 가산징수 방법

1) 지방자치단체의 장과 지방의회의 의장은 소속 공무원이「지방공무원법」제45조제3항에 따라 거짓이나 그 밖의 부정한 방법으로 영 제15조·제16조·제17조에 따른 초과근무수당을 부정 수령한 경우, 부정수령액을 환수하는 외에 부정수령액의 5배 금액을 가산하여 추가 징수하여야 한다(시행일 '21.12.9.).
   * 이 법 시행전에 초과근무수당을 부정 수령한 경우 그 가산징수에 관하여는 종전의 규정에 따름

2) 부정한 방법에 따른 초과근무수당 수령행위
   - 초과근무수당을 근무실적과 관계없이 균등 배분하는 행위
   - 대리입력, 사적용무 후 입력, 심야복귀 후 입력 등 거짓이나 그 밖의 부정한 방법으로 초과근무수당을 신청하는 행위 등
3) 환수금액 : 거짓이나 그 밖의 부정한 방법으로 수령한 초과근무수당 상당액
4) 가산징수 금액 : 환수금액의 5배 상당액
5) 환수 및 가산 징수절차
   가) 지방자치단체의 장과 지방의회의 의장은 소속공무원이 거짓이나 그 밖의 부정한 방법으로 초과근무수당을 부정 수령한 사실을 적발한 경우에는 지체 없이 환수금액과 가산징수 금액을 확정하여 부정수령자에게 고지하고, 환수 및 가산징수 조치를 취하여야 한다.
   나) 지방자치단체의 장과 지방의회의 의장은 초과근무수당을 부정 수령한 공무원이 납부기한 내에 가산징수금액을 납입하지 않을 경우에는 「지방재정법」 제87조 및 동법시행령 제113조에 따라 강제징수 등의 필요한 조치를 취하여야 한다.
   다) 해당연도 초과근무수당 환수시에는 여입조치, 가산징수액 및 과년도 초과근무수당 환수액은 세입 조치한다.

> **예시**
>
> ○ 6급 공무원 A가 거짓이나 그 밖의 부정한 방법으로 10시간분의 시간외근무수당을 부정 수령한 경우의 조치방법
>   - 환수금액 : 부정수령 금액 128,440원(6급 공무원 시간당 단가 12,844원×10시간)
>   * 해당연도에 환수하는 경우 : 환수금액을 해당연도 인건비로 환수(반납결의)
>   * 회계연도를 달리하여 환수하는 경우 : 가산징수금액과 같이 수입조치
>   - 가산징수 금액 : 642,200원(부정수령금액 128,440원×5배)
>   * 가산징수금액은 기타 경상이전 수입으로 수입조치

라. 부정수령시 초과근무 승인권자에 대한 불이익 조치

1) 지방자치단체의 장과 지방의회의 의장은 소속 공무원이 거짓이나 그 밖의 부정한 방법으로 초과근무수당을 부정하게 수령한 경우에는 이를 승인해 준 초과근무승인권자의 명단을 별도로 관리하여 성과연봉(성과상여금 지급대상인 경우에는 성과상여금) 지급 등급 결정시 참고하여야 한다.
2) 초과근무 승인권자가 사후승인을 한 부서원의 초과근무가 거짓으로 신청한 초과근무로 밝혀지면, 승인권자에게 관리감독을 소홀히 한 책임을 물어, 징계 관련 법령에 따라 징계조치를 하여야 한다.

Ⅶ. 실비보상 등

1. 정액급식비(영 제18조)

가. 지급대상

모든 공무원[다만, 영 제3조의 규정을 적용받는 국외파견공무원, 정직·직위해제 또는 휴직(공무상 질병으로 인한 휴직을 제외한다)중에 있는 공무원, 직제와 정원의 개편·폐지 또는 예산의 감소 등에 따라 직위가 없어지거나 정원이 초과되는 등의 사유로 보직을 받지 못한 공무원(소속기관장으로부터 특정한 업무를 부여받은 공무원은 제외한다) 및 부단체장이 지방자치단체의 장의 권한을 대행하는 경우 그 지방자치단체의 장은 제외(영 제19조제10항 및 제11항)]

나. 지 급 액 : 예산의 범위 안에서 월 14만원을 지급한다.

다. 지급시기 : 보수지급일 또는 각 기관장이 정하는 날

2. 명절휴가비(영 제18조의3)

가. 지급대상

○ 설날 및 추석날(이하 "지급기준일"이라 한다) 현재 재직중인 공무원
  ※ 연봉제 적용대상자는 연봉액 산정시 포함되므로 별도로 지급하지 아니한다.

나. 지급기준일 및 지급액

지급기준일	지 급 액
설 날	· 지급기준일 현재의 월봉급액 × 60%
추 석	· 지급기준일 현재의 월봉급액 × 60%

○ 명절휴가비 지급기준일 현재의 월봉급액이라 함은 「지방공무원 보수규정」에 규정된 봉급표상의 월봉급액을 말한다. 다만, 지급기준일 현재 징계처분에 의한 감봉으로 봉급이 감액 지급되는 경우에는 감액되기 전의 월봉급액으로 한다.
  ※ 강등된 사람의 월봉급액은 강등된 후의 월봉급액을 기준으로 함.

다. 지급시기

○ 보수지급일 또는 지급기준일 전후 15일 이내에 각 기관장이 정하는 날

라. 지급방법

○ 월중 인사 발령시 지급방법
- 월중 인사 발령시(신규채용, 퇴직, 승진, 승급 등 각종 임용)는 지급기준일 (설날, 추석)을 기준으로 결정

< 설날이 2월 12일인 경우 >

- 2월 12일 이전의 신규채용 : 지급함
- 2월 12일 이전의 퇴직 : 지급하지 않음(단, 2월중 영 제21조에 해당하는 정년·명예· 조기·자진퇴직자와 공무상 사망자의 경우에는 지급).
- 2월 13일 이후의 신규채용 : 지급하지 않음.
- 2월 13일 이후의 퇴직 : 지급함.
- 공무상 질병 또는 부상으로 인한 휴직을 제외한 기타의 휴직 및 직위해제, 정직기간에 2월 12일이 포함될 경우 : 지급하지 않음.
- 2월 12일 이전의 승진 : 승진된 계급·호봉 월봉급액 기준
- 2월 13일 이후의 승진 : 승진되기 전의 계급·호봉 월봉급액 기준

예시

○ 설날, 추석날 지급되는 명절휴가비를 출산휴가 및 육아휴직중인 공무원에게도 지급가능한지 여부
- 명절휴가비는 지급기준일 현재 재직중인 공무원에게 지급하는 것이므로 출산휴가중인 경우에는 지급하나 육아휴직중인 경우에는 지급되지 않음.

○ 명절휴가비는 보수지급일 또는 지급기준일 전후 15일 이내에 각 기관장이 정하는 날 지급 가능하므로 1월 24일 9급의 월봉급액을 기준으로 기지급 하였으나, 이 직원이 1월 27일자로 8급으로 근속승진된 경우 설날이 2월 1일이라면 이 경우의 명절휴가비 지급방법
- 명절휴가비는 지급기준일 현재의 직급·호봉을 기준으로 월봉급액의 60%를 지급하므로 8급의 월봉급액을 기준으로 정산하여 차액을 추가로 지급함.

○ 정직중인 공무원에게 명절휴가비가 지급되는지 여부
- 공무상 질병 또는 부상으로 인한 휴직을 제외한 기타의 휴직 및 직위해제, 강등(직무에 종사하지 못하는 3개월에 한함)·정직 기간에 지급기준일인 명절이 포함되어 있는 경우 지급하지 않음.

○ 추석이 9월 25일이라면 9월 12일 신규임용된 자의 명절휴가비 지급여부
- 명절휴가비는 지급기준일이 명절(설날·추석)이므로 전액 지급함.

3. 연가보상비(영 제18조의5)

가. 지급대상

○ 1급이하 공무원 및 이에 상당하는 공무원

1) 지급제외자

가) 교육공무원(방학이 없는 기관에 근무하는 사람은 제외한다)
  * 방학기간 중에도 방학 전과 동일한 업무를 같은 근무형태로 수행하고 완화된 근무여건을 갖지 않는 공립대학교 조교는 지급대상에 포함

나) 해당 연도 중 중징계에 의하여 파면 또는 해임된 사람

다) 해당 연도 중 「지방공무원법」 제28조제3항 또는 제62조제1항제3호부터 제5호까지의 규정에 따라 직권 면직된 사람

라) 해당 연도 중 「지방공무원법」 제61조제1호에 따라 퇴직된 사람

마) 「지방공무원 보수규정」 별표 12에 따른 공무원
  * 고정급적 연봉제 적용대상(시장·군수·구청장 등)

바) 영 제3조에 따라 수당 등을 지급받는 국외파견공무원
  * 국외파견공무원이 국내에 복귀하여 근무하게 된 경우는 지급대상에 포함

2) 지방자치단체의 장과 지방의회의 의장이 소속 공무원의 연가 사용을 촉진하기 위하여 「지방공무원 복무규정」 제7조의4 제1항에 따라 매년 3월 31일까지 소속 공무원이 그 해에 최소한으로 사용해야 할 10일 이상의 권장 연가 일수와 미사용 권장 연가 일수에 대한 연가보상비 지급 여부를 정해 공지하고, 제2항 각 호의 조치를 했음에도 불구하고 소속 공무원이 제1항에 따른 10일 이상의 권장 연가 일수를 사용하지 않은 경우 10일 이상의 권장 연가 일수 중 미사용 연가 일수에 대해서는 연가보상비를 지급하지 않을 수 있다.

  * 지방자치단체의 장과 지방의회의 의장이 권장 연가 일수 중 미사용 권장 연가 일수에 대해 연가보상비를 지급하지 아니하기로 공지하고 「지방공무원 복무규정」 제7조의4 제2항 각 호의 조치를 했음에도 불구하고 사용하지 않은 권장 연가 일수는 연가보상 일수에 포함되지 않음

> **< 참고 : 「지방공무원 복무규정」 제7조의4(연가 사용의 권장) >**
>
> ① 지방자치단체의 장과 지방의회의 의장은 소속 공무원의 연가 사용을 촉진하기 위해 매년 3월 31일까지 소속 공무원이 그 해에 최소한으로 사용해야 할 10일 이상의 권장 연가 일수와 미사용 권장 연가 일수에 대한 연가보상비 지급 여부를 정해 공지해야 한다.
> ② 지방자치단체의 장과 지방의회의 의장은 다음 각 호의 조치를 했음에도 불구하고 소속 공무원이 제1항에 따른 권장 연가 일수를 사용하지 않은 경우 권장 연가 일수 중 미사용 연가 일수에 대해서는 제7조제4항에 따른 연가보상비를 지급하지 않을 수 있다.
> 1. 매년 6월 1일부터 7월 31일까지의 기간 중 지방자치단체의 장과 지방의회의 의장이 소속 공무원별로 권장 연가 일수 중 사용해야 할 연가 일수를 알려주고, 소속 공무원이 그 사용 시기를 정하여 10일 이내에 지방자치단체의 장이나 지방의회의 의장에게 통보하도록 촉구
> 2. 소속 공무원이 제1호에 따른 촉구에도 불구하고 지방자치단체의 장이나 지방의회의 의장에게 연가의 사용 시기를 통보하지 않으면 지방자치단체의 장과 지방의회의 의장은 그 해 10월 31일까지 제1호에 따라 알려준 연가 일수 중 사용하지 않은 연가 일수의 사용 시기를 정하여 소속 공무원에게 통보

3) 6월 30일 기준 연가보상비 지급 예외대상자 지정·운영

연가활성화를 위해 6월 30일 기준 연가보상비를 지급하지 않고 12월 31일 기준으로 연 1회만 연가보상비를 지급할 수 있다. 6월 30일 기준 연가보상비를 지급하는 경우, 예외대상자 지정은 아래를 참고하여 각 기관 자율적으로 운영할 수 있다.

> **< 6월 30일 기준 연가보상비 지급 예외대상자 지정 순서(예시) >**
>
> ① 6월 30일 지급기준일 현재 미사용연가일수가 10일 미만인 자
> ② 부서장 성과목표 연가사용 활성화 지표 일수와 상반기 연가보상비 지급일수 5일을 합산한 것보다 총 연가일수가 적은 자
> ③ 6월 30일 지급기준일 현재 지방공무원법 제30조의4에 근거해 파견근무중인 자
> ④ 하반기(7.1.~12.31.)중 퇴직 예정자
> ⑤ 하반기(7.1.~12.31.)중 휴직 예정자
> ⑥ 본인이 예외대상자 지정을 희망하는 경우
> ⑦ 연가 사용 촉진을 위해 지방자치단체의 장이 「지방공무원 복무규정」 제7조의4에 따른 조치를 취하고 10일 이상의 권장연가일수 중 미사용연가일수에 대해 연가보상비를 지급하지 않기로 한 기관 또는 그 밖에 6월 30일 기준 연가보상비 지급으로 인해 연가보상비 정산·환수 절차가 복잡해질 것으로 예측되는 경우

나. 지급근거

○ 「지방공무원 복무규정」 제7조, 제7조의4

다. 지급액

○ 예산의 범위안(20일 이내)에서 다음과 같이 계산하여 지급한다.

1) 아래 2)의 경우를 제외한 공무원의 연가보상비 지급액

가) 6월 30일 기준 연가보상비
상반기 연가보상비 지급을 선택한 기관의 경우 지급대상자에게 5일의 연가보상비를 지급

나) 12월 31일 기준 연가보상비
12월 31일 현재 해당공무원의 연가보상비는 가)에 의해 지급된 연가보상비를 제외하고 지급

< 연가보상비 >

○ 6월 30일 기준 연가보상비 : 6월 30일 현재의 월봉급액의 86퍼센트 × 1/30 × 5일
○ 12월 31일 기준 연가보상비 : (12월 31일 현재의 월봉급액의 86퍼센트 × 1/30 × 연가보상일수) - 6월 30일 기준 지급받은 연가보상비

---

* 12월 31일 기준 연가보상일수가 7월에 지급받은 연가보상일수(5일) 미만일 경우에는 연가보상비를 환수하되, 환수금액 계산은 12월 31일 기준 연가보상비 계산 방법을 따른다.
(예) 7월 보수지급일에 연가보상비를 5일분 지급받고 12월 31일 기준 연가보상일수가 3일인 경우 환수금액 : (12.31일 기준 월봉급액 86%×1/30×3일) - 6월 30일 기준 지급받은 연가보상비

2) 연도 중 퇴직자에 대한 연가보상비 지급액

가) 6월 30일 이전에 퇴직하는 경우 : 퇴직일 전일 현재의 월봉급액의 86%×1/30×연가보상일수

나) 7월 1일 이후 12월 31일 전에 퇴직하는 경우
(1) 6월 30일 기준 연가보상비는 동일 방법(연가잔여일수 10일 이상자에게 5일 보상)으로 지급
(2) 7월 1일부터 퇴직일까지 연가보상비 : (퇴직일 전일 현재의 월봉급액의 86%×1/30×연가보상일수) - 6월 30일 기준 지급받은 연가보상비

3) 저축연가의 보상방법

○ 보상비 지급이 가능(「지방공무원 복무규정」 제7조의10제3항 각 호에서 정하는 사유에 한함)한 저축연가의 보상비는 각 연가의 저축 당해연도 12월 31일 월봉급액을 기준으로 한다.

> **예시**
>
> ○ '20년도 4일, '21년도 4일, '22년도 6일 저축 연가를 '23년까지 사용하지 못 한 경우(「지방공무원 복무규정」에서 정하는 예외 사유로 한정) 보상비 지급액
>   = ('20.12.31. 월봉급액의 86% × 1/30 × 4일) + ('21.12.31. 월봉급액의 86% × 1/30 × 5일) + ('20.12.31. 월봉급액의 86% × 1/30 × 6일)

※ 단, 「지방공무원 복무규정」 제7조의10제3항에 따라 이월·저축한 연가 일수는 다음의 사유를 제외하고는 연가보상비의 지급 대상이 아님.

> **< 참고 : 「지방공무원 복무규정」 제7조의10(연가의 저축) >**
>
> ① 공무원은 연가보상비 지급대상인 연가 일수 및 <u>제4조제4항에 따라 전환된 연가 일수</u> 중 사용하지 않고 남은 연가 일수를 그 해의 마지막 날을 기준으로 이월·저축하여 사용할 수 있다.
> ② 제1항에 따라 이월·저축한 연가 일수는 이월·저축한 다음 연도부터 10년 이내에 사용하지 않으면 소멸된다.
> ③ 제2항에 따라 소멸된 저축연가에 대해서는 연가보상비를 지급하지 않는다.
>   다만, 다음 각 호의 사유에 해당하는 경우에는 연가보상비를 지급한다.
>   1. 법 제62조제1항제1호에 따라 직권면직된 경우
>   2. 법 제63조제1항 각 호의 사유로 휴직을 한 경우
>   3. 제7조의5제2항에 따른 병가를 30일 이상 연속하여 사용한 경우
>   4. 30일 이상 연속된 특별휴가를 사용한 경우
>   5. 공무원이 사망한 경우

4) 월봉급액 계산방법

가) 연가보상비 지급기준일이 속하는 달의 월봉급액은 「지방공무원 보수규정」에 규정된 봉급표상 월봉급액을 말한다.

나) 연가보상비 지급대상자중 성과급적 연봉제 적용대상자의 월봉급액 산정은 연봉월액(성과연봉을 제외한 금액을 말한다)의 78%(성과급적 연봉제 대상자 중 기본 연봉에 관리업무수당에 해당하는 금액이 포함되지 않은 공무원 <'제5장-VI-4-가' 참조>은 84%)로 한다.

다) 연도 중 인사발령으로 지급대상에서 제외되는 경우(명예퇴직, 의원면직 등), 지급대상에서 제외되기 직전의 월봉급액을 기준으로 하되, 다만 강등된 사람의 월봉급액은 강등된 후의 월봉급액을 기준으로 한다.

라) 해당 연도 중 승진·강임·전직·승급 등으로 직급(계급) 및 봉급이 변동되는 경우에는 연가보상비 지급기준일 현재의 직급(계급) 및 봉급으로 하고, 연가보상비 지급기준일 현재 징계처분, 휴직 그 밖의 사유로 봉급이 감액 지급되는 경우에도 감액되기 전의 봉급액으로 한다.

5) 연가보상일수 계산방법 : 연가보상일수 계산은 기본적으로 ①번으로 하되, 제외기간 예시 등에 해당하는 사례는 ②번으로 함

① 연가보상일수(20일이내) = 지방공무원 복무규정에 따라 산정된 연가일수 - 사용한 연가일수

가) 미사용연가일수는 지급기준일 현재 「지방공무원 복무규정」에 따라 산정된 연가일수에서 사용한 연가일수를 공제한 일수를 말하며, 연가보상일수 계산시 미사용연가일수는 실제 사용하지 않은 연가일수가 20일을 초과하더라도 20일 범위에서 반영하여 계산한다.

* "「지방공무원 복무규정」에 따라 산정된 연가일수"란 같은 영 제7조(연가일수 및 연가보상비의 지급)에 따라 재직기간별로 부여받은 연가일수에서 제7조의2(연가 일수의 공제) 제1항에 따른 결근 일수, 정직 일수, 직위해제 일수, 강등 처분에 따라 직무에 종사하지 못하는 일수를 각각 공제한 일수 및 제3항에 따른 사실상 직무에 종사하지 않은 기간이 있는 경우 제2항의 계산식에 따라 산정한 연가일수를 말하며, 연가일수 계산시 「지방공무원 복무규정」 제7조의2에 따라 공제된 기간은 연가보상일수 계산시 제외기간에 포함하지 않음.

나) 제외기간은 연도 중 지급대상에서 제외되는 기간을 말한다. 각 제외기간은 합산하여 개월 수로 환산하여 계산하되, 15일 이상인 경우 1개월로 계산하고, 15일 미만은 계산하지 않는다. 산식에 따라 산출된 연가보상일수는 소수점 이하 첫째 자리에서 절상한다.

② 연가보상일수(20일이내) = 미사용연가일수 × $\dfrac{12개월 - 제외기간(개월)}{12개월}$

(예)
- 지급대상자인 교육전문직원이 교원으로서 근무한 기간
- 영 제3조 규정을 적용받는 공무원의 국외직무파견 등의 경우 그 파견기간
- 30일 이상(연속된 경우를 말함) 국외출장의 경우 그 출장기간

  ※ 특별휴가, 공가, 공무상 질병 또는 부상으로 인한 휴직, 공무상 병가, 사병으로 군입대시 입대후의 미근무기간과 복직시 군인으로 복무했던 기간은 연가보상일수 산정의 제외기간에 포함하지 않음.

───────────< 연가보상일수 산정방법 >───────────

○ '23.12.1.자로 퇴직한 공무원(재직기간 6년 이상)이 '24.7.1.자 신규임용된 후 1개월간 교육파견을 실시하고 연가는 사용하지 않은 경우 연가보상일수(법정연가일수는 21일)
- 복무규정에 따라 연도 중 임용된 경우 임용되기 이전 기간(6개월)과 1개월 이상의 교육파견 기간(1개월)을 반영하여 이를 공제한 연가일수를 아래 산식에 따라 산출하여 부여하여야 함

연가일수 = 21일 × $\dfrac{5개월(해당연도중 사실상 직무에 종사한 기간)}{12개월}$ = 9일

  * 소수점 이하 반올림함(「지방공무원 복무규정」 참조)
  ⇨ 계산된 연가일수는 9일이며, 이후 연가를 사용하지 않았고, 제외기간도 없으므로 9일분 보상 가능

○ 연가일수를 21일 부여받은 공무원이 '24.6.1.부터 7.10.까지 해외 출장을 다녀오고, 연가는 10일 사용한 경우 연가보상일수(권장연가일수 10일 미지급하기로 한 기관)
- 30일 이상 연속된 해외출장은 복무규정에 따른 연가 공제에는 해당되지 않으나, 연가보상시 '제외기간'에 해당됨. 제외기간은 합산하여 개월 수로 환산하여 계산하되 15일 이상은 1개월로 계산하고 15일 미만은 계산하지 않으므로, 예시에서 15일 미만인 10일은 버리고 1개월만 제외기간으로 반영됨

연가보상일수 = $\underset{\text{(미사용 연가일수)}}{11일}$ × $\dfrac{12개월 - 1개월}{12개월}$ = 10일

  ⇨ 10일분 보상(소수점 첫째자리에서 절상, 둘째자리 이하 절사)

라. 지급방법

○ 「지방공무원 복무규정」에 따라 산정된 연가일수에서 사용한 연가일수를 제외한 미사용 연가일수에 대해서만 지급한다.

※ 「지방공무원 복무규정」 제7조의2 제1항에 따른 공제일수 및 제2항, 제3항에 따른 사실상 직무에 종사하지 않은 기간이 있는 사람이 연가일수를 초과하여 사용한 경우에는 같은 규정 제7조의2 제4항에 따라 초과하여 사용한 일수만큼 결근한 것으로 보고 결근시 보수감액 방법에 따르며, 결근의 경우에 한정하여 연가일수를 초과하여 사용하였다면 같은 규정 제7조의10에 따른 저축연가일수에서 차감하되, 저축연가일수가 없을 경우 초과하여 사용한 일수만큼 결근으로 처리함

마. 지급기관 및 지급시기

1) 지급기관 : 지급기준일 현재의 보수지급기관에서 지급

2) 지급시기 : 상반기는 7월 중 각 기관장이 정하는 날, 하반기는 12월중 각 기관장이 정하는 날

바. 행정사항

○ 각 부서의 장 또는 파견 받은 기관의 장은 연가보상비 지급기준일로부터 15일전까지 복무관리상황을 보수지급관서의 장 또는 원소속기관의 장에게 통보하고, 통보 후 연가를 실시하는 경우에는 즉시 추가 통보하여야 한다.

― < 참고사항 > ―

[지방공무원 복무규정 제7조]

제7조(연가일수 및 연가보상비의 지급) ① 공무원의 재직기간별 연가일수는 다음과 같다. 다만, 법 제27조제2항제2호·제3호 및 제9호에 따라 임용된 경력직공무원 및 특수경력직공무원의 재직기간이 5년 미만인 경우로서 지방자치단체의 조례로 정하는 공무원 경력 외의 유사경력이 있는 경우에는 5년 미만의 재직기간별 연가일수에 각각 3일을 더한다.

재직기간	연가 일수
1개월 이상 1년 미만	11
1년 이상 2년 미만	12
2년 이상 3년 미만	14
3년 이상 4년 미만	15
4년 이상 5년 미만	17
5년 이상 6년 미만	20
6년 이상	21

② 제1항에서 "재직기간"이란 「공무원연금법」 제25조제1항부터 제3항까지의 규정에 따르되, 연월일수(年月日數)로 계산한 재직기간을 말하며, 휴직기간·정직기간·직위해제기간 및 강등 처분에 따라 직무에 종사하지 못하는 기간은 산입하지 않는다. 다만, 다음 각 호의 어느 하나에 해당하는 경우에는 그 휴직기간을 재직기간에 산입한다.

  1. 법 제63조제2항제4호의 사유에 따른 휴직으로서 「지방공무원 임용령」 제31조의6 제2항제1호다목에 따른 휴직기간

  2. 법령에 따른 의무수행으로 인한 휴직

  3. 「공무원 재해보상법」에 따른 공무상 부상 또는 질병(이하 "공무상 부상등"이라 한다)으로 인한 휴직

③ 해당 연도에 결근·정직·강등·직위해제 사실 및 제7조의2제3항제1호부터 제5호까지의 규정에 따른 기간이 없는 공무원으로서 다음 각 호의 어느 하나에 해당하는 사람에 대해서는 다음 해에 한정하여 제1항의 재직기간별 연가일수에 각각 1일을 더한다. <개정 2019. 12. 31.>

  1. 병가(제7조의5제2항에 따른 병가는 제외한다)를 받지 않은 공무원

  2. 제4항에 따른 연가보상비를 지급받지 못한 연가일수가 남아 있는 공무원

④ 제1항에 따른 연가를 공무상 허가할 수 없거나 해당 공무원이 연가를 사용하지 않은 경우에는 예산의 범위에서 연가일수에 해당하는 연가보상비를 지급하는 것으로 연가를 갈음할 수 있다. 이 경우 연가보상비를 지급할 수 있는 연가대상일수는 20일을 초과할 수 없으며, 연가보상비 지급대상인 연가 일수 중 8시간 미만의 연가 잔여분에 대해서는 연가보상비를 지급하지 않고 이월·저축한다.

─── < 참고사항 > ───

[지방공무원 복무규정 제7조의2]

제7조의2(연가 일수의 공제) ① 결근 일수·정직 일수·직위해제 일수 및 강등 처분에 따라 직무에 종사하지 못하는 일수는 연가 일수(결근의 경우에 한정하여 제7조의10에 따른 저축연가 일수를 포함한다)에서 뺀다. 다만, 「지방공무원 임용령」 제31조의6제2항제2호에 따른 기간 중 직무에 종사하지 못하는 일수는 연가 일수에서 빼지 않되, 본문에 따라 이미 빼어 사용하지 못하게 된 연가 일수는 저축연가 일수에 더한다.

② 사실상 직무에 종사하지 않은 기간이 있는 경우 연가 일수는 다음 계산식에 따라 산정한다. 이 경우 해당 연도 중 사실상 직무에 종사한 기간은 개월 수로 환산하여 계산하되, 15일 이상은 1개월로 계산하고, 15일 미만은 산입하지 않으며, 계산식에 따라 산출된 소수점 이하의 일수는 반올림한다.

$$\frac{\text{해당연도 중 사실상 직무에 종사한 기간(월)}}{12\text{개월}} \times \text{해당연도 연가일수}$$

③ 제2항에서 "사실상 직무에 종사하지 않은 기간"이란 다음 각 호의 어느 하나에 해당하는 기간을 말한다.

　1. 법 제63조에 따라 휴직한 경우(같은 조 제1항제1호에 따른 휴직 중 공무상 부상등으로 인하여 휴직한 경우는 제외한다) 그 휴직기간

　2. 연도 중 신규임용되거나 퇴직하는 경우(연도 중 경력직공무원 또는 특수경력직공무원이 되기 위해 퇴직하고 14일 이내에 재임용되는 경우는 제외한다)로서 다음 각 목의 어느 하나에 해당하는 기간

　　가. 신규임용일 전날까지의 기간

　　나. 퇴직일부터의 기간

　3. 「지방공무원 임용령」 제27조의3제1항제2호에 따라 연수하게 된 경우 그 연수 기간

　4. 「지방공무원 교육훈련법 시행령」 제4조에 따른 교육훈련으로서 1개월 이상의 교육훈련을 받은 경우 그 교육훈련 기간

　5. 행정기구 또는 정원의 개편·폐지나 예산의 감소 등에 따른 직위가 없어지거나 정원이 초과되는 등의 사유로 보직을 받지 못한 경우(소속 지방자치단체의 장이나 지방의회의 의장으로부터 특정한 업무를 부여받은 경우는 제외한다) 그 보직을 받지 못한 기간

　6. 제7조의5제1항에 따른 병가 기간

④ 제2항에 따른 사실상 직무에 종사하지 않은 기간이 있는 공무원이 같은 항의 계산식에 따른 연가 일수(제7조의10에 따른 저축연가 일수를 포함한다)를 초과하여 사용한 연가 일수는 결근으로 본다.

⑤ 연도 중 경력직공무원 또는 특수경력직공무원이 되기 위해 퇴직하고 14일 이내에 재임용되는 경우에는 해당 연도의 연가 일수에서 퇴직 전 사용한 연가 일수를 뺀다.

⑥ 질병이나 부상 외의 사유로 인한 지각·조퇴 및 외출은 누계 8시간을 연가 1일로 계산한다.

⑦ 제7조의5제1항에 따른 병가 중 연 6일을 초과하는 병가 일수는 연가 일수에서 뺀다. 다만, 제7조의5제3항에 따라 의사의 진단서가 첨부된 병가 일수는 연가 일수에서 빼지 않는다.

- 재직기간이 9개월인 신규공무원이 6.30일까지 연가를 1일 사용하고 12.31까지 잔여 연가를 모두 사용한 경우 연가보상비 지급액(법정연가일수는 11일)
  - 잔여연가일을 모두 사용하였으므로 보상받을 연가보상일수가 없음

- 연가일수가 21일인 공무원이 6.30일까지 연가 10일을 사용하고, 7월에 연가보상비 5일분을 지급받고 12월 31일까지 추가로 5일을 사용할 경우 연가보상비 지급액 ('24.6.30.기준 7급 10호봉이었으나, '24..8.1.로 호봉승급하여 '24..12.31.기준 7급 11호봉임)
  - 7월 연가보상비 지급시 6월 30일 현재 월봉급액을 기준으로 연가보상비 5일분 421,270원(2,939,100원 × 86% × 1/30 × 5 = 421,270원)을 지급함
  - 12월 31일 현재 미사용연가일수 6일(21일-사용한 연가일 15일)에 대한 연가보상비 521,690원에서(3,033,100원 × 86% × 1/30 × 6 = 521,690원) 7월에 지급받은 5일분 연가보상비 421,270원을 제외한 100,420원을 지급함

- 연가일수가 23일인 공무원이 6.30일까지 연가를 10일 사용하고, 7월에 연가보상비 5일분을 지급받고 12월 31일까지 추가로 10일을 사용할 경우 연가보상비 지급액 ('24.6.30.기준 7급 10호봉이었으나, '24.8.1.로 호봉승급하여 '24.12.31.기준 7급 11호봉임)
  - 7월 연가보상비 지급시 6월 30일 현재 월봉급액을 기준으로 연가보상비 5일분 421,270원(2,939,100원 × 86% × 1/30 × 5 = 421,270원)을 지급함
  - 12월 31일 현재 미사용연가일수 3일(23일-사용한 연가일 20일)에 대한 연가보상비 260,840원에서(3,033,100원 × 86% × 1/30 × 3 = 260,840원) 7월에 지급받은 5일분 연가보상비 421,270원을 제외한 160,430원을 환수함

- 연가일수가 22일(법정연가일수 21일, 병가미사용 연가가산 1일)인 공무원이 '24.1.1. ~ 6.30.까지 12일의 연가를 사용하고, 7월에 연가보상비 5일분을 지급받고 '24.7.28.부터 정직처분 1개월을 받고, '24.11.14. ~ 11.15.까지 2일의 연가를 추가로 사용(총 연가사용일수는 14일)한 경우 연가보상비 산정방법
  - 7월 연가보상비 지급시 6월 30일 현재 월봉급액을 기준으로 연가보상비 5일분에 대해 지급함
  - 22일(재직기간에 따른 연가일수) - 12일(정직처분 전 실시한 연가일수) = 10일(사용 가능 연가일수)
  그러나, 정직의 경우 「지방공무원 복무규정」에 따라 처분기간만큼 연가일수에서 공제하도록 규정되어 있으므로, 정직기간(1개월)이 본인의 연가가능일수(10일)를 초과함에 따라 향후 연가 실시 및 연가보상비 지급이 불가하며 정직 후 사용한 연가(2일)는 결근처리를 해야 하며 7월에 5일에 대한 연가보상비를 지급받았으므로 5일에 대한 연가보상비는 6월 30일 월봉급액 기준으로 환수함

- ㅇ 연가일수가 21일인 공무원이 '24.6.30. 이전에 연가 11일을 사용하고, 7월에 연가보상비 5일분을 지급받고 '24..9.1. ~ 12.31.까지 4개월간 육아휴직한 경우 연가보상비 산정방법 ('24.6.30.기준 7급 10호봉이었으나, '24.8.1.로 호봉승급하여 '24.12.31.기준 7급 11호봉임)
  - 7월 연가보상비 지급시 6월 30일 현재 월봉급액을 기준으로 연가보상비 5일분 421,270원(2,939,100원 × 86% × 1/30 × 5 = 421,270원)을 지급함
  - 해당 재직기간에 따른 연가일수 21일에서 휴직기간을 고려하여 월할 계산한 사용 가능 연가일수가 14일[12개월 – 4개월 / 12개월 × 21]이며, 14일 중 이미 실시한 연가 11일을 공제하고 남은 3일이 미사용연가일수임, 따라서 12월 연가보상비 지급일에는 12.31.현재 미사용연가일수에 대한 연가보상비 260,840원에서 (3,033,100원 × 86% × 1/30 × 3 = 260,840원) 7월에 지급받은 5일분 연가보상비 421,270원을 제외한 160,430원을 환수함

- ㅇ 연가일수가 21일인 공무원이 '24.6.30.까지 연가 7일을 사용하고, 7월에 연가보상비 5일분을 지급받고 8월말까지 3일의 연가를 사용 후 '23.8.31.에 명예퇴직한 경우의 연가보상비 산정방법('24.6.30.기준 5급 15호봉이었으며 '24.8.30.에도 월봉급액은 동일함)
  - 7월 연가보상비 지급시 6월 30일 현재 월봉급액을 기준으로 연가보상비 5일분 625,130원(4,361,400원 × 86% × 1/30 × 5 = 625,130원)을 지급함
  - 퇴직자의 경우 퇴직 후 근무하지 않은 기간을 공제하여 연가일수를 다시 산출하여야 하므로, 복무예규에 따라 실제 근무한 8개월에 대해 연가일수를 산출하면 14일이 사용가능한 연가일수이며, 14일중 이미 사용한 10일을 제외한 4일에 대해서만 연가보상이 가능한데 이미 7월에 5일분을 지급하였으므로, 1일분에 대해 환수하여야 함

4. 직급보조비(영 제18조의6 및 별표 14)

가. 지급대상

모든 공무원[다만, 권한대행기간중의 지방자치단체장(영 제19조제10항 및 제11항)은 제외]

나. 지급액(영 별표 14 참조)

1) 영 별표 14 및 다음의 지급구분에 따라 예산의 범위에서 지급한다.

구 분	월 지급액
• 자치경찰위원회 위원장(서울특별시, 부산광역시, 인천광역시, 경기도남부에 한함)	750,000원
• 제주특별자치도 감사위원회 위원장 및 행정시장 • 강원특별자치도 감사위원회 위원장, 전북특별자치도 감사위원회 위원장 • 자치경찰위원회 위원장 • 자치경찰위원회 상임위원(서울특별시, 부산광역시, 인천광역시, 경기도남부에 한함)	650,000원
• 세종특별자치시 감사위원회 위원장 • 자치경찰위원회 위원장(세종특별자치시에 한함) • 자치경찰위원회 상임위원	500,000원
• 자치경찰위원회 상임위원(세종특별자치시에 한함)	450,000원

2) 중앙행정기관에 파견된 공무원은 월 300,000원을, 다른 지방자치단체에 파견(같은 지방자치단체 내 집행기관과 의회 상호 간 파견된 경우 포함)된 4·5급(상당직 포함)공무원의 경우 월 200,000원, 6급 이하(상당직 포함) 공무원의 경우 월 100,000원을 추가 지급할 수 있다.

3) 중앙행정기관이나 다른 지방자치단체에 파견된 공무원에게는 「지방공무원임용령」 제27조의5제5항에 따른 인사교류자에 대하여 지급하는 주택보조비 지급기준, 주거 및 교통여건, 지역적 특수성 등을 고려하여 지방자치단체의 장 또는 지방의회의 의장이 정하는 금액을 교류지원비로 지급할 수 있다.

4) 전용승용차량을 제공받는 공무원과 영 제3조에 따른 재외근무수당을 지급받는 국외파견공무원의 경우에는 직급보조비에서 아래 구분표에 해당하는 금액을 감액하여 지급한다.

<직급보조비 감액 구분표>

모든 공무원(교육공무원 제외)	교육공무원	감액 금액
1급(상당)부터 3급(상당)까지, 연구관·지도관(3급 상당 직위), 개방형직위에 임용되는 일반임기제공무원(1호부터 3호까지)	「지방공무원 보수규정」제4조제11항 제2호에 해당하는 봉급을 받는 총장과 대학원장, 대학교의 학장·처장·기획연구실장·교양과정부장, 장학관·교육연구관(1·2·3급 상당 직위)	200,000원
4·5급(상당), 연구관·지도관(4·5급 상당 직위), 개방형직위에 임용되는 일반임기제공무원(4·5호), 일반임기제공무원(5급·6급 상당), 지방전문경력관 가군	위의 대상자를 제외한 대학 및 전문대학 교원, 장학관·교육연구관(4·5급 상당 직위)	140,000원
6·7급(상당), 연구사·지도사, 개방형직위에 임용되는 일반임기제공무원(6호), 일반임기제공무원(7급·8급 상당), 지방전문경력관 나군	장학사·교육연구사, 그 밖의 교육공무원(「지방공무원 보수규정」제4조제11항제1호에 해당하는 봉급을 받는 총장은 제외)	130,000원

예시

○ 「관용차량관리규칙」등 자치법규에 따라 전용승용차량을 제공받는 1급 이하 공무원에게는 해당 공무원이 받는 직급보조비에서 직급보조비 감액 구분표에 해당하는 금액을 감액하고 직급보조비를 지급하여야 한다.

○ A단체 소속 4급 공무원이 영 제3조에 따라 재외근무수당을 지급받는 직위에 파견되어 재외근무수당을 지급받을 경우, 해당 공무원에게 지급하는 직급보조비는 당초 지급액인 400,000원에서 140,000원을 감액한 260,000원을 지급하여야 한다.

○ B단체 소속 7급 공무원이 영 제3조에 따라 재외근무수당을 지급받는 직위에 파견되어 재외근무수당을 지급받을 경우, 해당 공무원에게 지급하는 직급보조비는 당초 지급액인 180,000원에서 130,000원을 감액한 이후 잔여금액인 50,000원을 지급하여야 한다.

○ C단체 소속 8급 공무원이 영 제3조에 따라 재외근무수당을 지급받는 직위에 파견되어 재외근무수당을 지급받을 경우, 해당 공무원에게 지급하는 직급보조비는 영 별표 14(직급보조비 지급 구분표)에 따른 175,000원임. 다만, 「공무원수당 등에 관한 규정」 별표 11 제4호 가목에 따른 재외근무수당 지급대상 계급 등에 해당되지 않으므로, 행정안전부와 협의하여 재외근무수당액을 정한 이후 재외근무수당을 지급하여야 한다.

다. 지급시기 : 보수지급일 또는 각 기관장이 정하는 날

라. 지급방법

1) 공무원의 신분변동이 있는 경우에는 발령일을 기준으로 그 월액을 일할 계산하여 지급한다.

2) 「직무대리규정」에 따라 직무를 대리하고 있는 경우에도 해당 계급을 기준으로 지급한다.
   (예) 5급 공무원이 4급 과장직위의 직무를 대리하는 경우 해당 계급인 5급을 기준으로 지급

3) 겸임하는 경우 본직기관의 직급에 따라 보수와 함께 본직기관에서 지급하고 겸임기관에서는 별도로 지급하지 아니한다.

5. 가계지원비 및 교통보조비 기본급 통합에 따른 보전·감액 조정

(영 제17조의2, 별표 9, 별표 14)

가. 가계지원비 통합에 따른 교원/연구·지도직 관리업무수당 감액 조정

○ 단일호봉제를 적용하는 교원 및 연구·지도직 중 관리업무수당이 지급되고 있는 일부 보직자의 경우,
   - 가계지원비가 적정치 보다 높게 산입됨에 따라 관리업무수당 지급률을 하향 조정(기본급의 9%→7.8%)하여 균형 유지

[기존 가계지원비를 지급받던 교원 및 연구·지도직 중 관리업무수당 지급대상자]

구 분	대 상 자 현 황
대 학 교 원	① 「지방공무원 보수규정」 제4조제11항제2호에 해당하는 봉급을 받는 총장, 부총장, 대학원장, 학장·처장·기획(연구)실장, 교양과정부장 ② 대학(교)의 과장 및 그 부속시설의 장의 직위에 보직된 공무원
연구·지도직	① 5급상당 이상 직위의 연구·지도직(「지방 연구직 및 지도직공무원의 임용 등에 관한 규정」 별표 2 제1호 및 제2호에 해당하는 공무원, 「지방 연구직 및 지도직공무원의 임용 등에 관한 규정」 별표 2의2 제1호 및 제2호에 해당하는 공무원)

나. 교통보조비 통합에 따른 교원 등 일부 직종 특수업무수당 조정

1) 교통보조비는 현행 계급별 지급액 자체를 정액으로 기본급에 산입하였으나, 교통보조비가 직위별로 지급되는 교원/연구·지도직과 같은 일부 직종의 경우, 일반직과 같은 방식인 계급별 정액 산입이 불가능함.

   * 교통보조비 기본급 산입액(월) 1~3급 20만원, 4~5급 14만원, 6~7급 13만원, 8~9급 12만원

<계급 체계(1~9)가 적용되지 않는 일부 직종의 교통보조비 지급 내역>

구 분	대상자	지급액
대학교원	「지방공무원 보수규정」 제4조제11항제2호에 해당하는 봉급을 받는 총장·대학원장·학장·처장 등	20만원
	그 외 교원	14만원
연구·지도직	고위공무원단 직위에 임용된 연구관·지도관	20만원
	평연구관·지도관	14만원
	연구사·지도사	13만원

2) 일부 교원/연구·지도직의 경우, 직위 또는 계급별 교통보조비 최저금액을 기본급에 산입하고, 그 차액은 특수업무수당으로 보전하여 균형유지

[계급 체계가 적용되지 않는 일부 직종 보전방안]

구분	보전대상	보전방안	보전금액
대학교원	「지방공무원 보수규정」 제4조제11항제2호에 해당하는 봉급을 받는 총장과 대학원장, 대학교의 학장·처장·기획연구실장·교양과정부장	교원보전수당 신설	60천원
연구직	3급 상당 직위에 임용된 연구관	연구업무수당 가산금 신설	60천원
지도직	3급 상당 직위에 임용된 지도관	기술정보수당 가산금 신설	60천원

다. 교통보조비 통합에 따른 일부 공무원 직급보조비 감액조정(영 별표 14)

  * Ⅶ. 4 참조

Ⅷ. 수당등의 지급방법

1. 소속기관 변동시 수당등 지급

1) 수당등의 지급기간 중 전보 등의 사유로 소속기관의 변동이 있는 경우 현 소속기관에서 이를 지급한다.
2) 다만, 전 소속기관에서 이미 해당 수당등을 지급한 경우에는 현 소속기관에서 이를 지급하지 아니한다.
   - 현 소속기관의 판단은 보수지급일 및 실비보상 등 지급일을 기준으로 한다.

2. 신분변동 등에 따른 수당등의 지급방법

가산금이 있는 수당의 경우 가산금 지급방법에 대해 별도명시가 있는 경우를 제외하고 가산금도 해당 수당과 동일한 방법으로 지급한다.

가. 직위해제

1) 대우공무원수당, 정근수당 가산금, 가족수당, 가족수당 가산금

  가) 봉급의 80퍼센트 지급되는 경우(직무수행 능력이 부족하거나 근무성적이 극히 저조하여 직위해제된 공무원의 3월이내 직위해제기간) : 수당액의 20퍼센트를 감액한다.
  나) 봉급의 50퍼센트 지급되는 경우(「지방공무원법」 제65조의3제1항제2호부터 제4호 및 「교육공무원법」 제44조의2제1항제2호부터 제4호까지의 규정에 따라 직위해제된 공무원의 3월 이내 직위해제 기간 중) : 수당액의 50퍼센트를 감액한다.
  다) 봉급의 30퍼센트 지급되는 경우(「지방공무원법」 제65조의3 제1항제2호부터 제4호 및 「교육공무원법」 제44조의2제1항제2호부터 제4호까지의 규정에 따라 직위해제 된 공무원이 직위해제일로부터 3월이 지난 뒤에도 직위를 부여받지 못한 때 3월이 지난 후의 직위해제 기간 중) : 수당액의 70퍼센트를 감액한다.

2) 정근수당(가산금 제외)

  ○ 직위해제 1월에 대하여 수당액의 6분의 1을 감액한다.
    * 처분기간 15일 이상은 1개월로 계산하고 15일 미만은 계산하지 아니한다.

3) **특수지근무수당, 위험근무수당, 특수업무수당 및 업무대행수당**

　가) 월중에 직위해제처분을 받거나 복직한 경우 해당 월의 수당액은 실제 근무일수에 따라 일할 계산한다.

　나) 직위해제처분으로 근무하지 않은 달은 지급하지 아니한다. 다만, 특수업무수당 중 교원에대한보전수당은 위 1)항의 대우공무원수당, 정근수당 가산금, 가족수당, 가족수당 가산금의 감액방법에 따라 감액한다.

4) **시간외근무수당, 야간근무수당, 휴일근무수당 및 관리업무수당**

　가) 월중에 직위해제처분을 받거나 복직한 경우 시간외근무수당·야간근무수당 및 휴일근무수당은 실제 근무한 실적에 따라서 지급(다만, 시간외근무수당 지급계산 등 구체적인 지급방법 및 시간외근무수당 정액지급분은 Ⅵ. 6.~7. 참조)하고, 관리업무수당은 실제 근무일수에 따라서 일할계산하여 지급한다.

　나) 직위해제처분으로 근무하지 않은 해당 월은 지급하지 아니한다.

5) **실비보상 등**

　가) 직위해제기간 중에는 정액급식비 및 직급보조비는 지급하지 않는다. 다만, 월중에 직위해제 처분을 받거나 복직한 경우 실제 근무한 일수에 따라 일할 계산하여 지급한다.

　나) 명절휴가비와 연가보상비는 다음의 지급방법에 따른다.

　　(1) 명절휴가비 : 지급기준일(설날, 추석) 현재 직위해제중인 경우 지급하지 아니한다.

　　(2) 연가보상비 : 직위해제일수를 연가일수에서 공제(「지방공무원 복무규정」 제7조의2)한 후 지급한다.

나. 징계처분

1) **견 책**

수당등을 전액 지급한다. 다만, 정근수당의 경우 정근수당 지급대상기간 중에 견책처분을 받은 경우에는 지급하지 아니한다.

　* 1월에 지급되는 정근수당의 지급대상기간은 전년도 7월 1일부터 12월 31일까지의 기간을 말하고, 7월에 지급되는 정근수당의 지급대상기간은 해당연도 1월 1일부터 6월 30일까지의 기간을 말한다.

2) 감 봉

　가) 대우공무원수당, 정근수당 가산금, 가족수당, 가족수당 가산금 : 「수당액 × 1/3」을 감액한다.
　나) 정근수당(가산금 제외) : 정근수당의 지급대상기간중에 감봉처분을 받은 경우에는 지급하지 아니한다.
　다) 특수지근무수당, 위험근무수당, 업무대행수당 및 특수업무수당 : 「수당액 × 1/3」을 감액한다.
　라) 시간외근무수당·야간근무수당·휴일근무수당 및 관리업무수당 : 전액 지급한다.
　마) 실비보상 등 : 전액 지급한다.

3) 정 직

　가) 대우공무원수당, 정근수당 가산금, 가족수당, 가족수당 가산금 : 수당 전액을 감액한다.
　나) 정근수당(가산금 제외) : 정근수당의 지급대상기간중에 정직처분을 받은 경우에는 지급하지 아니한다.
　다) 특수지근무수당, 위험근무수당, 업무대행수당 및 특수업무수당
　　(1) 월중에 정직처분을 받거나 복직한 경우 해당 월의 수당액은 실제 근무일수에 따라 일할 계산한다.
　　(2) 정직처분으로 근무하지 않은 달은 지급하지 아니한다.
　라) 시간외근무수당·야간근무수당·휴일근무수당 및 관리업무수당
　　(1) 월중에 정직처분을 받거나 복직한 경우 시간외근무수당·야간근무수당 및 휴일근무수당은 실제 근무한 실적에 따라서 지급(다만, 지급시간계산 등 구체적인 지급방법 및 시간외근무수당 정액지급분은 Ⅵ.1.~3. 참조)하고, 관리업무수당은 실제 근무일수에 따라서 일할 계산하여 지급한다.
　　(2) 정직처분으로 근무하지 않은 달은 지급하지 아니한다.
　마) 정액급식비 및 직급보조비
　　- 지급하지 아니한다. 다만, 월중에 정직처분을 받거나 복직한 경우 실제 근무한 일수에 따라 일할 계산하여 지급한다.
　바) 명절휴가비와 연가보상비는 다음의 지급방법에 따른다.
　　(1) 명절휴가비 : 지급기준일(설날, 추석) 현재 정직중인 경우 지급하지 아니한다.
　　(2) 연가보상비 : 정직기간을 연가일수에서 공제(「지방공무원 복무규정」 제7조의2)한 후 지급한다.

4) 강 등(직무에 종사하지 못하는 3개월에 한함)

가) 정근수당 가산금, 가족수당, 가족수당 가산금
- 강등에 따라 직무에 종사하지 못하는 3개월의 기간에 대해서는 수당 전액을 감액한다.

나) 대우공무원수당
- 대우공무원이 강등된 경우에는 강등된 일자에 상위 계급 대우공무원 자격을 당연히 상실하므로 대우공무원수당을 지급하지 않는다.

다) 정근수당
- 정근수당 지급대상기간 중에 강등처분을 받은 경우에는 지급하지 아니한다.

라) 특수지근무수당, 위험근무수당, 업무대행수당 및 특수업무수당
  (1) 월중에 강등처분을 받은 경우 해당 월의 수당액은 실제 근무일수에 따라 일할 계산한다.
  (2) 강등에 따라 직무에 종사하지 못하는 3개월의 기간 동안은 지급하지 아니한다.

마) 시간외근무수당·야간근무수당·휴일근무수당 및 관리업무수당
  (1) 월중에 강등처분을 받은 경우 시간외근무수당·야간근무수당 및 휴일근무수당은 실제 근무한 실적에 따라서 지급(다만, 지급시간계산 등 구체적인 지급방법 및 시간외근무수당 정액지급분은 Ⅵ.1.~3. 참조)하고, 관리업무수당은 실제 근무일수에 따라서 일할 계산하여 지급한다.
  (2) 강등에 따라 직무에 종사하지 못하는 3개월의 기간 동안은 지급하지 아니한다.

바) 정액급식비 및 직급보조비
- 강등에 따라 직무에 종사하지 못하는 3개월의 기간 동안은 지급하지 아니한다. 다만, 월중에 강등처분을 받거나 복직한 경우 실제 근무한 일수에 따라 일할 계산하여 지급한다.

사) 명절휴가비와 연가보상비는 다음의 지급방법에 따른다.
  (1) 명절휴가비 : 지급기준일(설날, 추석) 현재 강등에 따라 직무에 종사하지 않는 경우 지급하지 아니한다.
  (2) 연가보상비 : 강등에 따라 직무에 종사하지 않는 기간을 연가일수에서 공제(「지방공무원 복무규정」 제7조의2)한 후 지급한다.

다. 직위해제 중인 자가 징계처분을 받은 경우 수당의 감액

형사사건으로 기소되는 등의 사유로 직위해제 된 자가 직위해제처분 기간중에 강등이하의 징계처분을 받은 경우에는 직위해제처분 기간과 징계처분 기간이 중복되는 기간동안에 대하여는 직위해제처분으로 감액된 수당액을 기초로 징계처분시의 수당지급방법에 따라 다시 감액한다.

라. 휴 직

1) 신체·정신상의 장애로 인한 장기요양휴직(공무상 질병 또는 부상 제외)
   가) 대우공무원수당, 정근수당 가산금, 가족수당, 가족수당 가산금 : 1년 이하의 휴직기간 중에는 「수당액 × 0.3」을 감액하고, 2년 이하의 휴직기간 중에는 「수당액 × 0.5」을 감액한다.
      * '14.2.7. 이전의 질병휴직시에는 「수당액 × 0.3」을 감액함
   나) 정근수당 : 휴직 1월에 대하여 수당액의 6분의 1을 감액한다.
      * 처분기간 15일 이상은 1월로 계산하고 15일 미만은 계산하지 아니한다.
   다) 특수지근무수당, 위험근무수당, 업무대행수당 및 특수업무수당
      (1) 월중에 휴직처분을 받거나 복직한 경우 해당 월의 수당액은 실제 근무일수에 따라 일할계산한다.
      (2) 휴직으로 근무하지 않은 달은 지급하지 아니한다. 다만, 특수업무수당 중 교원에 대한 보전수당은 영 별표 4에 따라 감액한다.
   라) 시간외근무수당·야간근무수당·휴일근무수당 및 관리업무수당
      (1) 월중에 휴직처분을 받거나 복직한 경우 시간외근무수당·야간근무수당 및 휴일근무수당은 실제 근무한 실적에 따라서 지급하고, 관리업무수당은 실제 근무일수에 따라서 일할계산하여 지급한다.
      (2) 휴직으로 근무하지 않은 달은 지급하지 아니한다.
   마) 정액급식비 및 직급보조비
      지급하지 않는다. 다만, 월중에 휴직처분을 받거나 복직한 경우 실제 근무한 일수에 따라 일할계산하여 지급한다.
   바) 명절휴가비와 연가보상비는 다음의 지급방법에 따른다.
      (1) 명절휴가비 : 지급기준일(설날, 추석) 현재 휴직중인 경우 지급하지 아니한다.
      (2) 연가보상비 : 휴직기간을 연가일수에서 공제(「지방공무원 복무규정」 제7조의2)한 후 지급한다.
2) 병역법에 의한 병역복무를 필하기 위한 징·소집으로 인한 경우 및 그 밖의 법률상 의무수행을 위한 직무이탈로 인한 휴직 : 수당 등을 지급하지 아니한다. 다만, 복직 후 정근수당 지급시 휴직기간에 대하여 별도의 감액을 하지 아니한다.

3) 천재·지변·전시·사변 기타 사유로 생사·소재가 불명한 경우 휴직 : 수당 등을 지급하지 아니한다.
4) 공무상 질병휴직 또는 부상으로 인한 휴직 : 시간외근무수당·야간근무수당 및 휴일근무수당을 제외한 수당 등을 전액 지급한다.
5) 국제기구·외국기관·국내외 대학·국내외 연구기관 등에 임시로 채용되어 휴직한 경우 : 수당 등을 지급하지 아니한다. 다만, 복직 후 정근수당 지급시 휴직기간에 대하여 별도의 감액을 하지 아니한다.
6) 해외유학 또는 1년 이상의 국외연수로 휴직한 경우
   가) 대우공무원수당, 정근수당 가산금, 가족수당 : 2년 이하의 휴직기간 중에는 「수당액 × 0.5」을 감액하고, 2년을 초과한 휴직기간 중에는 지급하지 아니한다.
   * '14.2.7. 이전의 휴직시에는 3년 이하의 휴직기간 동안 「수당액 × 0.5」을 감액함
   나) 정근수당(가산금 제외) : 휴직기간에 대하여 별도의 감액없이 전액 지급한다.
   다) 특수지근무수당, 위험근무수당, 업무대행수당 및 특수업무수당
     (1) 월중에 휴직처분을 받거나 복직한 경우 해당 월의 수당액은 실제 근무일수에 따라 일할 계산한다.
     (2) 휴직으로 근무하지 않은 달은 지급하지 아니한다. 다만, 특수업무수당 중 교원 등에 대한 보전수당은 「수당액 × 0.5」를 감액한다.
   라) 시간외근무수당·야간근무수당·휴일근무수당 및 관리업무수당
     (1) 월중에 휴직처분을 받거나 복직한 경우 시간외근무수당·야간근무수당 및 휴일근무수당은 실제 근무한 실적에 따라서 지급하고, 관리업무수당은 실제 근무일수에 따라서 일할 계산하여 지급한다.
     (2) 휴직으로 근무하지 않은 달은 지급하지 아니한다.
   마) 정액급식비 및 직급보조비 : 지급하지 아니한다. 다만, 월중에 휴직처분을 받거나 복직한 경우 실제 근무한 일수에 따라 일할 계산하여 지급한다.
   바) 명절휴가비와 연가보상비는 다음의 지급방법에 따른다.
     (1) 명절휴가비 : 지급기준일(설날, 추석) 현재 휴직중인 경우 지급하지 아니한다.
     (2) 연가보상비 : 휴직기간을 연가일수에서 공제(「지방공무원 복무규정」 제7조의2)한 후 지급한다.
7) 행정안전부장관이 지정하는 연구기관·교육기관 등에 연수하게 되어 휴직한 경우 : 수당 등을 지급하지 아니한다.
8) 육아휴직한 경우 : 육아휴직수당(육아휴직 시작일로부터 12개월까지 : 월 봉급액의 80%, 상한 150만원~하한 70만원)을 지급(Ⅲ-3. 참조)하고, 기타 수당 등은 지급하지 아니한다. 다만, 복직 후 정근수당 지급시 휴직기간에 대하여 별도의 감액을 하지 아니한다.
9) 가족돌봄 또는 외국에서 근무·유학 또는 연수하게 되는 배우자를 동반하게 되어 휴직한 경우 : 수당 등을 지급하지 아니한다.

마. 파 견

1) 국내파견

가) 특수지근무수당·위험근무수당· 업무대행수당 및 특수업무수당
  (1) 파견기간이 30일 이상(연속된 기간을 말함)인 경우 지급할 수 없으나, 다음의 경우에는 지급한다.
    (가) 직무교육(「지방공무원 교육훈련법 시행령」 제4조에 따른 직급별 기본 교육훈련과정 및 직무분야별 전문교육훈련과정에 상당하는 직무교육)을 위한 교육훈련파견
    (나) 파견받은 기관의 업무성격이나 근무여건이 특수지근무수당·위험근무수당, 업무대행수당 및 특수업무수당의 지급요건에 해당되는 경우
  (2) 특수업무수당중 교육공무원에 지급되는 교원에 대한 보전수당은 지급
나) 그 밖의 <u>수당 등(징계처분이나 그 밖의 사유로 수당 등이 감액된 경우에는 감액된 금액)</u>은 전액 지급한다.
  * 연가보상비는 관련 부분(Ⅶ. 3.) 참조
  * 시간외근무수당·야간근무수당 및 휴일근무수당은 Ⅵ. 1.~ 3. 참조

2) 국외파견

가) 직무파견 등의 경우(영 제3조의 규정을 적용받는 공무원)
  (1) 특수지근무수당·위험근무수당 및 특수업무수당을 지급할 수 없다.
  (2) 정액급식비는 지급하지 아니한다.
  (3) 그 밖의 <u>수당 등(징계처분이나 그 밖의 사유로 수당 등이 감액된 경우에는 감액된 금액)</u>은 전액 지급한다.
    * 연가보상비 : 파견기간을 제외기간에 포함[관련 부분(Ⅶ.3.) 참조]
    * 시간외근무수당 : 지급하지 않음[관련 부분(Ⅵ. 7.) 참조]
    * <u>직급보조비 : 영 제3조에 따른 재외근무수당을 지급받는 국외파견공무원의 경우 감액 지급[Ⅶ. 4. 직급보조비 감액구분표 참조]</u>
나) 기타 교육훈련파견 등의 경우
  (1) 특수지근무수당·위험근무수당· 업무대행수당 및 특수업무수당은 파견기간이 30일 이상(연속된 기간을 말한다)인 경우 지급할 수 없으나, 특수업무수당 중 기술정보수당과 연구직공무원에게 지급되는 연구업무수당은 각각 지급한다.
  (2) 그 밖의 수당등은 전액 지급한다.
    * 연가보상비 : 파견기간이 1개월 이상인 경우 제외기간에 포함[관련 부분(Ⅶ. 3.) 참조]
    * 시간외근무수당 : 파견기간이 1개월 이상인 경우 지급하지 않음[관련 부분(Ⅵ. 7.) 참조]

바. 출 장

1) 국내출장

수당등을 전액 지급하되, 시간외근무수당(월정액 지급분은 Ⅵ. 1. 참조)·야간근무수당 및 휴일근무수당은 원칙적으로 지급할 수 없다. 다만, 출장의 목적상 필연적으로 시간외근무의 발생이 예상되는 공무원으로서 근무명령에 따라 출장 중 또는 출장 후 「지방공무원 복무규정」상의 근무시간외에 근무를 한 공무원에게 Ⅵ. 8의 절차를 거치고 실제로 초과근무한 시간에 대하여 명백히 인정할 수 있는 객관적인 증빙자료가 있는 경우에 한하여 초과근무수당을 지급할 수 있다.

* 필연적으로 시간외근무 발생이 예상되는 출장명령을 받고 동일한 근무에 대해 초과근무 명령으로 시간외근무를 한 경우에는 출장여비와 시간외근무수당 함께 지급 가능

2) 국외출장

시간외근무수당·야간근무수당 및 휴일근무수당을 제외(단, 시간외근무수당의 정액분은 인정)한 수당 등을 전액 지급하되, 출장기간이 30일 이상(연속된 기간을 말함)인 경우에는 특수지근무수당·위험근무수당·특수업무수당·업무대행수당 및 연가보상비를 지급하지 아니한다. 다만, 기술정보수당·연구직공무원에게 지급되는 연구업무수당 및 교원에 대한 보전수당은 출장기간에 관계없이 지급한다.

사. 결 근

수당 등은 지급하되, 특수지근무수당·위험근무수당·업무대행수당·특수업무수당·정액급식비 및 직급보조비는 결근 매 1일에 대하여 수당 등의 일액(수당월액을 그 달의 일수로 나눈 금액)을 감하여 지급한다.

* 결근은 「지방공무원 보수규정」 제26조의 규정에 따라 해당 공무원의 연가일수(「지방공무원 복무규정」제7조의10에 따라 이월·저축한 연가일수를 포함)를 초과한 결근일수를 말한다.

아. 권한대행(영 제19조제11항 및 제12항)

○ 「지방자치법」 제124조제1항제2호 및 제3호(공무상 질병으로 인하여 입원한 경우를 제외)는 영 별표 4중 직위해제 및 휴직의 예에 따라 감액 지급하고 정액급식비 및 직급보조비는 지급하지 않음. 또한 동조 제2항에 의거 부단체장이 지방자치단체의 장의 권한을 대행할 경우 정액급식비 및 직급보조비(연봉에 포함된 직급보조비는 제외)는 지급하지 아니함.

1) 가족수당

  가) 구금 및 형사사건

   (1) 연봉월액이 40% 지급되는 경우의 가족수당 : 지급액의 50% 감액
   (2) 연봉월액이 20% 지급되는 경우(3개월 경과 후)의 가족수당 : 지급액의 70% 감액

  나) 질병(결핵성 질병 포함)

   (1) 연봉월액이 60% 지급되는 경우의 가족수당 : 지급액의 30% 감액

  다) 선거출마로 인한 권한대행(지방자치법 제124조제2항)
   - 가족수당 전액 지급

2) 정액급식비 및 직급보조비

○ 권한대행 기간 중에는 정액급식비, 직급보조비(연봉에 포함된 직급보조비 제외)는 지급하지 않음.
  - 다만, 월중에 권한대행을 하거나 복직한 경우 실제 근무한 일수에 따라 일할 계산하여 지급함.

3. 수당의 병급 문제

가. 병급이 불가능한 경우

○ 영 별표 9의 특수업무수당(교육공무원 및 국외파견공무원에게 지급되는 수당은 제외) 상호간에는 원칙적으로 병급할 수 없음.

① 기술정보수당   ② 의료업무등의수당   ③ 연구업무수당
④ 교원에대한보전수당   ⑤ 교직수당 ⑥ <삭　제>
⑦ 함정근무수당   ⑧ 장려수당
⑨ 개방형직위 등 보전 및 전문직위수당   ⑩ 경제자유구역청업무수당
⑪ 특수직무수당   ⑫ 우수대민공무원수당   ⑬ 비상근무수당

나. 병급이 가능한 경우(영 제19조 제3항 참고)

1) 별표 9 제1호(기술정보) 〔사목(전산업무)은 제외한다〕의 수당과 같은 표 제11호다목(읍·면·동)의 수당
2) 별표 9 제2호(의료업무)의 수당과 같은 표 제11호다목(읍·면·동)의 수당
3) 별표 9의 각 수당과 같은 표 제3호나목·다목(교육훈련기관등)의 수당
4) 별표 9 제8호(장려)의 수당과 같은 표 제1호나목의 관리운영직군 기계운영직렬 중 자동차(중기를 포함한다)운전 또는 정비업무에 종사하는 공무원, 같은 호 마목(화장장·화장장관리사무소 등) 및 바목(공원묘지·납골시설 등)의 수당
5) 별표 9의 각 수당(제1호가목의 행정직군 전산직렬 공무원의 수당, 같은 호 나목의 관리운영직군 사무운영직렬 전산운영직류 공무원의 수당 및 같은 호 사목의 수당과 제8호의 수당은 제외한다)과 같은 표 제11호가목(민원)의 수당
6) 별표 9 제1호사목(전산업무)의 수당과 같은 표 제11호다목(읍·면·동)의 수당 (「지방공무원 임용령」 별표 1의 행정직군 전산직렬 공무원과 관리운영직군 사무운영직렬 전산운영직류 공무원에 한정한다)
7) 별표 9의 각 수당과 같은 표 제9호(개방형직위, 공모직위, 인사교류, 전문직위)의 수당. 다만, 별표 9 제9호나목(전문직위)의 수당과 같은 표 제11호차목(중요직무급)의 수당은 함께 지급할 수 없다.
8) 별표 9 제11호다목(읍·면·동)의 수당과 같은 호 바목(사회복지업무)의 수당
9) 별표 9의 각 수당과 같은 표 제11호사목(「지방공무원법」 제25조의3에 따라 통상적인 근무시간보다 짧게 근무하는 공무원)의 수당
10) 별표 9의 각 수당과 같은 표 제12호(우수대민공무원)의 수당
11) 별표 9의 각 수당과 같은 표 제13호(비상근무수당)의 수당
12) 별표 9의 각 수당과 같은 표 제2호다목(제1급감염병 대응업무)의 수당
13) 별표 9의 제1호(기술정보)의 수당과 같은 표 제11호카목(재난·안전)의 수당

4. 기타사항

가. 휴가 및 공무상 질병 또는 부상으로 인한 휴직기간 중의 수당 등 지급

1) 연가·병가·공가·특별휴가 및 공무상 질병 또는 부상으로 인한 휴직기간 중에는 이 영에서 정한 수당(단, 시간외근무수당·야간근무수당 및 휴일근무수당은 제외한다) 등을 지급한다.

2) 다만, 성과상여금의 지급에 대해서는 영 제6조의2 제6항(<제6장 지방공무원 성과상여금업무 처리기준 참고>)에 따르며, 무급인 특별휴가에 대해서는 특수지근무수당·위험근무수당·특수업무수당·업무대행수당·정액급식비 및 직급보조비의 일액(월액을 그 달의 일수로 나눈 금액을 말한다)을 감하여 지급한다.

나. 임기제공무원의 특수근무수당 지급

1) 임기제공무원에 대해서는 특수지근무수당·위험근무수당·특수업무수당을 지급하지 아니한다.
   - 다만, 임기제공무원(시간선택제임기제공무원 포함)에게는 영 별표 9 제2호 및 제13호의 수당을 지급하며, 시간선택제임기제공무원에게는 제11호 사목의 수당을 지급한다.
2) 임기제공무원 중 개방형직위에 임용되는 임기제공무원에 대하여는 일반직 공무원에 준하는 특수업무수당을 지급할 수 있다.

다. 연봉제 공무원에게 지급하지 아니하는 수당 등

1) 「지방공무원 보수규정」 제32조에 따른 고정급적연봉제 적용대상 공무원
   - 정근수당, 관리업무수당, 명절휴가비 및 성과상여금
     * 위에 열거된 수당 외에 가족수당, 가족수당가산금, 정액급식비, 직급보조비 및 봉급조정수당은 지급한다.
2) 「지방공무원 보수규정」 제32조에 따른 성과급적연봉제 적용대상 공무원
   - 정근수당, 정근수당 가산금, 관리업무수당, 성과상여금 및 명절휴가비
     * 위에 열거된 수당등 외에 가족수당, 가족수당 가산금, 특수지근무수당, 위험근무수당, 특수업무수당, 시간외근무수당(관리업무수당 지급대상자 제외), 정액급식비, 연가보상비, 직급보조비 등을 지급하되, 임기제공무원(개방형직위에 임용되는 임기제공무원 제외)에게는 특수지근무수당, 위험근무수당, 특수업무수당을 지급하지 아니한다.

라. 정년·명예·조기(법 제66조의2)·자진(영 제17조의3) 퇴직 및 공무상 사망시 수당 등의 지급방법

1) 「지방공무원 보수규정」 제21조제1항의 규정에 불구하고 퇴직한 날이 속하는 달의 수당 등(1일 이상 출근하여 근무한 경우 시간외근무수당 정액분 포함)을 전액 지급한다(징계처분, 그 밖의 사유로 수당 등이 감액된 경우에는 감액된 수당 등 금액을 말한다).
2) 공무원이 재직 중 공무로 사망하거나 공무상 질병 또는 부상에 따른 재직 중 사망으로 면직 또는 제적된 경우에는 「지방공무원 보수규정」 제21조제1항에도 불구

하고 면직 또는 제적된 날이 속하는 달의 수당 등(1일 이상 출근하여 근무한 경우 시간외근무수당 정액분 포함)을 전액 지급한다(징계처분, 그 밖의 사유로 수당 등이 감액된 경우에는 감액된 수당 등 금액을 말한다).
　* 다만, 그 달 1일자로 퇴직(또는 면직)하는 경우에는 지급하지 아니한다.
　*「지방공무원 보수규정」제21조제1항 : 공무원의 보수는 법령에 특별한 규정이 있는 경우를 제외하고는 신규채용·승진·전직·전보·승급·감봉 그 밖의 어떠한 경우의 임용에 있어서도 발령일을 기준으로 그 월액을 일할계산 하여 지급한다.

마. 면직 또는 징계처분 등이 무효 또는 취소된 경우

다음 각 호의 어느 하나에 해당하는 경우에는 면직처분, 징계처분 또는 직위해제처분으로 지급하지 아니한 수당 등을 소급하여 지급한다.

다만, 성과상여금의 지급에 대해서는 영 제6조의2 제6항(<제6장 지방공무원 성과상여금업무 처리기준 참고>)에 따르며 면직처분, 징계처분 또는 직위해제처분으로 근무하지 않은 기간에 대한 특수지근무수당, 위험근무수당, 특수업무수당(교원에 대한 보전수당은 제외한다), 업무대행수당, 시간외근무수당, 야간근무수당, 휴일근무수당, 관리업무수당, 정액급식비 및 연가보상비는 소급하여 지급하지 않는다.

1)「지방공무원법」제62조에 따른 면직처분 또는 같은 법 제69조에 따른 징계처분이 소청심사위원회의 결정이나 법원의 판결로 무효·취소 또는 변경되는 경우
2)「지방공무원법」제65조의3에 따른 직위해제처분기간이「지방공무원 임용령」제31조의6제2항제2호 각 목의 기간에 해당하는 경우

─── < 참고사항 > ───

「지방공무원 임용령」 제33조(승진소요 최저연수)

② 제1항의 기간에는 휴직기간, 직위해제기간, 징계처분기간과 제34조에 따른 승진임용 제한 기간은 포함시키지 아니한다. 다만, 징계의결요구일 또는 관계 행정기관의 장의 징계처분요구일 부터 징계처분일 전일까지의 기간(직위해제기간과 겹치는 기간은 제외한다), 시보임용 기간 및 제31조의6제2항 각 호에 따른 기간은 제1항의 기간에 포함시킨다

「지방공무원 임용령」 제31조의6(경력평정)

② 경력평정은 평정 기준일부터 경력평정 대상 공무원의 승진소요 최저연수 이상에서 해당 지방자치단체 소속 공무원의 계급별 평균 승진소요연수를 고려하여 임용권자가 정하는 기간 중 각각 실제로 직무에 종사한 기간에 대하여 별표 3의 환산율을 적용하여 산정한 환산경력기간에 교육부령 또는 행정안전부령으로 정하는 평정점을 곱하는 방법으로 한다. 다만, 다음 각 호에 따른 기간은 각각 휴직 또는 직위해제 당시의 직급에서 직무에 종사한 것으로 보아 평정한다.

2. 법 제65조의3제1항에 따른 직위해제처분기간 중 다음 각 목의 기간
  가. 법 제65조의3제1항제2호에 따라 직위해제처분을 받은 사람이 다음의 어느 하나에 해당하는 경우 그 직위해제처분기간
    1) 해당 공무원에 대한 징계의결 요구에 대하여 관할 인사위원회가 징계하지 아니하기로 의결한 경우
    2) 직위해제처분 또는 직위해제처분의 사유가 된 징계의결 요구에 의한 징계처분이 소청심사위원회 또는 법원의 결정이나 판결에 의하여 무효 또는 취소되는 경우
  나. 법 제65조의3제1항제3호에 따라 직위해제처분을 받은 사람이 그 처분의 사유가 된 형사사건에 대하여 법원의 판결에 따라 무죄로 확정된 경우 그 직위해제처분기간
  다. 법 제65조의3제1항제4호에 따라 직위해제처분을 받은 사람이 1) 및 2)에 모두 해당하는 경우 법 제65조의3제1항제4호에 따른 직위해제처분기간
    1) 법 제65조의3제1항제4호에 따라 직위해제처분을 받은 사람에 대한 징계의결 요구 또는 징계처분이 다음의 어느 하나에 해당하는 경우
      가) 처분권자가 법 제69조제1항에 따른 징계의결 요구를 하지 아니하기로 한 경우
      나) 해당 공무원에 대한 징계의결 요구에 대하여 관할 인사위원회가 징계하지 아니하기로 의결한 경우
      다) 조사 또는 수사 결과에 따른 징계처분이 소청심사위원회의 결정이나 법원의 판결에 따라 무효 또는 취소로 확정된 경우
    2) 법 제65조의3제1항제4호에 따른 직위해제처분의 원인이 된 비위행위에 대한 조사 또는 수사 결과가 다음의 어느 하나에 해당하는 경우
      가) 형사사건에 해당하지 아니하는 경우
      나) 검사가 불기소처분을 한 경우. 다만,「형사소송법」제247조에 따라 공소를 제기하지 아니하는 경우와 검사가 불기소처분을 하였으나 다시 수사 및 기소되어 법원의 판결에 따라 유죄로 확정된 경우는 제외한다.
      다) 형사사건으로 기소되거나 약식명령이 청구된 사람이 법원의 판결에 따라 무죄로 확정된 경우

바. 시간선택제임기제공무원의 수당 등 지급

1) 적용대상 : 「지방공무원 임용령」 제3조의2제2호의 규정에 의한 시간선택제 임기제공무원

2) 지급기준

시간선택제임기제공무원의 경우 통상적인 임기제공무원에게 지급하는 수당 등(연봉외급여)을 기준으로 하여 근무시간에 비례하여 지급한다. 다만, 가족수당은 통상적인 임기제공무원과 동일하게 지급하고, 정액급식비는 근무일수에 비례하여 지급한다.

3) 지급액의 산정방법

가) 가족수당, 가족수당 가산금

- 지급액 = 통상적인 임기제공무원에게 지급되는 월 지급액

나) 육아휴직수당

- 지급액(육아휴직 시작일로부터 12개월까지) = 성과연봉을 제외한 연봉월액의 78%(기본연봉에 관리업무수당에 해당하는 금액이 포함되지 않는 공무원은 84%) 상당금액의 80%

 * 단, 월 봉급액의 80퍼센트에 해당하는 금액이 150만원을 초과하는 경우 150만원을, 70만원 미만일 경우에는 70만원을 지급한다.

다) 직급보조비

- 지급액 = 통상적인 임기제공무원에게 지급되는 월 지급액 × $\dfrac{\text{시간선택제임기제공무원의 주당 근무시간}}{\text{「지방공무원 복무규정」상의 주당 근무시간}}$

* "통상적인 임기제공무원"이라 함은 「지방공무원 임용령」 제3조의2제1호에 의한 일반임기제공무원을 말함(이하 이 장에서 같다)
* "시간선택제임기제공무원의 주당 근무시간"은 「지방공무원 임용령」 제3조의2제2호에 따라 주당 15시간 이상 35시간 이하의 범위에서 임용권자가 정한 시간을 말하며, 주당 근무시간이 정하여져 있지 아니한 경우에는 주당 평균근무시간을 말함.

○ 주당 15시간을 근무하는 시간선택제임기제공무원(일반임기제 9급상당)에 대한 직급보조비 지급액은?

☞ 65,620원(원 단위 이하는 절사) = 175,000원×(15시간/40시간)

라) 정액급식비

- 지급액 = 140,000원 × $\dfrac{\text{시간선택제임기제공무원의 주당 출근근무일수}}{\text{「지방공무원 복무규정」상 주당 출근근무일수}}$

* "시간선택제임기제공무원의 주당 출근근무일수"는 임용권자 또는 임용제청권자가 정한 주당 근무일수를 말하며, 주당 근무일수가 계약으로 정하여 있지 아니한 경우에는 주당 평균근무일수를 말함.

○ 매주 월요일부터 목요일까지 1일 4시간씩 근무하는 시간선택제임기제공무원의 정액급식비 지급액은?

☞ 112,000원(원 단위 이하는 절사) = 140,000원 × (4일/5일)

마) 연가보상비

- 시간선택제임기제공무원이 「지방공무원 복무규정」 [별표 2] '시간선택제공무원등의 휴가 기준'에 따라 산정된 연가(시간단위)를 사용하지 아니한 경우에는 연가보상비를 다음 산식에 따라 지급할 수 있다.

> * 연가보상비 산출
> : 12월 31일(또는 퇴직일 전일) 현재의 "성과연봉을 제외한 연봉월액(근무시간에 비례하여 산정한 금액)의 78%(기본연봉에 관리업무수당에 해당하는 금액이 포함되지 않는 공무원은 84%)의 86% × 1/30 × 1/(1일당 근무시간) × 연가보상시간(140시간 이내)
>
> - 1일당 근무시간 = $\dfrac{\text{시간선택제임기제공무원의 주당 근무시간}}{\text{「지방공무원 복무규정」상 주당 근무시간}}$ × 8시간

* 시간선택제임기제공무원은 연가보상비를 12월 31일(또는 퇴직일 전일) 기준으로 연1회 지급함.

* 시간선택제임기제공무원의 "연가보상시간" 계산은 정상근무 임기제공무원의 연가보상일수 산정방법을 준용함.

> **예시**
>
> ○ 연봉월액이 175만원이고 주당 35시간 근무하는 시간선택제임기제공무원(기본연봉에 관리업무수당에 해당하는 금액 미포함)의 연가보상시간이 60시간인 경우 연가보상비 지급액
>
> ☞ 연가보상비 : 361,200원
> ⇒ 1,264,200원(175만원 × 84% × 86%) × 1/30 × 1/7 × 60시간 = 361,200원

바) 초과근무수당
  (1) 초과근무수당의 지급단가·지급방법·인정범위 등은 임기제공무원과 동일하다.

$$지급단가 = \frac{해당\ 공무원에\ 상당하는\ 경력직\ 또는\ 별정직공무원의\ 상당계급\ 기준호봉\ 봉급액의\ 55\%}{} \times \frac{1}{209} \times 1.5$$

  (2) 시간선택제임기제공무원이 현업대상자가 아닌 일반대상자로서 출근근무일수가 월 15일 이상인 경우에는 월 10시간분의 시간외근무수당을 정액(10시간×지급단가)으로 지급하고, 출근근무일수가 15일 미만인 경우에는 15일에 미달하는 매 1일마다 15분의 1에 해당하는 금액을 감액하여 지급한다.

4) 결근시 감액지급방법
  가) 직급보조비, 가족수당(가산금 포함)
  (1) 시간선택제임기제공무원이 연가시간을 초과하여 결근한 경우 직급보조비는 결근한 매 1시간에 대하여 다음의 산식에 따라 산정된 시간당 단가를 감하여 지급한다. 그러나 가족수당(가산금 포함)은 결근에 대하여 별도로 감액하지 아니한다.
  (2) 시간선택제임기제공무원의 시간당 단가

$$\Rightarrow \frac{통상적인\ 임기제공무원에게\ 지급되는\ 월\ 지급액}{「지방공무원\ 복무규정」상\ 월간\ 근무시간}$$

> **예시**
>
> ○ 주당 22시간을 근무하기로 계약한 시간선택제임기제공무원(6급 상당)이 결근하여 해당 공무원의 연가시간을 초과하여 10시간을 결근한 경우 해당월의 직급보조비 지급액은?(복무규정상 해당 월의 근무시간이 176시간인 경우)
>
> ☞ 임기제공무원(6급 상당) 직급보조비 : 250,000원
> ☞ 시간당 직급보조비 : 1,420원(250,000원 ÷ 176시간(원 단위 이하는 절사))
> ☞ 직급보조비 지급액 : 123,300원(137,500원(월액) - 14,200원(1,420원×10시간))
>   * 월액(137,500원)=250,000원×(22시간/40시간)

나) 정액급식비
  - 시간선택제임기제공무원이 연가시간을 초과하여 결근한 경우 정액급식비의 감액은(Ⅷ-4-사-4))의 산정방법에 따른 정액급식비 지급액에서 다음 산식에 따른 금액을 감하여 지급한다.

  - 감 액 분 = 140,000원 × (시간선택제임기제공무원의 월중 결근일수) / (「지방공무원 복무규정」상의 월간 출근근무일수)

  * "「지방공무원 복무규정」 상의 월 출근근무일수"는 해당 월의 토요휴무일 및 공휴일을 제외한 출근근무일수를 말함.

  > 예시
  > ○ 매주 월요일부터 목요일까지 1일 4시간씩 근무하기로 계약한 시간선택제임기제공무원이 「지방공무원 복무규정」상의 근무일수가 22일인 월에 연가를 초과한 결근일수가 3일인 경우 정액급식비 지급액은?
  >   ☞ 시간선택제임기제공무원 정액급식비 : 112,000원 (140,000원 × (4일/5일))
  >   ☞ 결근으로 감액할 금액 : 19,090원 (140,000원 × (3일/22일))(원 단위 이하 절사)
  >   ☞ 정액급식비 지급액 : 92,910원(112,000원 - 19,090원 = 92,910원)

* 위에서 정하지 아니한 사항은 통상적인 임기제공무원의 예에 의함

사. 시간선택제근무를 하는 공무원 등의 수당 등 지급

1) **적용대상** : 「지방공무원 임용령」 제3조의5 및 제38조의15 제1항, 「지방별정직 공무원 인사규정」 제11조제1항에 따른 공무원

2) **수당 등의 종류** : 전일공무원의 수당과 같음.

3) **지급기준**

   전일근무를 하는 공무원에게 지급하는 수당 등을 기준으로 근무시간에 비례하여 지급한다. 단, 가족수당은 전일제공무원과 동일하게 지급하고, 정액급식비는 출근근무일수에 비례하여 지급한다.

4) **지급액의 산정방법**

   가) 가족수당, 가족수당가산금
     - 지급액 = 전일근무 공무원에게 지급되는 월 지급액

>
> ○ 주당 15시간을 근무하는 시간선택제채용공무원이 부양가족 4명(배우자, 직계존속 1명, 자녀 2명)을 부양하고 있는 경우 가족수당 지급액은?
>   ☞ 160,000원 = 40,000원(배우자)+20,000원(직계존속)+100,000원(자녀 2명)

나) 육아휴직수당
- 지급액(육아휴직 시작일로부터 12개월까지)
  = 시간선택제근무를 하는 공무원 등 월봉급액 80%*
    * 단, 월봉급액의 80퍼센트에 해당하는 금액이 150만원을 초과하는 경우에는 150만원을, 70만원 미만일 경우에는 70만원을 지급함

다) 정근수당
- 지급액 = 근무연수에 따라 시간선택제근무를 하는 공무원 등 월봉급액의 0%에서 50%까지 차등지급(영 별표 2)

- 가산금 = 근무연수에 따라 전일근무 공무원에게 지급되는 월 지급액(영 별표 2)

* 이때, 근무연수는 전일근무 공무원과 같이 1년 단위로 근무연수에 산입
* 지급대상기간 중 전일제에서 시간선택제 등으로, 시간선택제 등에서 전일제로 전환한 공무원의 경우 다음의 계산식에 따라 지급한다.

- 지급액 = 전일근무시 지급액 × $\dfrac{\text{전일근무월}+(\text{시간제근무월}\times\text{주당근무시간}/\ulcorner\text{지방공무원 복무규정}\lrcorner\text{상 주당근무시간})}{6월}$

- 가산금 = 근무연수에 따라 전일근무 공무원에게 지급되는 월 지급액(영 별표 2)
  * 이 때, 근무연수는 전일근무 공무원과 같이 1년 단위로 근무연수에 산입

> **예시**
>
> ○ 7.1. 기준 봉급표상의 월봉급액 200만원인 경력 10년 이상 된 공무원이 1.1. ~ 3.31.까지 3개월을 주당 15시간의 시간선택제근무를 하고, 4.1. ~ 6.30.까지는 전일 근무한 경우 정근수당 지급 방법
>   ☞ 정근수당 지급액
>   - (전일근무시 지급액×3월/6월)+(전일근무시 지급액×3월/6월×15/40)
>   ☞ 687,500원 : [(200만원×0.5)×3월/6월)]+[(200만원×0.5)×3월/6월×15/40]
> ○ 전일근무한 경력이 9년 9월('13.7.1. ~ '23.3.31.)이고, 주당 15시간의 시간선택제근무 경력이 3월('23.4.1. ~ '23.6.30.)이며, '23.7.1. 기준 봉급표상의 월봉급액이 200만원인 공무원의 정근수당 지급 방법
>   ☞ 근무연수
>   - 10년(전일근무 경력 9년 9월 + 시간선택제근무 경력 3월)
>   * 시간선택제근무 경력도 근무연수 산입시 근무시간에 비례하지 않고 전일근무 경력과 같이 1년 단위로 근무연수에 산입
>   ☞ 정근수당 지급액
>   - (전일근무시 지급액×3월/6월)+(전일근무시 지급액×3월/6월×15/40)
>   ☞ 687,500원 : (200만원×0.5)×3월/6월)+(200만원×0.5)×3월/6월×15/40

라) 정액급식비는 출근근무일수에 비례하여 지급

- 지급액 = 전일근무 공무원지급액 × $\dfrac{\text{시간선택제근무를 하는 공무원의 주당 출근 근무일수}}{\text{「지방공무원 복무규정」상 주당 출근근무일수}}$

  * "시간선택제근무를 하는 공무원 등의 주당 출근근무일수"는 시간선택제근무를 하는 공무원 등으로 지정될 때 정하여진 출근근무일수를 말한다.

> **예시**
>
> ○ 매주 월요일부터 목요일까지 1일 4시간씩 근무하기로 지정된 시간선택제근무를 하는 공무원의 정액급식비 지급액은?
>   ☞ 112,000원(원 단위 이하는 절사) = 140,000원 × (4일/5일)

마) 연가보상비
  (1) 시간선택제근무를 하는 공무원이 「지방공무원 복무규정」에 의한 연가를 사용하지 아니한 경우에는 연가보상비를 다음 산식에 따라 지급할 수 있다.

  > * 연가보상비
  >   : 12월 31일(또는 퇴직일 전일) 현재 시간선택제근무를 하는 공무원 등 월봉급액의 86% × 1/30 × 1/(1일당 근무시간) × 연가보상시간(140시간 이내)
  >
  >   1일당 근무시간 = $\dfrac{\text{시간선택제근무를 하는 공무원의 주당 근무시간}}{\text{「지방공무원 복무규정」상 주당 근무시간}}$ × 8시간

  * 시간선택제근무를 하는 공무원 등의 "연가보상시간" 계산은 「지방공무원 복무규정」에 따름
  * 시간선택제근무를 하는 공무원 등은 연가보상비를 12월 31일(또는 퇴직일 전일) 기준으로 연 1회 지급함.

  > 【예시】
  > ○ 월봉급액이 175만원이고 주당 35시간 근무하는 시간선택제채용공무원의 연가보상시간이 60시간인 경우 연가보상비 지급액
  >   ☞ 연가보상비 : 429,990원
  >   ⇒ 1,505,000원(175만원 × 86%) × 1/30 × 1/7 × 60시간 = 429,990원

  (2) 연도 중 전일제에서 시간선택제 등으로 또는 시간선택제 등에서 전일제로 전환한 공무원의 경우 다음의 계산식에 따라 지급한다.

  > * 연가보상비 : 12월 31일(또는 퇴직일 전일) 현재 봉급표상의 월봉급액의 86% × 1/30 × 연가보상일수(20일 이내)

  * 봉급표상의 월봉급액은 전일 근무시의 월봉급액임.
  * 연봉제 적용대상자의 월봉급액 산정시 성과급적 연봉제 적용대상 공무원은 성과연봉을 제외한 연봉월액의 78%(성과급적 연봉제 대상공무원 중 과장급이 아닌 5급(상당) 공무원은 84%)를 기준으로 하며, 이때 전일 근무시의 연봉월액임.
  * 연가보상일수 = 미사용연가일수 × [12개월 - 제외기간(개월)] / 12개월
  * 제외기간 산정은 [「지방공무원 복무규정」상의 주당근무시간 - 주당 시간제근무시간] / 「지방공무원 복무규정」의 주당 시간 × 시간제근무개월수
  * 그 외에 전일근무공무원의 연가보상비 지급방법을 준용함.

바) 초과근무수당
  (1) 초과근무수당의 지급단가·지급방법·인정범위 등은 해당 직급의 전일근무공무원과 동일하다.

(2) 시간선택제근무를 하는 공무원이 현업대상자가 아닌 일반대상자로서 출근근무일수가 월 15일 이상인 경우에는 월 10시간분의 시간외근무수당을 정액(10시간 × 지급단가)으로 지급하고, 출근근무일수가 15일미만인 경우에는 15일에 미달하는 매 1일마다 15분의 1에 해당하는 금액을 감액하여 지급한다.

> **예시**
> ○ 시간선택제채용공무원(9급)이 월간 15시간의 시간외근무 실적이 있고 월 13일을 출근한 경우 시간외근무수당 지급액
> ☞ 지급액 : 233,360원
> ⇒ 실적분 : 147,900원 = 9,860원×15시간
> 　정액분 : 85,460원 = (9,860원×10시간) - (9,860원×10시간×2/15)
> ※ 각각의 계산에 대하여 원 단위 이하 절사

(3) 시간선택제근무를 하는 공무원 등이 현업대상자인 경우에는 Ⅵ. 1. 다. 2). 나)에 따라 시간외근무시간을 산정하되, 지방공무원 복무규정상의 정규근무시간은 시간선택제근무를 하는 공무원 등으로 지정될 때 정하여진 근무시간을 기준으로 한다.

사) 기타 수당 등
- 전일근무 공무원에게 지급하는 수당 등을 기준으로 근무시간에 비례하여 지급한다.

- 지급액 = 전일근무 공무원에게 지급되는 월지급액 × $\dfrac{\text{시간선택제근무를 하는 공무원의 주당 근무시간}}{\text{「지방공무원 복무규정」상 주당 근무시간}}$

* "시간선택제근무를 하는 공무원 등의 주당 근무시간"은 시간선택제근무를 하는 공무원 등으로 지정될 때의 주당 근무시간을 말함.

> **예시**
> ○ 주당 15시간을 근무하는 시간선택제채용공무원(5급)에 대한 직급보조비 지급액
> ☞ 93,750원(원 단위 이하는 절사) = 250,000원×(15시간/40시간)

5) 결근시 감액지급방법

가) 특수지근무수당, 위험근무수당, 특수업무수당, 업무대행수당, 직급보조비는 결근 시간에 대하여 수당 등의 시간당 단가를 감액 지급

- 시간선택제근무를 하는 공무원등의 시간당 단가 = $\dfrac{\text{해당 월의 수당액}}{\text{「지방공무원 복무규정」상 월간 근무시간}}$

> **예시**
>
> ○ 주당 20시간 근무하는 시간선택제채용공무원(9급)이 결근하여 해당 공무원의 연가시간을 초과하여 10시간을 결근한 경우 해당 월의 직급보조비 지급액(복무규정상 해당 월의 근무시간이 176시간인 경우)
> - ☞ 직급보조비(9급) : 175,000원
> - ☞ 시간당 직급보조비 : 990원
>   ⇒ 175,000원 ÷ 176시간 = 990원
> - ☞ 해당공무원의 직급보조비 지급액 : 77,600원
>   ⇒ 87,500원(월액) - 9,900원(990원×10시간) = 77,600원
>   * 월액(87,500원)=175,000원×(20시간/40시간)

나) 정액급식비

- 시간선택제근무를 하는 공무원 등이 연가시간을 초과하여 결근한 경우 정액급식비의 감액은 다음의 산식의 금액을 감하여 지급한다.

$$\text{감액} = \text{정상근무시 지급액} \times \frac{\text{시간선택제근무를 하는 공무원등의 월중 결근일수}}{\text{「지방공무원 복무규정」상의 월간 출근근무일수}}$$

　* "「지방공무원 복무규정」상의 월 출근근무일수"는 해당 월의 토요휴무일 및 공휴일을 제외한 출근근무일수를 말함.

> **예시**
>
> ○ 매주 월요일부터 목요일까지 1일 4시간씩 근무하기로 지정된 시간선택제채용 공무원이 「지방공무원 복무규정」상의 근무일수가 22일인 월에 연가를 초과한 결근일수가 3일인 경우 정액급식비 지급액은?
> - ☞ 시간제근무공무원 정액급식비 : 112,000원
>   ⇒ 140,000원 × (4일/5일)
> - ☞ 결근으로 감액할 금액 : 19,090원(원 단위 이하는 절사)
>   ⇒ 140,000원 × (3일/22일)
> - ☞ 정액급식비 지급액 : 92,910원
>   ⇒ 112,000원 - 19,090원 = 92,910원

　* 위에서 정하지 아니한 사항은 전일근무 공무원의 예에 의함.

6) 연봉제 공무원이 시간선택제근무를 하는 공무원등으로 지정 되었을 때 지급 방법

○ 연봉제 공무원이 연봉외에 지급받는 수당은 위와 같은 방법으로 계산하여 지급한다.

아. 한시임기제공무원의 수당 등 지급

1) 적용대상 : 「지방공무원 임용령」 제3조의2제3호에 따른 한시임기제공무원

2) 지급가능한 수당 : 가족수당, 육아휴직수당, 특수지근무수당, 위험근무수당, 특수업무수당(영 별표 9 제11호사목의 수당 제외), 초과근무수당, 정액급식비, 연가보상비 및 직급보조비

3) 지급기준

한시임기제공무원에게 지급하는 특수지근무수당, 위험근무수당, 특수업무수당(영 별표 9 제11호사목의 수당 제외), 직급보조비는 전일근무를 하는 공무원에게 지급하는 수당 등을 기준으로 근무시간에 비례하여 지급한다. 단, 가족수당은 전일제 공무원과 동일하게 지급하고, 정액급식비는 출근근무일수에 비례하여 지급한다.

4) 수당등의 지급

가) 특수지근무수당, 위험근무수당, 특수업무수당, 직급보조비 지급액의 산정방법

- 지급액 = 전일근무 공무원에게 지급되는 월 지급액 × $\dfrac{\text{한시임기제공무원의 주당 근무시간}}{\text{「지방공무원 복무규정」상의 주당 근무시간}}$

   * "한시임기제공무원의 주당 근무시간"은 한시임기제공무원 임용시 정해진 주당 근무시간을 말함.

나) 정액급식비는 출근 근무일수에 비례하여 지급

- 지급액 = 전일근무 공무원 지급액 × $\dfrac{\text{한시임기제공무원의 주당 출근 근무일수}}{\text{「지방공무원 복무규정」상 주당 출근 근무일수}}$

   * "한시임기제공무원의 주당 출근 근무일수"는 계약체결시 정하여진 출근 근무일수를 말함.

> **예시**
> ○ 매주 월요일부터 목요일까지 1일 4시간씩 근무하기로 지정된 한시임기제공무원의 정액급식비 지급액은?
>   ☞ 112,000원 = 140,000원 × (4일/5일)

다) 초과근무수당

(1) 초과근무수당의 지급단가·지급방법·인정범위 등은 해당 직급의 전일근무공무원과 동일하다.

(2) 한시임기제공무원이 현업대상자가 아닌 일반대상자로서 출근 근무일수가 월 15일 이상인 경우에는 월 10시간분의 시간외근무수당을 정액(10시간×지급단가)으로 지급하고, 출근 근무일수가 15일 미만인 경우에는 15일에 미달하는 매 1일마다 15분의 1에 해당하는 금액을 감액하여 지급한다.

> **예시**
> ○ 주당 20시간을 근무하는 한시임기제공무원(6호)이 월간 10시간의 시간외근무 실적이 있고, 월 13일을 출근한 경우 시간외근무수당 지급액
>   ☞ 지급액 : 239,760원
>   ⇒ 실적분 : 128,440원 = 12,844원×10시간
>   ⇒ 정액분 : 111,320원 = (12,844원×10시간) - (12,844원×10시간×2/15)
>   ※ 각각의 계산에 대하여 원 단위 이하 절사

라) 연가보상비

(1) 한시임기제공무원의 연가보상비를 다음 산식에 따라 지급할 수 있다.

* 연가보상비 : 12월 31일(또는 퇴직일 전일) 현재 한시임기제공무원의 월봉급액의 86% × 1/30 × 1/(1일당 근무시간) × 연가보상시간(140시간 이내)

· 1일당 근무시간 = $\dfrac{\text{한시임기제공무원의 주당 근무시간}}{\text{「지방공무원 복무규정」상 주당 근무시간}}$ × 8시간

* 한시임기제공무원의 "연가보상시간" 계산은 「지방공무원 복무규정」에 따름
* 한시임기제공무원의 연가보상비는 12월 31일(또는 퇴직일 전일) 기준으로 연 1회 지급함

> **예시**
> ○ 월봉급액이 175만원이고 주당 35시간 근무하는 한시임기제공무원의 연가보상시간이 60시간인 경우 연가보상비 지급액
>   ☞ 연가보상비 : 429,990원
>   ⇒ 1,505,000원(175만원 × 86%) × 1/30 × 1/7 × 60시간 = 429,990원

마) 육아휴직수당

Ⅲ. 3. 나.에 따라 지급하되, 한시임기제공무원의 월봉급액(봉급월액)은 다음과 같이 산출한다.

월봉급액(봉급월액) = 한시임기제공무원의 봉급기준액* × $\dfrac{\text{한시임기제공무원의 주당 근무시간}}{\text{「지방공무원 복무규정」상의 주당 근무시간}}$ × 91%

* 「공무원 보수규정」 별표 제30의2의 금액

5) 결근시 감액지급방법

가) 직급보조비는 결근 시간에 대하여 수당등의 시간 당 단가를 감액 지급한다.
  * 가족수당, 시간외근무수당은 결근에 대하여 별도로 감액하지 않음.

- 한시임기제공무원의 시간당 단가 = $\dfrac{\text{해당월의 수당액}}{\text{「지방공무원 복무규정」상 월간 근무시간}}$

> **예시**
> ○ 주당 20시간을 근무하기로 계약된 한시임기제공무원(5호)이 결근하여 해당 공무원의 연가시간을 초과하여 10시간을 결근한 경우 해당월의 직급보조비 지급액(복무규정상 해당 월의 근무시간이 176시간인 경우)
> ☞ 한시임기제 5호 직급보조비 : 250,000원
> ☞ 시간당 직급보조비 : 1,420원 ⇒ 250,000원 ÷ 176시간 = 1,420원
> ☞ 직급보조비 지급액 : 110,800원
> ⇒ 125,000원(월액) - 14,200원(1,420원×10시간) = 110,800원
> * 월액(125,000원) = 250,000원 × (20시간/40시간)

나) 정액급식비

한시임기제공무원이 연가시간을 초과하여 결근한 경우 정액급식비의 감액은 다음의 계산식의 금액을 감하여 지급한다.

- 감 액 = 정상근무시 지급단가 × (한시임기제공무원의 월중 결근일수) / (「지방공무원 복무규정」상의 월간 출근 근무일수)

* "「지방공무원 복무규정」상의 월간 출근 근무일수"는 해당 월의 토요휴무일 및 공휴일을 제외한 출근 근무일수를 말함.

> **예시**
> ○ 매주 월요일부터 목요일까지 1일 5시간씩 주20시간 근무하기로 계약된 한시임기제공무원이 「지방공무원 복무규정」상의 근무일수가 20일인 월에 연가를 초과한 결근일수가 3일인 경우 정액급식비 지급액
> ☞ 한시임기제공무원 정액급식비 : 112,000원 ⇒ 140,000원 × (4일/5일)
> ☞ 결근으로 감액할 금액 : 21,000원 ⇒ 140,000원 × (3일/20일)
> ☞ 정액급식비 지급액 : 91,000원 ⇒ 112,000원 - 21,000원 = 91,000원

자. 직종 변경('13.12.12.)에 따른 수당 등 지급 특례(영 제 24919호 부칙 제2조 및 제3조)

1) 직종 변경에 따른 봉급·연봉 보전 대상 공무원에 대한 수당등의 지급에 관한 특례

대통령령 제24917호 지방공무원보수규정 일부개정령 부칙 제2조에 따라 봉급이 보전된 공무원에 대하여 월봉급액을 기준으로 지급되는 수당등은 보전된 봉급·연봉을 기준으로 지급한다.

* 적용대상 : 법률 제11531호 지방공무원법 일부개정법률 부칙 제3조에 따라 직종이 변경되어 임용되는 공무원
* 월봉급액을 기준으로 지급되는 수당 등 : 대우공무원수당, 정근수당, 육아휴직수당, 관리업무수당, 명절휴가비, 가계지원비, 연가보상비

2) 직종 변경에 따른 특수업무수당 및 직급보조비의 지급에 관한 특례

이 영 시행 당시 제14조에 따른 특수업무수당 또는 제18조의6에 따른 직급보조비의 지급대상이었던 공무원이 법률 제11531호 지방공무원법 일부개정법률 및 대통령령 제24855호 지방전문경력관 규정의 시행으로 같은 규정에 따른 지방전문경력관으로 임용된 경우에 별표 9 또는 별표 14의 개정규정에 따른 특수업무수당 또는 직급보조비의 지급액이 각각 종전의 금액보다 적을 때에는 종전의 별표 9 또는 별표 14에 해당하는 금액을 지급한다.

Ⅸ. 근무연수의 계산통보

「지방공무원 보수규정」 제6조에 따른 호봉획정 및 승급시행권자는 매달 1일 현재를 기준으로 공무원의 근무연수 변동사항을 보수지급기관에 통보하여야 한다.

* 신규채용 등으로 새로이 근무연수를 산정하거나 경력합산 등으로 근무연수가 변동되는 경우에도 근무연수를 계산하여 통보하여야 한다.
* 시간선택제근무를 하는 공무원 등의 근무연수는 전일제공무원과 같이 1년 단위로 근무연수에 산입함(근무시간에 비례하지 않고 전일제공무원과 동일하게 근무연수에 산입)

※ 「지방공무원 보수규정」 제6조(호봉획정 및 승급시행권자)
　호봉획정 및 승급은 법령의 규정에 의한 임용권자(승급에 관한 권한이 법령의 규정에 따라 위임 또는 위탁된 경우에는 위임 또는 위탁을 받은 자를 말한다)가 이를 시행한다.

Ⅹ. 공공기관 등 파견보조비 지급 기준(「지방공무원 임용령」 제27조의2 관련)

1. 적용대상

○ 법령 등에 의하여 공공기관 등에 파견되어 원 소속기관에서 지급받는 보수 이외에 파견된 기관으로부터 수당·경비 등을 지급받는 공무원

2. 지급기준

○ 파견기관으로부터 지급받을 수 있는 보조비는 다음의 지급기준 상한액을 초과할 수 없다.

파견목적 계급	특정 자치단체 관련 사무 추진	다수 자치단체 공동 사무 추진
3급 이상	80만원	100만원
4급	60만원	80만원
5급 이하	40만원	60만원

※ 「지방공무원법」 제30조의2에 따라 공공기관에 교류임용되어 소속기관에서 「지방공무원 수당 등에 관한 규정」 [별표9] 제9호 가목 특수업무수당을 지급받는 경우 파견된 기관으로부터 별도의 수당, 경비, 그 밖의 금전(직책급 및 출장비 등 실비변상적 성격의 경비 제외)을 받아서는 아니된다.

3. 지급예외

가. 국제대회·행사 개최 준비를 위한 위원회 등에 파견된 공무원과 범정부 공동업무 추진을 위한 기관으로서 업무 내용의 중요도 및 곤란도가 높아 행정안전부장관의 승인을 얻은 기관에 파견된 공무원에게는 원 소속기관과 협의하여 월지급액의 20% 범위 내에서 지급기준 상한액보다 추가하여 지급할 수 있다.

나. 공공기관 등에 파견된 성과연봉제 적용 공무원에게는 원 소속기관과 협의하여 월 20만원의 범위 내에서 지급기준 상한액보다 추가하여 지급할 수 있다.

4. 적용범위

○ 파견기관에서의 별도의 직위부여에 따른 직책급, 근무지 변경에 따른 주거지원비, 교통보조비 등 실비변상적인 경비는 파견기관의 사규 등 자체지급기준에 따라 파견보조비 등과 별도로 지급할 수 있다. 다만, 원 소속기관에서 이와 유사한 경비를 지급받을 경우에는 이를 병급할 수 없다.

5. 적용시점

○ 파견보조비 등의 지급과 관련해서는 2013년 5월 6일 이후 파견이 시작되거나 파견기간이 연장되는 사람부터 적용한다.

【별표 1】

초과근무수당 지급대상 구분표

구 분	지 급 대 상
○ 일반직과 일반직에 준하는 특정직 및 별정직공무원 ※「공무원보수규정」별표 3	○ 5급(상당)이하 (일반직 5급 중 관리업무수당 지급대상자 제외)
○ 연구직 및 지도직공무원 ※「공무원보수규정」별표 5, 별표 6	○ 전체(5급상당 이상 보직자 제외)
○ 교육감 소속의 교육전문직원 ※「공무원보수규정」별표 11	○ 전체(교육장, 4급상당 이상 보직자 제외)
○ 전문대학 및 대학교원 등 ※「공무원보수규정」별표 12	○ 제외
○ 임기제공무원 및 별정직공무원 ※「지방공무원 보수규정」별표 13 제5호	○ 전체(4급상당 이상, 연봉등급 1호부터 4호 까지·과장급 5호 해당자 및 공중보건의·공익법무관 등 제외)
○ 지방전문경력관 ※「공무원보수규정」별표 3의2	○ 전체

【별표 2】

초과근무수당 지급단가

(단위 : 원)

직 종	계급	시간외(시간당)	야간(시간당)	휴일(일당)
일반직 특정직 별정직	5급	15,059	5,020	121,050
	6급	12,844	4,281	103,246
	7급	11,602	3,867	93,260
	8급	10,416	3,472	83,728
	9급	9,860	3,138	78,880
지방전문경력관	가군	15,314	5,105	123,100
	나군	12,158	4,053	97,734
	다군	9,860	3,259	78,880
연 구 직	연 구 관	15,092	5,031	121,319
	연 구 사	12,380	4,127	99,514
지 도 직	지 도 관	14,837	4,946	119,263
	지도사 21호봉 이상	12,111	4,037	97,356
	지도사 20호봉 이하	11,350	3,783	91,239
교육전문직원 (교육감소속)	장학관, 교육연구관	15,291		
	장학사, 교육연구사 : 30호봉 이상	14,312		
	20~29호봉	13,333		
	19호봉 이하	12,003		

직 종	계급	시간외(시간당)	야간(시간당)	휴일(일당)
임기제(공중보건의, 공익법무관 등 제외) 및 별정직 (「지방공무원 보수규정」 별표 11 제3호에 해당되는 공무원) 중 과장급이 아닌 5급상당 이하 공무원	「지방공무원 보수규정」 별표 13 제5호에 해당하는 공무원 중 초과근무수당 지급대상자	해당 공무원에 상당하는 동표의 경력직 또는 별정직공무원의 상당계급 단가 적용		

[별표 3]

대우공무원수당 조견표

일반직공무원

(월지급액 : 원)

계급 호봉	2급	3급	4급	5급	6급	7급	8급	9급
2	167,180	150,820	129,740	115,890	96,170	87,140	80,480	16,300
3	173,240	156,360	134,910	120,570	100,580	90,560	82,810	37,800
4	179,360	161,940	140,210	125,420	105,080	94,390	85,450	58,200
5	185,570	167,620	145,570	130,410	109,720	98,730	88,700	77,600
6	191,780	173,340	150,990	135,490	114,490	103,170	92,790	84,500
7	198,070	179,140	156,460	140,650	119,280	107,630	96,900	87,460
8	204,360	184,950	161,950	145,880	124,070	112,130	100,850	91,050
9	210,680	190,810	167,470	151,130	128,890	116,410	104,610	94,480
10	217,000	196,660	172,970	156,410	133,400	120,500	108,180	97,780
11	223,360	202,530	178,530	161,340	137,680	124,350	111,630	100,930
12	229,930	208,610	183,760	166,100	141,900	128,140	115,000	104,070
13	236,540	214,260	188,640	170,620	145,860	131,730	118,240	107,070
14	242,530	219,510	193,210	174,830	149,600	135,160	121,340	109,980
15	248,050	224,340	197,500	178,810	153,200	138,450	124,310	112,770
16	253,100	228,850	201,560	182,560	156,570	141,550	127,190	115,460
17	257,750	233,040	205,320	186,080	159,790	144,530	129,870	118,100
18	262,010	236,930	208,840	189,400	162,830	147,380	132,460	120,550
19	265,940	240,530	212,120	192,540	165,720	150,060	134,960	122,960
20	269,520	243,910	215,190	195,470	168,440	152,620	137,340	125,260
21	272,800	247,030	218,050	198,230	171,050	155,060	139,610	127,430
22	275,810	249,920	220,740	200,830	173,500	157,360	141,790	129,510
23	278,570	252,590	223,270	203,280	175,810	159,590	143,860	131,500
24	280,820	255,090	225,650	205,570	178,000	161,700	145,870	133,400
25	282,960	257,130	227,820	207,730	180,090	163,700	147,770	135,220
26		259,090	229,670	209,770	182,070	165,620	149,610	136,870
27		260,900	231,370	211,460	183,940	167,240	151,150	138,280
28			232,990	213,090	185,520	168,760	152,630	139,640
29				214,580	186,980	170,220	154,030	140,960
30				216,030	188,440	171,620	155,390	142,230
31					189,780	172,930	156,700	143,490
32					191,060			

연구직·지도직공무원

(월지급액 : 원)

호봉 \ 직종	연 구 사	지 도 사
2	88,310	81,550
3	92,950	85,260
4	98,030	89,660
5	103,230	94,820
6	108,300	99,440
7	113,390	104,080
8	118,480	108,680
9	123,520	113,290
10	128,580	117,890
11	132,380	121,850
12	136,190	125,790
13	140,010	129,710
14	143,830	133,610
15	147,620	137,470
16	150,660	140,960
17	153,660	144,430
18	156,700	147,870
19	159,700	151,300
20	162,720	154,750
21	165,640	157,940
22	168,570	161,150
23	171,490	164,320
24	174,400	167,500
25	177,310	170,650
26	179,320	173,040
27	181,330	175,450
28	183,340	177,870
29	185,290	180,280
30	187,290	182,640
31	189,290	184,710
32	191,030	186,520
33	192,790	188,330
34	194,510	190,130
35	196,240	191,930
36	197,850	193,610

[볕지 제1호 서식] <개정 2020. 1. 22.>

부양가족 신고서

부양의무 공무원	성 명		생년월일	
	직 급		소 속	

부양가족 상 황	성 명	관계	생년월일	직장명/기관성격*	신고사유 (혼인, 출생, 사망 등)

　본인은 허위의 방법(중복지급 포함)으로 가족수당을 지급받은 경우 이를 변상하고 일정기간 지급을 정지하는 관련규정과 가족수당의 지급대상 및 부양가족의 기본요건 등을 숙지하고 「지방공무원 수당 등에 관한 규정」 제10조제6항의 규정에 따라 관계서류를 첨부하여 위와 같이 부양가족을 신고 합니다.

년　월　일

신　고　인　성명　　　　　　　(인)
대리신고인　성명　　　　　　　(인)　관계　　　(의)

위의 사실을 확인함

년　월　일

소속기관장　　　　　　　(인)

작 성 방 법

① 부양가족 중 「지방공무원 수당 등에 관한 규정」 제10조제3항 각 호의 어느 하나에 해당되는 가족이 있는 경우에는 성명(장해진단서 등 사실을 입증할 수 있는 자료는 별첨)을 명시
② 배우자가 공무원·국가기관 및 지방자치단체 직원·사립학교 교직원·별정우체국 직원·공공기관 직원·지방공사 직원·지방공단·국가가 국립대학 법인으로 설립하는 국립학교 직원 등인 경우에는 배우자의 소속기관 및 연락처, 해당 기관에서의 가족수당 지급 여부를 반드시 명시
　※ 배우자가 관련 법률에 따른 회계·기금에서 인건비가 지급되거나 보조되는 국가기관 및 지방자치단체·사립학교·별정우체국·공공기관·지방공사·지방공단·국립학교 직원 등인 경우에는 가족수당의 중복지급이 불가능함
　※ 동일한 부양가족에 대하여 부양하는 공무원이 2명 이상인 때에도 중복 지급 안 됨.
　* 부양가족의 직장명 및 기관성격을 구체적으로 기재
　　('기관성격'은 ②에 해당하는 경우 기재(예시 : 공무원, 국가기관, 지방자치단체, 사립학교, 별정우체국, 공공기관, 지방공사, 지방공단, 국립학교 등). '직장명'에 자영업은 '자영업'으로 표기 가능)
③ 「지방공무원수당 등에 관한 규정」 제10조제9항 및 제23조에 따라 소속 기관장은 중복지급 여부 등 부양가족의 변동 상황을 확인하기 위하여 주민등록표를 열람·교부받거나, 주민등록번호 또는 외국인등록번호가 포함된 자료를 처리할 수 있음.
첨부 : 1. 주민등록등본(필요시 가족관계증명서) 1부.
　　　 2. 장해진단서 등 「지방공무원수당 등에 관한 규정」 제10조제3항 각호에 해당되는 사실을 입증할 수 있는 자료 1부.
　　　　 (해당자에 한함)

210mm×297mm[백상지 80g/㎡]

[별지 제2호 서식]

초 과 근 무 명 령 서

연 번 _____

부서명 : _____ 국(실) _____ 과(20 . . .)

| 과장급 이상 (4급 또는 5급) | 결재 |

직급	성명	초과근무 명령사항				비 고
		구 분	근무시간	하여야 할 일(구체적으로)	처리시한	
			: 부터 : 까지		월 일	

당직자 확인(사후결재시)   직   성명   (서명)

※ 연번은 초과근무명령대장의 연번과 일치하게 기재, 구분란은 시간외, 야간, 휴일로 기재
※ 결재권자는 반드시 자필서명으로 결재
※ 명령받은 시간과 실제 근무한 시간이 상이한 경우에는 실제 근무시간을 '비고'란에 기재

[별지 제2-1호 서식]

초 과 근 무 내 역 서

연 번 _____

부서명 : 　　　국(실)　　　과(20 . . .)

과장급 이상 (4급 또는 5급)	결재

| 직급 | 성명 | 초과근무 명령사항 |||| 비 고 |
		구 분	근무시간	초과근무한일(구체적으로)	처리시한	
			: 부터 : 까지		월 일	

※ 연번은 초과근무명령대장의 연번과 일치하게 기재, 구분란은 시간외, 야간, 휴일로 기재
※ 결재권자는 반드시 자필서명으로 결재
※ 근무시간은 실제 근무한 시간을 기재

[별지 제3호 서식]

초 과 근 무 명 령 대 장

20   년   월분

연번	일자	부 서 명	근 무 자 현 황			비 고
			종 류	근무인원	근무자명단(시간)	

※ 시간외근무의 경우, 근무자 명단에 개인별로 금회 시간외근무시간을 ( )에 기재 종류는 시간외, 야간, 휴일로 표시

[별지 제4호 서식]

[   ]월 중 ○○과 개인별 초과근무내역 통보

수신 :   발신 :

소 속	직 급	성 명	지급할 시간(일)수			출 근 근무일수
			시간외근무수당	야간근무수당 (시 간)	휴일근무수당	

<비 고>
1. 단위 : 시간외근무수당(시간 또는 분), 휴일근무수당(일), 야간근무수당(일 또는 시간, 시간으로 표기시는 ( )로 기재)
2. '지급할 시간(일)수'란 중 시간외근무시간은 일반대상자에 대하여는 정액지급분을 제외한 시간수를 기재
3. 출근근무일수는 일반대상자에 대하여만 기재

[별지 제5호 서식]

초 과 근 무 확 인 대 장

년 월 일	소 속	직 급	성 명	근 무 현 황		근무자 서 명	당직자 서 명
				출근시간	퇴근시간		

<비　고>
1. 각 란은 초과근무를 한 공무원 본인이 직접 기재하여야 함.
2. '출근시간'란은 정규근무일이 아닌 날에 출근하여 근무한 경우와 1시간 이상 조기 출근한 경우에만 기재
3. 당직근무자는 당직 개시 전 당직담당부서에서 대장을 인수하여 출입구 또는 당직실 등 초과근무자가 기재하기 용이한 장소에 비치
4. 당직근무자는 초과근무자 근무내역 자필 기재시 본인여부 확인 후 서명하고, 당직 종료후 매일의 초과근무현황을 마감(최종퇴청자 바로 아래란에 근무 년·월·일 및 초과근무인원을 기재한 후 직, 성명을 기재)하여 당직담당부서에 인계

[별지 제6호 서식]

초과근무수당 운영실태 자체점검 결과

〔 기 관 명 (예)○○시·도, ○○시·군·구 〕

1. 자체점검 개요

　가. 점검일시 : *(예) 9.10(월)~9.14(금), <5일간>*
　　　　　　　　(예) 9.10(월), 20:00~24:00

　나. 점검부서 : *(예) 감사담당관실, (5급 홍길동외 __ 명)*

　다. 대상기관(부서) : *(예) 본청(00개팀/과)*
　　　　　　　　　　(예) 소속기관 : △△청 (00개팀/과)

　라. 초과근무 인증방법 : *해당란에 ○표를 하되, 전산시스템의 경우에는 구체적인 시스템명을 표기(예 : e-사람, NEIS 등)*

구 분	수기절차 (종이대장)	전산 시스템	IC카드	지문 인식	정맥· 홍채 인식	기 타 방법
본 청						
소 속 기 관						

2. 부정청구 적발사례 및 조치결과

구 분	적발인원 (명)	적발사례	환수액 (천원)	조치결과	비고
본청	00	• 교육·출장·당직 등 초과 근무수당 부정청구	6,000	• 부정수령액 전액환수(1,000천원) 및 5배 가산징수(5,000천원), 부정수령자(5명) 3개월간 초과근무명령 금지	
본청	00	• 수당 규정 적용 오류 및 지급 절차 부적정	300	• 부정수령액 전액환수(50천원) 및 5배 가산징수(250천원), 1명 징계(감봉3월) 조치	
소속 기관명	00	• 사적용도 시간을 수당 지급시간에 산입	300	• 부정수령액 전액환수(50천원) 및 5배 가산징수(250천원), 부정수령자(3명) 3개월간 초과근무명령 금지	
소속 기관명	00	• 심야 복귀 후 시간외근무 입력 등	480	• 부정수령액 전액환수(80천원) 및 5배 가산징수(400천원)	

* 적발사례는 유형별로 구분하여 기재하고, 조치결과는 적발사례 유형별 조치결과를 기재
* 자체점검 결과제출시, 해당 기간 중 적발된 모든 부정수령 적발사례 및 조치결과에 대해 작성

3. 건의사항

　* 건의사항이 있는 경우 개조식으로 작성

[별지 제7호 서식] <개정 2020. 1. 22.>

병록번호		**공무원재해보상 장 해 진 단 서**	
연 번 호			
성 명		주민등록번호	-
전화번호	( ) -	주 소	
장해의 원인이 되는 상병명		부상(발병)일	
		*치료종료일	
		**장해확정일	

* 「치료종료일」은 질병 또는 부상의 치료가 종료된 날을 말함.
** 「장해확정일」은 요양의 종료 또는 보전적 치료단계에 이르러 그 증상이 악화되거나 호전되지 아니하는 상태로 된 후 6월이 경과되고, 그 증상이 자연적으로 최종상태에 이르게 된 날을 말함.

각종 검사소견 및 현재까지의 주요 치료내용(치료기간, 경과, 수술명, 수술일 포함)

치료종결 및 장해확정 여부에 대한 의견

장해내용 및 상태(모든 임상증상 등 장해상태를 상세히 기재. 필요시 도표·그림으로 표시하고, 별지 기재도 가능)

맥브라이드식 노동능력 상실률(뇌·척수·흉복부장기의 장해인 경우에만 기재하여 주십시오)

(주) 진단서 내용을 토대로 인사혁신처에서 「공무원 재해보상법」상 판정기준에 따라 장해등급을 판정하므로, 위의 경우를 제외하고는 「공무원 재해보상법」상 장해등급이나 맥브라이드식 노동능력 상실률 등의 장해판정 결과를 기재하실 필요는 없습니다.

위와 같이 장해상태를 진단함   년   월   일

의료 기관	명 칭 : (인)	의사면허번호 :
	소 재 지 :	전문의 성명 : (인)
		진 료 과 목 :

※ 척추 및 신경계통 기능 장해자, 관절운동 장해자에 대하여는 해당 소견서를 작성하여 주십시오.
※ 「의료법」제3조에 따른 의료기관의 해당 과목 전문의만 진단서 발행이 가능합니다.

210mm×297mm[백상지 80g/㎡]

[별지 제8호 서식] <개정 2020. 1. 22.>

자녀학비보조수당 신고서

부양의무 공무원	성 명		생년월일	
	직 급		소 속	

학생상황	성 명	학교명	학년	변동일자	신고사유	학교소재지

　　본인은 허위의 방법(중복지급 포함)으로 자녀학비보조수당을 지급받은 경우 이를 변상하고 일정기간 지급을 정지하는 관련규정과 지급대상 및 신고요건 등의 자녀학비보조수당을 숙지하고, 「지방공무원 수당 등에 관한 규정」 제11조제3항에 따라 관계서류를 첨부하여 위와 같이 신고합니다.

년　　월　　일

　　　　신　고　인　　성명　　　　　　　　(인)
　　　　대리신고인　　성명　　　　　　　　(인)　관계　　　　(의)

위의 사실을 확인함

년　　월　　일

소속기관장　　　　　　　　(인)

유 의 사 항

ㅇ 「지방공무원 수당 등에 관한 규정」 제11조제6항에 따라 배우자가 공무원이나 관련 법률에 따른 회계·기금에서 인건비가 지급되거나 보조되는 국가기관·지방자치단체·사립학교·별정우체국·공공기관·지방공사·지방공단·국가가 국립대학 법인으로 설립하는 국립학교 직원 등인 경우에는 자녀학비보조수당의 중복지급이 불가능함.

첨부 : 공납금 납부영수증 또는 납부고지서 사본 1부.

210mm×297mm[백상지 80g/㎡]

[별지 제9호 서식]

기술정보수당 가산금 신고서

공무원	소속		직군 및 직렬	
	직급		성명	

자격사항	자격증 종목 및 등급	취득일자	신고사유

첨부 : 「국가기술자격법」에 따른 기술·기능분야 자격증 사본

　　　　　　　　　　　　　　　　　　　년　　월　　일

　　　　　신 고 인 성명　　　　　　(인)
　　　　　대리신고인 성명　　　(인) 또는 서명　　※관계 (의)

위의 사실을 확인 함.
　　　　　　　　　　　　　　　　　년　　월　　일
　　　　　소속기관장　　　　　(인)

6 지방공무원성과상여금업무 처리기준

Ⅰ. 총 칙
Ⅱ. 성과상여금 지급 개요
Ⅲ. 성과상여금 지급방법
Ⅳ. 파견자 등에 대한 성과상여금 지급방법
Ⅴ. 특별성과상여금 지급방법
Ⅵ. 장기성과급 지급방법
Ⅶ. 성과상여금 재배분 등 부정수령에 대한 징수 및 사후관리
Ⅷ. 행정사항

CONTENTS 차례

I. 총칙

1. 목 적 ·· 415
2. 근 거 ·· 415
3. 적용범위 ·· 415

II. 성과상여금 지급 개요

1. 지급시기 및 지급액 ·· 416
2. 대 상 ·· 416
   - 가. 적용대상 ·· 417
   - 나. 지급대상 ·· 417
   - 다. 지급제외 ·· 418
3. 지급방법 ·· 421
4. 지급단위 ·· 422
5. 성과급심사위원회 ·· 423

III. 성과상여금 지급방법

1. 개인별로 차등하여 지급하는 방법 ·· 424
   - 가. 지급단위 ·· 424
   - 나. 지급등급과 지급률 ·· 424

다. 개인별 지급등급의 평가방법 ··· 427
라. 기　　타 ·· 431
마. 지급순위명부의 작성과 조정 ··· 432
바. 이의제기 ·· 433
사. 성과상여금의 지급 ··· 433

2. 부서별 차등지급 후 부서 내에서 개인별로 균등 지급하는 방법 ····· 435

　가. 개　　요 ·· 435
　나. 지급등급과 지급률 ··· 435
　다. 부서별 성과평가 ··· 435
　라. 결과 통보 및 이의제기 ··· 436
　마. 지급기준액의 조정과 성과상여금의 지급 ················· 436

3. 개인별로 차등하여 지급하는 방법과 부서별로 차등하여
　 지급하는 방법을 겸하는 방법 ··· 439

　가. 개　　요 ·· 439
　나. 부서별 지급방법 ··· 439
　다. 개인별 지급방법 ··· 439

4. 부서별로 차등하여 지급한 후 부서 내에서 개인별로 다시
　 차등하여 지급하는 방법 ·· 442

　가. 개　　요 ·· 442
　나. 부서별 지급방법 ··· 442
　다. 각 부서 내 개인별 지급방법 ··· 442

5. 행정안전부장관과 협의하여 별도로 지급하는 방법을 정하는 경우 ··· 444

Ⅳ. 파견자 등에 대한 성과상여금 지급방법

1. 파견공무원의 경우 ·· 449
2. 계획인사교류자의 경우 ·· 451
3. 승진의 경우 ··· 451
4. 강임의 경우 ··· 452
   가. 직제 또는 정원의 변경이나 예산의 감소 등에 의한 강임 ······ 452
   나. 본인의 동의에 의한 강임 ··· 452
5. 강등의 경우 ··· 452
6. 퇴직한 공무원의 경우 ·· 452

Ⅴ. 특별성과가산금 지급방법

1. 적용대상 ··· 454
2. 지급대상 ··· 454
3. 지급기준 ··· 454
4. 지급방법 ··· 454

Ⅵ. 장기성과급 지급방법

1. 적용대상 ··· 457
2. 지급대상 ··· 457
3. 지급기준 ··· 457
4. 지급방법 ··· 457

Ⅶ. 성과상여금 재배분 등 부정수령에 대한 징수 및 사후관리

1. 환수 범위 ··· 460
2. 환수 방법 및 절차 ·· 460
3. 부정수령자에 대한 사후관리 ·· 460
4. 부정운영 기관에 대한 조치 ··· 461

Ⅷ. 행정사항

1. 성과급운영위원회 ··· 462
2. 성과상여금 지급·협의 일정 ··· 462
3. 시행계획 마련 시 직원참여 ··· 463
4. 평가자 및 직원에 대한 교육 ······································· 463
5. 지급등급의 공개 ··· 463
6. 정기점검 및 운영 실태 점검 ······································· 463
7. 기   타 ·· 463

별표 및 별지 목록

[별 표] 성과상여금 지급기준액 ··· 455
<별지 제1호 서식> 성과상여금 지급순위명부 ···················· 457
<별지 제1호의2 서식> 성과급 최상위등급 심사 의결서 ······· 468
<별지 제2호 서식> 이의신청서 ··· 469
<별지 제2호의2 서식> 성과급 재심사 의결서 ···················· 470

제6장 지방공무원성과상여금업무 처리기준

I. 총 칙

1. 목 적

「지방공무원 수당 등에 관한 규정」 제6조의2의 규정에 따라 지방공무원에게 지급하는 성과상여금의 지급기준, 지급절차 등에 관하여 동 규정에서 위임한 사항을 구체적으로 정함으로써 성과상여금이 공정하고 원활하게 지급될 수 있도록 하기 위함.

2. 근 거

「지방공무원 수당 등에 관한 규정」(대통령령 제34102호, 2024. 1. 5.) 제6조의2
 * 이하 이 장에서 「지방공무원 수당 등에 관한 규정」은 "영"이라 함.

3. 적용범위

이 장은 지방공무원 중 아래의 공무원에게 적용된다.

가. 일반직공무원(임기제 공무원 제외)

나. 별정직공무원(지방공무원 보수규정 별표 11 제3호에 해당자 제외)

다. 교육공무원 중 교육감 소속의 교육전문직원
 ※ 성과급적 연봉제 적용 공무원 및 정무직공무원에게는 적용되지 아니한다.

Ⅱ. 성과상여금 지급 개요

1. 지급시기 및 지급액

가. 성과상여금 지급을 위한 평가 및 지급 횟수는 연 1회 이상으로 한다.

지방자치단체의 장과 지방의회의 의장은 해당기관의 업무와 구성원의 특성, 조직의 성과향상 및 구성원의 동기부여 효과 등을 고려하여 평가 및 지급 횟수를 정한다.

나. 연 1회 평가하는 경우는 전년도 12월 31일 현재를 지급기준일로 하여 이전 1년간 (1.1.~12.31.)의 성과를 평가하는 것을 원칙으로 한다.

1) 다만, 지방자치단체의 장과 지방의회의 의장은 종전의 성과상여금 평가대상기간, 기관의 성과평가 주기 등을 감안하여 필요한 경우 평가대상기간과 지급기준일을 달리 정할 수 있다.
2) 연 2회 이상 평가하는 경우의 지급기준일은 각 평가대상기간의 마지막 날로 한다.

(예시) '23년도 하반기와 '24년도 상반기로 나누어 2회 평가하는 경우 첫 번째 성과상여금 지급기준일은 2023년 12월 31일이 되고, 두 번째 지급기준일은 2024년 6월 30일이 된다.

> * 평가주기 및 평가대상기간을 매년 변경하는 것은 조직의 성과관리를 위해 바람직하지 않으므로 지방자치단체의 장과 지방의회의 의장은 금년도에 정한 기준이 사실상 내년도 및 그 이후에도 계속 적용되는 점을 감안하여 평가횟수, 평가주기 및 평가대상기간을 신중하게 결정하여야 함.

다. 성과상여금은 지급등급 확정 후 일시금으로 지급하는 것을 원칙으로 하되, 지방자치단체의 장과 지방의회의 의장은 필요한 경우 소속직원의 의견수렴 등을 거쳐 월별 분할하여 지급할 수 있다.

※ 분할지급 하는 경우에도 지급등급 확정 후 해당 등급의 지급액을 나누어 지급하여야 함

- 성과상여금 재배분 등 부정수령 사례가 발견될 경우에는 다음연도부터 2년 동안 월별 지급하여야 한다.

라. 성과상여금은 예산의 범위 안에서 지급하되, 연 1회 평가하여 지급할 경우의 2024년도 지급액은 이 장의 [별표] 성과상여금 지급기준액의 평균 110%에 해당하는 금액을 지급한다.

다만, 2회 평가하여 지급하는 경우에는 지방자치단체의 장 또는 지방의회의 의장이 평가회차별로 평균지급률을 정하되, 특별한 사유가 없는 한 평가회차별 평가대상기간을 감안하여 예산액을 합리적으로 배분하여 사용하여야 한다.

(예시) 상반기와 하반기로 나누어 2회 평가하는 경우 첫 번째 성과상여금 지급에 전체 성과상여금 예산액의 1/2을 사용하고, 두 번째 성과상여금 지급에는 나머지 1/2을 사용한다.

2. 대상

가. 적용대상(지방공무원 수당 등에 관한 규정 별표 2의2)

공무원의 종류	지 급 대 상
일반직공무원	6급 이하 *임기제공무원 제외
연구직·지도직공무원	연구사·지도사
별정직공무원	6급 상당 이하
지방전문경력관	나군 및 다군
교육공무원	교육감 소속의 교육전문직원

※ 비고 :「지방공무원 보수규정」별표 11의 성과급적 연봉제 적용대상에서 제외된 공무원 및 평가대상기간 중 업무실적이 있는 사람은 행정안전부장관이 정하는 기준에 따라 성과상여금 적용대상 공무원에 포함

- 전년도 중에 호봉제 적용자에서「지방공무원 보수규정」별표 11의 연봉제 적용대상자로 임용(승진 또는 전보)된 공무원으로서 지급기준일 현재 임용(승진 또는 전보) 후 2개월이 경과하지 아니한 경우 금년도에는 성과상여금 적용 대상으로 본다.
(예시) 연 1회 평가하여 지급시 지급기준일이 '23.12.31인 경우, '23.11.1자로 6급에서 5급으로 승진된 자는 연봉제 적용대상으로 임용 후 2개월이 경과하지 않았으므로 성과상여금 적용대상임

나. 지급대상

1) 성과상여금 지급기준일 현재 해당기관에 소속되어 있는 공무원 및 평가대상기간 중 퇴직한 공무원을 지급대상으로 한다.

2) 지급기준일 현재 파견중인 자와 휴직(군입대 휴직자는 별도 정하는 바에 따른다), 직위해제 및 기타 사유로 직무에 종사하지 않고 있는 공무원도 지급대상에 포함되며, 지급기준일 현재 승진임용 후 2개월(연 2회 평가하여 지급 시 1개월로 한다)이 경과하지 않은 자는 승진 전 계급의 지급대상으로 본다. 다만, 지방자치단체의 장 또는 지방의회의 의장은 필요한 경우 행정안전부장관과 협의하여 평가대상기간별로 기간요건을 달리 정할 수 있다.

- 지급기준일과 평가 주기를 달리하는 기관으로의 인사이동, 퇴직 후 재채용 등으로 인하여 지급대상에서 제외되는 경우에는 전년도 12월 31일 기준 소속된 기관의 지급대상에 포함

《 군입대 휴직자 성과상여금 지급 기준 》
○ 하사 이상의 경우
 ① 입대 첫 해 : 원소속기관과 국방부에서 각각 지급액의 50%씩 지급
  - 단, 입대 후 2개월이 경과하지 않아 국방부의 지급대상자에 포함되지 않는 경우에는 원소속기관에서 100% 지급
 ② 두 번째 해부터 : 국방부에서 지급
 ③ 전역하는 해 : 원소속기관에서 지급
  - 단, 입대 첫 해와 전역하는 해 원소속기관에서 성과연봉제 적용을 받는 자의 경우에는 '지방공무원연봉업무 처리기준' V. 5. 나. 평가등급 결정의 특례(병역휴직자(하사 이상)에 대한 성과연봉 지급등급 결정) 참고
○ 일반사병의 경우 : 원소속기관의 지급대상에 포함.

3) 별정직공무원 퇴직 후 상위계급으로 재임용된 자 및 국가 또는 지방 공무원 퇴직 후 지방공무원으로 재임용된 자는 지급기준일 기준으로 승진(임용)후 2개월(연 2회 평가하여 지급 시 1개월로 한다)이 경과하지 아니한 경우에는 승진(임용)전 계급의 지급대상으로 본다. 다만, 지방자치단체장 또는 지방의회의 의장은 필요한 경우 행정안전부장관과 협의하여 평가대상기간별로 기간요건을 달리 정할 수 있다.

4) 기관(부서)별 지급대상인원(이하 "현원"이라 한다)의 산출에 있어서 파견·휴직·직위해제·정직 등으로 본청 소속으로 되어 있는 자는 직전 기관(부서)의 현원으로 보되, 특정기관(부서)으로 편중되는 경우에는 기관(부서)별 인원비율에 따라 조정할 수 있다.

5) 파견공무원에 대하여 파견 받은 기관에서 성과상여금을 지급하기로 합의한 경우와 직제 상 정원에 따른 파견자로서 인건비 예산이 파견 받은 기관에 편성되어 파견받은 기관에서 보수를 지급하는 경우의 파견공무원은 파견 받은 기관의 현원으로 본다.

다. 지급제외

1) 지급기준일 현재 실제로 근무한 기간이 **2개월**(연 2회 평가하여 지급 시 1개월로 한다) 미만인 자와 각 기관별 특성 및 실정에 적합하게 정한 지급제외기준에 해당하는 자는 동순위로 최하위 순위에 배치하고 성과상여금을 지급하지 아니한다. 다만, 지방자치단체의 장 또는 지방의회의 의장은 필요한 경우 행정안전부장관(교육부장관)과 협의하여 평가대상기간별로 기간요건을 달리 정할 수 있다.

 - '실제로 근무한 기간'이란 성과상여금 평가대상기간 중 휴가(연가, 병가, 공가 및 특별휴가), 휴직(「지방공무원법」 제63조제1항·제2항에 따른 휴직), 직위해제, 대기발령(근무지 지정명령 등을 받은 자 제외), 신규임용, 교육훈련파견 등으로 실제로 직무에 종사하지 아니한 기간을 제외한 실근무기간을 말한다.

 - 다만, 신규채용자로서 채용 시 공무원 경력이 있는 경우, 평가대상기간 중 실근무기간을 합산하여 산정한다.

(예시) A자치단체에 근무하는 행정6급이 '23.6.30일자로 퇴직하고 '23년 중에 B자치단체 행정6급으로 신규채용된 경우 A, B자치단체 실근무일수가 총 2개월 이상이면 성과상여금 지급 대상

* 전년도 중에 타직종 공무원이 퇴직 후 현직종으로 채용된 경우 및 계급·상당계급·연봉등급 또는 채용등급을 달리하여 채용되는 경우도 포함하며, 지급기준일 현재 계급을 기준으로 지급함(단, 지급기준일 현재 2개월이 경과되지 아니한 자는 직전 계급을 기준으로 지급)
* 실제로 근무한 기간 2개월 산정 시, 민법 제160조의 역(曆)에 의한 방법으로 계산하되, 30일 이상의 휴가, 휴직, 직위해제, 교육훈련 파견 등으로 기간이 각각 분리되어 있을 경우, 기간을 모두 합산하여 60일(공휴일·토요일 포함)을 2개월로 계산한다. 이때, 지각·조퇴·외출·반일연가·육아시간 등은 합산하여 누계 8시간을 실제 직무에 종사하지 아니한 1일로 계산하고, 8시간미만은 계산하지 않는다.
* 휴직, 직위해제, 교육훈련 파견, 30일 이상의 휴가 등이 공휴일·토요일을 사이에 두고 나뉘어지는 경우, 중간에 포함된 공휴일·토요일은 합산하지 않는다.

예시

- <역(曆)에 의한 계산방법>
  2023년 1월 1일부터 2월 28일까지 근무하고 3월 1일부터 12월 31일까지 휴직하였을 경우, 실근무기간 2개월 미만에 해당되지 않으나, 이때, 1월 6일부터 1월 10일까지 연가(총3일)를 사용하였을 경우, 3월 6일까지 근무하고 3월 7일부터 휴직해야(공휴일·토요일을 제외한 근무일수 총3일) 실근무기간 2개월 미만에 해당하지 않는다.

- <기간을 합산하는 경우 1>
  2023년 1월 1일부터 1월 20일까지 근무하면서 기간중 연가를 2일 사용(총18일 근무)하고 1월 21일부터 4월 20일까지 특별휴가(총90일)를 사용하고 4월 21일부터 6월 1일까지 근무(총42일)하고 6월 2일부터 12월 31일까지 휴직하였을 경우, 근무기간을 합산하여 실근무기간이 60일(공휴일·토요일 포함)이므로 실근무기간 2개월 미만에 해당하지 않는다.

- <기간을 합산하는 경우 2>
  2023년 2월 10일부터 9월 27일까지 육아휴직을 하고, 10월 2일부터 교육훈련 파견을 갔다가 12월 14일에 복귀한 경우 1월 1일부터 1월 31일까지를 1개월로 보고 나머지 기간을 합산하여 30일을 1개월로 계산하되, 추석 등 연휴인 9월 28일부터 10월 1일까지는 실제근무한 기간에 포함되지 않으므로 실근무 2개월 미만에 해당된다.

2) 지방자치단체의 장과 지방의회의 의장은 평가대상기간 중「지방공무원법」제70조 등에 따른 징계처분을 받은 자에 대하여는 성과상여금을 지급하지 아니한다.

- 다만, 업무관련성 및 사회적 비난가능성이 없는 사유로 인해 견책처분을 받은 자로서, 견책처분에도 불구하고 성과상여금을 반드시 지급하여야 할 특별한 공적이 있는 경우에 한하여 지방자치단체의 장과 지방의회의 의장은 성과급심사위원회의 의결을 거쳐 예외적으로 지급여부를 결정할 수 있다.

※ 단, 이 경우에도 징계사유가「지방공무원 징계규칙」제5조제2항 각 호의 어느 하나에 해당하는 경우에는 성과상여금을 지급할 수 없음.

※ **「지방공무원 징계규칙」제5조제2항 각 호**

1. 「지방공무원법」제69조의2제1항 각 호의 어느 하나에 해당하는 비위
1의2. 「지방공무원법」제69조의2제1항 각 호의 어느 하나에 해당하는 비위를 신고하지 않거나 고발하지 않은 행위
2. 「도로교통법」제44조에 따른 음주운전(같은 조 제2항을 위반하여 음주측정에 응하지 않은 경우를 포함)
3. 「성폭력범죄의 처벌 등에 관한 특례법」제2조에 따른 성폭력범죄
4. 「성매매알선 등 행위의 처벌에 관한 법률」제2조에 따른 성매매
5. 「양성평등기본법」제3조제2호에 따른 성희롱
6. 「공직자윤리법」제8조의2제1항제4호 또는 제22조에 따라 등록의무자에 대하여 재산등록 또는 주식의 매각·신탁과 관련한 의무 위반
7. 「공직선거법」위반으로 벌금형 이상의 형을 선고받은 비위
7의2. 「지방공무원 적극행정 운영규정」제2조제3호에 따른 소극행정
8. 부작위 또는 직무태만(소극행정은 제외한다)
9. 「공무원 행동강령」제13조의3에 따른 부당한 행위
10. 성 관련 비위나 「공무원 행동강령」제13조의3에 따른 부당한 행위에 대응하지 않거나 은폐한 행위
11. 공무원 채용과 관련하여 청탁이나 강요 등 부당한 행위를 하거나 채용 업무와 관련하여 비위행위를 한 경우
12. 「부정청탁 및 금품등 수수의 금지에 관한 법률」제5조에 따른 부정청탁
13. 「부정청탁 및 금품등 수수의 금지에 관한 법률」제6조에 따른 부정청탁에 따른 직무수행
14. 직무상 비밀 또는 미공개정보를 이용한 부당행위
15. 우월적 지위 등을 이용하여 다른 공무원 등에게 신체적·정신적 고통을 주는 등의 부당행위

3. 지급방법

가. 지방자치단체의 장과 지방의회의 의장은 소속공무원의 의견을 적극 수렴하고 해당 기관의 업무와 구성원의 특성 등을 감안하여 다음의 방법 중 해당기관에 가장 적합한 방법을 자율적으로 선택하여 성과상여금을 지급한다.

  1) 개인별로 차등하여 지급하는 방법
  2) 부서별로 차등하여 지급한 후 개인별로 균등하게 지급하는 방법
  3) 개인별로 차등하여 지급하는 방법과 부서별로 차등하여 지급하는 방법을 겸하는 방법
  4) 부서별로 차등하여 지급한 후 부서 안에서 개인별로 다시 차등하여 지급하는 방법

나. 지방자치단체의 장과 지방의회의 의장은 직종 및 업무의 특성상 필요하다고 인정하는 경우에는 소속공무원의 의견을 수렴하여 부서별로 지급방법을 달리 정할 수 있다. 또한, 지방자치단체에 소속된 국가 공무원의 경우에는 동일한 계급 또는 직위의 지방공무원과 평가단위를 통합하여 운영할 수 있다. 다만, 이 경우에도 성과상여금 지급기준액은 해당 공무원 계급의 지급기준액을 적용한다.

  * 지방자치단체의 장과 지방의회의 의장은 기관 전체의 성과향상을 도모하고 직무와 성과중심의 보상체계를 정착시키기 위하여 정책부서, 집행부서(기관), 현업기관, 교대근무부서(기관) 등 부서별 업무특성에 따라 지급방법을 각기 달리 선택할 수 있음.

다. 지방자치단체의 장과 지방의회의 의장은 필요한 경우 사전에 행정안전부장관(교육부장관)과 협의하여 위의 지급방법 이외에 다른 방법으로도 성과상여금을 지급할 수 있다.
  (Ⅲ. 5. 참조).

라. 징계를 사유로 성과상여금을 지급받지 못했거나, 면직처분·파면처분 또는 해임처분으로 성과평가를 받지 않아 성과상여금을 지급받지 못한 공무원에 대한 당초 처분이 무효 또는 취소된 경우
  - 당초 면직·징계처분이 있었던 연도의 성과상여금업무처리 기준(행정안전부 예규)에서 정한 지급기준액에 표준평균지급률을 곱한 금액을 소급하여 지급한다.
  - 다만, 당초 징계처분이 변경된 경우 당초 처분이 있었던 연도에 적용되는 성과상여금 지급기준(행정안전부 예규)에 따른다.

마. 직위해제처분(징계의결요구에 따른 직위해제처분 제외)을 사유로 성과상여금업무 처리기준(행정안전부 예규)에서 정한 지급기준액에 표준평균지급률을 곱한 금액 미만(미지급 포함)을 받은 공무원에 대해 당초 처분이 무효 또는 취소*된 경우

  * 「지방공무원 임용령」 제31조의6제2항제2호 각 목의 기간에 해당하는 경우 포함

- 당초 직위해제처분이 있었던 연도의 성과상여금업무 처리기준(행정안전부 예규)에서 정한 지급기준액에 표준평균지급률을 곱한 금액과 당초 지급액 간의 차액을 소급하여 지급할 수 있다.

  * 다만, 소급 지급되는 성과상여금은 당초 면직·징계처분, 직위해제처분 등이 있었던 연도에 한하며 당초 처분이 있었던 연도의 실 근무기간이 2개월(연2회 지급 시 1개월) 미만인 경우에는 지급하지 아니함.

> **<경과조치>**
> 직위해제처분(징계의결요구에 따른 직위해제처분 제외)을 사유로 성과상여금업무 처리기준(행정안전부 예규)에서 정한 지급기준액에 표준평균지급률을 곱한 금액 미만(미지급 포함)을 받은 공무원에 대하여 당초 지급액과의 차액을 소급지급하는 내용의 상기 개정사항은 직위해제처분이 2021년 1월 1일 이후 무효·취소*된 경우부터 적용한다.
> * 「지방공무원 임용령」 제31조의6제2항제2호 각 목의 기간에 해당하는 경우 포함

4. 지급단위

성과상여금은 소속기관 또는 소속부서별로 지급하되, 필요한 경우 지급기관 또는 부서를 통합할 수 있다.

  ※ 지방자치단체의 장과 지방의회의 의장이 협의하는 경우 통합하여 운영 가능
  ※ 「지방공무원 적극행정 운영규정」 제14조제1항제3호에 따라 성과성과상여금 최고등급 부여시 분리하여 지급가능. 이 경우 본래 지급단위 현원에서 제외함

5. 성과급심사위원회

가. 성과급심사위원회는 성과상여금 지급부서별 또는 지급단위기관별로 둔다.

나. 성과급심사위원회는 성과상여금 지급대상자(부서별 지급의 경우에는 부서의 장을 말한다)의 상위 계급자 중에서 소속기관의 장이 지정하는 7명 이내(3명 이상)의 위원으로 구성한다. 다만, 상위 계급자가 부족한 경우에는 동일 계급자 중에서 지정할 수 있다.

다. 성과급심사위원회는 성과상여금 지급순위의 결정 및 동점자의 순위결정 등 성과상여금 지급순위를 확정하여 의결하며, 소속 직원의 이의신청에 대하여 재심사한다.

라. 성과급심사위원회는 성과상여금 최상위등급(S등급)을 부여할 직원에 대하여 업무실적, 결정근거 등을 포함한 심사 의결서를 작성하고 이를 의결하여야 한다.

※ <별지 제1호의2 서식> 참고

※ 지방자치단체의 장과 지방의회의 의장은 성과급심사위원회와 별도로 성과상여금 운영에 관한 사항을 총괄조정하고 자체 성과상여금 지급계획을 심의하기 위하여 '성과급운영위원회'를 둔다('Ⅵ. 1. 성과급운영위원회' 참조).

Ⅲ. 성과상여금 지급방법

※ 아래는 연 1회 평가하는 경우를 위주로 설명한 것이므로 연 2회 이상 평가하는 경우에는 평가횟수, 평가대상기간에 맞게 적절히 조정하여 성과급 지급계획을 수립하도록 함.

1. 개인별로 차등하여 지급하는 방법

가. 지급단위

1) 지급단위는 기관 전체 또는 실·국 단위로 하되 특별한 사정이 있는 경우 달리할 수 있다.

2) 직종별·계급(또는 직급)별로 개인의 성과를 평가하여 성과상여금을 지급한다.
   - 지방자치단체의 장과 지방의회의 의장은 필요한 경우 직종·계급 또는 직급을 통합하거나 분리하여 지급할 수 있다. 다만, 시간선택제공무원은 전일제 공무원과 반드시 분리하되, 시간선택제공무원이 소수인 경우 등 필요한 경우 시간선택제 내에서 직렬, 직급 등 통합하여 평가 가능함.
     ※ <u>재난안전 업무를 전담하는 공무원은 지급단위를 별도로 구성하여 성과상여금 지급 가능</u>
   (예시) 별정직 6급상당과 일반직 6급을 통합하여 지급.
   　　　 시간선택제공무원이 6급 1명, 7급 1명인 경우 전일제와는 반드시 분리하되, 시간선택제공무원 2명은 통합하여 평가 가능

나. 지급등급과 지급률

1) 지급등급과 지급률의 결정

가) 성과상여금의 지급등급과 등급별 지급률은 아래와 같다.

지급등급 (인원비율)	S등급 (상위 20%)	A등급 (상위 20% 초과 60% 이내)	B등급 (상위 60% 초과 90% 이내)	C등급 (하위 10%)
지급률 ('기준액' 기준)	172.5% 이상	125%	85% 이하	0%

나) 지방자치단체의 장과 지방의회의 의장은 자치단체의 특성 등을 고려하여 필요한 경우 예산의 범위 안에서 소속직원의 의견수렴 절차 등을 거쳐 지급등급별 인원비율을 15%포인트 범위에서, 지급률을 20%포인트 범위 내에서 각각 자율적으로 조정할 수 있다. 다만, 지급등급간 지급률 간격은 20%포인트 이상이 되도록 하여야 한다.

다) 평가대상자가 소수인 경우에는 직종·계급 또는 직급을 통합하여 평가하는 것을 원칙으로 하되, 평가대상자가 2명 이하임에도 통합하여 평가하지 아니할 경우에는 위의 등급별 인원비율에 관계없이 절대평가한다. 다만, 평가대상자가 2명인 경우에는 같은 등급을 부여하여서는 아니 된다.

라) 지방자치단체의 장과 지방의회의 의장은 S등급에 해당하는 자 중 성과가 탁월한 자에 대하여는 예산의 범위 안에서 172.5%를 초과하는 금액을 지급(S등급 위에 SS나 SSS등급을 추가하여 운영하는 것도 가능)하거나 적절한 혜택을 추가로 부여하여 성과에 따른 차등보상이 이루어지도록 노력하여야 한다. 이와 관련한 대상자의 선발은 가급적 직급별로 하되, 구체적인 사항에 대하여는 직원 의견수렴 절차 등을 거쳐 자율적으로 정한다.

2) 지급기준액의 조정

가) 각 개인에게 지급되는 성과상여금의 평균이 표준적인 지급인원비율에 의한 것 이하가 되도록 [별표]의 지급기준액을 아래와 같은 방법으로 조정한다.
  ① 연 1회만 평가하는 경우에는 표준평균지급률 110%로 하며, 연 2회 이상 평가하는 경우에는 지방자치단체의 장과 지방의회의 의장이 정한 지급률로 정한다(단, 이하 예시는 110%를 기준으로 설명한다).
  ② 조정지급기준액 : [별표]의 지급기준액 × 110% / '1)'에 의한 평균지급률
     * 조정지급기준액 계산시 소수점 이하는 절사한다.
     * 평균지급률(%) = ∑ 지급등급별 인원비율(%)×지급률(%) / 100

> **예시**
>
> ○ "ㄱ" 기관의 지급등급과 지급률이 아래와 같이 결정된 경우
>
> | 지급등급
(인원비율) | S등급
(상위 25%) | A등급
(25% 초과 55% 이내) | B등급
(55% 초과 95% 이내) | C등급
(하위 5%) |
> |---|---|---|---|---|
> | 지급률(%)
('기준액' 기준) | 172.5% | 125% | 85% | 0% |
>
> ① 위의 지급등급과 지급률에 의한 평균지급률 계산
>   S등급(0.25×172.5) + A등급(0.3×125) + B등급(0.4×85) = 114.625%
> ② 지급기준액 조정지수 계산
>   조정지수 = 표준평균지급률(110%) / 평균지급률(114.625%) = 0.959…
> ③ 조정지급기준액 계산
>   조정지급기준액 = 지급기준액 × 조정지수
>
> | 계 급 | 지급기준액 | 조정지수 | 조정지급기준액 |
> |---|---|---|---|
> | 6급 | 3,874,800 | 0.959… | 3,718,455 |
> | 7급 | 3,294,500 | | 3,161,570 |
> | 8급 | 2,736,600 | | 2,626,181 |
> | 9급 | 2,326,900 | | 2,233,011 |

3) 지급등급별 인원 결정

지급단위기관(부서)내의 계급(또는 직위)별 현원에 지급등급별 인원비율을 곱하여 지급등급별 인원을 결정한다.
  - 이 경우 소수점 이하는 반올림을 원칙으로 하되,
  - 지급등급별 인원합계가 현원을 초과하거나 미달하는 경우에는 소수점 이하 값이 큰 순서대로 올림하고 값이 동일한 경우에는 상위등급부터 올림한다.

> **예시**
>
> ○ 개인별 지급등급의 인원비율이 S등급 상위 20%, A등급 40%, B등급 30%, C등급 10%이고 현원이 29명인 경우
>   - S등급 : 5.8명, A등급 : 11.6명, B등급 : 8.7명, C등급 : 2.9명
>   → S등급 : 6명, A등급 : 11명, B등급 : 9명, C등급 : 3명

4) 지급액의 결정

개인별 성과상여금 지급액은 개인별 지급등급에 해당하는 지급률에 '2)'에 의하여 계산된 조정지급기준액을 곱한 금액으로 한다.

- 다만, 지방자치단체의 총지급액이 배정된 예산액을 초과하는 경우에는, 지방자치단체의 장과 지방의회의 의장이 정하는 바에 따라 지급액을 적절히 조정하여 총지급액이 예산을 초과하지 않도록 한다.

$$\text{(예시) 개인별 실제지급액} = \text{개인별 조정지급기준액} \times \text{개인별 지급률} \times \frac{\text{편성예산}}{\text{소요예산}}$$

다. 개인별 지급등급의 평가방법

1) 기본원칙

가) 지방자치단체의 장과 지방의회의 의장은 소속 직원의 의견을 수렴하여야 하며, 근무성적평정결과, 부서업무평가, 부서장평가, <u>정책고객평가</u> 등 다양한 평가기준을 반영하여 지급등급을 결정할 수 있다. 단, 근무성적평정결과 반영 비중은 전체 평가항목의 50% 범위 내에서 지방자치단체의 장 또는 지방의회의 의장이 정한다.

나) 「지방공무원 평정규칙」 등 법령에 따른 근무성적평정제도가 적용되지 않는 공무원이 있는 경우 지방자치단체의 장과 지방의회의 의장은 업무성과를 객관적으로 반영할 수 있는 별도의 평가기준을 마련하여 평가해야 한다.

다) 지방자치단체의 장과 지방의회의 의장은 성과상여금 지급등급 결정을 위하여 별도의 성과 평가제도를 운영하고 있는 경우에는 성과평가기준을 달리 정할 수 있다.

라) 성과상여금 지급등급 결정을 위한 평가기준을 새로 정하거나 변경하고자 하는 경우에는 사전에 소속공무원의 의견을 수렴하여야 한다.

마) 평가대상기간 중 퇴직한 공무원의 경우에는 퇴직시점에 작성된 성과정보에 관한 자료를 활용하여 지급등급을 결정한다.

2) 평가방법

가) 근무성적평정

① 「지방공무원 임용령」 제31조의2의 규정에 의한 본인의 근무성적평정점 중 '근무실적평정점 등'(평가대상기간이 전년도 1년간인 경우에는 6월과 12월 평정점의 평균치를 말하며, 이때 평정점이 6월 또는 12월 하나뿐인 경우에는 그 평정점을 말한다. 이하 같다)을 기준으로 결정한다.

- '근무실적평정점'은 「지방공무원 평정규칙」 별지 제2호 서식 공무원 근무성적 평정서의 '2. 근무실적 평정' 중 '총점'을 그대로 또는 적절한 방법으로 전환하여 활용한다.

- 다만, 지방자치단체의 장과 지방의회의 의장은 필요한 경우 '근무실적 평정점'을 대신하여 「지방공무원 평정규칙」 별지 제4호 서식 근무성적 평정표의 '평가점'을 그대로 또는 적절한 방법으로 전환하여 활용할 수 있다.

② 목표관리제 또는 성과계약 평가를 실시하는 경우에는 성과목표 달성도 등의 평정점을 기준으로 평가한다.

나) 부서업무평가

지방자치단체의 장과 지방의회의 의장은 부서별로 설정한 성과지표의 달성도 및 추진실적 등을 평가한다.
- 부서업무평가를 위하여 부서별 업무특성 및 실정에 적합한 세부 지표를 정하고 평가점수는 그대로 또는 적절한 방법으로 전환하여 활용한다.
- 세부지표는 주요업무성과 및 민원관리(고객만족도, 전화친절도 등), 정책홍보(언론대응, SNS홍보실적 등), 청렴활동(교육, 과제수행 등), 협업실적 등 부서별 특성을 고려하여 선정한다.
- 지방자치단체의 장과 지방의회의 의장은 성과상여금 지급 등급 결정을 위하여 별도의 부서업무평가를 실시하고 있는 경우에는 평가기준을 달리 정할 수 있다.

다) 부서장평가

개인별 이행과제와 성과목표를 수립하고 개인의 업무난이도, 추진 정도 등을 종합적으로 고려하여 업무 해결 능력 및 목표달성 등을 최종 평가한다.
- 개인별 성과목표는 부서 성과목표 달성을 위한 이행과제 등으로 선정할 수 있다.
- 지방자치단체의 장과 지방의회의 의장은 성과상여금 지급 등급 결정을 위하여 별도의 부서 업무평가를 실시하고 있는 경우에는 평가기준을 달리 정할 수 있다.

라) 가·감점 등

① 지방자치단체의 장과 지방의회의 의장은 다음 각 항목에 해당하는 공무원에게 가점을 부여하거나 근무성적평정에 가중치를 부여할 수 있다.
- 규제개혁, 적극적 민원업무 처리, 창의적 업무개선, 예산절감 등으로 주민편의 증진에 기여한 공무원
- 국정과제, 지방 역점과제 적극 추진으로 경제위기 극복 및 행정발전에 기여한 공무원
- 사회복지 등 주민수요 급증 업무의 적극적·능동적 수행으로 우수한 실적을 거둔 공무원
- 격무·기피업무를 성실히 수행하여 우수한 실적을 거둔 공무원
- 복지예산 절감, 국고보조금 부정수급 적발 등에 따른 예산절감 실적이 인정되는 공무원

② 지방자치단체의 장과 지방의회의 의장은 공직비리 등 부패행위 및 보안점검 결과 등을 기준으로 감점을 부여하거나 근무실적평정 등에 반영할 수 있다.

③ 지방자치단체의 장과 지방의회의 의장은 성과상여금제도의 도입취지에 어긋나지 않는 범위에서 업무혁신성과결과, 예산절감 기여 등 지자체별 업무특성 및 실정에 적합한 별도의 평가방법을 마련하여 반영할 수 있다.

1 A 지자체 성과상여금 지급을 위한 평가 기준

- 지급단위 : 실·국·소로 설정
- 평가항목 및 비율

①부서평가 최종점수	정책성과	고객관리	국정과제
100%	80%	10%	10%

개인평가 최종점수	①부서업무평가	②근무실적평정	③교육실적
100%	40%	50%	10%

① 부서업무평가 : 정책성과 및 만족도, 국정과제 등 종합평가
   - 정책성과(80) : 상·하반기 지급단위별 주요정책 추진실적 평가
   - 고객관리(10) : 정책제안 및 참여, 고객만족도 등 평가
   - 국정과제(10) : 국정과제 추진실적
② 근무실적평정 : 6월·12월 근무실적 평정점*의 평균 적용
   * 근무실적 평정점이란 「지방공무원 평정규칙」[별지 2호 서식] 공무원 근무평정서의 "2. 근무실적 평정점" 적용
③ 교육실적 : 사이버교육 및 집합교육 이수 실적

2 B 지자체 성과상여금 지급을 위한 평가 기준

- 지급단위 : 실·국, 구, 동 단위
- 평가항목 및 비율

계	①근무성적평정	②부서장평가	③BSC평가
100%	50%	30%	20%

① 근무성적평정 : 6월·12월 근무성적평정점*의 평균 적용
   * 근무성적평정점 이란 「지방공무원 평정규칙」[별지 4호 서식] 근무성적평정표의 "평가점" 적용
② 부서장평가 : 업무추진실적, 현안·격무팀 근무, 징계 등을 고려하여 평가
   ◦ 직급별 평가 비율
   - 6급(상당) : 국장(구청장·부시장)이 100% 평가
   - 7급(상당)이하 : 부서장 70%, 국장 등 30%
   ◦ 등급별 점수 부여 : 등급별 순위 (S, A, B)에 따라 소수점 첫째자리까지 점수 부여
   - S등급(25.0이상 ~ 30.0), A등급(20.0이상 ~ 25.0미만), B등급(15.0 ~ 20.0미만)
   ◦ 평가자 및 확인자 : 12.31.기준 부서장이 평가하고 부서장이 공로연수, 퇴직 등으로 평가할 수 없는 경우에는 현재의 부서장 및 국장 등이 평가

③ BSC평가 : 성과관리팀 산출점수 반영
- 가·감점 부여
  < 가점 부여 >
  - 청렴마일리지 우수자 → 1단계 상향
  - 민원처리 실태분석결과 상위5%이내 → 1점 가점
  - 표창수여자 → 장관급(+1), 차관급(+0.7), 기관장(+0.5)
  < 감점 부여 >
  - 초과근무수당 부정수령자 → 1회 위반(1단계 하향), 2회 위반(C등급 부여)

③ C 지자체 성과상여금 지급을 위한 평가 기준

- 지급단위 : 실·국, 소속기관
- 평가항목 및 비율

계	①근무실적평정	②부서평가	③부서장평가
100%	40%	30%	30%

① 근무실적평정 : 6월·12월 근무실적 평정점*의 평균 적용
  * 근무실적 평정점 이란「지방공무원 평정규칙」[별지 2호 서식] 공무원 근무평정서의 "2. 근무실적 평정점" 적용

② 부서평가 : 지급단위 공통평가 지표
  - 업무실적평가(60) : 상·하반기 지급단위별 주요업무 추진실적 평가
    * 소관부서에서 제출한 부서별 성과지표(과제) 추진성과 평가
    * S(60점), A(58점), B(55점), C(50점)
  - 정책홍보실적(20) : 홍보실적(보도자료제공, 기관장 언론활동, 온라인 홍보 등) 홍보성과(긍정보도 비율, 외신 홍보 활동 등), 홍보협력 및 언론대응(비판·오보에 대한 설명자료 제출, 홍보부서 협력도 등)
  - 민원소통(10) : 민원 만족도, 처리기간 준수율 등을 평가
    * 민원만족도 평가 시 평가의 타당성·객관성 유지를 위해 처리건수 10건 이하 부서와 평가 담당부서는 평균점 부여
  - 반부패·청렴 교육실적(10) : 교육 이수부서원 / 부서현원

평가항목	평가기준	부여점수
반부패·청렴 교육실적	이수부서원 비율 80% 이상	10
	이수부서원 비율 79% ~ 70%	8
	이수부서원 비율 69% ~ 60%	6
	이수부서원 비율 59% 이하	4

③ 부서장 평가 : 총 5개 평가지표에 따른 직무수행능력 정성평가
  - 평가항목(5개)* 항목별 20점 만점으로 총 100점 만점
    * 이행과제(2) : 부서과제 달성기여도, 고객만족 향상 기여도
    * 직무능력(3) : 의사소통 및 협업, 직무수행태도

라. 기타

1) 지방자치단체의 장과 지방의회의 의장은 평가대상기간 중 「지방공무원법」 제70조 등에 따른 징계처분을 받은 자에 대하여는 성과상여금을 지급하지 아니한다.
    - 다만, 업무관련성 및 사회적 비난가능성이 없는 사유로 인해 견책처분을 받은 자로서, 견책처분에도 불구하고 성과상여금을 반드시 지급하여야 할 특별한 공적이 있는 경우에 한하여 지방자치단체의 장과 지방의회의 의장은 성과급심사위원회의 의결을 거쳐 예외적으로 지급여부를 결정할 수 있다.
        ※ 단, 이 경우에도 징계사유가 「지방공무원 징계규칙」 제5조제2항 각 호의 어느 하나에 해당하는 경우에는 성과상여금을 지급할 수 없음.

2) 징계를 사유로 성과상여금을 지급받지 못했거나, 면직처분·파면처분 또는 해임처분으로 성과평가를 받지 않아 성과상여금을 지급받지 못한 공무원에 대한 당초 처분이 무효 또는 취소된 경우
    - 당초 면직·징계처분이 있었던 연도의 성과상여금업무처리 기준(행정안전부 예규)에서 정한 지급기준액에 표준평균지급률을 곱한 금액을 소급하여 지급한다.
    - 다만, 당초 징계처분이 변경된 경우 당초 처분이 있었던 연도에 적용되는 성과상여금 지급기준(행정안전부 예규)에 따른다.

3) 직위해제처분(징계의결요구에 따른 직위해제처분 제외)을 사유로 성과상여금업무 처리기준(행정안전부 예규)에서 정한 지급기준액에 표준평균지급률을 곱한 금액 미만(미지급 포함)을 받은 공무원에 대해 당초 처분이 무효 또는 취소*된 경우
    * 「지방공무원 임용령」 제31조의6제2항제2호 각 목의 기간에 해당하는 경우 포함
    - 당초 직위해제처분이 있었던 연도의 성과상여금업무 처리기준(행정안전부 예규)에서 정한 지급기준액에 표준평균지급률을 곱한 금액과 당초 지급액 간의 차액을 소급하여 지급할 수 있다.
        * 다만, 소급 지급되는 성과상여금은 당초 면직·징계처분, 직위해제처분 등이 있었던 연도에 한하며 당초 처분이 있었던 연도의 실 근무기간이 2개월(연2회 지급 시 1개월) 미만인 경우에는 지급하지 아니함.

> <경과조치>
> 직위해제처분(징계의결요구에 따른 직위해제처분 제외)을 사유로 성과상여금 업무 처리기준(행정안전부 예규)에서 정한 지급기준액에 표준평균지급률을 곱한 금액 미만(미지급 포함)을 받은 공무원에 대하여 당초 지급액과의 차액을 소급지급하는 내용의 상기 개정사항은 직위해제처분이 2021년 1월 1일 이후 무효·취소*된 경우부터 적용한다.
> * 「지방공무원 임용령」 제31조의6제2항제2호 각 목의 기간에 해당하는 경우 포함

마. 지급순위명부의 작성과 조정

1) 성과급심사위원회의 구성

가) 성과급심사위원회는 성과상여금 지급단위기관(또는 부서)별로 두며, 성과상여금 지급대상자의 상위계급자 중에서 소속기관(또는 부서)의 장이 지정하는 7명 이내(3명 이상)의 위원으로 구성한다.
  - 다만, 상위계급자가 부족한 경우에는 동일계급자 중에서 지정하거나 해당 인사위원회로 성과급심사위원회에 갈음할 수 있다.

나) 즉, 성과상여금을 기관 단위로 평가하여 지급하는 경우(예 : 과장급)에는 기관 차원의 위원회를 구성하며, 실·국·본부단위로 평가하여 지급하는 경우(예 : 5급 이하)에는 실·국별로 위원회를 각각 설치한다.

2) 순위명부 작성과 조정

가) '다.1)'의 개인별 평가에 의한 개인별 종합 평가결과(점수)에 따라 성과상여금 지급단위별로 계급별 성과상여금 지급순위명부(별지 제1호 서식)를 작성한다. 동점인 경우에는 동순위로 한다.

나) 실제로 근무한 기간이 2개월(연 2회 평가하여 지급 시 1개월로 한다) 미만인 자와 각 기관별 특성 및 실정에 적합하게 정한 지급제외기준에 해당하는 자는 동순위로 최하위 순위에 배치하고 성과상여금을 지급하지 아니한다. 다만, 지방자치단체 장 또는 지방의회의 의장은 필요한 경우 행정안전부장관(교육부장관)과 협의하여 평가대상기간별로 기간요건을 달리 정할 수 있다.

다) 특별승급심사위원회에서 업무실적 우수자에 대하여 특별승급대신 성과상여금 지급을 권고한 자는 최상위순위에 배치할 수 있다.

라) 성과급심사위원회는 성과상여금 지급 단위 내에 근무성적 평정자(또는 확인자)가 2명 이상인 경우 평정자(또는 확인자) 상호간에 발생할 수 있는 평정점 편차 등을 감안하여 순위를 조정할 수 있고, 동점자의 순위를 결정한다.

마) 직무파견 공무원의 성과상여금을 원 소속기관에서 지급함에 있어서는 파견 받은 기관의 지급등급 결정결과 상위 20%(S등급)에 포함된 자에 대하여는 동일 동급으로 배치할 수 있다.

바) 지방자치단체의 장 또는 지방의회의 의장은 자치단체별 특성 및 실정을 고려하여 직원 의견수렴절차 등을 거쳐 자율적으로 조정기준을 정할 수 있다. 다만, 공무원의 출산휴가의 경우에는 국가의 모·부성의 권리보장 규정(「양성평등기본법」 제25조 등) 등의 취지를 고려하여 성과상여금제도의 근본 취지를 훼손하지 않는 범위 안에서 불합리한 차별을 받지 않도록 할 수 있다.

바. 이의제기

 1) 지급등급결과 통보와 이의제기

  가) 성과급심사위원회는 '마.'의 성과상여금 지급등급결과를 소속기관(부서)의 장에게 통보하여야 하며, 소속기관(부서)의 장은 즉시 소속 공무원에게 해당 지급등급을 알려주고, 최하위등급으로 평가된 자에게는 그 사유를 설명하여야 한다.
  나) 본인의 지급등급에 대하여 이의가 있는 공무원은 소속기관(부서)의 장이나 인사담당관에게 이의신청서(별지 제2호 서식)를 작성하여 이의를 제기할 수 있다. 소속기관(부서)의 장이나 인사담당관은 이의가 타당하다고 판단하는 경우, 해당 성과급심사위원회에 재심사를 요구할 수 있다.
  다) 그 밖의 구체적인 이의제기 방법과 절차 및 이의제기에 대한 심사결과 통보 등에 관한 사항은 지방자치단체의 장 또는 지방의회의 의장이 정하되, 성과상여금 지급전에 3일 이상 7일 이내의 이의제기기간을 두어야 한다.

 2) 성과급심사위원회의 재심사

  가) 성과급심사위원회는 소속기관(부서)의 장이나 인사담당관으로부터 재심사 요구가 있는 경우에는 재심사 요구사유 등을 심사하여 지급순위와 지급 등급을 재조정할 수 있다.
   ※ 성과급심사위원회 재심사 시 '성과급 재심사 의결서'(별지 제2호의2 서식) 활용 가능
  나) 이 경우, 이의를 제기하지 않은 자의 지급등급은 가급적 변경하지 않고 이의를 제기한 자의 지급순위와 지급등급을 조정한다. 다만, 이의신청 수용에 따른 등급별 인원비율 조정은 자율운영기준 범위 내에서 정하며, 조정된 인원비율에 따라 지급기준액을 조정하여 적용하되, 지급등급을 재조정하여 소요 예산이 부족하게 되는 경우에는 '나.2)'의 예에 준하여 예산범위 안에서 성과상여금이 지급될 수 있도록 지급기준액을 재조정하여야 한다.

사. 성과상여금의 지급

 1) 성과상여금의 지급

  가) 성과급심사위원회의 심사결과에 따라 지급등급이 확정된 후 성과상여금을 일시금 또는 매월 분할하여 개인에게 지급한다.
   - 성과상여금 지급 전 퇴직자에게는 일시금 형태로 지급한다.
   - 성과상여금을 분할하여 지급하는 도중에 퇴직하거나 기관이동 등에 의하여 미지급 잔액을 모두 지급해야할 사유가 발생한 때에는 미지급 잔액을 일시에 지급한다.
    * 연 1회 평가 시 해당연도 잔여월로 분할하여 지급하며, 연 2회 평가 시 상반기는 해당연도 6월까지, 하반기는 12월까지 분할하여 지급한다.

- 지방자치단체의 장과 지방의회의 의장은 필요시 평가대상기간에 실제로 근무하지 않은 기간(Ⅱ. 성과상여금 지급 개요 2.-다.-1) 참고)이 있는 공무원에게 지급하는 성과상여금을 근무기간에 비례하여 지급할 수 있다.
- 시간선택제근무를 하는 공무원에게 지급하는 성과상여금은 근무시간에 비례하여 지급한다.

> **예시**
>
> - 6급 공무원이 휴직 후 8.1 복직하여 5개월 근무하고 S등급을 받은 경우
>   ① 근무기간에 비례하여 지급하는 경우 :
>   · 지급액 = 3,874,800원×172.5%× 5/12 = 2,785,010원
>   ② 근무기간에 비례하지 않고 지급하는 경우
>   · 지급액 = 3,874,800원×172.5% = 6,684,030원
> - 시간선택제공무원(6급)이 평가대상기간(1년) 중 3개월을 시간제 근무(1일 4시간 주 20시간)하고 S등급을 받은 경우(근무기간이 3개월임)
>   ① 근무기간에 비례하여 지급하는 경우
>   · 지급액 = (3,874,800원×20/40)×172.5%×3/12 = 835,500원
>   ② 근무기간에 비례하지 않고 지급하는 경우
>   · 지급액 = (3,874,800원×20/40)×172.5% = 3,342,010원
> - 시간선택제공무원(6급)이 평가대상기간(1년) 중 9개월은 전일제 근무를 하고, 3개월은 시간제 근무(1일 4시간 주 20시간)를 하여 S등급을 받은 경우
>   · 지급액 = 전일제근무분[3,874,800원×172.5%×9/12] + 시간제근무분[(3,874,800원 ×20/40)×172.5%×3/12] = 5,848,520원

나) 지급기준일과 평가주기 등을 달리하는 기관으로 인사이동하거나 퇴직 후 재채용 되는 경우 종전기관에서의 근무기간이 평가대상기간에 포함되지 않거나 중복 포함되는 문제가 발생할 수 있으므로 지방자치단체의 장과 지방의회의 의장은 평가대상기간에 포함하지 않은 근무기간 또는 종전기관에서 성과상여금을 지급받은 평가대상기간(중복된 기간을 말한다)에 비례하여 성과상여금을 가액 또는 감액하여야 한다.

2. 부서별 차등지급 후 부서 내에서 개인별로 균등 지급하는 방법

가. 개 요

1) 교대근무가 제도화 되어 있는 등 부서·직종 및 업무의 특성상 개인별 성과를 구분하여 평가하기가 특히 어렵거나 부적절한 경우, 부서별로만 차등하여 성과상여금을 지급할 수 있다.
   - 차등하여 지급된 성과상여금은 부서 내 개인에게는 계급별로 균등하게 지급한다.
2) 성과상여금을 지급하는 부서 단위는 직제 상 최저단위기관(예 : 과, 담당관 등)으로 하되, 특별한 사정이 있는 경우 이를 달리 정할 수 있다.

나. 지급등급과 지급률

지급등급은 3개 등급 이상이어야 하고, 지급 등급 간 지급률 격차는 가급적 균등하게 하되 최상위등급 지급률이 최하위등급 지급률의 1.5배 이상(최하위등급 지급률이 0%인 경우는 제외)이어야 하며, 지급등급별 부서 비율은 정규분포를 이루도록 적정하게 정하되 특정 등급의 부서 비율이 60%를 초과하여서는 아니 된다.

다. 부서별 성과평가

1) **성과평가기준**
   가) 부서의 성과평가기준은 「지방공무원 임용령」 제31조의2에 따라 '부서운영에 대한 평가'를 실시하거나, 해당기관의 업무 특성 등을 감안하여 지방자치단체의 장 또는 지방의회의 의장이 정한다.
   - 부서 성과평가 평가항목으로 정부업무평가, 부서업무평가, 정책고객평가 등을 활용할 수 있다.
   나) 목표관리제 평가 또는 성과계약 평가가 적용되는 경우에는 해당부서장의 성과목표 달성도 등의 평정점을 부서의 성과 평가기준에 일정부분 반영하여야 한다.

2) **성과급심사위원회의 구성**
   성과급심사위원회는 성과상여금 지급단위기관(또는 부서)별로 두며, 성과상여금 지급대상 부서의 장의 상위계급자중에서 소속기관(또는 부서)의 장이 지정하는 7명 이내(5명 이상)의 위원으로 구성한다. 다만, 상위 계급자가 부족한 경우에는 동일 계급자 중에서 지정하거나 해당 인사위원회로 성과급심사위원회에 갈음할 수 있다.

3) **부서별 지급등급 결정**
   성과급심사위원회는 위의 성과평가기준을 기준으로 각 부서의 성과평가결과를 조정하여 부서별 지급등급을 결정한다.

라. 결과 통보 및 이의제기

1) 지급등급결과 통보와 이의제기

가) 성과급심사위원회는 '다'의 부서별 지급등급 결정결과를 소속기관(부서)의 장에게 통보하여야 한다.

나) 본인 소속기관(부서)의 지급등급에 대하여 이의가 있는 소속기관(부서)의 장은 이의신청서(별지 제2호 서식)를 작성하여 해당 성과급심사위원회에 이의를 제기하고 재심사를 요구할 수 있다.

다) 그 밖에 구체적인 이의제기 방법과 절차 및 이의제기에 대한 심사결과 통보 등에 관한 사항은 지방자치단체의 장 또는 지방의회의 의장이 정하되, 성과상여금 지급 전에 이의제기기간을 7일 이상 두어야 한다.

2) 성과급심사위원회의 재심사

가) 성과급심사위원회는 소속기관(부서)의 장으로부터 재심사 요구가 있는 경우에는 재심사 요구사유 등을 심사하여 평가대상 기관 전체의 지급등급 결과를 종합적으로 고려하여 재조정할 수 있다.

나) 이 경우, 이의를 제기한 소속기관(부서)의 지급등급 변경으로 인해 이의를 제기하지 않은 소속기관(부서)의 지급등급 변경이 있을 경우, 재조정을 확정하기 전에 해당 소속기관(부서)의 장에게 변경 내용을 알려주어야 한다.

※ 성과급심사위원회 재심사 시 '성과급 재심사 의결서'(별지 제2호의2 서식) 활용

마. 지급기준액의 조정과 성과상여금의 지급

1) 지급기준액의 조정

가) 각 개인에게 지급되는 성과상여금 지급기준액이 개인별 차등지급시의 표준적인 지급인원비율에 의한 조정지급기준액 이하가 되도록 [별표]의 지급기준액을 다음의 예시와 같은 방법으로 조정한다.

나) 지방자치단체의 장과 지방의회의 의장은 특히 필요한 경우 직급 또는 계급을 통합하여 지급기준액을 별도로 정하거나 전 직급 또는 계급에 단일의 지급기준액을 적용할 수 있다.

- 이 경우에도 각 개인에게 지급되는 성과상여금 지급기준액이 개인별 차등지급 시의 표준적인 지급인원비율에 의한 조정지급기준액 이하가 되도록 지급기준액을 조정한다.

📋 **예 시**

- "ㄴ" 자치단체 부서별 지급단위가 8개과이고 전체 지급대상인원이 414명이며, 지급등급은 4개 등급이고 지급등급별 과수는 1·3·3·1개이며 지급률은 각각 130%, 110%, 90%, 70%인 경우

- **부서별 인원수**

계급 \ 부서	계	A과	B과	C과	D과	E과	F과	G과	H과
계	414	64	51	54	42	51	55	50	47
6급	26	4	3	3	2	3	4	4	3
7급	152	20	18	20	16	20	20	20	18
8급	186	30	25	25	20	20	26	20	20
9급	50	10	5	6	4	8	5	6	6

① 부서별 지급등급과 지급률을 정한다.

지급등급 (부서)	S등급 (A과)	A등급 (B과, G과, H과)	B등급 (C과, D과, F과)	C등급 (E과)
지급률(%) ('기준액' 기준)	130%	110%	90%	70%

② 414명에 표준평균지급률 110%를 곱하여 총표준지급비율을 산출한다.

414명 × 110% = 45,540%

③ ①의 지급등급과 지급률을 기준으로 414명의 총지급비율을 산출한다.

A과(64명×130%) + **B과**(51명×110%) + **C과**(54명×90%) + **D과**(42명×90%) + **E과**(51명×70%)
+ **F과**(55명×90%) + **G과**(50명×110%) + **H과**(47명×110%) = **41,760%**

④ 지급기준액 조정지수 계산

조정지수 = 총표준지급비율(45,540%) / 총지급비율(41,760%) = 1.090…

⑤ 조정지급기준액 계산

조정지급기준액 = 지급기준액 × 조정지수

계 급	지급기준액	조정지수	조정지급기준액
6급	3,874,800		4,225,536
7급	3,294,500	1.090…	3,592,709
8급	2,736,600		2,984,309
9급	2,326,900		2,537,524

> **예시**
>
> - 'ㄴ' 자치단체의 직급별 지급대상 인원수
>
> | 직급 | 6급 | 7급 | 8급 | 9급 |
> |---|---|---|---|---|
> | 인원(414명) | 26명 | 152명 | 186명 | 50명 |
>
> - 6급과 7급을 통합하여 지급기준액을 하나로 정하고 8급과 9급을 통합하여 지급기준액을 하나로 정하는 경우
>
>   ① 6급, 7급의 지급기준액
>   =[{6급 인원수(26명)×6급 지급기준액(3,874,800원)}+{7급 인원수(152명)×7급 지급기준액(3,294,500원)}]÷(6급 인원수+7급 인원수) = 3,379,262원
>
>   ② 8급, 9급의 지급기준액
>   =[{8급 인원수(186명)×8급 지급기준액(2,736,600원)}+{9급 인원수(50명)×9급 지급기준액(2,326,900원)}]÷(8급 인원수+9급 인원수) = 2,649,799원
>
> - 전 직급을 통합하여 하나의 지급기준액을 적용하는 경우
>   : ㄴ 자치단체의 6~9급의 지급기준액
>   =[{6급 인원수(26명)×6급 지급기준액}+{7급 인원수(152명)×7급 지급기준액}
>   +{8급 인원수(186명)×8급 지급기준액}+{9급 인원수(50명)×9급 지급기준액}]
>   ÷(6급 인원수+7급 인원수+8급 인원수+9급 인원수) = 2,963,433원
>
> - 위 'ㄴ 자치단체'의 지급방법에 따를 경우 최종 지급기준액
>   - 조정지수 = 총표준지급비율(45.540%) / 총지급비율(41.760%) = 1.090…
>   - 6급과 7급을 통합하고, 8급과 9급을 통합하는 경우의 지급기준액
>
> | 계급 | 지급기준액 | 조정지수 | 조정지급기준액 |
> |---|---|---|---|
> | 6급, 7급 | 3,379,263 | 1.090… | 3,685,144 |
> | 8급, 9급 | 2,649,799 | | 2,889,651 |
>
>   - 전 직급을 통합하는 경우의 지급기준액
>
> | 계급 | 지급기준액 | 조정지수 | 조정지급기준액 |
> |---|---|---|---|
> | 6~9급 | 2,963,433 | 1.090… | 3,231,675 |

2) 성과상여금의 지급

가) 각 개인에게 아래의 방법에 의하여 산출된 성과상여금을 지급한다.
 - 개인별 지급액 : 소속부서의 지급률 × '1)'의 조정지급기준액

나) 기타 성과상여금의 지급에 관한 사항은 'Ⅲ.1.개인별로 차등하여 지급하는 방법'의 '사.1) 성과상여금의 지급'에 따른다.

다) 총 소요예산이 편성된 예산을 초과하는 경우에는 지방자치단체의 장 또는 지방의회의 의장은 적절한 방법에 의하여 개인별 지급액을 조정한다.

(예시) 개인별 실제지급액 = 개인별 조정지급기준액 × 개인별 지급률 × $\frac{편성예산}{소요예산}$

3. 개인별로 차등하여 지급하는 방법과 부서별로 차등하여 지급하는 방법을 겸하는 방법

가. 개 요

성과상여금 예산의 일부(50%를 초과할 수 없다)는 부서별로 성과를 평가하여 차등 지급한 후 부서 내 개인에게는 계급별로 균등하게 지급하고, 나머지 예산은 개인별로 성과를 평가하여 개인별로 차등하여 지급한다.

나. 부서별 지급방법

1) 지방자치단체의 장과 지방의회의 의장은 업무와 구성원의 특성을 감안하고 소속 공무원의 의견을 수렴하여 지급등급과 지급률을 정한다.
 - 다만, 지급등급은 3개 등급 이상이어야 하고, 지급등급간 지급률 격차는 가급적 균등하게 하되 최상위등급 지급률이 최하위등급(최하위등급 지급률이 0%인 경우는 제외) 지급률의 1.5배 이상이어야 하며, 지급등급별 부서 비율은 정규분포를 이루도록 적정하게 정하되 특정 등급의 부서 비율이 60%를 초과하여서는 아니 된다.
2) 그 밖의 부서별 지급과 관련하여 필요한 사항은 'Ⅲ. 2. 부서별 차등지급 후 부서 내에서 개인별로 균등 지급하는 방법'과 아래의 예시를 참고하여 지방 자치단체의 장 또는 지방의회의 의장이 정한다.

다. 개인별 지급방법

'Ⅲ.1. 개인별로 차등하여 지급하는 방법'에 의하여 지급하되, 다음의 예시와 같이 지급등급별로 조정된 인원비율과 개인별 지급에 배정된 예산비율 등을 반영하여 지급기준액을 조정하여야 한다.

- 'ㄷ' 자치단체 부서별 지급단위가 5개국이고 전체 지급대상인원이 268명이며, 예산의 50%는 부서별로 지급하고 50%는 개인별로 지급하는 경우
- 부서별 인원수

계급 \ 부서	계	A국	B국	C국	D국	E국
계	268	64	54	52	48	50
6급	18	4	3	3	4	4
7급	98	20	20	20	20	18
8급	113	30	25	20	18	20
9급	39	10	6	9	6	8

< 부서별 지급 >

① 지급등급수(지급등급내 부서의 수), 지급등급별 지급률 등 부서별 지급기준을 정한다.

지급등급 (부서)	S등급 (A국)	A등급 (B국)	B등급 (C국, D국)	C등급 (E국)
지급률(%) ('기준액' 기준)	80%	70%	60%	50%

② 총인원의 부서별 지급예산비율에 따른 총표준지급비율을 산출한다.
  전체인원 × 표준평균지급률(110%) × 총예산중 부서별 지급예산비율(50%)
  → 268명(총인원) × 110% × 0.5 = 14,740%

③ ①의 지급등급과 지급률을 기준으로 268명의 총지급비율을 산출한다.
  A국(64명×80%) + B국(54명×70%) + C국(52명×60%) + D국(48명×60%) + E국(50명×50%) = 17,400%

④ 조정지급기준액 계산
  조정지급기준액 = 지급기준액 × 조정지수(14,740% / 17,400%)
  예) 6급의 경우 지급기준액 3,874,800원에 조정지수(14,740%/17,400%)를 곱하여
      3,282,445원의 조정지급기준액 산출

⑤ 각 개인에게 ①의 해당부서의 지급률에 ④의 조정지급기준액을 곱한 금액을 지급한다.

< 개인별 지급 >

① 개인별 지급등급과 지급률을 정한다.

지급등급 (인원비율)	S등급 (상위 25%)	A등급 (25% 초과 55% 이내)	B등급 (55% 초과 95% 이내)	C등급 (하위 5%)
지급률(%) ('기준액' 기준)	172.5%	125%	85%	0%

② 총예산 중 개인별 지급예산비율(50%)에 따른 표준평균지급률 계산

110% × 50% = 55%

③ ①의 지급등급과 지급률에 의한 평균지급률 계산

S등급(0.25×172.5%) + A등급(0.3×125%) + B등급(0.4×85) = 114.625%

④ 총예산 중 개인별 지급예산비율(50%)을 고려한 지급기준액 조정지수 계산

조정지수 = 표준평균지급률(55%) / 평균지급률(114.625%) = 0.479…

⑤ 조정지급기준액 계산

조정지급기준액 = 지급기준액 × 조정지수

계 급	지급기준액	조정지수	조정지급기준액
6급	3,874,800	0.479…	1,859,227
7급	3,294,500		1,580,785
8급	2,736,600		1,313,090
9급	2,326,900		1,116,505

⑥ 개인별 지급액은 각 개인별 지급등급에 해당하는 지급률에 ⑤에 따라 계산된 조정지급기준액을 곱한 금액으로 한다.

※ 단, 부서별 지급 후 부서별 지급예산비율에서 남은 예산이 있을 경우 개인별 지급예산에 추가 반영하여 지급 가능

4. 부서별로 차등하여 지급한 후 부서 내에서 개인별로 다시 차등하여 지급하는 방법

가. 개 요

부서별로 성과를 평가하여 성과상여금을 부서 단위로 차등 지급한 후, 이 성과상여금을 부서 내 개인의 성과를 평가하여 다시 개인별로 차등하여 지급한다.

나. 부서별 지급방법

1) 지방자치단체의 장과 지방의회의 의장은 지급등급과 지급률을 업무와 구성원의 특성을 감안하고 소속 공무원의 의견을 수렴하여 정한다.
   - 다만, 지급등급은 3개 등급 이상이어야 하고, 지급 등급 간 지급률 격차는 가급적 10%p 이상으로 하며, 지급등급별 부서 비율은 정규분포를 이루도록 적정하게 정하되 특정 등급의 부서 비율이 60%를 초과하여서는 아니 된다.
2) 기타 부서별 지급과 관련하여 필요한 사항은 'Ⅲ.2. 부서별로 차등하여 지급 후 부서 내에서 개인별로 균등 지급하는 방법'과 아래의 예시를 참고하여 지방자치단체의 장 또는 지방의회의 의장이 정한다.

다. 각 부서 내 개인별 지급방법

1) 지급등급은 3개 등급 이상이어야 하며, 지급등급별 인원비율과 지급등급간의 지급률 격차는 기관의 전반적인 지급률 격차 등을 감안하여 지방자치단체의 장 또는 지방의회의 의장이 적정하게 정하되, 최상위등급 부서의 최상위 등급자의 지급률이 최하위등급 부서의 최하위 등급자(지급률이 0%인 등급자는 제외)의 지급률의 1.5배 이상이 되도록 하여야 한다.
2) 그 밖의 개인별 지급과 관련하여 필요한 사항은 'Ⅲ. 1. 개인별로 차등하여 지급하는 방법'과 아래의 예시를 참고하여 지방자치단체의 장 또는 지방의회의 의장이 정한다.

예시

- "ㄹ" 자치단체 부서별 지급단위가 5개국이고, 전체 지급대상인원이 278명인 경우
- 부서별 인원수

계급 \ 부서	계	A국	B국	C국	D국	E국
계	278	64	57	63	44	50
6급	22	4	5	5	4	4
7급	98	20	20	20	20	18
8급	120	30	25	30	15	20
9급	38	10	7	8	5	8

① 지방자치단체의 장과 지방의회의 의장은 부서별 지급등급과 지급률을 정한다.

지급등급(부서)	S등급(A국)	A등급(B국)	B등급(C국, D국)	C등급(E국)
지급률('기준액' 기준)	120%	110%	100%	90%

② 부서별로 지급률 평균이 ①의 지급률과 동일하도록 개인별 지급등급과 지급률을 정한다.

구 분	S등급 (상위 20%)	A등급 (20%초과 80%이내)	B등급 (하위 20%)
A국	130%	120%	110%
B국	120%	110%	100%
C국, D국	110%	100%	90%
E국	100%	90%	80%

③ 부서별로 산출된 인원배분비율에 따라 인원을 배분한다.

구 분		인원	S등급(상위 20%)	A등급(60%)	B등급(하위 20%)
A국	계	64	13	38	13
	6급	4	1	2	1
	7급	20	4	12	4
	8급	30	6	18	6
	9급	10	2	6	2
B국	계	57	12	34	11
	6급	5	1	3	1
	7급	20	4	12	4
	8급	25	5	15	5
	9급	7	2	4	1
C국	계	63	13	38	12
	6급	5	1	3	1
	7급	20	4	12	4
	8급	30	6	18	6
	9급	8	2	5	1
D국	계	44	9	26	9
	6급	4	1	2	1
	7급	20	4	12	4
	8급	15	3	9	3
	9급	5	1	3	1
E국	계	50	11	30	9
	6급	4	1	2	1
	7급	18	4	11	3
	8급	20	4	12	4
	9급	8	2	5	1

④ 총인원에 표준평균지급률을 곱하여 총표준지급비율을 산출한다.
   278명 × 110% = 30,580%
⑤ ②와 ③의 인원비율과 지급률에 따라 지급되는 경우의 총지급비율을 산출한다.
   A국(13명×130% + 38명×120% + 13명×110%) + **B국**(12명×120% + 34명×110% + 11명×100%) + **C국**(13명×110% + 38명×100% + 12명×90%) + **D국**(9명×110% + 26명×100% + 9명×90%) + **E국**(11명×100% + 30명×90%+ 9명×80%) = 29,190%
⑥ 조정지급기준액 계산
   조정지급기준액 = 지급기준액 × 조정지수(30,580%/29,190%)
   예) A국의 경우 6급의 지급기준액인 3,874,800원에 조정지수 1.047…
      (=30,580%/29,190%)를 곱하여 4,059,314원의 조정지급기준액을 산출
⑦ 개인별 지급액은 위의 ②의 해당지급률에 조정지급기준액을 곱한 금액으로 한다.

5. 행정안전부장관과 협의하여 별도로 지급하는 방법을 정하는 경우

〈예시 1 : 부서별 균등 지급 후 개인별 차등지급하는 경우〉

가. 개 요

성과상여금을 부서단위로 균등하게 지급한 후, 이 성과상여금을 부서장이 부서원을 개인별로 평가하여 차등하여 지급한다.

나. 부서 내 개인별 지급방법

1) 부서별 지급대상인원수에 평균지급률을 곱한 총 %를 각각의 직제상 최저 단위 부서에 배정

2) 부서장은 부서원 전체를 하나의 지급단위로 보아 공무원 개개인을 평가하여 지급률을 결정

3) 지급기준
   - 지급등급은 3개 이상으로 하고, 각 등급별 인원은 40%의 범위 안에서 정하며,
   - 최상위 등급자의 지급률이 최하위 등급자(지급률이 0%인 등급자는 제외)의 지급률의 2배 이상이 되어야 하고,
   - 부서 지급대상공무원의 지급률 합계가 부서 지급대상인원수에 평균지급률을 곱한 총 %를 각각의 직제상 최저단위에 배정한 것을 초과하지 못한다.

4) 부서의 장은 개별공무원을 면담하여 지급률과 그 사유를 통보하여야 한다.
   * 본 지침에서 예로 든 방법과 동일한 방법으로 지급하고자 하는 경우에는 성과급 지급계획의 통보로 협의에 갈음할 수 있음.

- "B"과 지급대상인원이 11명인 경우

계급 부서	계	6급	7급	8급	9급
B과	11	2	3	4	2

① 부서장은 부서의 지급등급과 지급률을 정한다.

지급등급 (인원비율)	S등급 (상위 20%)	A등급 (20% 초과 60% 미만)	B등급 (60% 초과 80% 미만)	C등급 (하위 20%)
지급률(%) ('기준액' 기준)	150%	120%	90%	60%

② 11명에 표준평균지급률 110%를 곱하여 총표준지급비율을 산출한다.
   11명 × 110% = 1,210%

③ 지급등급별 인원 결정방식에 의하여 등급별 인원수를 결정한다.
   S등급(0.2×11명), A등급(0.4×11명), B등급(0.2×11명), C등급(0.2×11명)
   - S등급 : 2.2, A등급 : 4.4, B등급 : 2.2, C등급 : 2.2
   → S등급 : 2명, A등급 : 5명, B등급 : 2명, C등급 : 2명

④ ①의 지급등급 및 지급률과 ③의 등급별 인원수를 기준으로 B과 인원 11명의 총지급비율을 산출한다.
   (2명×150%) + (5명×120%) + (2명×90%) + (2명×60%) = 1,200%

⑤ 지급률 조정지수 계산
   조정지수 = 총표준지급비율(1,210%) / 총지급비율(1,200%) = 1.008…

⑥ 지급률 계산
   조정지급률 = 당초 지급률 × 조정지수

지급등급 (인원비율)	S등급 (상위 20%)	A등급 (20% 초과 60% 미만)	B등급 (60% 초과 80% 미만)	C등급 (하위 20%)
지급률(%) ('기준액' 기준)	150%×1.008… =151.249…%	120%×1.008… = 120.999…%	90%×1.008… = 90.749…%	60%×1.008… = 60.499…%

⑦ 부서원별 지급률을 담당부서로 통보
⑧ 지급부서에서는 [개인별 조정기준지급액×(편성예산/소요예산)]에 따라 개인별 실제 지급액을 조정하여 지급한다.

〈예시 2 : 개인별·부서별 차등이 모두 곤란하여 상대평가와 절대평가를 겸하여 지급하는 방법〉

가. 개 요

○ 부서·직렬 및 업무의 특성 상 개인별 및 부서별 성과를 차등하여 평가하기가 특히 어렵거나 부적절한 직무가 있는 경우, 지방자치단체의 장과 지방의회의 의장은 행정안전부장관과 협의 후 상대평가와 절대평가를 겸하여 성과상여금을 지급할 수 있다.
  ※ 상대평가와 절대평가를 겸하는 대상에게 지급하는 성과상여금 예산은 반드시 별도로 분리하여 운영(인원 × 지급기준액 × 표준평균지급률(110%))

○ 이하 이 지침에서 정하는 사항 이외의 구체적인 지급대상, 지급등급, 지급률, 평가방법, 평가기준 등은 지방자치단체의 장과 지방의회의 의장이 소속 공무원의 의견수렴을 거쳐 행정안전부장관과 협의하여 정한다.

나. 대상 직무

○ 개인별 차등과 부서별 차등이 모두 곤란한 직무에 한하여 적용가능하며,
  - 지방자치단체의 장과 지방의회의 의장은 다음 기준을 종합적으로 고려하여 상대평가와 절대평가를 겸하여 지급할 필요가 있다고 인정하는 경우에는 행정안전부장관과 협의하여 대상 직무를 정한다.

• 개인 간 업무가 동일하고 업무성격이 단순·반복적인 경우
  ※ 다만, 개인 간 업무가 동일하지 않더라도, 업무 특성 상 반드시 팀을 이루어 상호 협력적으로 업무를 수행해야 하는 경우도 고려 가능
• 개인 간 성과 차등보다는 개인별로 일정 수준 이상의 성과목표를 달성하였는지 여부가 중요한 경우
• 성과목표 및 성과지표를 정량화하여 설정하고 이에 따라 성과를 평가하는 것이 용이한 경우
• 특수한 직무분야에 종사하는 등 업무 특성 상 다른 부서와 차등하여 성과를 평가하기 어려운 경우
• 그 밖의 다른 사유로 상대평가와 절대평가를 겸할 필요가 있다고 인정되는 경우

다. 지급기준

○ 지급등급과 지급률
  - 절대평가를 적용하는 지급등급은 3개 등급 이상이어야 하고,
  - 성과가 탁월한 상위 20% 인원에게는 반드시 상대평가에 따라 최상위등급을 부여하여야 하며,
    ※ 최상위등급 인원은 소수점 이하 값을 반올림하여 산정하며, 지급대상이 3명 이하인 경우에는 최상위등급을 부여하지 않을 수 있음.

- 최상위등급의 지급률은 차상위등급 지급률의 1.5배 이상이어야 하고 차하위등급 지급률의 2배 이상이어야 하며, 최하위등급 지급률은 0이어야 함.
  ※ 예시 : 지급등급을 'S, A, B, C'로 구분할 경우, S등급 지급률은 A등급 지급률의 1.5배 이상, B등급 지급률의 2배 이상이어야 함

○ 평가대상자가 소수인 경우에는 직렬·계급(또는 직급)을 통합하여 평가하는 것을 원칙으로 하되, 지방자치단체의 장과 지방의회의 의장은 필요한 경우 분리하여 지급할 수 있다. 이 경우 평가대상자가 2명인 경우에도 평가결과에 따라 같은 지급 등급을 부여할 수 있다.

라. 평가방법

○ 지급등급 결정을 위한 절대평가 및 상대평가 기준(상위 20%에게 S등급 부여)은 지방자치단체의 장과 지방의회의 의장이 소속 공무원의 의견을 적극 수렴하고 해당기관의 업무 특성 등을 감안하여 행정안전부장관과 협의하여 정한다.
  - 성과목표는 지나치게 쉽거나 일상적인 목표가 되지 않도록 유의하여 가급적 적극적·도전적으로 설정하고,
  - 평가지표는 성과목표의 달성여부 등을 객관적이고 타당하게 측정할 수 있도록 가급적 결과지향적인 정량지표를 설정한다.

○ 지방자치단체의 장과 지방의회의 의장은 객관적인 평가지표를 개발하고 평가자에 대한 피드백과 교육을 실시하는 등 평가가 충실하게 이루어질 수 있도록 적극적으로 노력하여야 한다.

마. 성과상여금의 지급

○ 각 개인에게 지급되는 성과상여금의 평균지급률이 개인별 차등지급시의 표준평균지급률(110%) 이하가 되도록 지급기준액을 조정한다.

○ 총 지급액(소요예산)이 배정된 예산액을 초과하는 경우에는 지방자치단체의 장 또는 지방의회의 의장 이 정하는 바에 따라 지급액을 적절히 조정하여 총 지급액이 예산을 초과하지 않도록 한다.

$$\text{(예시) 개인별 실제지급액} = \text{개인별 조정지급기준액} \times \text{개인별 지급률} \times \frac{\text{편성예산}}{\text{소요예산}}$$

○ 표준평균지급률 및 총 지급액(소요예산) 조정에 대한 사항은 상대평가와 절대평가를 겸하는 해당 직무별로 적용한다.

○ 기타 성과상여금의 지급과 관련하여 필요한 사항은 'Ⅲ.1. 개인별로 차등하여 지급하는 방법'과 아래의 예시를 참고하여 정한다.

- C 업무를 수행하여 상대평가와 절대평가를 겸하여 성과상여금을 지급할 대상인원이 8명(8급)인 경우

① 지급등급과 지급률을 설정하고, S등급을 부여할 인원 수를 구한다.

지급등급	S등급 (상위 20%)	A등급	B등급	C등급
인 원 수	2명	-	-	-
점수구간	상위 20% (90점 이상)	90점 이상	70점 이상 90점 미만	70점 미만
지급률(%) ('기준액' 기준)	150%	100%	75%	0%

② 평가를 실시하고, 사전에 설정된 점수구간에 따라 지급등급을 부여한다.

평가대상	평가점수	등급	평가대상	평가점수	평가등급
공무원 a	90점	A등급	공무원 e	92점	A등급
공무원 b	86점	B등급	공무원 f	92점	A등급
공무원 c	95점	S등급	공무원 g	93점	A등급
공무원 d	98점	S등급	공무원 h	90점	A등급

③ 평가결과에 따라 등급별 인원이 결정되면 평균지급률을 계산한다.

지급등급	S등급 (상위 20%)	A등급	B등급	C등급
인 원 수	2명	5명	1명	0명
지급률(%) ('기준액' 기준)	150%	100%	75%	0%

S등급(0.25×150%) + A등급(0.625×100%) + B등급(0.125×75%) = 109.375%

④ 평균지급률을 활용하여 지급기준액 조정지수를 계산한다.

조정지수 = 표준평균지급률(110%) / 평균지급률(109.375%) = 1.0057…

⑤ 지급기준액에 조정지수를 곱하여 조정지급기준액을 산출한다.

조정지급기준액 = 지급기준액 × 조정지수

계 급	지급기준액	조정지수	조정지급기준액
8급	2,736,600	1.0057…	2,752,238

⑥ 조정지급기준액에 개인별 지급률을 곱하여 개인별 성과상여금 지급액을 산출한다.

개인별 지급액 = 조정지급기준액 × 개인별 지급률

다만, 대상인원 전체의 총 지급액(소요예산)이 편성예산을 초과하는 경우에는 지급액을 적절히 조정하여 총 지급액이 편성된 예산을 초과하지 않도록 한다.

(예시) 개인별 실제지급액 = 개인별 조정지급기준액 × 개인별 지급률 × 편성예산/소요예산

Ⅳ. 파견자 등에 대한 성과상여금 지급방법

1. 파견공무원의 경우

가. 파견공무원의 성과상여금 지급을 위한 지급순위는 원소속기관의 지급순위명부에 의하되, 파견기관에서 통보하는 '파견공무원의 근무실적에 관한 의견' 등을 반영하여 산출한 본인의 평가점수를 기준으로 결정한다.

나. 파견 받은 기관에서는 소속 기관, 직종, 직급 등 구분 없이 직무파견 공무원 전체를 하나의 지급단위로 하여 별도로 성과평가를 실시하여 지급등급을 결정하고 그 결과를 원 소속기관에 통보한다.

다. 원 소속기관에서 직무파견 공무원을 원 소속기관 근무자와 동일한 지급단위에 포함하거나 별도의 지급단위로 분리하여 성과평가를 실시하고 지급등급을 결정함에 있어서 파견 받은 기관에서 상위 20%(S등급)에 포함된 자에 대하여는 파견 받은 기관의 의견을 최대한 반영할 수 있도록 노력하여야 한다.

※ 별도의 지급단위로 분리하여 성과평가를 하는 경우 지급등급 결정시 해당 인원을 현원에서 제외한다.

라. 원 소속기관에서는 근무실적평정을 할 수 없는 기관 등으로부터도 업무협조를 통해 가급적 지급등급 결정 결과를 제출받을 수 있도록 노력하되,

- 파견기간이 짧거나 파견기관의 규모·성격 등으로 파견 받은 기관에서 별도의 성과평가가 어려워 지급등급을 결정할 수 없는 경우에는 원소속기관의 평가결과에 따라 지급등급을 결정할 수 있다.

마. 지방자치단체의 장 또는 지방의회의 의장이 파견공무원의 업무특성상 특히 필요하다고 인정하는 경우에는 본인의 평가점수에 지방자치단체의 장 또는 지방의회의 의장이 별도로 정한 기준에 따라 산정한 평가점수를 합산하여 지급순위를 결정할 수 있다.

- 본인의 평가점수에 지방자치단체의 장 또는 지방의회의 의장이 별도로 정하여 인정하는 평가점수의 합산율은 총점의 최대 50% 범위 안에서 지방자치단체의 장 또는 지방의회의 의장이 자율적으로 정한다.
- 중앙행정기관과 지방자치단체간, 지방자치단체 상호간 또는 지방자치단체 집행기관과 의회 상호간 교류 임용되어 근무하는 공무원에게는 지방자치단체의 장 또는 지방의회의 의장이 본래의 지급단위와 분리하여 별도의 평가등급을 결정할 수 있음(이 경우 평가등급 결정시 해당인원을 현원에서 제외함)

※ 근무실적을 평정할 수 있는 기관에 파견 근무하는 공무원으로서 파견기관에서 성과 상여금을 지급하는 경우는 제외한다.

바. **교육훈련파견 공무원의 경우**

- 원소속기관에서는 평가대상기간 중 10개월 이상(연 2회 평가하여 지급 시 평가대상기간이 6개월인 경우는 5개월로 한다)의 교육훈련파견으로 인하여 근무성적평가 등을 실시하지 않는 공무원에 대해 원소속기관의 장이 필요하다고 인정하는 경우에는 해당 인원을 본래의 지급단위에 포함하되, 교육훈련기관의 성적 및 원소속기관의 장이 정하는 별도 기준에 따른 평가를 통해 'A'등급 이하의 등급을 부여하고 성과상여금을 지급할 수 있다(별도 기준에 따른 평가를 하지 않을 경우, 여타 실근무 2개월 미만자와 동일하게 현원에 포함하고 최하위순위 배치 후 성과상여금을 지급하지 않는 성과상여금 지급제외 일반기준 적용)

  ※ 교육훈련파견자 중 정년 잔여기간 1년 이내인 자로서 퇴직 후의 사회적응능력 배양을 위한 연수목적의 파견자는 별도 평가를 통한 성과상여금 지급대상이 아니며, 성과상여금 지급제외 일반기준 적용

- 이 경우, <A>등급 대상자는 국내 교육훈련파견 공무원의 경우 교육훈련기관 성적이 상위 20%이내인자, 국외 교육훈련파견 공무원의 경우 원소속기관의 개인별 훈련성과 평가에서 '탁월' 평가등급을 받은 자 등 객관적인 기준에 따라 원소속기관의 장이 훈련성적이 우수하다고 인정하는 자를 선정하여야 한다.

<우수사례 예시>

○ (국내교육훈련) 교육훈련기관 성적이 상위 20% 이내인 공무원 중 해당 교육훈련기관장 등으로부터 수상경력이 있는 등 특히 우수하다고 인정받은 자

○ (국외교육훈련) 원소속기관의 개인별 훈련성과 평가에서 '탁월' 평가등급을 받은 공무원 중 공인된 국제학회·학술대회에서 발표·기고 또는 관련 저서를 발간하였거나, 각 국가의 대학원 과정 관련 분야별 상위 10위권 이내인 학교에서 평균 A- 이상 또는 이에 상당하는 성적을 받은 자 등

- 별도 기준에 따른 평가 결과, A등급 사유에 부합하지 않는 경우에는 A등급보다 낮은 등급(B등급~최하위등급)을 부여하되, 교육훈련 성적이 수료점수에 미치지 못한 경우나 훈련목적을 현저히 벗어나 원소속기관으로 복귀명령을 받은 경우, 이와 유사한 수준의 기관별 관리기준에 부합하지 않는 경우에는 반드시 최하위등급에 배치하고 성과상여금을 지급하지 아니하여야 한다.

2. 계획인사교류자의 경우

「지방공무원 임용령」 제27조의5제4항 및 「지방공무원 인사제도 운영지침」에 따라 인사 교류된 공무원에 대해서는 근무성적이 극히 불량하거나 불가피한 사유가 있는 경우를 제외하고는 성과상여금 지급등급은 최소 'A' 등급 부여가 가능하다.
- 소속기관의 장은 계획인사교류자를 본래의 지급단위와 분리하여 별도로 지급등급을 결정할 수 있다(이 경우 지급등급 결정시 해당인원을 현원에서 제외함).

3. 승진의 경우

가. 지급기준일을 기준으로 승진 후 2개월(연 2회 평가하여 지급 시 평가대상기간을 1개월로 한다)이 경과하지 아니한 경우에는 승진 전 계급을 기준으로 근무실적평정결과 및 기관별 별도 평가방법을 적용하여 평가하되, 특별한 사정이 있는 경우 별도의 평가방법을 생략할 수 있다. 다만, 지방자치단체의 장 또는 지방의회의 의장은 필요한 경우 행정안전부장관(교육부장관)과 협의하여 평가대상기간별로 기간요건을 달리 정할 수 있다.

(예시) 연 1회 평가하여 지급 시 지급기준일이 12.31일인 경우, 11.1일 승진 임용된 공무원은 지급기준일 현재 승진임용 후 2개월이 경과하지 않았으므로 승진 전 계급의 지급대상으로 본다.
- 전년도 중에 호봉제 적용자에서 「지방공무원 보수규정」 별표 11의 연봉제 적용대상자로 전환한 자 중 전년도 12월31일 현재 승진 후 2개월이 경과하지 아니한 경우 금년도에는 전환 전 계급의 성과상여금 지급대상으로 본다.

나. 승진 후 2개월(연 2회 평가하여 지급 시 평가대상기간을 1개월로 한다)이 초과한 경우에는 승진된 계급을 기준으로 성과상여금을 지급한다.

4. 강임의 경우

가. 직제 또는 정원의 변경이나 예산의 감소 등에 의한 강임

지급기준일 현재 강임된 계급에서의 근무기간이 2개월(연 2회 평가하여 지급 시 1개월로 한다)이 경과하지 않은 자의 경우에는 강임 전 계급을 기준으로 성과상여금을 지급한다. 다만, 지방자치단체의 장 또는 지방의회의 의장은 필요한 경우 평가대상기간별로 기간요건을 달리 정할 수 있다.

나. 본인의 동의에 의한 강임

본인의 원에 의하여 강임된 자의 경우에는 강임된 계급에서의 근무기간에 관계없이 강임된 계급을 기준으로 성과상여금을 지급한다.

5. 강등의 경우

강등된 공무원의 경우 강등된 직급에서 근무한 기간에 관계없이(강등된 직급으로 실제근무 2개월 이상을 하지 않은 경우 등) 강등된 직급을 기준으로 성과상여금을 지급한다.

6. 퇴직한 공무원의 경우

가. 기본원칙

- 평가대상기간 중 퇴직한 공무원은 성과상여금 지급대상에 포함하며, 'Ⅱ. 2. 다. 지급제외' 기준은 동일하게 적용한다.

  ※ 실제로 근무한 기간이 2개월 미만인 자는 현원에 포함하되, 최하위등급에 배치하고 성과상여금을 지급하지 아니한다.

- 평가대상기간 중 퇴직한 공무원은 지급기준일 현재 재직자와 동일하게 지급단위에 포함하여 지급등급 평가를 실시한다.
- 평가대상기간 중 퇴직한 공무원이 동일 평가대상기간 내에 공무원으로 재채용 될 경우, 재채용기관에서는 퇴직기관에서의 성과정보를 활용하여 평가대상기간 동안의 실적 전체를 대상으로 지급등급 평가를 실시한다. 이 경우 퇴직기관의 지급대상에서는 제외한다. (단, Ⅰ.총칙 3. 적용범위에 해당하지 않는 공무원으로 재채용된 경우에는 퇴직기관의 지급대상에 포함할 수 있다.)
  - 평가대상기간 중 퇴직한 후 동일 평가대상기간 내에 재채용된 공무원은 재채용 사실을 퇴직기관과 재채용기관에 고지하여야 한다.
  - 이 경우 실제 근무기간은 평가대상기간 중 퇴직기관과 재채용기관에서의 실근무기간을 합산하여 산정한다.

나. 성과정보 관리

- 평가대상기간 중 퇴직한 공무원에 대해서는 성과상여금 지급등급 평가를 위해 자료 일체를 작성 및 관리하여야 한다

> (자료 예시)
> ① 작성·관리 정보: 성과계획서 상 성과목표별 주요실적, 근무실적, 직무수행능력 등 평가 항목에 대한 부서장(평가자) 의견, 실제 근무한 기간을 산정할 수 있는 자료(경력증명, 직위해제, 휴직, 휴가, 교육훈련 파견 정보) 등
> ② 작성·관리자 : 주요실적, 근무실적은 해당 공무원 본인이 작성하고, 부서장(평가자) 의견은 해당 공무원이 퇴직 당시 업무수행 과정 및 성과를 관찰할 수 있는 상급 또는 상위감독자 중 지방자치단체의 장과 지방의회의 의장이 정하는 자가 작성. 실제 근무한 기간에 관한 자료는 소속기관 평가담당자가 취합·관리
> ③ 작성·관리시기 : 해당 공무원 퇴직 시
> ④ 활용 : 해당 기관의 성과상여금 지급등급 평가(결정) 시 활용
> ※ 향후 결과 통보 및 지급 등을 위한 이메일 주소 등 연락처 정보, 계좌 정보 확인

- 평가대상기간 중 퇴직한 공무원이 동일 평가대상기간 내에 공무원으로 재채용 된 경우, 해당 공무원은 퇴직 시 작성한 성과정보, 실제 근무한 기간을 산정할 수 있는 자료 일체를 재채용기관에 제출하여야 한다.

다. 지급 기준

- 평가대상기간 중 퇴직한 공무원에게 지급하는 성과상여금은 근무기간에 비례하여 지급한다.

(예시) '23년 6개월을 근무하고 '23.6.30. 퇴직한 6급 공무원이 '24년에 지급되는 성과상여금 평가에서 S등급을 받은 경우 지급액 = 3,874,800원 × 172.5% × 6/12 = 3,342,010원

- 단, 평가대상기간 중 퇴직한 공무원이 동일 평가대상기간 내에 공무원으로 재채용된 경우 재채용기관에서 성과상여금을 지급하며, 이 경우 지급에 관한 사항은 재채용기관의 기준을 따른다.
  - 재채용기관에서는 평가대상기간 중 실제로 근무하지 않은 기간이 있는 재직자 및 신규채용자 대상 지급기준 등과 형평성을 고려하여, 필요한 경우 성과상여금을 근무기간에 비례하여 지급할 수 있다.
  - 재채용기관에서는 평가대상기간 중 퇴직기관에서 1회 이상 성과상여금을 지급받은 공무원에 대하여는 성과상여금을 지급받은 기간만큼 성과상여금에서 감하여 지급한다.

(예시) 퇴직기관(A)은 성과상여금을 연 2회 지급하여 평가대상기간이 각각 '23.1.1.~'23.6.30.과 '23.7.1.~'23.12.31.이고, 재채용기관(B)은 성과상여금을 연 1회 지급하여 평가대상기간이 '23.1.1.~'23.12.31.일 때, '23.7.31.에 퇴직하여 A기관에서 '23년 상반기(6개월)에 대한 성과상여금을 지급받고 '23.8.1.에 B기관에 재채용된 경우, B기관에서는 '24년에 지급하는 성과상여금의 6/12을 감액

Ⅴ. 특별성과가산금 지급방법

1. 적용대상(「지방공무원 수당 등에 관한 규정」 별표 3의2)

공무원의 종류		적용대상
성과상여금 적용대상 공무원	일반직공무원	6급 이하
	별정직공무원	6급상당 이하
	연구직·지도직공무원	연구사·지도사
	지방전문경력관	나군 및 다군
연봉제 적용대상 공무원		「지방공무원 보수규정」 별표 11에 따른 공무원 (정무직공무원 및 자치경찰공무원은 제외한다)

2. 지급대상

가. 지급기준일 현재 해당기관에 소속된 공무원 중 해당연도 성과상여금 및 성과연봉 최상위등급자 가운데서 선발하여 지급(성과연봉 지급대상인원 포함하여 총인원 대비 2% 이내)한다.

3. 지급기준

가. 특별성과가산금 지급대상자가 해당하는 직급의 최상위등급 지급액의 50%를 지급한다.

나. 지급대상의 직급별 인원 등은 해당 연도의 업무실적 등을 고려하여 지방자치단체의 장 또는 지방의회의 의장이 배분한다.

다. 본청과 소속기관이 별도의 지급단위로 분리된 경우, 선발인원 산정 시 지급단위를 분리 또는 통합할지 여부는 지방자치단체의 장 또는 지방의회의 의장이 정한다.

라. 지방자치단체의 장 또는 지방의회의 의장은 기관의 업무와 구성원의 특성 등을 감안하고 소속공무원의 의견을 수렴하여 자율적으로 특별성과가산금 대상자 선발기준을 정하고 사전에 공지한다.

4. 지급방법

가. 특별성과가산금 지급대상자에게는 성과상여금 및 성과연봉 외에 아래의 방식으로 산정한 금액을 가산하여 일시금으로 지급하되, 성과연봉 대상자의 경우 특별성과가산금은 다음해 연봉조정 시 기본연봉에 산입하지 아니한다.

- 성과상여금 대상자 : 특별성과가산금 지급대상자 해당 직급 [별표]의 지급기준액 × 172.5% × 50%
  ※ 다만, 연 2회 이상 성과상여금을 지급하는 기관의 경우, 상기 금액을 지급 횟수로 나눈 금액을 해당 기관의 특별성과가산금으로 한다.
- 성과연봉 대상자 : S등급 지급액 × 50%

나. 특별성과가산금은 근무기간에 비례하여 지급할 수 있다(시간선택제근무 또는 시간제근무를 하는 공무원은 근무시간에 비례하여 지급하여야 함).

다. 특별성과가산금은 기관별 최상위등급 지급률·조정지수 등을 고려하되, 최상위등급에 실제 지급된 금액의 50%에 해당되는 금액이어야 한다.

< (예시) 2024년 특별성과가산금(표준기준) >

(단위 : 원)

구분	1급	2급	3급	4급	복수직 4급
지급액	6,134,000	5,532,500	5,006,500	4,609,000	4,416,500
구분	5급	6급	7급	8급	9급
지급액	3,887,500	3,342,010	2,841,500	2,360,310	2,006,950

라. 특별성과가산금의 지급대상 인원, 직급별 인원, 가산금액 등은 해당기관의 인건비 예산 등을 종합적으로 고려하여 성과급운영위원회 등을 통해 심의한 후, 지방자치단체의 장 또는 지방의회의 의장이 최종 결정한다.

> 예시

- A 자치단체의 직급별 성과급 지급대상이 아래와 같은 경우

성과상여금 대상(총 745명)		성과연봉 대상(총 481명)	
직급	인원(명)	직급	인원(명)
6급	445	1급	8
7급	196	2급	24
8급	37	3급	50
9급	64	과장급 4급	114
전문경력관(나)	1	복수직 4급	133
전문경력관(다)	2	5급	152

① 상위 2% 인원 계산

{성과상여금 대상(745) + 성과연봉 대상(481명)} × 2% = 24.5명

  * 인원 수는 소수점 첫째 자리에서 반올림

② 직급별 특별성과가산금 대상 인원 배분

  3급 : 1명, 과장급 4급 : 1명, 5급 : 3명, 6급 : 2명, 7급 : 3명, 8급 : 3명, 9급 : 2명 등 총15명

  * 2%인원 내에서 대상을 선정하므로 반드시 25명을 선발할 필요 없음

③ 특별성과가산금 지급액 계산

  * 성과상여금 대상 : 대상자 해당 직급 [별표]의 지급기준액 × 172.5% × 50%

  * 성과연봉 대상 : 직급별 특별성과가산금 지급액

계급	인원	지급기준액 (별표)	특별성과가산금 지급액	총액 (가산금 지급액×인원수)
3급	1명	-	5,006,500	5,006,500
과장급 4급	1명	-	4,609,000	4,609,000
5급	3명	-	3,887,500	11,662,500
6급	2명	3,874,800	3,342,010	6,684,020
7급	3명	3,294,500	2,841,500	8,524,500
8급	3명	2,736,600	2,360,310	7,080,930
9급	2명	2,326,900	2,006,950	4,013,900
총 계	15명	-	-	47,581,350

Ⅵ. 장기성과급 지급방법

1. 적용대상(「지방공무원 수당 등에 관한 규정」 별표 3의2)

공무원의 종류		적용대상
성과상여금 적용대상 공무원	일반직공무원	6급 이하
	별정직공무원	6급상당 이하
	연구직·지도직공무원	연구사·지도사
	지방전문경력관	나군 및 다군
연봉제 적용대상 공무원		「지방공무원 보수규정」 별표 11에 따른 공무원 (정무직공무원 및 자치경찰공무원은 제외한다)

2. 지급대상

가. 지급기준일 현재 해당 기관에 소속된 공무원 중 해당연도를 포함하여 최소 3개년 이상 연속으로 성과상여금 및 성과연봉 최상위등급자*로 선정된 공무원(그 연속된 기간 중 계급·직급 또는 직무등급이 변동된 공무원을 포함한다)에게 지급한다.

  * 단, 최상위등급 인원비율이 20%를 초과하는 기관은 성과급 지급순위 기준 20% 범위 내에 3년 연속으로 선정되는 인원을 기준으로 지급한다. 또한, 표준 지급등급 (S-A-B-C) 체계 외 5개 이상의 지급등급을 사용하는 기관의 경우도 성과급 지급순위 상위 20% 이내를 최상위 등급자로 한다.

3. 지급기준

가. 장기성과급 지급대상자가 해당하는 직급의 최상위등급 지급액의 50% 범위 내에서 지급한다.

나. 지급대상 인원 등은 최상위등급 인원 비율 20% 범위 내에 3년 이상 연속으로 선정된 인원 중에서 해당 연도의 업무실적 등을 고려하여 지방자치단체의 장 또는 지방의회의 의장이 달리 정할 수 있다.

다. 지방자치단체의 장 또는 지방의회의 의장은 기관의 업무와 구성원의 특성 등을 감안하고 소속공무원의 의견을 수렴하여 자율적으로 장기성과급 대상자 선발기준을 정하고 사전에 공지한다.

> **<제도 설계시 고려사항>**
>
> ① 최상위등급 인원비율이 20%를 초과하는 기관은 성과급 지급순위 기준 20% 범위 내에 3년 연속 선정되는 인원을 기준으로 지급한다.
>
>   * 표준 지급등급(S-A-B-C) 체계 외 5개 이상의 지급등급을 사용하는 기관의 경우도 상위 20% 기준으로 적용
>
> ② 개인차등과 부서차등을 병용하는 경우, 최상위등급 기준 설정 시 개인등급과 부서등급을 모두 반영하여 정할 수 있다.
>
>   예) 개인차등(50%)과 부서차등(50%) 병용의 경우: 개인차등분과 부서차등분을 합산한 금액 기준으로 상위 20%에 3년 연속 선정된 인원
>
> ③ 승진자의 경우 승진 이전 직급에서의 성과급 지급등급을 포함하여 3년 연속 대상자를 선정 가능하다.
>
>   예) 6급 승진자의 경우 승진 이전 직급(7급)에서 받은 성과급 최상위등급 인정

4. 지급방법

가. 장기성과급 지급대상자에게는 성과상여금 및 성과연봉 외에 아래의 방식으로 산정한 금액을 가산하여 일시금으로 지급하되, 성과연봉 대상자의 경우 장기성과급은 다음해 연봉조정 시 기본연봉에 산입하지 아니한다.

- 성과상여금 대상자 : 장기성과급 지급대상자의 해당 직급 최상위등급 지급액 × 지급비율(50% 이내)
  ※ 다만, 연 2회 이상 성과상여금을 지급하는 기관의 경우, 상기 금액을 지급 횟수로 나눈 금액을 해당 기관의 장기성과급으로 한다.
- 성과연봉 대상자 : S등급 지급액 × 지급비율(50% 이내)
- 단, 부서별 차등지급과 개인별 차등지급을 병용하는 기관과 부서차등 후 개인차등 방식을 적용하는 기관의 경우, 최상위등급 지급액은 부처의 지급기준을 반영하여 자율 결정할 수 있다.

나. 장기성과급은 근무기간에 비례하여 지급할 수 있다(시간선택제근무 또는 시간제근무를 하는 공무원은 근무시간에 비례하여 지급하여야 함).

다. 장기성과급은 기관별 최상위등급 지급률·조정지수 등을 고려하되, 최상위등급에 실제 지급된 금액의 50% 범위 내에 해당되는 금액이어야 한다.

라. 장기성과급 지급 대상의 당해연도 성과가 상위 2% 이내일 경우, 특별성과가산금과 병급 가능하다.

마. 장기성과급의 지급대상 기준, 직급별 인원, 가산액 등은 해당 기관의 인건비 예산 등을 종합적으로 고려하여 성과급운영위원회 등을 통해 심의한 후, 지방자치단체의 장 또는 지방의회의 의장이 최종 결정한다.

바. 「지방공무원 수당 등에 관한 규정(대통령령 제34102호)」 부칙 제3조에 따라 본 지침은 2024년에 지급하는 장기성과급부터 적용할 수 있다.

> **예시**
>
> ① 3년 이상 연속으로 최상위등급 받은 인원 산출 :
>
> - '24년도 장기성과급 대상은 '22년도와 '23년도에 지급된 성과급(성과상여금, 성과연봉)이 모두 S등급 이고 '24년도에 지급되는 성과급도 S등급을 받은 인원
>
> | 성명 | 성과급 지급연도 | | | | '24년도 장기성과급 대상 여부 |
> |------|------|------|------|------|------|
> | | '21년 | '22년 | '23년 | '24년 | |
> | 김○○ | S | A | S | S | 미대상 |
> | 이○○ | B | S | S | S | 대상 |
> | 박○○ | S | S | S | S | 대상 |
> | 최○○ | S | S | S | A | 미대상 |
> | ... | | | | | |
>
> ② 장기성과급 지급액 계산 :
>
> - 소속 자치단체의 해당 직급 최상위등급 지급액 × 지급비율(50% 이내)
>
> ※ 직급별 장기성과급 지급액(예시)
>
> (단위 : 원)
>
> | 직급 | 과장급4급 | 5급 | 6급 | 7급 | 8급 | 9급 |
> |------|------|------|------|------|------|------|
> | 지급기준액 | 115,223,000 | 97,177,000 | 3,874,800 | 3,294,500 | 2,736,600 | 2,326,900 |
> | 최상위등급 | 9,218,000 | 7,775,000 | 6,684,030 | 5,683,010 | 4,720,630 | 4,013,900 |
> | 장기성과급 (50% 적용시) | 4,609,000 | 3,887,500 | 3,342,010 | 2,841,500 | 2,360,310 | 2,006,950 |
> | 총지급액 | 13,827,000 | 11,662,500 | 10,026,040 | 8,524,510 | 7,080,940 | 6,020,850 |
>
> * '24년 지급기준액·표준지급률 기준

Ⅶ. 성과상여금 재배분 등 부정수령에 대한 징수 및 사후관리

1. 환수 범위

가. 지방자치단체의 장과 지방의회의 의장은 「지방공무원법」 제45조제3항 및 「지방공무원 수당 등에 관한 규정」 제6조의2제10항에 따라 소속공무원이 성과상여금을 거짓이나 그 밖의 부정한 방법으로 지급(지급받은 성과상여금을 다시 배분하는 행위를 포함한다)받은 때에는 그 지급받은 성과상여금에 해당하는 금액을 환수한다.

< 성과상여금 관련 부정수령 행위 예시 >

```
◦ 성과상여금을 근무성적평정, 업무실적 등 성과와 관계없이 배분하는 행위
◦ 담합, 몰아주기 등을 통해 성과상여금을 수령하는 행위
◦ 성과상여금을 정상 지급 받은 후 협의(모의)하여 재배분하거나 재배분 받는 행위
◦ 성과상여금 지급의 근거가 되는 개인 정보를 제공하거나 받은 행위
◦ 평가대상기간 중 퇴직한 공무원이 동일 평가대상기간 내에 공무원으로 재채용 된 경우, 고의로 재채용 사실을 퇴직기관에 고지하지 않아 퇴직기관과 재채용기관에서 성과상여금을 중복 지급받는 행위
```

나. **환수금액** : 당초 성과상여금 지급계획에 따라 개인별로 지급받은 성과상여금 전액

2. 환수 방법 및 절차

가. 지방자치단체의 장과 지방의회의 의장은 성과상여금을 부정 수령한 공무원이 납부기한 내에 환수액을 납입하지 않을 경우에는 「지방재정법」 제87조 및 같은법 시행령 제113조에 따라 강제징수 등의 필요한 조치를 취하여야 한다.

나. 해당연도 성과상여금 환수 시 여입 조치하며, 과년도 환수액은 세입 조치한다.

3. 부정수령자에 대한 사후관리

가. 성과상여금 부정수령 행위가 감사 등을 통하여 확인된 경우, 차년도 성과상여금을 미지급 조치하고 성과상여금 담당부서에서 해당 공무원 명단을 관리한다.

나. 부정수령 공무원 전·출입 시 전출기관에서는 명단 및 행위내용, 조치사항 등을 전입기관에 통보하여야 하고, 전입기관에서는 미지급 대상자 명단을 관리하여야 한다.

4. 부정운영 기관에 대한 조치

가. 행정안전부장관은 성과상여금 정상지급 후 나눠먹기식 재배분 등 부정수령 사례가 발견될 경우, 해당 지방자치단체에 대하여 기준인건비 삭감 등 행·재정적 불이익을 줄 수 있다.

※ 성과상여금 균등 재배분 관련 공무원노동조합과의 협약내용은 「공무원의노동조합설립및운영등에관한법률」 제10조제1항에 따라 단체협약으로서의 효력을 가지지 아니함.

> **예시**
>
> - A자치단체에서 개인차등 방식에 따라 소속공무원에게 성과상여금을 정상 지급하였으나, 지급단위(실·국)내 부서에서 부서장(평가자) '갑'의 미인지 상태에서 부서 평가담당자 '을'이 재배분을 위하여 개인별 평가결과를 인사부서의 '병'에게 제공받아 취합한 뒤 '정'을 비롯한 부서원에서 균등배분하여 지급하였을 경우
>   - 갑 : 성과상여금 재배분 등 부정수령 행위 미인지
>   - 을 : 성과상여금 재배분 등 부정수령 행위의 실질적 주도자
>   - 병 : 성과상여금 지급의 근거가 되는 개인 정보를 제공
>   - '정'을 비롯한 부서원 : 성과상여금을 재배분 하거나 받는 행위
>
>   ➡ 을·병 및 '정'을 비롯하여 재배분하거나 받은 부서원은 해당연도 성과상여금 환수 및 차년도 미지급. 부정수령을 미인지한 '갑'은 제외
>
> - B자치단체에서 부서 차등 후 부서 내 개인 차등 방식에 따라 소속공무원에게 성과상여금을 정상 지급하였으나, 부서장(평가자) '갑'의 묵인하에 부서 평가 담당자 '을'이 재배분을 할 때, 상위등급자인 '병'의 초과액만 회수하여 하위등급자 '무'에게 전달하고 '정'은 당초 지급받은 금액을 그대로 유지한 경우
>   - 갑 : 부서장으로 재배분 등 부정수령 행위 묵인
>   - 을 : 성과상여금 재배분 등 부정수령 행위의 실질적 주도자
>   - 병 : 성과상여금 재배분 등 부정수령 행위에 참여한 자
>   - 정 : 실질적인 성과상여금 재배분에 동참하지 않은 자
>   - 무 : 성과상여금 재배분 등 부정수령 행위에 참여한 자
>
>   ➡ 갑·을·병·무는 해당연도 성과상여금 환수 및 차년도 미지급, 재배분 행위에 참여하지 않은 '정'은 제외
>   * '갑'이 성과상여금 지급대상자가 아닌 경우 징계조치
>
> ※ 재배분 등 부정수령 행위가 적발되었을 경우, 해당연도 성과상여금 지급 계획에 따른 개인별 지급금액 전액을 환수한다.

Ⅷ. 행정사항

1. 성과급운영위원회

가. 소속직원의 다양한 의견을 수렴하여 합리적인 성과급 운영방안을 마련하기 위하여 지방자치단체의 장 또는 지방의회의 의장별로 성과급운영위원회를 둔다.
  - 지방자치단체의 장과 지방의회의 의장은 필요한 경우 소속기관별로 분리하여 설치할 수 있다.

나. 성과급운영위원회는 지방자치단체의 부기관장 및 지방의회의 의장이 지명하는 자가 위원장을, 인사업무담당과장이 간사를 담당하며 직급·성별·연령 등을 고려하여 대표성이 있는 10명 이내(가급적 3명 이상)의 소속공무원으로 구성한다.

다. 성과급운영위원회는 성과상여금 및 성과연봉제도 운영과 관련된 소속 공무원의 의견을 적극 수렴하고, 자체 성과급 지급계획을 심의를 거쳐 확정하며, 기타 소속기관의 성과급제도 운영에 관한 일반사항 등을 정한다.

2. 성과상여금 지급·협의 일정

가. 지방자치단체의 장과 지방의회의 의장은 2월말까지 성과상여금 지급에 필요한 자체 지급계획을 수립하고 성과급운영위원회의 심의를 거쳐 확정한다.
  - 자체 성과상여금 지급계획에는 다음 사항이 포함되어야 한다.

> · 평가횟수, 평가대상기간, 평가시기, 평가회차별 예산 배분액
> · 성과상여금 지급방법 및 성과상여금 지급을 위한 성과평가 기준
> · 등급구분과 등급별 인원비율 및 지급률
> · 지급횟수, 지급시기, 일시금 지급대상자 및 잔액의 일시 정산지급에 관한 사항, 지급단위(통합·세분에 관한 사항 포함), 지급제외 대상자
> · 성과상여금 재배분 등 부정수령에 대한 방지 방안
> · 성과급심사위원회의 구성 등 성과상여금 지급에 관한 일반적인 사항

나. 지방자치단체의 장과 지방의회의 의장은 성과상여금 지급을 위한 평가 및 이의신청에 대한 심사를 완료한 후에 성과상여금을 지급한다.

다. 지방자치단체의 장과 지방의회의 의장은 적극적으로 업무를 수행하는 중에 과실로 징계 등의 처분을 받은 자에 대해서는 성과상여금 지급등급 평가 및 심사 시 불이익이 생기지 않도록 하여야 한다.

3. 시행계획 마련 시 직원참여

가. 지방자치단체의 장과 지방의회의 의장은 자체 성과상여금 시행계획 마련 시 지급등급·지급률·지급 방법 등 중요사항에 대해서는 설문조사, 간담회 등 다양한 방법으로 소속직원들의 의견을 널리 들어 반영하여야 한다.

나. 개인별 지급등급의 평가방법 중 기관별 특성 및 실정에 적합한 별도의 평가방법 마련 시 동 내용에 대해서는 직종별, 직급별, 소속부서별로 대표성을 가진 직원들과 협의 하여야 한다.

4. 평가자 및 직원에 대한 교육

가. 지방자치단체의 장과 지방의회의 의장은 직장교육 등을 통하여 평가자(관리자)와 직원에 대하여 성과평가의 중요성과 성과상여금제도에 대하여 교육을 실시하여야 하며, 특히 평가를 실시하기 전에는 반드시 1회 이상 평가자 교육을 실시하여야 한다.

나. 지방자치단체의 장과 지방의회의 의장은 특히 성과상여금 지급 후 나눠먹기식으로 재배분되는 사례가 없도록 직원 교육 시 철저히 주지시켜야 함은 물론 자체 시행계획 마련 시에도 그 방지 방안을 마련하여 운영하여야 한다.

5. 지급등급의 공개

성과상여금 지급등급은 본인을 제외하고는 전체 직원에게 공개하지 아니한다. 다만, 최상위(S)등급자(SS등급자 등 S등급자 이상의 등급자가 있는 경우 포함)는 전체 직원에게 공개하여야 하며, 직원 의견수렴 절차 등을 거쳐 공개하지 않을 수 있다.

6. 정기점검 및 운영 실태 점검

가. 지방자치단체의 장과 지방의회의 의장은 성과상여금을 지급 한 후 1개월 이내에 반드시 운영 실태점검을 실시하여야 한다.

- 성과상여금을 거짓이나 그 밖의 부정한 방법으로 지급받은 행위(성과상여금 재배분, 개인 평가정보 제공 등)에 대하여 철저히 점검하여야 한다.

나. 운영 실태점검 실시 후 점검결과를 행정안전부장관에게 5월말까지 제출하여야 한다(시·군·구는 시·도 경유).
- 연 2회 이상 평가하여 성과상여금을 지급하는 경우에는 두 번째 이후의 성과상여금 계획이 변경된 경우에 한해 변경된 계획을 추가로 제출한다.

다. 행정안전부장관은 시·도의 성과상여금 운영 실태를 정기 점검할 수 있으며, 시·도에서는 시·군·구의 운영 실태를 정기 점검 하여야 한다.

7. 기 타

가. 이 장에서 설명하고 있는 「지방공무원 임용령」, 「지방공무원 평정규칙」이 직접 적용되지 않는 특정직공무원의 경우에는 소관 인사 관계법령을 적용 또는 준용하여 지급한다.

나. 지방자치단체의 장과 지방의회의 의장은 자치단체별 특성 및 실정을 고려하여 직원 의견수렴 절차 등을 거쳐 별도 지급제외대상 기준을 자율적으로 정하고, 동 지급제외 대상기준에 해당하는 자에게는 성과상여금을 지급하지 아니한다.

다. 성과상여금을 월별 분할 지급하는 경우 개인별 성과상여금은 인사부서에서 지출·관리하며, 인사랑시스템을 통해 매월 분할 지급하여야 한다.
- 인사랑에서 e호조로 연계되어 지출되는 급여자료는 기본 인건비로 관리되므로 성과상여금 지급 시 월급여와 성과상여금을 별도의 예산과목으로 분리하여 지출한다.
※ 연계파일 세부내역에 급여구분 코드 추가 (0 : 정기급여, 1 : 수당, 2 : 성과상여금)

[별 표]

성과상여금 지급기준액

☐ 2024년 적용

(단위 : 원)

구 분		지급기준액
일반직·특정직·별정직	3급	5,804,000
	4급	5,120,600
	5급	4,507,000
	6급	3,874,800
	7급	3,294,500
	8급	2,736,600
	9급	2,326,900
전문경력관	가군	5,145,200
	나군	3,661,900
	다군	2,553,200
연구직	연구관	4,921,600
	연구사	3,585,100
지도직	지도관	4,749,900
	지도사	3,354,200

구 분		지급기준액
교육감 소속의 교육전문직원	1급상당 직위에 보직된 장학관	7,111,300
	2급상당 직위에 보직된 장학관	6,413,600
	3급상당의 국장급 또는 기관장의 직위에 보직된 장학관 및 교육연구관	5,804,000
	3급상당 과장 또는 4급과장 상당의 직위에 보직된 장학관 및 교육연구관	5,082,400
	직위가 없는 장학관 및 교육연구관	4,417,400
	장학사, 교육연구사	3,900,400

[별지 제1호 서식]

성과상여금 지급순위명부

기관(또는 실·국·소속기관)명 :   직급 또는 계급 :

순위	소속	직급	성명	성과목표 달성도 또는 근무실적 평정점 (환산점수)	기타 평정결과 (환산점수)	총점	조정 순위

※ 성과급심사위원회 의결

소속	직위	직급	성명	서명	일자

[별지 제1호의2 서식] <개정 2020. 1. 22.>

성과급 최상위등급 심사 의결서

소속/직급/성명	업무성과	결정이유

「지방공무원 수당 등에 관한 규정」 및 「지방공무원 보수업무 등 처리지침」에 의하여 위와 같이 의결합니다.

년   월   일

성 과 급 심 사 위 원 회

위 원 장 :   (서명 또는 인)

위   원 :   (서명 또는 인)

위   원 :   (서명 또는 인)

위   원 :   (서명 또는 인)

위   원 :   (서명 또는 인)

위   원 :   (서명 또는 인)

위   원 :   (서명 또는 인)

작 성 방 법

○ "업무성과"란에는 해당 공무원의 주요 업무실적이나 핵심적인 공적(功績) 등을 기재
○ "결정이유"란에는 최상위등급을 부여하기로 결정한 근거 등을 가능한 구체적으로 기재(정량적·정성적 평가과정 등)
   ※ 주의 : 성과급 지급등급 결정의 공정성과 책임성을 확보하기 위한 것이므로 성과급심사위원회 위원(들)이 직접 작성하며, 대상 공무원 본인 또는 지급등급 결정의 권한이 없는 자가 작성해서는 아니 됨

210mm×297mm[백상지 80g/㎡]

[별지 제2호 서식]

이 의 신 청 서

소 속		직 급		성 명	
성과상여금 지급등급					
이의신청 사유 (구체적으로 기재하고 관련 증빙서류 첨부)					
기타 참고사항					

「지방공무원 수당 등에 관한 규정」 및 「지방공무원보수업무 등 처리지침」에 의하여 위와 같이 이의신청을 합니다.

20 년 월 일

이의신청인 직급 성명 (서명)

성 과 급 심 사 위 원 회 귀 중

[별지 제2호의2 서식]

성과급 재심사 의결서

이의신청인 인적사항	소속	직급	성명
의결주문	이의신청인의 지급순위와 지급등급 조정여부 및 조정결과를 기재		
이 유			

「지방공무원 수당 등에 관한 규정」 및 「지방공무원 보수업무 등 처리지침」에 의하여 위와 같이 의결합니다.

년   월   일

성 과 급 심 사 위 원 회

위 원 장 :　　　　　　(서명 또는 인)

위　　원 :　　　　　　(서명 또는 인)

위　　원 :　　　　　　(서명 또는 인)

위　　원 :　　　　　　(서명 또는 인)

위　　원 :　　　　　　(서명 또는 인)

위　　원 :　　　　　　(서명 또는 인)

위　　원 :　　　　　　(서명 또는 인)

210mm×297mm[백상지 80g/㎡]

[개정판] 지방공무원보수 업무 등 처리지침

초판 인쇄 2024년 07월 17일
초판 발행 2024년 07월 22일

저 자 행정안전부
발행인 김갑용

발행처 진한엠앤비
주소 서울시 서대문구 독립문로 14길 66 205호(냉천동 260)
전화 02) 364 - 8491(대) / 팩스 02) 319 - 3537
홈페이지주소 http://www.jinhanbook.co.kr
등록번호 제25100-2016-000019호 (등록일자 : 1993년 05월 25일)
ⓒ2024 jinhan M&B INC, Printed in Korea

ISBN 979-11-290-5550-7 (93550)   [정가 45,000원]

☞ 이 책에 담긴 내용의 무단 전재 및 복제 행위를 금합니다.
☞ 잘못 만들어진 책자는 구입처에서 교환해 드립니다.
☞ 본 도서는 [공공데이터 제공 및 이용 활성화에 관한 법률]을 근거로 출판되었습니다.